항공인적요인론

Aviation Human Factors

박 원 태

북넷

들어가는 말

비행분야에 들어서 항공기 조종사, 그리고 운항관리분야를 연구한 시간이 어느덧 36년이 되었다. 그동안 보고 느낀 비행분야는 괄목할 만한 성장을 거듭해왔다. 항공승무원들이 업무를 수행하는 항공기는 첨단화를 경신해가고 있고, 이에 따른 항공인적요인 분야도 지속적으로 변화하고 발전해 오고 있다.

항공인적요인은 크게 두 가지로 나누어 설명하고 있다. 하나는 신체적(Physical) 분야, 다른 하나는 심리적(Psychology) 분야이다. 항공인적요인이 연구되기 시작한 초기에는 주로 신체적 부분에 초점이 맞추어져 왔으나 지금은 심리적인 요소에도 많은 연구와 관심을 받고 있다. 이 두 가지 분야를 기준으로 항공건강관리에 관한 사항도 최근에는 추가로 논하고 있다. 항공기사고는 한 번 일어나면 큰 충격으로 다가오고 이러한 사고를 조사 · 분석하면서 항공인적요인 해결의 과학적 접근방법들이 제안되고 적용되고 있다.

그 동안의 항공인적요인 분야의 연구는 주로 전체적인 틀보다는 각각의 항공기사고를 토대로 문제점을 밝히고 이를 수정하는 방안마련에만 집중연구되어 왔다. 이러한 연구를 바탕으로 제공된 항공인적요인 교육·훈련프로그램은 성과에만 한정되어 학습에 대한 전문적인 이해, 인간행동과 소통의 전문성을 바탕으로 한 적용, 교육·훈련활동의 분석과 적용, 관련인원의 전문성 강화 및 위험관리를 종합하여 적용하는 것에는 부족했던 것이 사실이다.

이 책은 항공운항분야를 어느 정도 이해하는 학생들부터 대학에서 항공운항을 바탕으로 운항관리를 수행하고 객실관리를 수행하는 사람들 그리고 항공교통관리 요원들까지 항공인적요인을 체계적으로 이해할 수 있도록 가능한 한 쉽게 집필하고자 노력하였다. 이 책은 다음과 같이 구성하였다.

첫째, 독자들에게 쉽게 다가설 수 있도록 내용을 쉽게 다루었다. 항공안전에 가장 중요한 모든 항공운항관련요원들에게 쉽게 접근하고 이해가 편하도록 제시하기 위함이다.

둘째, 대학에서 한 학기 동안 교재로 다룰 수 있도록 구성하였다. 교재의 내용이 지나치게 많거나 너무 부족하지 않도록 구성하여 교육의 내실을 기하도록 하였다.

셋째, 항공운항분야에 임하는 구성원들이 전문성을 갖추도록 내용을 설명하였다. 항공운항과 관련된 항공인적요인의 중요한 이슈들은 생략 또는 논리적인 비약이 없도록 하였다.

이런 고려에도 불구하고 부족한 점은 많이 있으리라고 생각하며, 부족한 점은 독자들의 발전적인 비판과 의견을 구하고자 한다. 책을 집필하면서 또 하나 부족한 능력이 그림으로 표현하는 것이었다. 책표지와 내용속에 있는 그림들을 멋지게 구사해 책의 완성도를 높여 준 디자이너 박고운과 책의 출판을 위해 최선을 다해준 출판사에 깊은 감사를 드린다.

2020년 6월

저자 씀

차 례

1 항공인적요인

제 1 장 인적요인 개요

제 2 장 항공생리

2 항공인적요인 해결의 과학적 접근

PART

01

항공인적요인

제1장

인적요인 개요

제1절 인적요인의 개념과 배경

1. 인적요인의 개념

항공기들은 다른 기계들을 선도하는 장치이며 최근에는 항공기작동이 대부분 자동화로 진행중에 있다. 항공기 자동화시스템은 입력한 자료에 따라 작동한다. 항공기운항에서 자동화시스템은 환경변화로 인한 위기요소와 마주할 경우 안전하고 효율적으로 대응할 수 있는 탄력성은 부족하다. 반면, 인간은 환경변화에 신축적으로 대응할 수 있는 능력이 있으면서도 자신의 감성에 따라 상황을 인지한다. 또한, 스스로의 기준에 따라 판단하고 의사결정을 내려 행동함으로써 가변적이고 유동적인 행태적 특성을 가지고 있다.

인간은 신체기능을 이용하여 직무수행에 필요한 행동을 취하기 때문에 능력의 한계가 있다. 또한 고고도로 비행환경이 바뀌면 신체기능의 저하와 생리의 변화가 나타난다. 따라서 지상에서와 같은 기준으로 인간의 직무수행능력을 비교하는 것은 또 다른 과오에 빠질 우려가 있다. 항공기운항에 필요한 조종실·객실업무나 관제업무는 일종의 팀워크이며, 안전운항을 위해 업무를 수행하는 항공종사자로서 상호간 긴밀한 협조를 필요로 한다. 그러나 인체의 인지구조 체계상 각기 다른 행동을 나타낼 수 있는 가능성은 항상 존재하고 있다.

항공기를 운항하는 승무원 및 항공교통관제사는 각종 지시계기를 통해 교신하면서 기기조작을 한다. 과정에서 정보를 오독하거나 착각을 일으키고, 신속·정확하게 인지하지 못하고, 잘못된 조작 또는 항적감시의 소홀 등 인간과 기계 사이의 부조화로 인한 인적오류를 유발할 수 있다.

또한 항공기운항 중에 수시로 변하는 기상상황을 정확하게 예측하지 못해 필요한 조치가 이루어지지 않거나 안전운항에 필요한 시설·장비의 성능과 이상작동상태를 제대로 파악하지 못한 채 부적절한 조작을 할 수 있고 항공안전과 관련한 법규·각종 점검표(Checklist) 등이 자체적으로 문제를 가지고 있거나 잘못 해독한 경우 또한 이와 관련된 지식의 부족도 인적오류의 요인이 될 수 있다.

인간행동의 근간이 되는 인체기관의 생리 및 심리는 그 내면에 잠재하고 있는 여러 가지 요소나 주위환경으로부터 영향을 받아 기능이 저하되거나 수시로 변화할 수 있다. 따라서 항공기운항에서의 항공승무원 행동은 항시 불안정한 요소를 가지고 있다고 할 수 있다. 넓은 의미에서 인적요인이란 인체기관이나 생리·심리 등 인간본질에 대한 능력과 그 한계 그리고 변화 등 인간과학적인 요소들을 인식하고 주변의 요소와 상호작용시 관계를 최적화하여 행동의 능률성과 효율성 그리고 안전성을 도모하는 것이라 할 수 있다. 또한 인간공학과 함께 주변 모든 요소와의 관계에서 발생하는 현상을 총칭하는 의미도 포함하고 있어서 그 영역과 깊이는 매우 광범위하면서 무한하며 부문별로는 고도의 전문성을 요구하고 있다.

국제민간항공기구(ICAO, International Civil Aviation Organization) 사고방지 매뉴얼에서는 인적요인을 항공기사고·준사고, 사고방지와 관련된 인간관계 및 인간능력의 총칭이라고 정의하고 있다. Sanders와 McComick은 인적요인을 인간의 기본적인 생리적 측면과 심리적 측면의 지식과 인간을 구성하고 있는 각 기관에 관한 기초지식이라 정의하고 있다. 구체적으로는 안전·효율성·편리성을 위해서 인간의 능력과 한계에 관한 지식을 생산품·도구·기계·직무·조직 그리고 시스템을 설계 및 운용하는데 사용하는 것이라고 할 수 있다.

인적요인은 어떤 직무를 수행하는 인간의 행동을 이해하고 예측하며 직무와 관련한 것들의 종합이라 할 수 있다. 다르게 표현하면 학문적으로 인간공학이라 부르기도 하며 생활속에서 직무와 연관된 모든 것이라고도 할 수 있다. 인적요인의 용어는 Human Factors 혹은 공학적인 표현으로

그림 1-1 반응 프로세스

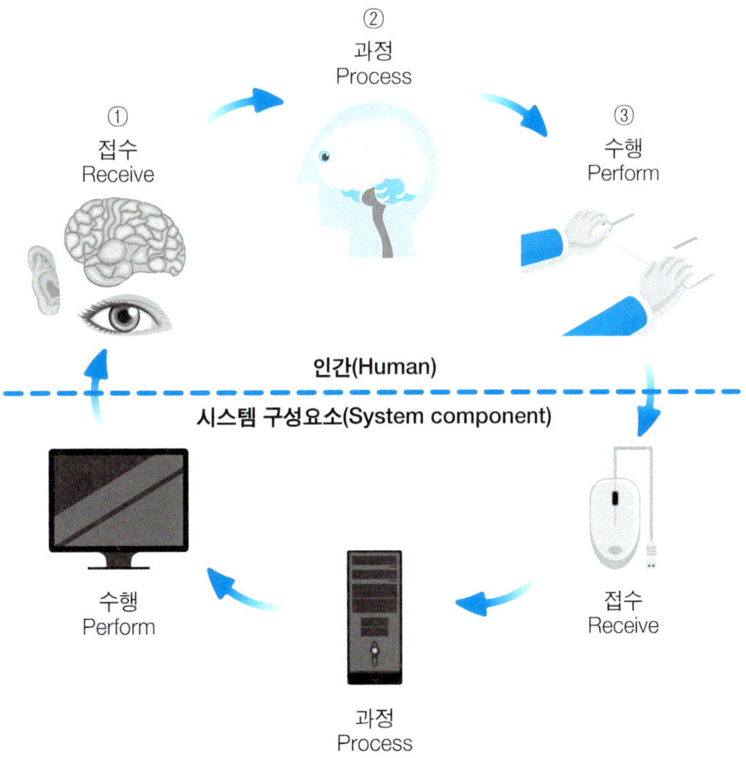

【사진 1-1】 Frederick Winslow Taylor & Lillian Gilbreth

Human Ergonomics라고도 부르고 있다.

인적요인은 산업혁명이후 획기적으로 향상된 생산성을 더욱 높이기 위한 연구로 진행되면서, 표준작업량을 설정하는 등 과학적인 관리를 위하여 도입하기 시작하였다. 초창기에는 Frederick Winslow Taylor와 Lillian Gilbreth 부부가 수행한 시간과 동작연구(1880~1890)를 시작으로 사람들이 작업을 하는 동안에 시간과 운동이라는 두 개의 함수관계로 표준작업량을 정하는 연구를 하였으며 이 연구가 인적요인연구의 시초라 할 수 있다.

테일러(Taylor, 1856~1915)의 과학적 관리법은 책임성에서 경영진과 노동자들의 엄격한 분리를 전제로 한 경영관리법이었다. 테일러의 과학적관리법은 미국의 기업가 Henry Ford(1863~1947)의 분업화모델로 발전해갔다. 테일러와 Gilbreth 부부는 노동자들의 피로감을 덜어 주면서도 생산성 효율을 극대화시키는 최적의 방법을 찾기위해 연구했다. 이 방법론은 정확성을 유지하면서도 생산시간을 줄여주는 최적의 동작은 불필요한 요소들을 제거하고 필요한 요소들을 단순화시키는 것이었다. 이러한 목적을 달성하기 위해 테일러와 Gilbreth 부부는 미세동작연구의 방법론을 제시하였다.

이후, 물리적인 환경요인들이 생산성에 미치는 영향을 연구하기 위하여 하버드대학 메이요(Mayor)교수는 미국 Bell전화기 제조회사인 Western Electric 회사의 호손공장에서 호손실험(Hawthorne Experiment)을 진행하였다.

호손실험은 1927년 4월부터 1932년 5월까지 진행되었으며 5년 이상 계속된 임상실험결과는 다음과 같다.

【사진 1-2】 Bell 전화기 제조회사

항공분야에서는 직무수행에 필요한 인체기관의 능력과 한계, 생리변화와 심리과정을 인식하고 직무수행시 주변의 모든 요소와의 상호작용관계의 최적화가 필요하다. 또한 항공분야 인적요인의 대상은 항공기운항과 관련된 모든 종사자가 되며, 영역은 개개인의 인체기관을 비롯하여 생리 · 심리 등 인체를 중심으로 직무와 관련한 주변환경과 시설 · 기기 및 인간과의 상호작용관계 등이 포함된다.

항공기운항에서 가장 중추적이고 핵심적 기능과 역할을 담당하고 있는 운항승무원에 대한 인적요인영역에는 우선적으로 개개인에 대한 인체기관과 생리(Physiology) · 심리(Psychology)와 직무수행에 필요한 적응 등 개인의 인체에 대한 고려가 필요하다. 그리고 항공승무원과 항공교통관제

표 1-1 호손 임상실험 결과

구 분	호손 임상실험 결과
1	작업능률을 좌우하는 것은 단지 임금, 노동시간 등의 노동조건과 조명, 환기, 분진 등의 작업환경으로서 물리적인 작업환경만으로 영향이 추가되는 것이 있음
2	추가되는 영향은 종업원이 자기의 직무, 동료, 상사 또는 회사 전체 등에 대하여 갖는 태도나 감정에 영향을 크게 받음
3	작업, 노동조건 등의 물질적 조건도 작업능률개선에 영향을 주나, 그보다는 종업원들의 심리적 요소가 더 중요함
4	종업원의 태도나 감정에 영향을 주는 요소에는 개인적/사회적 환경, 조직의 세력관계, 소속된 조직의 자생적 집단 힘 등이 있음
5	작업장의 종업원을 규제하는 것은 공식 조직보다는 인간의 상호작용에 의하여 자연발생적으로 형성되는 비공식적 조직이 크게 작용함

그림 1-2 항공인적요인의 중심요소

사를 중심으로 항공기운항을 위한 모든 업무와 관련한 기기·환경·법규절차 등 여러 요소와의 관계도 포함하고 있다.

2. 인적요인의 이론적 배경

항공분야를 비롯한 여러 산업분야에서 재해로부터 인명과 재산을 보호하고 업무의 능률과 효율성 극대화를 통한 생산성 향상을 위하여 인적요인분야의 개발과 활용이 주요 현안으로 대두되었다. 1972년 미국 심리학교수인 Edward는 항공승무원과 항공기기기 사이에 상호작용관계를 종합적이고 체계적으로 표시하는 도표인 SHEL(Software, Hardware, Environment, Liveware) 모델을 고안하였다. 인적요인은 학문지향적이기 보다는 문제해결 지향적이라는 의견을 주장하면서 인체기관능력 및 한계에 대한 인식과 함께 인간과 기기시스템 및 주변환경과의 부조화를 해소하는 것이 필수적이라는 점을 주장하였다. 그러나 그의 이론은 크게 인정을 받지 못했다.

이후 1975년 네덜란드 KLM 항공기장 출신인 Frank H. Hawkins 박사는 Edward 교수가 고안한 SHEL 모델을 수정하여 새로운 SHELL 모델을 사용하였다. Hawkins 박사의 SHELL 모델은 현재 ICAO에서 추진하고 있는 인적요인 이론의 모태가 되고 있다. 항공승무원의 업무와 관련하여 이 모델을 적용해보면 중앙에 있는 L은 Liveware의 약자로서 운항업무를 직접 수행하는 인간 즉 운항승무원 자신을 뜻한다. 아랫부분의 L역시 Liveware의 약자로서 인간을 의미하는데 업무에 직

그림 1-3 Hawkins의 SHELL 모델

접적으로 관여하면서 업무를 주도적으로 수행하는 인간과의 관계를 나타낸다. H는 Hardware의 약자로서 항공기운항과 관련하여 승무원이 조작하는 모든 장비장치들을 나타낸다. S는 Software의 약자로서 항공기운항과 관련한 법규·비행절차·Checklist·기호·컴퓨터프로그램 등이 이에 해당된다. E는 Environment의 약자로서 주변환경과 조종실내 조명·습도·온도·기압·산소농도·소음·시차 등을 나타낸다. 이러한 각각의 요소는 직무수행과정에서 제기능과 역할을 발휘할 수 있도록 항시 최적의 상태와 조화가 이루어져야 한다.

항공기운항 승무원을 중심으로 주변의 모든 요소들은 항공기운항과 직접적인 관련성을 가지고 있다. 따라서 조종실업무의 능률성·효율성·안전성을 확보하기 위해 승무원은 이러한 요소들을 업무에 적용 시 상호관련성을 최적의 상태로 유지하면서 직무를 수행해야 하는 것이 인적요인의 배경이라 할 수 있다.

SHELL 모델은 인간-기기, 인간-소프트웨어, 인간-환경, 인간-인간의 상호관계를 고찰하여 관리하는 기법을 보여주는 모델이다.

가. 인간과 기기(Liveware-Hardware)

운항승무원은 항공기운항중에 조종실내의 각종 계기를 주시하고 확인하면서 상황에 따라 필요한 기기를 조작하기 때문에 계기의 형태나 조작의 방향·색깔·위치·경보형태·방법 등의 설계가 승무원의 인지구조나 체계 등에 많은 영향을 끼친다. 때문에 이러한 시스템이 인간공학적 상태에 맞지않거나 항공승무원의 조건이 이러한 시스템에 적절히 적응하지 못하면 비행업무의 능률성과 효율성 및 안전성을 보장할 수 없게 되어 사고의 잠재요인이 되고 경우에 따라서는 인적오류로 이어진 사고를 유발하기도 한다.

나. 인간과 소프트웨어(Liveware-Software)

항공기는 정해진 법규와 절차를 지키면서 운항되어야 한다. 그런 과정에서도 복잡하고 다양한 항공정보의 표시와 기호를 해독하고, 또한 운항사의 관련규정 · 절차 · 교범 · 체크리스트에 따라 직무를 수행해야 한다. 따라서 운항승무원과 소프트웨어의 관계는 물리적이기보다는 정신적 요소이며 행동을 결정하는데 있어 근원이 된다는 점에서 매우 중요하다.

운항과 관련된 법규 · 규정 · 절차가 불합리하거나 아니면 승무원이 규정 · 절차를 올바로 지키지 않거나 제대로 숙지하지 못하는 경우가 발생한다. 또한 각종 기호표시 등의 해석을 잘못하여 오류를 유발하는 경우 이러한 인적오류는 안전운항에 심각한 영향을 미칠 수 있으므로 운항승무원은 항시운항과 안전에 필요한 제반규정 · 절차 · 표시 · 기호 등을 숙지하고 있어야 하며 이를 운항에 적용할 때 최적의 기능이 발휘될 수 있도록 하여야 한다.

다. 인간과 환경(Liveware-Environment)

비행에서 가장 먼저 인식되고 공유(共有)되는 영역은 인간과 환경이다. 인간이 최초로 하늘을 날게 된 후 공중에서 어떻게 생존해야 할 것인가에 대한 많은 관심과 연구가 이루어져 왔다.

인간은 환경(공중)에 적응하기 위하여 산소마스크를 쓰고 가속도로부터 보호받기 위해 Anti-G-Suit를 착용하였다. 소음에는 헬멧, 추위에는 점퍼, 강풍에는 안경(Goggle) 등을 이용하였다. 최근에는 항공기 기내의 여압조절과 온도 · 습도의 유지, 조명 · 방음 등이 가능해 짐으로써 기내환경을 인간의 생존조건에 어느 정도 맞추게 되었다. 그럼에도 시설 · 장비 · 기상 등 환경적 요소에 의하여 직무수행조건이 취약하게 되면 승무원의 업무능률이 저하되고 나아가서는 사고요인으로도 작용할 수 있다.

환경에 대한 새로운 도전은 이전의 방식을 대체하여야 하는 문제를 야기시켰다. 비록 아음속 제트항공기가 비행하는 고도라 할지라도 오존농도는 위험요소가 될 수 있다.

이밖에도 오늘날 항공기운항은 정치 · 경제적 제약하에서 이루어지므로 이러한 환경적 배경과 특성도 운항승무원 업무환경에 영향을 미칠 수 있다. 항공기기술의 발달로 장거리운항이 가능해짐에 따라 시차에서 오는 생체리듬의 방해나 수면장애 등으로 직무환경이 취약해질 수 있는데, 이러한 문제는 항공승무원 인적요인밖의 문제와도 관련되어 있으므로 운항에 마땅히 고려되어야 한다.

라. 인간과 인간(Liveware-Liveware)

인적요인과 관련된 마지막 공유영역은 인간과 인간 사이의 영역이다. 전통적으로 승무원 개인의 항공기량이 뛰어나다면 이들로 구성된 팀의 항공기량도 우수하고 조종실업무 또한 효율적으로 수행된다는 판단아래 비행시뮬레이터(Flight Simulator) 등을 이용한 승무원교육·훈련은 팀훈련보다 주로 개인의 기량향상에 역점을 두고 시행되고 평가되어 왔다. 최근 이러한 교육·훈련방법과 형태는 운항사마다 새로운 형태로 개선되고 있다. 이와 관련하여 항공전문가는 항공기사고 사례나 조종실업무체계 등을 분석한 결과 운항을 위한 승무원업무는 팀워크로 수행되는 업무이므로 운항과 직접 관련되는 종사자를 비롯하여 편조승무원과 상호협력하는 것이 업무의 효율성을 높이고 안전운항에도 기여할 수 있다고 제시하고 있다.

한편 항공기량이 뛰어난 승무원이 오히려 편조된 승무원과의 상호협력이 제대로 이루어지지 않는 경우도 있다. 특히 현대항공기는 대부분 자동화시스템을 갖추고 있고 또 계기가 디지털화됨에 따라 계기를 감시하는 업무도 늘어나 계기의 오독(誤讀)을 예방하기 위하여 편조승무원 상호간 교차로 감시해야 하는 등 협력의 필요성이 더욱 늘어나고 있다. 이에 따라 세계 각국에서는 인적요인 분야에서 승무원의 인간-인간관계를 가장 중요시하고 있다. 따라서 이를 강화하는 방안의 일환으로 승무원자원관리(CRM : Crew Resource Management) 및 노선비행적응훈련 등과 같은 프로그램을 개발하여 승무원의 교육·훈련에 활용하고 있다. 일부 선진운항사에서는 보다 개선된 승무원자질교육 프로그램(AQP : Advanced Qualification Program)도 개발하여 적용하고 있다.

3. 인적요인의 발전 및 적용

초기인류는 주로 인체에 의존하여 욕구충족에 필요한 여러 가지 자원을 획득하였으나 점차 간편하고 편리한 수단과 방법으로 더 많은 자원을 얻기 위하여 점차 도구를 개발하여 사용하게 되었다. 이로 인해 작업의 효율을 높인 것은 원시인간공학의 효시라 할 수 있고 이러한 인간의 사고력과 창의력은 오늘날의 첨단장치문명의 근간이 되고 있다.

초기의 장치문명은 주로 보다 많은 자원을 생산하고 획득하는데 주력하여 발전되어 왔다. 그러나 각종 재해의 발생으로 인하여 인명과 재산의 손실이 계속 늘어남에 따라 점차적으로 보다 높은 효율성·편리성·안전성을 갖추고 있는 장치를 개발하여 왔다.

교통분야에서는 모든 자원의 운송활동 효율성과 경제성제고를 고려하여 적재적소에 사용할 수 있는 보다 신속정확한 대형운송수단을 개발하게 되었고 이를 보다 안전하고 편리하게 운용하기 위하여 운송수단의 설계·제작에 인간공학적 요소를 적용하기 시작하였다. 또한 운용의 취약점을 보완하기 위하여 새로운 장치를 개발·장착토록하는 등의 노력을 기울였다. 인적요인의 경우도 이에 부응하는 계획의 일환이라 할 수 있다.

제2차 세계대전 후 많은 국가와 기업에서 생산성 향상을 위해 해당업무에 적성을 가진 인력을 선발하여 업무를 보다 능률적으로 수행토록함과 동시에 이들에 대한 과학적인 교육과 훈련의 필요성을 인식하여 인적요인에 관한 연구가 활발하게 진행되었다.

영국에서는 1949년 인간공학연구학회(ERS : Ergonomics Research Society)와 1959년 국제인간공학협회(IEA : International Ergonomics Association)가 설립되었다. 미국에서는 1957년 인적요인학회(HFS : Human Factor Society) 등이 설립되어 인간공학을 포함한 인적요인에 관한 체계적인 연구가 이루어져 각 산업분야에 적용되기 시작하였다.

본래 인간공학(Ergonomics)이라는 용어는 일(ergon)과 법(nomos)이라는 용어의 합성어로 K. F. H. Murrell에 의해 만들어졌다. 인적요인은 주로 미국과 유럽에서 연구가 많이 이루어졌고, Human Factors와 Human Ergonomics라는 용어로 사용되고 있다. 이 두 가지 용어 가운데 인간공학은 주로 유럽에서 사용되어지고 있으며, Human Factors는 미국에서 전반적으로 사용되어지고 있다.

항공인적요인이 인적요인과 인간공학(Human Factor and Ergonomics)으로 개념이 발전되기 시작하였고 지금도 다음과 같이 발전해 오고 있다.

인적요인은 응용과학으로서 인간과학의 체계적인 적용으로 인간과 그들의 활동간의 관계를 최적화시키고, 시스템공학의 범주내에서 통합시키는 기술로 Human Factors가 발전되어 왔다. 미국에서는 인적요인을 행동측면까지 고려하여 Human Factors를 연구하고 있다.

앞서 살펴본 대로 인간공학은 ergon(work)과 nomos(natural law)의 합성어로서 작업환경 속에서의 인간에 관한 학문이다. 즉, 인간공학은 주로 유럽에서 기계 또는 구성품에 직접 연관되는 것으로 제한하고 있다. 이 용어는 상호교환이 가능하도록 사용되었으며, 미국과 유럽의 전문가협회는 두 가지의 용어를 인적요인과 인체공학명칭으로 묶어서 사용하고 있다.

표 1-2 인적요인과 인간공학의 발전

구 분	인적요인과 인간공학의 발전
Ergonomic	1949년 K.F.H Murrell에 의해 제기
Human Factors	1955년 Human Factor Society 결성
	1993년 Human Factor & Ergonomics Society로 개칭

표 1-3 인적요인의 구분(물리·심리)

구 분	물리 · 심리학적 인적요인들
물리학적 (Physics)	· 시각(Vision) · 스트레스와 피로(Stress & Fatigue) · 수면 등(Sleeping etc)
심리학적 (Psychology)	· 지각과 인식(Perception & Cognitive) · 동기부여(Motivation) · 행동(Behavior) · 자세(Attitude) · 문화(Culture) · 관계 관리(Relationship) · 의사소통(Communication) · 관심(Awareness) · 의사결정(Decision Making)

진행된 연구결과에 따라 인적요인은 물리학적(Physics), 심리학적(Psychology)으로 구분된다.

항공의학은 제1차 세계대전 당시 조종사선발에 매우 중요한 역할을 담당하였다. 조종사훈련에서 의학적 검사는 초기훈련 실패율의 감소효과가 있었다. 1920년대 이후부터 조종사에 관한 정기적인 신체검사가 도입되었다. 제1차 세계대전 당시 대두된 항공의학적 문제들은 가속도·고도·진동·소음·온도·피로와 관련된 것들과 연관되어 있었다.

항공에서 인적요인의 필요성에 대한 입증은 영국에서 이루어졌다. 제1차 세계대전 때 전사한 100명의 조종사들에 대한 연구에서 2명이 적의 손에 죽고 8명은 항공기결함으로, 90명은 조종사 각각의 개인적 부족함(인적요인 결함)으로 전사하였음을 연구·발표하였다. 또한, 항공분야는 고고도에서의 산소가 인체에 미치는 영향을 연구하였다. 이 연구결과는 세계 여러 나라들이 조종사를 효과적으로 선발하는데 도움을 주었다.

제1차 세계대전과 제2차 세계대전 사이에 대부분 인적요인관련 활동은 이동수단에 관심이 집중되었다. 이 당시 인적요인과 관련한 연구활동은 Western Electrics Hawthorne Plant 회사에서 이루어졌다.

1940년에 John Flanagan이 미군을 위한 항공심리적 프로그램을 만들었고, 제2차 세계대전 동안에 전파되어 확산되었으며 미국공군 심리프로그램으로 발전하게 되었다. 제1차 세계대전 후 항공기제작과 운영은 다시 민간의 주요 관심사가 되었다. 전직군용기 조종사와 항공기가 Air show 곡예비행을 하였으며 20세기 초반에는 최초의 민간항공 및 항공우편 서비스가 도입되었다. 이 시기의 흥미로운 점은 링크트레이너의 개발로 조종사는 외부 시각적참조없이 계기만을 활용하여 항공기를 조종하는 훈련을 진행하였다.

【사진 1-3】 링크 트레이너

제2차 세계대전은 항공인적요소의 발전에 획기적인 영향을 미치게 되었다. 영국에서는 옥스퍼드와 캠브리지 대학의 심리학연구소 지원을 받아 캠브리지 조종실로 알려진 시뮬레이터가 제작되었다. 이 시뮬레이터에서 최적의 항공기는 조종사의 인간적 한계와 특징을 연관시켜야 함을 입증시켰다.

1920년대와 1930년대 항공기조종과 항공기 운영방식이 크게 바뀌었음을 인식한 영국과 미국은 모두 인적요인연구에 크게 투자하여 인적요인 관련지식을 항공임무에 적용하기 시작하였다. 인적요인연구는 공간감각상실 · 피로 · 조종사 정보처리능력 등으로 확대되었다.

인적요인 가운데 많은 비중을 차지하는 것은 높은 고도에 따른 감소된 공기밀도를 포함한 고려사항들로 이루어졌다. 제2차 세계대전 당시 항공인적요인 또한 기술적 발전과 조종실계기에 대한 위치에 관심을 가지게 되었다. 당시 연구자들은 주(主) 비행계기에 기본적인 T자구조를 발견하였고, 그 기본적인 T자구조는 모든 운송용 항공기에 대한 기본적인 계기판구조로 속도 · 고도 · 비행자세 · 방향지시계로 구성하는데 적용되었다.

여압이 가능한 조종실 및 객실의 등장과 제트엔진의 개발은 항공기운항에 또 다른 문제를 야기하였다. 여압된 객실은 부가적인 시스템을 요구하게 되었으며, 엔진으로부터 압력을 얻는 여압장치로 조종실과 객실의 압력을 일정하게 유지해야만 하였다. 항공승무원 및 탑승객들을 위한 냉 · 난방시설은 또 다른 새로운 요소로 등장하게 되었다. 여압장치와 냉 · 난방장치가 개발되는 동안 항공인적요소와 관련하여 생리학적인 문제에 눈부신 발전이 있었다. 최근 생리학적인 대부분의 문제의 원인은 그 당시에 밝혀진 것들이다.

우리들이 알고 있는 생리학적인 문제들은 일반적으로 실내습도, 재순환하는 공기의 산소요구, 높은 고도에서의 오존층, 높은 방사선에 노출 등이 조종실내의 공기와 연관되어 있다는 것이었다.

또 다른 문제는 방사선이 승무원들과 탑승객들에게 영향을 주는 정도의 시차와 피로 등에 관한 것이었다. 이러한 문제에 대한 해결방법은 아직도 계속 연구가 진행되고 있다.

항공분야에서는 오래전부터 크고 작은 사고의 원인을 분석한 결과 항공안전에 인적요인이 필수적임을 인식한 일부국가를 선두로 항공종사자에게 인적요인에 관한 교육훈련이 다양한 방식과 형태로 시행되어져 오고 있다.

특히 미국은 인적요인연구로 국립항공우주청(NASA : National Aeronautics and Space Administration)과 연방항공청(FAA : Federal Aviation Adminstration)에서 항공안전보고제도(ASRS : Aviation Safety Reporting System)를 통하여 인적오류를 포함한 인적요인에 관한 연구조사가 진행되었다. 영국에서는 CHRIP(Confidential Human Factor Reporting Programme), 캐나다의 CASRP(Confidential Aviation Safety Reporting Program), 호주의 CAIR(Confidential Aviation Incident Report) 등에서도 인적요인에 관한 조사연구가 진행되었다.

1977년 3월 카나리아 군도의 Tenerife 섬 Los Rodoes 공항에서 운항승무원 상호 간 그리고 관제사와의 협조 미숙으로 KLM B-747 항공기와 Pan Am B-747 항공기가 활주로 상에서 충돌하였다. 이 사고로 탑승객 637명중 583명이 사망하는 운항사상 초유의 대형사고가 발생하였다.

또한 1978년 12월 미국 오리곤주 포틀랜드시 외곽에서는 운항승무원 상호 간 협조미흡으로 United Air 항공기가 추락하여 승객 10명이 사망하고 28명이 중상을 입은 사고가 발생하였다. 사고항공기가 착륙을 위해 접근 중 Landing Gear 표시등에 불이 들어오지 않아 기장과 부기장은 이를 조치하는데 정신을 집중하고 있었다. 이때 항공기관사가 잔여연료량을 정확하게 계산하고 기장에게 전달하였으나 기장은 이를 간과하였다. United Air 운항사의 규정에는 랜딩기어부문에 이상이 있을 때는 관제탑에 통보하여 Visual Check를 받도록 되어 있었다. 그러나 그들은 이러한 절

【사진 1-4】 1977년 3월 카나리아 군도 사고

【사진 1-5】 1978년 12월 포틀랜드 사고

차를 무시하고 자신들이 직접 조치를 강구하던 중 시간지연으로 연료가 부족하여 추락한 사고였다.

2건의 대형항공기 사고 이외에도 다른 크고 작은 항공기 사고원인을 조사한 결과 운항승무원 상호간 또는 관제사와의 협력부족에 의하여 발생한 것으로 나타나 항공기운항 중 관련종사자의 긴밀한 협력이 절대적으로 필요하다는 사실을 재인식하게 되었다.

최근 최첨단기술은 항공인적요소에 있어서 많은 도전을 일으키고 있다. 도전의 주된 변화는 엔진개수나 무게의 증가보다도 조종실의 인원수가 3명에서 2명으로 감소한 것이다. 또 다른 새로운 변화는 조종사들이 작동해야만 하는 복잡한 계기와 환경속에 컴퓨터가 항공기안에 들어와서 비행정보를 처리해 주는 것이다. 계기의 시현이나 기능면에서 많은 이점을 가진 디지털계기의 사용은 차트 · 지도와 같은 새로운 많은 양의 문서들을 포함하여 GPWS, EGPWS, TCAS, HUD 등의 새로운 시현과 운영도 또 다른 인적요인의 문제를 야기하고 있다.

항행기술의 혁신은 최근 성능기반 항행(PBN, Performance Based Navigation)이라는 운항개념으로 발전되었다. 최근 상공에 약 10만편 이상의 항공기들이 운항되는 환경은 우리에게 인적요인과 관련된 새로운 도전이 되고 있다. 이러한 현상은 이전에는 경험해보지 못한 대형사고들로 이어지고 있다.

이를 극복하고자 ICAO는 새로운 훈련개념인 UPRT(Upset Prevention and Recovery Training)를 추진하고 있다. 이 UPRT 훈련은 항공기운항 예방조치로서 인식훈련에 우선하며 회복훈련은 2차 훈련으로 진행시키고 있다.

국제민간항공기구(ICAO)를 비롯한 미국 NASA · FAA 등 세계 유수의 항공관련 기관과 단체에서는 항공기운항을 위한 조종실업무의 효율성과 안전성 확보를 위하여 인적요인에 관한 구체적이고 체계적인 연구를 하고 있다. 인적요인분야는 각계 전문가에 의해 조사연구가 지속적으로 이루어져 왔으며, 항공안전도모가 국제적인 주요 현안이 되고 있다.

이러한 ICAO 노력에 힘입어 오늘날 세계 각국 대부분의 운항사에서는 자국의 문화특성이나 또는 각 운항사의 운영방침에 알맞은 인적요인에 관한 프로그램을 이용하여 항공종사자에 대한 교육·훈련을 실시하고 있다. 또한 이러한 교육·훈련의 효과가 항공안전에 상당히 기여하고 있다는 항공업계의 여론에 따라 앞으로는 운항승무원 개개인의 항공기량 향상을 위한 교육·훈련 이외에도 항공승무원들의 인체기능을 극대화하여 항공기운항업무에 활용할 수 있도록 하고 있다. 또한 업무수행과 관련한 주변 제요소와의 상호작용관계를 최적화하는 등 보다 입체적인 교육·훈련으로서 항공안전을 위한 인적요인분야는 체계적이고 심층적인 연구개발이 활발하게 이루어져 항공종사자들의 필수적인 교육·훈련과목으로 자리잡을 것으로 전망되고 있다.

오늘날의 항공인적요인은 지각심리학과 인지심리학적인 내용을 바탕으로 행동과학중에 지각되고 인지되는 과정에 대한 이해와 상황인식분야의 발전을 가져왔다. 인간들의 행동에 대한 이해과정에서 국가문화와 조직문화, 그리고 직업문화 등의 영향에 대한 관심이 높아지고 있다.

4. 항공안전을 위한 인적요인

1903년 라이트형제의 유인항공기 비행을 시작으로 항공기산업과 항공운송산업은 급격히 발전하였다. 인류는 자신이 사는곳을 떠나 다른 대륙까지 빠른 시간내에 도달할 수 있게되는 획기적인 변화가 일어났다. 이러한 빠른 속도와 장거리, 높은 고도에서 비행은 인간이 지금까지 경험해 보지 못한 다양한 문제, 즉 항공인적요인 분야에 도전이 시작된다.

1만피트 이상의 고도로 비행시 산소부족에 의한 저산소증(Hypoxia)에 노출되고 장거리 비행 시 시차 및 활동주기 리듬의 변화에 따른 부적응을 경험한다. 이러한 도전을 극복하기 위하여 항공기 제작사들은 인간이 실수할 수 있는 부분들을 자동화 또는 경보시스템 등을 통해 해결하기 위해 노력해왔다. 그 결과 장비의 고장이나 결함에 의한 사고는 획기적으로 줄어든 반면 인간의 실수에 의한 사고는 여전히 발생하고 있다. 오히려 항공기와 장비가 첨단화됨에 따른 또 다른 실수 또는 부적응으로 사고가 발생하기도 한다. 지금까지 밝혀진 사고조사결과에 의하면 사고원인의 약 70% 이상이 인적요인에 기인하는 것으로 나타나고 있다.

항공기를 이용한 운송은 인간과 운송수단 및 관련시설 그리고 환경 등이 서로 연계·조화되어 운영되며 이 과정에서 각 구성요소 간의 원활한 조화나 일치가 이루어지지 않을 때 즉 구성요소 간에 마찰이나 부조리가 발생하면서 효율의 문제가 생긴다. 그런데 항공운송을 구성하는 요소가운데 인간은 이용하는 시설·장비의 상태와 자연·작업환경에 따라 운송수단을 운용하는 당사자로서 핵심적인 기능과 주체적인 역할을 담당하므로 인간이 마주하는 이러한 요소들과 마찰이나 부조화가 일어날 때 기능이나 능력이 저하하거나 감퇴된다. 이에 따라 소기의 목적을 달성하지 못할뿐 아니라 인간의 과오로 이어질 때 사고의 위험이 되고 있다.

항공운송은 항공기를 운항하는 항공종사자뿐 아니라 장비·시설·자연 등 주변의 작업환경에 영향을 받는다. 그러므로 인간의 최적활동능력은 구성요소들이 재래식 구조설계가 아닌 인간의 특성에 가장 알맞게 조화될 때 그 효율이 극대화된다.

인간의 인체기관과 심리과정은 항공기운항에 필요한 행동의 근간이 된다. 이는 주변환경과 상황 등 시간과 장소에 따라 기능과 능력이 저하 또는 변화하여 전혀 다른 행동반응이 나타나므로 종사자들의 직무를 위한 조작행동은 항시 유동성과 가변성의 잠재요인이 있어 항공기안전운항을 저해할 수 있는 요인이 되기도 한다.

5. 비행과 인적요인

비행에서의 인적요인은 앞에서 제시한대로 크게 두 가지로 생각할 수 있다. 그 하나는 신체적(Physical) 분야, 다른 하나는 심리적(Psychology) 분야이다. 항공인적요인이 연구되기 시작한 초기에는 주로 신체적 부분에 초점이 맞추어져 왔으나 지금은 심리적인 요소에도 많은 관심과 연구가 진행되고 있다. 특히 2015년 3월 24일 스페인 바르셀로나 국제공항을 출발하여 독일 뒤셀도르프 국제공항으로 가던 German wings 9525편이 알프스산맥에 추락하는 사고가 부조종사의 의도적인 조작이었다는 결과가 밝혀진 이후 항공전문가들은 조종사들의 정신건강의 중요성을 인식하는 계기가 되었다.

항공기는 공중을 비행하는 운송수단으로써 여러 가지 물리적 법칙과 원리에 따른 이론에 의거 설계·제작된다. 또 안전성확보를 위하여 여러 가지 예비적인 장치를 갖추고 있어 지상·해상교통수단에 비해 기계구조와 장치가 매우 정밀하고 복잡하다. 항공기운항 승무원은 항공운항 중 이와 같이 정밀하고 복잡한 기기의 작동상태와 항행상황을 각종 계기와 표시장치를 통해 수시로 확인하고 필요시 규정된 절차와 기량에 따라 신속·정확하게 대응해야 한다. 또한 운항상황에 따라 하나 또는 여러 가지 장치를 동시에 감시·확인·조작하는 작업을 병행해야 한다.

특히 현대의 대형운송용 항공기는 정밀자동비행장치를 갖추고 있어 운항승무원의 조종실내 장치작업에 따른 작업부담이 크게 감소되었다. 그리고 비행관리시스템(FMS : Flight Management System)과 같이 항행정보를 하나의 계기로 표시하는 중앙집중식 계기로 구비되어 있다. 또한 항행정보표시방법을 개선함으로써 항행중 비행상태에 관한 정보를 보다 용이하고 신속·정확하게 판독할 수 있도록 함과 동시에 오독율(誤讀率)을 줄이는 등 항공기안전운항에 기여할 수 있도록 항공승무원의 작업형태·기능, 그리고 수행능력을 크게 개선하고 발전시켜 인적오류를 최소화하거나 예방할 수 있도록 하고 있다.

그럼에도 불구하고 이와 같은 자동화된 첨단항공기 조종실내에서 운항승무원이 변화되는 계기의 작동을 주시·확인하고 반복적인 업무를 지속적으로 수행할 때 보다 많은 주의의 집중·분산에서 오는 긴장이 축적된다. 운항승무원을 비롯한 항공교통관제사는 인체기능상 제한된 공간에서 반복적이고 연속적인 주의와 긴장을 장시간 지속하는 어려움이 있다. 더욱이 피로나 약물 등으로 인하여 인체내외에 영향을 미칠 경우에는 항행에 필요한 정보를 누락하거나 무시하는 등 인지구조상에 오류가 발생할 수 있으며 상황에 따라서 인적오류로 연결되기도 한다.

항공기를 운항하기 위한 조종업무는 다른 운송수단과 비교하여 난이도가 높은 편이다. 그리고 안전을 위해 적시에 신속정확한 기기조작행동이 필요하기 때문에 항공기 조종업무는 2명 이상의 승무원을 팀으로 구성하여 업무를 수행하며 편조된 승무원 상호간에 긴밀하고 효율적인 협조를 필요로 한다.

항공기항행 중에 항공승무원들의 행동은 개개인의 신체적 상태와 심리적 영향으로 각기 다르게 나타난다. 심리과정에서는 지각(知覺)과 인지(認知), 판단(判斷) 및 의사결정과정을 거치고 또 이러한 각 과정에는 개인의 성장배경·생활습관·가치관 그리고 훈련강도 등이 영향을 미치므로 편조된 승무원이 동일한 정보 또는 상황을 같은 조건에서 인식하더라도 각기 서로 다른 판단과 의사결정에 따라 서로 다른 행동을 나타낸다. 또한 한 사람이 동일한 정보나 상황을 인지하는 과정에서도 신체적 상태와 심리과정의 변화로 행동이 그때마다 다르게 나타나기도 한다.

이처럼 항공승무원 인지체계상 개인이나 동일업무를 수행하면서도 서로 다르게 나타나는 행동을 스스로 자각(自覺)하거나 편조된 다른 사람이 지적하고 교정하지 않으면 인적오류에 의한 사고유발성은 높아진다.

요약하면 항공종사자가 업무를 수행하는 모든 행동은 인체의 정보처리과정에서 심리적 기타 주위환경의 영향을 받아 각기 다른 형태로 다양하게 나타날 수 있다. 그리고 이러한 인간행태상의 본질적인 여러 특성은 인적오류유발의 근원이 되며 나아가 사고발생의 직·간접적인 원인으로 작용한다.

제2절 항공인적요인들

인적요인의 궁극적인 목적은 업무를 수행함에 있어 인간의 기능과 역할을 주변 모든 요소에 적용할 때 그 관계를 최적화하여 업무의 능률성·효율성·안전성을 추구하는데 있다. 그러므로 항공인적요인은 업무수행 당사자의 인체생리·심리 등 내적요소 외에도 업무와 관련한 주변의 모든 요소 그 자체와 각각의 상호관계가 대상이므로 인적요인과 관련된 대상과 영역은 매우 복잡·다양하고, 범위도 넓어 이를 한정하여 구체화하기는 어렵다.

인간은 항공기를 운항하면서 새로운 환경에 노출되었다. 그 대표적인 환경이 대기구조를 포함하는 요소로 비행중에 사람들이 대응해야 하는 환경이다. 고도가 상승함에 따라 기온과 기압이 내려감으로써 발생하는 변화를 인간은 스스로 감당해야 한다. 추가적으로 3차원 공간에서의 생활은 감각기관의 변화를 발생시키고, 전 지구적으로 운항되는 환경에도 대응해야만 한다. 이러한 문제는 항공생리라고 하는 새로운 학문적 영역으로 우리에게 교육·훈련을 요구하게 되었다.

항공분야 인적요인의 기초이론으로 인정받고있는 Hawkins의 SHELL 이론에서는 승무원(Liveware)과 소프트웨어, 시스템, 환경 등 개개의 요소와 그리고 운항승무원을 중심으로 한 각 요소들과의 상호작용관계로 기술하고 있고, 그 내면에는 매우 많은 요소들로 구성되어 있다. 또한 각 요소별 상호관계도 매우 복잡하게 얽혀있는데, 항공인적요인 구성을 보면 다음과 같다.

1. 항공생리(Aviation Physiology)

항공생리분야에서 항공인적요인은 호흡(Breathing)과 기압영향(Pressure Effects), 가속영향(Acceleration Effects), 감각기관한계(Limitation of the Senses)와 착각(Disorientation), 피로(Fatigue), 생체리듬·시차(Circadian Rhythm·Jet Lag)와 수면장애·부족(Sleep Disturbance·Deficits)이 발생될 수 있다. 각각의 환경에 따라서 항공생리분야를 구체적으로 살펴보면 다음과 같다.

【사진 1-6】 저압실체험 및 훈련

가. 호흡과 기압영향

1) 고고도에 따른 산소부족

항공기운항시 대류권과 성층권 일부에서 운항에 필요한 사항과 제한사항에 대해 정확한 이해가 필요하다. 공기는 대부분의 고도에서 21%의 산소, 78%의 질소, 1%의 기타 아르곤과 수증기, 이산화탄소 등의 기체들로 구성되어 있다.

생물은 소화와 흡수로 얻은 영양물질을 산화시켜 생명을 유지하는데 필요한 에너지를 얻기 때문에 인간의 세포들은 산소를 필요로 한다. 산소는 우리 신체조직 안에서 음식물을 산화시킨다. 이러한 활동은 호흡을 통해서 산소를 각각의 세포에 공급하고 생산된 찌꺼기들을 이산화탄소의 형태로 처리하는 역할을 한다. 호흡은 산소와 이산화탄소를 각각의 조직 사이에서 교환하는 것이다. 이러한 과정은 모세혈관의 표면과 알베오리(폐내의 매우 작은 부대형태구조)에 존재하는 압력과 외부의 대기압력 차이를 이용하여 이루어진다.

10,000피트 이상을 비행하는 항공기가 여압체계를 가지고 있는 것은 인간의 산소문제와 관련이 있다. 오늘날의 여객기는 8,000피트보다 높은 고도를 운항할 때 조종석과 객실에 약 8,000피트 정도의 압력을 유지한다. 고도가 높아질수록 여객기는 객실내의 고도를 동등하게 유지하기 위해 더 높은 객실압력이 요구된다.

대기압은 고도가 상승함에 따라 감소하게 되는데 18,000피트가 되면 대기압이 1/2로 감소하고 34,000피트가 되면 1/4로 감소하게 된다. 63,000피트가 되면 인간의 신체적, 생리적 한계라 하여 체액이 비등하게 되며 이를 Armstrong Line 이라고도 부른다.

2) 신체내산소의 균형

호흡은 무산소호흡 · 외호흡 · 내호흡으로 구분된다. 무산소호흡은 효모와 같은 미생물들이 산소가 없는 상태에서도 주위의 당분과 같은 물질을 이용하여 호흡하는 것을 말한다. 외호흡은 인간의 호흡운동과 같이 허파나 물고기의 아가미와 같은 호흡기관에서 이루어지는 기체교환호흡의 형태이다. 세포안에서 일어나는 내호흡은 포도당에서 나온 에너지를 아데노신삼인산(adenosine triphosphate)에 저장하는 과정이다. 내호흡을 통해 만들어진 아데노신삼인산은 여러 가지 생명활동에 에너지를 공급한다. 아데노신삼인산은 하나의 인산이 분리되어 아데노신이인산이 되며 이 과정에서 발생한 에너지가 생명활동에 쓰인다.

신체내산소의 균형상태가 무너지는 인체현상으로는 저산소증, 과호흡증의 형태로 나타나며, 세부내용은 2장 1절에서 논의하기로 한다.

3) 기압영향

지구표면에서부터 일정한 거리에는 대기라고 하는 혼합가스 층이 존재한다. 이를 대기층이라고 부른다. 대기는 질소 78%, 산소 21%, 기타 가스 1%로 구성되며, 높이 100km까지는 이러한 구성비가 거의 변화가 없다.

대기압이란 지구중력에 의해 생기는 공기의 무게, 즉 단위면적당 작용하는 공기의 압력을 말한다. 평균해수면에서의 대기압을 1기압=760mmHg로 표시한다. 760mmHg란 수은기둥을 76cm 높이로 밀어올릴 수 있는 힘을 우리가 1기압으로 정의한 것이다.

산소는 지구대기 부피의 약 21%를 차지한다. 이 비율은 고도에 따라 거의 변하지 않지만 기압은 고도가 상승함에 따라 낮아진다. 고도별 압력의 21%가 산소이므로 달톤(Dalton)법칙에 따라 기압이 2분의 1로 감소되는 18,000피트 높이에서는 절반으로 산소분압이 낮아진다. 인간이 산소장구없이 정상기능을 할 수 있는 고도는 고작 10,000피트(3,000m)정도이고, 장시간에 걸쳐서 적응할 수 있는 한계고도는 18,000피트(5,500m)에 불과하다.

기압영향으로 인한 생리적 현상은 체강통과 감압증으로 대표되는 변압증이 있으며, 세부내용은 2장의 항공생리에서 논의한다.

나. 가속영향

현대항공기는 매우 고속으로 비행하고 기동할 수 있으며, 이에 따라 운항승무원은 여러 가지 신체적 장애현상을 유발하는 고가속도에 노출된다. 고가속도에 의해 유발되는 생리적 장애현상은 비행안전과 밀접한 관계가 있다.

가속도는 물체의 단위시간당 속도변화로 속도와 마찬가지로 크기와 방향을 가지는 벡터량이다. 가속도는 직선운동의 변화율에 의한 선형가속도, 운동방향의 변화에 의한 구심가속도, 그리고 두 가지가 결합된 각가속도가 있다. 가속도의 생리적 영향은 시각장애, 의식상실 등이 있으며, 세부

내용은 2장 1절에서 논의한다.

다. 감각기관 한계와 착각

인류는 몇 백만년에 걸쳐서 주로 육상에서 발전돼 왔고 공중에서 생활하도록 발전되지는 않았다. 이러한 이유로 인체의 평형기관은 육상생활에 익숙하게 감각기관이 발전되어 왔다. 따라서 공중에서의 생활은 다양한 한계를 가지고 있으며, 이러한 한계는 비행중에 착각을 일으켜서 많은 사고를 일으키고 있다.

1) 인체의 평형기관

인체의 평형이나 정위를 유지하는 역할을 하는 것은 세 가지 기관들로 시각계통(Visual system), 내이미로전정기관(Vestibular Apparatus), 고유수용기계통(Proprioceptive System)이다. 인체의 정위유지는 기본적으로 이들 세 가지 기관의 상호협동과 조화로써 이루어진다.

시각계통은 우리인체의 평형유지에 있어서 가장 중요하고 정확한 기관이다. 시각이 우리로 하여금 평형을 유지하게 하는 이유는 참조물체들을 볼 수 있기 때문이다. 이 참조물체들을 우리는 두 가지 형태로 구분할 수 있는데, 그것은 자연참조물과 인공참조물이다. 인공참조물은 자연참조물과 동일한 정도로 명확한 자극을 우리들의 중추신경계통에 전달해주지 못한다. 이러한 이유로 인간은 공중에서 비행 시 공간정위를 상실하게 된다. 시각계통이 평형유지에 중요한 또 다른 이유는 이 시각을 통하여서만 비행계기를 판독할 수 있기 때문이다 이 계기들을 종합적으로 주의분배·판독(Cross Check)이 가능하면 비행중에 요란이나 부주의·기계고장 등으로 일어나는 항공기자세의 이상상태를 빠른 시간내에 간파할 수 있게 된다.

내이에는 청각기관과 별도로 미로전정기관이 있다. 이 미로전정기관 중에서 삼반규관·이석기관이 신체의 평형을 유지하는데 중요한 역할을 한다. 미로전정기관의 일부분인 이석기관은 구형낭(saccule)과 난형낭(utricle)으로 구성되어 있다. 이러한 이석기관들이 우리로 하여금 평형을 유지하게 하는 기능과 감각착오를 다음과 같이 유발하게 된다. 삼반규관은 우리가 각가속도에 노출될 때 이를 지각하여 몸의 평형을 유지하고 여러 가지 운동상태에 적응할 수 있도록 하는 것이다. 반원형으로 된 세 개의 삼반규관은 서로 직각으로 놓여있어서 인체가 세 방향으로 운동을 할 때 어느 방향의 운동일지라도 감지할 수 있다.

고유수용기란 원래 내이의 미로정전기관과 피하조직, 관절 등에 분포되어 있는 지각신경섬유 전부를 지칭한다. 이 기관도 비행중에 발생하는 여러 가지 형태의 가속도를 지구중력과 구분할 능력이 없으므로, 만일 압력감각기를 통한 지각을 믿고 의지하게 되면 이것이 곧 공간정위상실상태가 될 수 있다.

2) 비행 중 착각

착각이란 잘못된 지각을 말한다. 비행중의 착각은 시각정보를 잘못 이해하는 것과 전정기관의 오류로 인한 것으로 크게 나눌 수 있다.

비행에서 시각에 의한 착각은 일반적으로 경사를 가진 활주로에서 시각착각, 활주로 크기에 따른 시각착각, 접근경로의 지형에 따른 시각착각, 시정의 제한, 주변 참조점이 없는 경우, 주변 참조물이 없는 경우, 시각의 자가운동, 전이성 착각, 가상수평과 가상지 표면, 기타 가상주변 참조물로 일어난다.

미로전정기관에 의한 착각은 신체회전성 착각, 안구회전성 착각, 전향성 착각, 신체중력성 착각, 역전위성 착각, 과중력효과 착각, 안구중력성 착각, 경사착각으로 구분되어 비행중 착각현상이 나타난다.

3) 비행착각예방

비행착각은 비행안전 및 효율적인 비행임무를 수행하지 못하게 하거나 운항승무원에게 스트레스를 쌓이게 한다. 따라서 비행착각원인과 비행착각예방, 이를 극복하기 위한 교육이 필요하다. 감각기관 한계와 착각관련 세부내용은 2장 2절에서 논의한다.

라. 피로(Fatigue)

피로자체는 질병이 아니고 가역적인 생태반응으로서 앞으로 일어날 건강상태의 변화에 대한 경고반응이라고 할 수 있다. 이러한 피로를 무시하고 작업을 계속할 때는 생산성저하와 재해발생 증가, 그리고 나아가서는 질병까지도 유발될 수 있으므로 효율과 안전 및 건강관리상 중요한 의의를 지닌다.

1) 육체적 피로와 정신적 피로

피로는 육체적 피로와 정신적 피로로 구분되고, 육체적 피로는 국소근육피로, 전신피로로 나뉜다. 국소근육피로는 지속적으로 또는 반복해서 근육을 수축시키는 작업을 통해 발생된다. 근육은 관련된 근조직에 적당량의 포도당과 산소의 계속적인 공급이 필수적이며, 동시에 신진대사 부산물(노폐물)이 제거되어야 한다. 이런 기능은 순환혈액에 의해 수행되므로 작업중에는 휴식상태에 비해 근육으로의 혈액수요가 대폭 증가되고 수요가 충족되지 못할 때에는 국소근육의 피로가 발생한다.

전신피로는 육체운동의 증가에 따라 심폐계통의 부담도 늘어나고 전체근육에 영향을 미쳐서 전신피로를 야기한다. 작업강도가 커지면 작업시간도 조절해야 한다. 전신피로를 예방하기 위해서는 근무도중에 작업강도에 따라 적당한 시간의 휴식을 적용해 줘야 한다.

정신피로는 육체피로와 동반해서 또는 작업의 종류에 따라서 독립적으로 나타난다. 누적된 수면부족, 심리적 또는 감각기관의 부하가 큰 작업, 시간에 쫓기거나 정신긴장이 지속되는 작업, 단조롭고 지루한 작업, 의욕과 관심의 결여, 부당한 보수, 자기능력이나 업적에 대해 정당하게 인정받지 못하는 상황, 동료나 상급자와의 원만치 못한 인간관계, 가정생활의 어려움이나 격리 등이 원인이 된다.

2) 비행과 피로

조종석에 장시간 앉아 있으면서 고정된 자세를 유지해야만 하는 비행에서의 결과는 국소근육이나 관절의 피로와 함께 상대적인 부교감신경 긴장상태를 조성한다. 이와 같은 상태는 전신피로에 수반되는 자각증상군과 공통되며 적어도 피로를 촉진시키거나 증가시킨다. 야간의 장거리 해상비행에서 칠흑같은 창밖을 배경으로 희미한 조명 · 단조로운 엔진소리 · 오랫동안의 신체구속 등 불리한 조건속에서 각성과 경계심을 유지한다는 것은 매우 어렵고 피로가 누적되는 작업이다.

3) 비행피로의 예방

비행피로에 대한 대책을 수립할 때는 종전의 모든 고정관념이나 편견에서 벗어난 신축성 있고 독창적인 사고방식이 요구된다. 항공승무원이 구성원으로 참여하여 긴밀히 협동하고 경영층과 모든 지원부서가 공동참여하는 것이 필수적이다.

비행피로예방을 위해서는 비행시간, 휴가, 신체적성, 기타 피로의 유발요인 배제를 고려하여 진행되어야 한다. 피로관련 세부내용은 2장 3절에서 논의한다.

마. 생체리듬 · 시차와 수면장애 · 부족

생체리듬은 빛이나 습도 등 외부환경의 여러 정보와 조건에 따라서 그 위상이 결정되지만 그러한 외부정보가 없는 상황에서도 원래 인체에 내장된 생물시계 기능에 의해서 일정한 진동을 유지한다.

빠른 속도로 장거리를 이동하는 비행은 단번에 여러 시간대를 통과함으로써 인체기능의 여러 리듬과 외부인자 간에 비동기화 상태를 야기한다. 또한 시차증을 유발하며 승무원의 수면부족과 피로축적으로 비행안전을 저해하는 요인이 될 수 있다.

항공기 승무원의 수면부족과 그로 인한 근무능률 및 경계심의 저하는 비행안전에 중대한 위협이 될 뿐만 아니라 혼자의 힘으로 쉽게 해결하기 어려운 경우가 많다. 따라서 운항승무원 본인은 물론 동료와 항공기제작사·정비사·운항스케줄 담당자·후방지원부서 나아가서 경영층에 이르기까지 공동의 노력과 협조가 필요하다.

피로관리는 개인적으로 관리하거나 운항사차원에서 관리가 필요하다. 정부도 과도한 업무에 대한 피로를 규제하는 방법으로 근무조건들에 관한 규정을 만들어 개인 및 운항사 등의 관리에 대한 기준을 제공하고 있다.

생체리듬과 시차와 관련하여 24시간 주기리듬에서 생체리듬, 장거리비행과 생체리듬의 교란, 졸림을 고려할 필요가 있다. 시차증에서는 시차증의 일반, 시차증대책, 항공기 승무원의 시차증 관리를 고려해야 한다. 피로관리에서는 개인, 운항사, 정부의 관리에 대한 사항이 있으며, 이를 극복하기 위한 노력은 2장 4절에서 논의한다.

2. 항공심리(Aviation Psychology)

이 책에서는 항공심리를 비행심리와 적성, 인간의 정보처리, 항공인적오류, 긴급한 상황에서의 인간행동을 위주로 정리하였다.

가. 비행심리와 적성

비행심리와 적성은 인성과 적성, 동기와 의욕, 이를 고려한 운항승무원 선발 고려요소, 교육과 훈련을 정리, 제시하였다.

1) 인성과 적성

운항승무원으로서 바람직한 인성이란 무엇일까? 운항승무원에 대한 인성관련 연구방법으로는 우선 좋은 성적으로 비행훈련을 마친 후 성공적으로 승무원생활을 하고 있는 기성승무원들에게 흔히 볼 수 있는 공통된 인성과 중도에서 탈락한 사람들과의 차이를 봐야 할 것이다. 이를 고려하여 살펴본 운항승무원에게 바람직한 인성으로서는 정서적 안정·성취욕·인내력·질서의식 등을 들 수 있는 반면 그 반대인 경우(실패, 낙오하기 쉬운인성)는 불안경향이 높고 정서가 불안정하며 사소한 일에 오랫동안 얽매이는 신경질적인 성격 그리고 의존성이 높은 경우 등이다.

적성의 경우는 선천적인 자질과 성향을 근간으로 하면서 생활경험이나 교육경험에 의해 얻어진 능력(지식 등)이라고 할 수 있다. 운항승무원을 선발하는 단계에서 비행적성을 확인하기 위해서는 오랜시간을 두고 실제 항공기조작을 통해 적성을 심사하는 것이 가장 이상적이다.

앞에서 설명한 내용을 고려하면 인성과 적성은 운항승무원 직무를 수행하는데 매우 중요한 역할을 담당하고 있음을 알 수 있다. 인성과 적성에 관련된 세부적인 사항은 3장의 항공심리에서 논의한다.

2) 동기와 의욕

운항승무원 선발에 응시한 사람들의 동기에 대한 답변은 대부분의 경우 공통되는 두 가지의 욕구를 자주 제시한다. 첫째는 하늘을 나는 일에 대한 원초적인 동경으로 현대문명의 첨단산물인 항공기를 조종하여 마음껏 날아보겠다는 개인적 욕구이고, 둘째는 보람이 있는 직업으로 사회·경제적인 만족도와 함께 기대하는 사회적 욕구이다. 본인들의 의사표현을 통해 어릴적부터의 꿈, 멋진 직업, 현대과학의 첨단기계에 대한 선호, 모양새 좋음, 양호한 수입, 언젠가 항공기를 타 본 경험 등으로 조종사에 대한 동기를 표현한다.

아무리 운항승무원이 되기위한 동기가 있다고 하더라도 단순히 개념적인 선호와 동경에 그치고 구체적인 노력이나 지식의 축적이 동반되지 못한다면 이것은 바람직한 동기가 될 수 없다. 바람직하지 못한 동기란 운항승무원이나 항공기에 대한 관심이 없이 단순히 사회적 욕구를 충족시키기 위한 방편으로 선택할 때이며, 교육·훈련중의 갈등을 심화시키고 도피·대상추구·의욕저하 등의 원인이 된다. 반면 바람직한 동기의 경우는 스트레스에 의한 갈등을 완화하고 목표달성을 위한 노력을 계속하는 결과로 이어진다.

의욕이란 단순한 바람이나 욕구의 강도만이 아닌 자신을 절제하며 목표지향적인 노력을 기울이는 의지의 크기라고 할 수 있다. 의욕의 내용은 시기에 따라 변해가는데 교육·훈련기간 중의 의욕이란 모든 장애를 배제하면서 주어진 과목을 충실하게 습득하고 끝까지 노력을 계속하는 의지가 될 것이다. 동기와 의욕과 관련된 세부적인 사항은 3장의 항공심리에서 논의한다.

나. 인간의 정보처리

감각적 자극과 관련된 인간의 감각기관에 대해 정리하면 인간은 보고, 듣고, 냄새맡고, 맛을 보고, 움직이고, 느끼는 감각기관을 가지고 있다는 것이다.

1) 감각기관

인간의 감각능력은 특정한 외부상황 또는 요청되는 일이 생길 때 발휘된다. 인간들은 눈·귀·혀·피부 등 다양한 감각조직을 통하여 사물과 상황을 인지하게 된다.

눈은 사물과 환경을 인지하는 감각기관이다. 인간들의 외부상황에 대한 정보는 80% 정도가 시각을 통해서 얻어진다. 운항승무원들이 운항을 하는 공중에서는 그 비율이 더욱 증가하는 것으로 알려져 있다. 시각에서 느끼는 것과 인지하는 것은 차이가 있다. 인간들은 눈의 망막으로 입력된 에너지를 정보로 인지·해석하고 그 정보에 대하여 의미를 부여하는 기능은 뇌가 담당한다.

귀는 소리를 감지하는 감각기관이다. 소리를 감지하는 귀의 대표적인 기관은 고막이다. 고막은 소리에 의해 진동하는 얇은 막이다.

코는 공기의 출입구이면서 냄새를 맡는 후각기관이다. 코는 바깥에서 볼 수 있는 코부분 뿐만 아니라 눈아래부터 넓은 공간이 기관지까지 이어져 있다.

혀의 대표적인 기능은 맛을 보는 것이다. 그러나 단지 혀는 음식의 맛만을 평가하는 것은 아니다. 온도가 적절한지, 혀에 닿는 느낌이 어떤지도 함께 평가한다. 감각기관과 관련된 세부적인 사항은 3장의 항공심리에서 논의한다.

2) 인지과정과 인간의 기억

인간이 가진 지각능력은 어떤 자극점에서부터 생성되는 신호를 인지하고 불필요한 것을 차단시킨다. 뇌는 자극의 강도를 구별하여 선별할 수 있고 원하지 않는 자극을 구별하여 최소화시키는 능력이 있음이 밝혀졌다.

두 개의 자극이 주의를 끌기위해 경쟁할 때 유리한 자극은 커다란 사이즈, 강한 강도, 반복정도, 생생한 외형과 색이 가져다주는 특성이 있는 것들이다. 그러나 개인의 구체적인 관심이나 요구가 이러한 요소들을 능가한다. 따라서 인간들에게 자극은 같을지 모르지만 그것을 인지하는 것에는 상당한 차이가 있다.

인지과정을 인간의 행동단계로 나누어 생각하면 여러 단계를 거쳐 정보를 변환시켜 나간다. 이러한 단계를 분석해보면 인지, 작업 및 기억(장기), 반응선택, 결심으로 나누어진다.

인간의 인지과정에는 정보처리과정이 있고 이러한 정보처리과정에서 문제가 발생하기도 한다. 정보처리과정에서의 문제는 기억의 문제로 이어지며 행동의 실수로 이어지게 된다. 즉 기억의 인출실패로 인하여 자신의 의도대로 아니면 주어진 절차대로 수행하지 못하는 경우가 발생하게 된다. 인간의 기억에는 단기·작업·장기기억, 그리고 운동기억으로 구분된다. 인지과정, 그리고 인간의 기억과 관련된 세부적인 사항은 3장의 항공심리에서 논의한다.

3) 상황인식

상황인식은 운항승무원과 항공기안전운항에 영향을 미치고 있는 여러 요소·환경에 대하여 정확히 인지하는 것과 가까운 미래에 일어날 일을 예상하는 것이다.

상황인식의 단계는 지각(perception)단계, 이해(comprehension)단계, 마지막으로 투사(projection)단계로 구분된다. 이해단계에서는 mental model이 형성된다. 상황인식과 관련된 세

부적인 사항은 3장의 항공심리에서 논의한다.

4) 의사결정

주변에서 상황이 변하여 새로운 정보를 지각하고 입력하면 이에 대한 상황인식을 하게 된다. 상황인식은 의사결정으로 이어지는 중간단계로 의사결정과 행동에 영향을 미치게 된다.

의사결정의 종류는 자연적 의사결정과 분석적 의사결정 두 가지로 나누어 볼 수 있다. 자연적 의사결정은 인간이 실제환경에서 어떻게 그들의 경험을 이용하는가에 관한 의사결정이다. 분석적 의사결정은 인간들이 상황을 고려하여 대안으로 행동을 채택하는 과정을 거치는 의사결정이다. 의사결정과 관련된 사항은 3장의 항공심리에서 논의한다.

다. 인적오류

Error란 우리말의 오류·과실·실패 등으로 표현할 수 있다. 단어의 의미로는 이들 중 어떤 것과도 어감의 차이가 있지만 공통된 것은 자신이 하고자 의도했던 바와는 다르게 된 것, 그리고 결과로 나타난 바가 당연히 기대되는 것과 다르고 올바르지 않은 것 등이다.

인적오류는 발생원인, 정보처리과정에서의 오류 등이다. 인적오류를 해결하기 위한 노력은 인적오류를 이해하고 분류하며 극복방법을 제시하는 것이 중요하다. 항공인적오류는 이전에 발생되었던 운항관련 인적오류를 학습하는 것이 매우 중요하다. 인적오류와 관련된 사항은 3장의 항공심리에서 논의한다.

라. 긴급한 상황에서의 인간행동

긴급한 상황인 경우 인간의 행동은 평상시의 감각상태, 사고과정, 판단과 결심, 조작과는 현저히 다르다는 것을 염두에 두고 평가와 대책수립에 임해야 한다. 항공기의 긴급한 상황은 고속으로 비행하고 있다는 사실 이외에도 지상의 긴급한 상황에 비해서 다른 특징을 가지고 있다. 따라서 비행중에 인간행동의 바탕이 되는 생리적·심리적 부담이나 그 결과도 크게 달라진다.

이 책에서는 긴급한 상황에서의 인간행동을 생리적·심리적 반응, 인간행동분석, 생체기능, 그리고 긴급한 상황에 대한 대응을 제시하고 있으며, 세부적인 사항은 3장의 항공심리에서 논의한다.

3. 항공건강(Aviation Health)

가. 건강과 비행

건강은 단순히 질병이 없거나 허약한 상태가 아닐뿐더러 신체적·정신적·사회적으로 안녕한 상태이다. 항공에서 살펴보는 건강의 위험요인은 음식과 영양, 적정체중과 비만, 질병, 알코올(Alcohol), 약물 오·남용 및 자가복용, 노화(Aging)를 꼽는다. 또한 여성의 경우, 비행과 임신에 대하여 논의하고 있다. 또한 비행은 지구전체를 운항하기 때문에 시차에 대한 문제도 논의한다. 항공건강과 비행에 관한 사항은 4장 항공건강관리에서 논의한다.

나. 비행피로

항공기운항은 하루 24시간 동안 업무가 지속되고 전 지구를 이동하면서 업무를 수행한다. 비행에서의 피로는 운항승무원들의 중요한 실수원인 중 하나이다. 전형적인 피로의 악영향은 주의가 산만해지고 임무에 집중하기 힘들어지는 것이다. 아울러 비행시에는 조작을 위한 신체의 조정력도 떨어지고 조종실내에서 승무원 간의 상호 의사소통능력도 감소하게 되며 비행 중 필요한 시기에 적정한 판단을 내리기 어렵게 된다. 육체적 피로는 수면이 부족하거나 육체적인 노동에 의하여 발생하고, 정신적 피로는 스트레스나 인지능력을 사용하는 장시간의 정신노동 등에 의하여 발생한다. 이 책에서는 비행피로를 2장 3절에서 살펴보고, 피로관리는 4장 2절에서 논의한다.

다. 스트레스

스트레스는 신체에 가해지는 정신·신체자극에 반응하여 체내에서 일어나는 생물반응이다. 스트레스는 급성스트레스와 만성스트레스로 구분할 수 있다. 급성스트레스가 지속되어 결국 만성화되면 내·외적자극에 대하여 개체가 감당할 능력이 약화되는 형태로 진행된다. 만성스트레스로 진행되면 신체의 한도를 초과하여 견디기 어렵게 되고 즉각적인 반응능력도 떨어지게 된다. 만성스트레스에 노출되면 운항승무원으로서 업무능력이 현저하게 감소하게 된다. 이런 정도의 스트레스를 경험하는 운항승무원은 비행안전에 위험을 초래할 수 있으므로 의료진의 도움을 받는 것이 좋다.

만성스트레스는 정서적으로 불안과 갈등을 일으키고 자율신경계의 지속적인 긴장을 초래하여 정신적·신체적인 기능장애나 질병을 유발시킨다. 결국 심신장애의 병적인 증상이 진행되거나 악화되어 온갖 장애와 만성질환에 걸리게 된다. 이 책에서는 스트레스를 4장 3절 스트레스 관리에서 논의한다.

제3절 항공인적요인 해결의 과학적 접근

1. SHELL 이론

SHELL 모델은 초창기 1972년 Edward가 SHELL 이론으로 처음 개발하였고, 1975년 KLM 기장이던 Hawkins가 이를 수정 보완하여 SHELL 모델로 제시하였으며, 현재에도 지속적인 연구가 이루어지고 있다.

SHELL 모델의 중심에는 Central L(Liveware)이 있고 이는 항공승무원(운항승무원) 자신을 의미한다. S(Software)는 자신과 관련된 법규, 규정, 절차, 매뉴얼, 점검표 등을 의미한다. E(Environment)는 자신과 관련된 날씨·온도·습도 등 기상은 물론 조명·소음 등의 물리적인 환경을 의미한다. H(Hardware)는 자신과 관련된 각종 시설·장비·공구 등을 의미한다. L(Liveware)은 자신과 관련된 자신이 수행하는 업무와 직·간접적으로 관련된 인간들을 의미한다.

가. 인간-시설장비(Liveware-Hardware)

조종실내의 Display는 인간공학의 심장이라 할 수 있고, SHELL 모델에서 Liveware-Hardware와 Liveware-Software Interface의 주요 부분이 된다. Display의 경우, 정보는 장비로부터 인간(Liveware)에게로 전달되며 Control은 인간이 장비로 정보와 명령을 전달하기 위해 사용된다. 이 책에서는 인간-시설장비를 5장 1절에서 논의한다.

나. 인간-Software(Liveware-Software)

Liveware는 운항승무원 혹은 항공운항시스템을 운영하는 인원이다. Software는 Hardware를 제외한 항공법규·ATC시스템·비행절차·관련 프로그램·점검표 등을 의미한다. SHELL 모델에서는 매우 유동적일 뿐만 아니라 많은 변수를 잠재하고 있는 Liveware 즉 인간이 중심이 되고 있다.

그리고 그 주위에는 Liveware, Software, Hardware, Environment 등의 요소가 둘러싸고 있다. SHELL 모델에서 운항승무원과 Software와의 관계는 운항승무원 혹은 기타 인원과 절차·지침서·점검표·기호·컴퓨터 프로그램과 같은 비물리적인 것들과의 관계를 말한다. 이 책에서는 인간-Software를 5장 2절에서 논의한다.

다. 인간–인간(Liveware–Liveware)

인간(Liveware)은 업무과정에서 업무와 관련한 주변의 다른 인간과 교류를 유지하면서 업무를 수행한다. 이것을 인간–인간의 인적교류(Liveware–Liveware Interface)라고 한다. 항공기운항 측면에서 본다면 중요한 위치에 있는 인간은 곧 기장(Pilot in Command)이다. 업무와 관련한 다른 인간은 또 다른 조종실승무원, 객실승무원, 정비사, 회사경영자·관리자, 항공교통관제사, 그리고 탑승하고 있는 승객 등이다. 즉, Liveware–Liveware는 기장과 그 주변에 업무와 관련한 종사자들과의 관계를 말한다. 이 책에서는 인간–인간을 5장 3절에서 논의한다.

라. 인간–환경(Liveware–Environment)

환경에는 내부적 환경, 외부적 환경, 그리고 문화적 환경이 있다. 항공기 조종실내에 있어서 기내온도조절은 아마도 승무원과 관련된 가장 중요한 환경분야이다. 다른 내부적 환경은 습도·기압·소음 등이 있다. 외부적 환경에는 시차, 전자파, 구름, 시정 등이 있다. 문화적 환경에는 Hofstede에 의해 연구된 권력거리, 불확실성 회피, 개인주의, 남자다움 등이 있다. 이 책에서는 인간–환경을 5장 4절에서 논의한다.

2. 승무원 자원관리(CRM)

가. CRM(Crew Resource Management)

CRM은 여러 세대를 통하여 발전되어 왔다. 제1세대는 조종실 자원관리(Cockpit Resource Management)를 강조하였다. 제2세대는 승무원 자원관리(Crew Resource Management)로 발전되었다. 제3세대는 승무원 자원관리범위를 확대하였고, 제4세대는 승무원 자원관리통합 및 공식절차수립을 제시하는 단계까지 발전하였다. 제5세대는 오류관리(Error Management)를 제6세대는 위협 및 오류관리(Threat & Error Management, TEM)로 발전하였다. CRM에 대한 구체적인 내용은 6장에서 논의한다.

나. CRM 훈련

CRM 훈련은 항공기 운항안전관리를 위한 가장 핵심적인 프로그램이다. CRM 훈련은 일반적으로 기본과정(awareness), 숙달과정(practice and feedback), 보수과정(reinforcement)으로 나누어 진행된다. CRM 훈련에 대하여 6장 2절에서 논의한다.

다. 자동화(Automation)

최근 항공기들은 진보된 형태의 자동화장비를 장착하고 있다. 항공기조종과 운영의 모든 문제를 직접 수행하고 책임졌던 운항승무원들이 이제는 항공기운항에 직접적으로 필요한 Hardware와 Software의 복잡한 연결을 관리하게 된 것이다.

이러한 기술적 진보는 새로운 형태의 오류를 발생시켰다. 즉, 제어시현장치(CDU)의 복잡성에 대한 의문이 제기되고 있으며, CDU 키보드 정보입력의 변화 등이 요구되고 있다. 최근 항공기는 운항승무원과 항공기 간의 정보교환이라는 측면에서 급속한 혁신이 있었으며 교환되는 정보의 양도 매우 증가하였다. 자동화에 대하여 6장 3절에서 논의한다.

3. 항공인적요인 훈련

가. 항공인적요인 훈련개요

항공인적요인 교육·훈련은 개인별 인성과 사고·가치관·생활환경·습관 등에 따라서 보다 구체적이고 체계적인 접근이 이루어진다. 나아가 조직특성과 운영방침, 사회·문화적인 풍습과 환경 등에 따라 다양한 방법과 절차로 진행된다. 현재 ICAO에서는 항공인적요인 교육·훈련의 특성에 따라 항공종사자들의 인체기관능력·한계 및 환경에 따른 기능의 변화중에 인적요인에 관한 기초지식함양을 위하여 교육·훈련기준을 정하여 세계 각국에 권장하고 있다.

항공인적요인 교육·훈련은 시행방법과 그 내용의 다양성에 따라 지역별 항공인적요인 세미나를 통하여 가장 합리적인 방법과 절차를 모색하고 있다. 각 운항사를 감독하는 국가기관은 전문연구기관과 합동으로 프로그램을 연구·개발하여 전문기관이나 국가의 승인을 받은 프로그램을 교육하도록 하고 있으며 이 교육을 전담할 전문CRM 교관양성 프로그램도 운영하고 있다. 항공인적요인 훈련개요에 대하여 7장 1절에서 논의한다.

나. 항공인적요인 훈련

항공인적요인을 이해하는데 있어 가장 일반적으로 사용되는 이론은 SHELL 모델이론이다. SHELL 모델에서는 L을 중심으로 이를 둘러싸고 있는 SHELL 즉, Software(S), Hardware(H), 환경(E), 인간(L)을 배치하여 각 구성요소 간의 상호관계를 분석할 수 있도록 하였다. 항공운항에서는 중앙의 L을 항공승무원으로 설정하고 그것을 둘러싼 주변과의 상호관계를 연구한 것이다.

항공교통관제사 항공인적훈련은 SHELL 모델의 각 요소에 의하여 어느 정도 영향을 미치기는 하나, 선발과 훈련은 Liveware와 가장 관련이 많다. 효율적인 항공교통관제사 선발을 위하여 우선 ATC 직업에 대한 특성 · 업무, 장 · 단점에 대하여 정확한 합의가 필요하다. 항공인적요인 훈련에 관하여 7장 2절에서 논의한다.

다. 항공인적요인 훈련과정 및 방법

항공인적요인 훈련은 인간과 장비, 시스템, 절차와의 관계를 포함하여 환경, 개인과 집단 사이의 개별적 관계에 중점을 두고 있다. 항공승무원은 운항승무원과 객실승무원으로 구분할 수 있으며 업무수행은 같이 또는 따로 이루어진다. 항공교통관제(ATC) 업무는 어느 직업보다도 다른 사람들과의 관계가 원만하고 친절해야 한다. 또한 타인의 요구를 만족시켜줘야 하는 서비스직업이므로 이에 적합한 인성을 소유하고 있는지 확인하여야 한다.

항공인적요인 훈련의 목표는 인적능력을 최적화하고 인적오류를 관리하는 것으로 의사결정과 같은 인적요소의 원리, 승무원 자원관리 및 기술의 개발과 적용을 포함한다. 항공인적요인 훈련은 실질적인 문제인식과 해결에 맞추어져야 한다. 항공인적요인 훈련과정 및 방법에 관하여 7장 3절에서 논의한다.

제2장

항공생리

제1절 비행환경
제2절 비행착각
제3절 비행피로
제4절 생체리듬

제1절 비행환경

1. 대기의 이해

가. 서 론

지구표면에서부터 일정한 거리에는 대기라고 하는 혼합가스층이 존재한다. 이를 대기층이라고 부르며, 이 대기층은 지표로 잡아당기는 지구중력과 태양복사열의 우주공간으로 팽창되는 힘의 균형을 유지하고 있다. 대기권의 범위는 지표면으로부터 넓게는 64,000km 정도까지 보는 의견과, 좁게는 700~1,000km 정도로 보는 의견이 있다.

지구표면에서 전체대기의 99%는 30km 이내에 존재하고, 그 중의 90%는 10km 이내에 존재하는 양상을 볼 때 대기의 대부분이 지표쪽에 압축되어 있다고 할 수 있다. 대기층에 존재하는 공기를 바다에 비유한다면 수압을 받듯이 지상에서는 기압이 우리 몸에 작용하고 있다. 대기권의 물리적인 이해는 항공승무원들이 비행중 발생할 수 있는 저산소증·과호흡증·변압증·감압증에 대한 이해와 비행에서의 생리적 현상에 대한 이해에 도움을 줄 것이다.

나. 대기권의 구조

고도상승에 따라 온도변화곡선의 변화되는 지점을 경계로 지상으로부터 대류권, 성층권, 중간권, 열권(또는 전리권), 극외권으로 나눈다.

1) 대류권(Troposphere)

대류권은 지표에서 가장 가까운 대기권역이다. 대류권의 높이는 평균 10km까지이나 극지방은 6~8km, 적도지방은 16~19km로 타원형을 이룬다. 기압은 이 대류권에서 가장 큰 폭으로 감소되어 18,000피트에서 2분의 1기압, 27,000피트에서 3분의 1기압, 34,000피트에서 4분의 1기압이 된다.

기온은 태양복사선을 흡수했다가 다시 공기중으로 방출하는 지열에 의해 주로 영향을 받기 때문에, 약 1,000피트(300m)당 2℃씩 내려가는데 이를 기온체감률이라 한다. 이에 의해 상층에 있는 차가운 공기는 무거워 계속 하강하려하고 지표에 있는 따뜻한 공기는 계속 상승하려고 한다. 이러

그림 2-1 대기권과 외공간

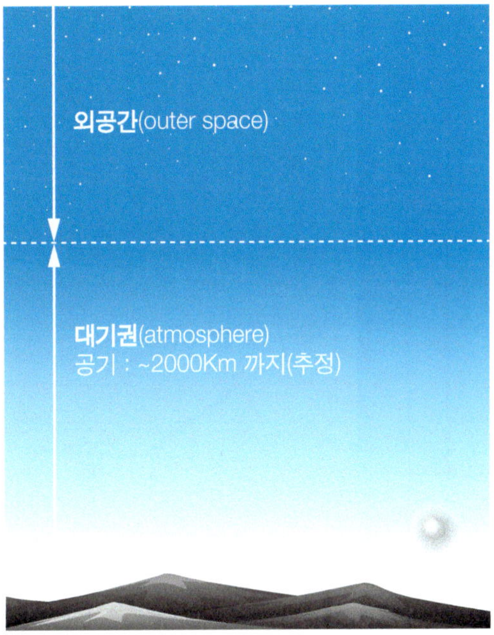

한 이유 때문에 대기는 불안정상태를 보이게 된다.

대류권에는 수증기가 존재하기 때문에 성층권과는 달리 각종 기상현상이 나타난다. 생리적 측면을 보면 1만피트는 정상활동을 계속할 수 있는 최소한의 산소분압을 얻을 수 있는 높이이다. 그렇지만 야간시력이나 복잡한 계산 등 고위중추기능이 일부 약화된다. 15,000피트까지는 순환기계통의 대상작용으로 의식을 유지할 수 있으나 그 이상이 되면 짧은 시간내에 저산소증에 의해 의식을 잃게 된다. 그리고 18,000피트 이상 올라가면 체액에서 기포가 발생하는 감압병이 발생하게 된다.

2) 성층권(Stratosphere)

성층권은 대략 10km에서 50km 고도 사이이며 공기저항이 매우 작고 기류의 불안정이나 구름에 의한 시계제한 등의 기상현상이 없다. 이러한 이유 때문에 비행에는 기상현상에 유리한 반면, 수증기의 응결(비 · 구름)로 수분이 없어져서 장시간 비행시 목이 마르고 건조해지기 쉽다.

성층권은 상부 성층권과 하부 성층권으로 구분된다. 하부 성층권은 10~30km이고 열대류가 없고 일정한 온도(등온)층으로 나타난다. 상부 성층권은 30~50km이고 오존층으로 대기가 태양의 방사선을 흡수하여 화학반응이 일어나며 이 결과로 온도상승이 있다.

성층권에는 오존층이 20~45km 사이에 존재해서 태양으로부터의 유해한 자외선을 차단해 주고 오존층의 화학반응으로 인한 성층권 온도의 상승으로 안정된 층이 된다. 오존은 유해가스로 작업

그림 2-2 대기권의 구분

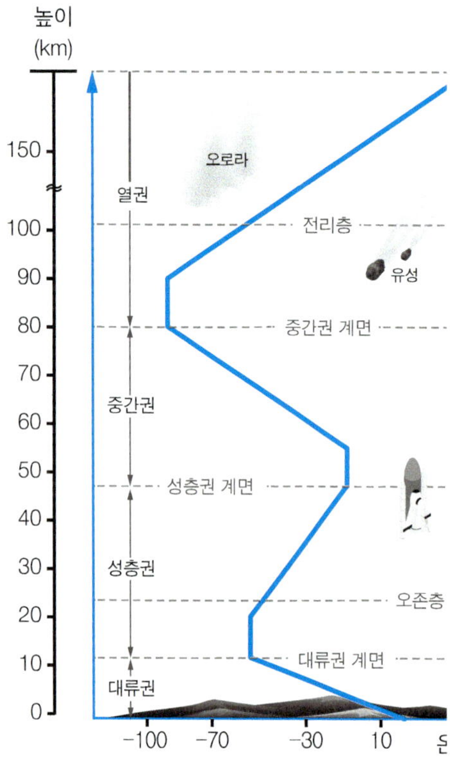

장의 경우 허용농도가 0.12ppm에 불과하며, 고고도의 오존층농도는 5~10ppm으로 고고도 운항 여객기는 치명적인 오존에 노출될 수 있다. 그러나 오존의 특성이 열에 약하기 때문에 기체내에서는 가열과 촉매로 제거된다. 따라서 인체에 치명적인 영향을 주지는 못하게 된다. 생리적인 측면을 살펴보면 100% 산소로도 산소공급이 부족해지므로 여압호흡을 해야 되는 고도가 대략 4만피트 정도이다. 5만피트는 생리적으로 우주대등고도가 되고, 63,000피트는 체액이 끓는점이 되는 고도로서 일명 암스트롱 라인(Armstrong Line)이라 부른다.

3) 중간권(Mesosphere)

중간권은 50~80km까지의 영역의 준우주권으로 기온은 고도증가에 따라 온도가 감소하며 −70℃까지 떨어진다.

4) 열권(Thermosphere)

열권은 80~300km 상공이다. 이 영역의 특성은 전리현상이 발생하여 지상에서 발생되는 전파를 반사시킨다. 그러나 초단파와 극초단파는 통과시키는 특성이 있다.

5) 극외권

극외권은 300km 이상의 상공이다. 극외권의 특성은 지구중력의 영향이 거의 없다는 것이다.

다. 국제표준대기(ISA, International standard atmosphere)

1) 대기의 구성

대기는 혼합가스로서 질소 78%, 산소 21%, 기타 가스 1%로 구성되며, 높이 100km까지는 이러한 구성비의 변화가 거의 없다.

지구를 둘러싼 공기는 질소, 산소 그리고 나머지 가스로 구성되어 있다. 각각의 가스는 질량을 가지며 지표면에서 가장 밀도가 크다. 원자의 질량이 큰 산소는 지표부터 35,000피트 사이에 대부분 존재한다.

그림 2-3 대기의 구성

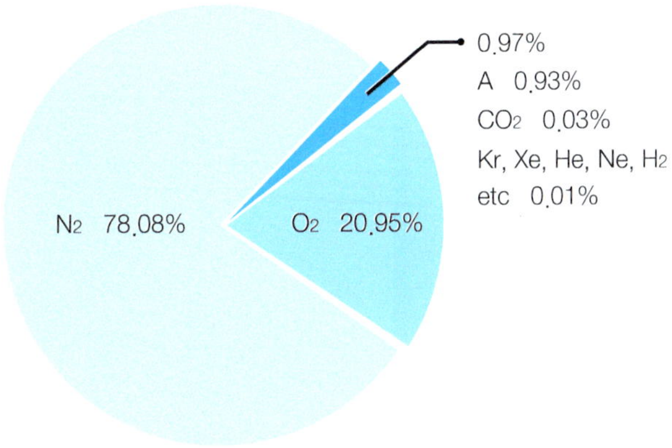

2) 대기의 특성과 국제표준대기

고도가 100km를 넘어가면 산소, 질소가 태양광의 자외선에 의해 원자상태로 존재한다. 대기의 체적비율은 고도 100km까지 거의 일정하게 유지된다. 항공기의 성능은 대기의 온도(T) · 압력(P) · 밀도(ρ) 등 물리적 상태량에 따라 변화, 또한 물리적 상태량은 장소와 고도에 따라 변화된다.

항공기의 성능을 일반화하여 나타낼 수 있는 기준으로서의 물리적 상태량 설정이 필요해졌다. 이에 따라 국제민간항공기구(ICAO)에서는 통일된 국제표준대기를 설정하여 사용하고 있다.

표 2-1 국제표준 대기의 해면에서의 값

구 분	국제표준 대기의 해면(Sea-level)에서의 값
온도	15℃ = 288.16° K = 59° F = 519° R
압력	760mmHg = 1013.25mb = 14.7psi = 29.92 inHg
밀도	1.225kg/m3 = 0.002378slug/feet3
음속	340.43m/s = 1116feet/s
점성계수	1.783×10−5kg/m = 3.72×10−5slug/feet · s

라. 대기압

대기압이란 지구중력에 의해 생기는 공기의 무게, 즉 단위면적당 작용하는 공기의 압력으로 psi, mb, mmHg 등으로 표시한다.

평균 해수면에서의 대기압을 1기압=760mmHg로 표시한다. 760mmHg란 수은기둥을 76cm 높이로 밀어올릴 수 있는 힘이다. 공기는 지표에 가까울수록 상층의 공기에 의해 압축되므로 저고도일수록 고도변화에 따른 기압변화가 크다.

그림 2-4 고도에 따른 대기압 및 산소분압

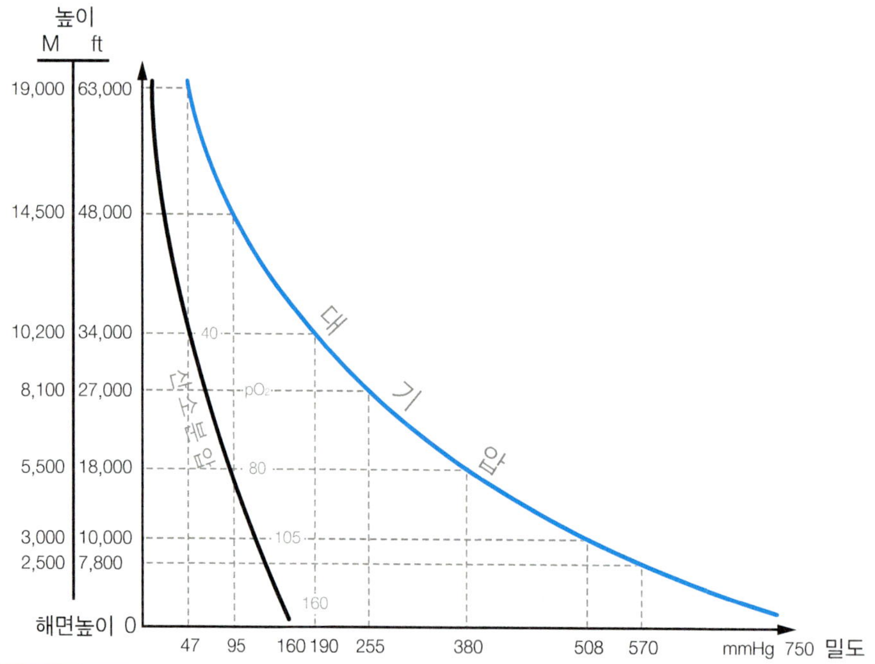

마. 산소의 분압

산소는 지구대기에서 약 21%를 차지한다. 이 비율은 고도에 따라 거의 변하지 않지만 기압은 고도가 상승함에 따라 낮아진다. 고도별로 압력의 21%가 산소이므로 Dalton 법칙에 의하여 pO_2=760mmHg×0.21=160mmHg로 해면높이가 되고 기압이 2분의 1로 감소되는 18,000피트 높이에서는 pO_2=380mmHg×0.21=80mmHg로 산소분압을 구할 수 있다.

사람의 폐를 통한 호흡은 기체의 확산법칙에 따르므로 생존을 위해서는 대기중의 산소가 충분해야 한다. 어느 정도 이상의 고도에 올라가면 산소압력이 떨어져 산소의 공급이 추가로 필요하게 되는데, 인간이 산소장구없이 정상기능이 가능한 고도는 고작 1만피트(3,000m)정도이고, 장시간 적응할 수 있는 한계고도는 18,000피트(5,500m)에 불과하다.

2. 호흡과 혈액순환

가. 호 흡

호흡은 인체가 생명을 유지하는데 필요한 산소를 인체내로 흡입하고 물질대사의 결과로 생긴 탄산가스를 배출하는 과정이다. 호흡을 통해 폐포내로 들어간 산소는 분압차에 의해 혈관으로 녹아 들어가 적혈구속의 헤모글로빈과 결합해서 심장을 통해 온몸으로 간다.

인체의 모든 조직이 동일한 산소를 소모하는 것은 아니다. 뇌와 같은 조직은 70kg 성인의 2~3%(평균 1,450g)밖에 차지하지 않지만 온몸으로 가는 혈액량의 4분의 1내지 5분의 1을 공급받기 때문에 저산소상태나 혈류량이 적어진 상태에 아주 민감하다.

호흡은 보통성인이 편안한 상태에서 1회에 500cc 정도를 흡입한다. 이는 분당 12~20회 정도이지만 최대호흡량은 5,000cc 정도로 편안한 상태의 약 10배까지 할 수 있다. 아무리 내쉬려해도 내쉴 수 없는 폐내의 공기량을 잔기용적이라 하는데 약 1,200cc 정도가 된다. 들이마시는 공기 가운데의 산소는 21% 정도이며, 내쉬는 숨가운데 산소가 16~17%가 포함되어 있다. 이 내쉬는 숨가운데 16~17%의 산소 때문에 구강대 구강(Mouth to Mouth) 인공호흡법이 가능한 것이다. 또한, 한겨울에 작은 방에서 문을 닫고 자도 질식사를 하지 않는 이유가 이러한 이유 때문이다.

우리 몸은 에너지를 저장할 수 있지만 산소를 저장할 수는 없다. 그래서 하루를 굶어도 생명에는 지장이 없으나, 뇌로 전달되는 산소는 단 몇 초만 차단되어도 의식을 잃게 되고, 5분만 산소가 공급되지 않으면 뇌에 치명적인 손상을 입게 된다.

산소를 폐로부터 우리 몸의 전신으로 운반하는 것은 적혈구내의 혈색소(Hb:헤모글로빈)이다. 이 혈색소는 산소분압에 따라 반응한다. 산소분압의 반응곡선은 〈그림 2-5〉에서 보는 바와 같이 S자

그림 2-5 산소분압 및 헤모글로빈 산소포화 곡선

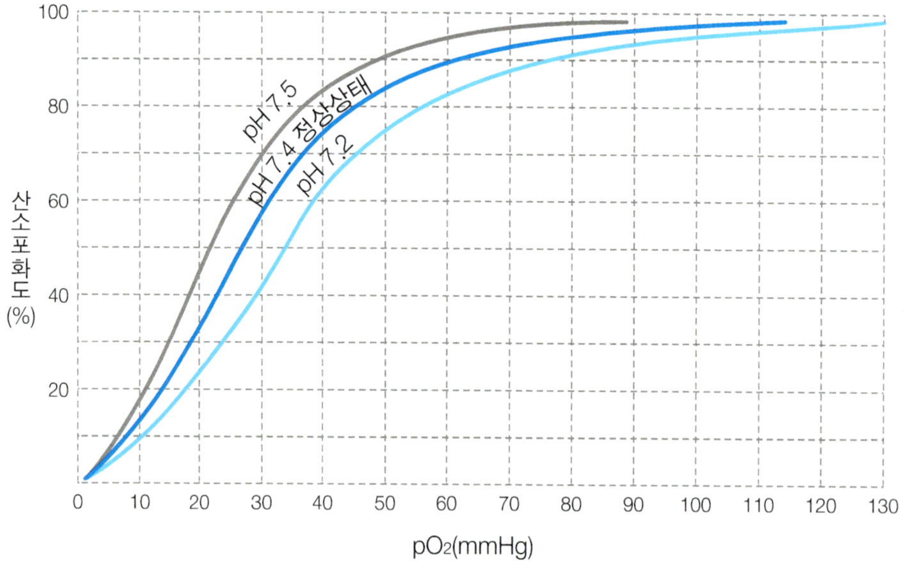

양상을 보인다. S자 곡선의 특성 때문에 산소분압이 60mmHg 이하로 감소하면 급격히 혈색소 포화도가 떨어지고 60mmHg 이상에서는 거의 일정한 양상을 보인다. 인체폐포의 산소분압이 60mmHg로 떨어지는 고도(보통 1만피트)이상으로 상승하면 저산소증에 의한 의식상실을 가져올 수 있다.

과다호흡시 폐내의 이산화탄소(CO_2)가 공기중으로 빠져나가 혈액이 알칼리성이 되면 혈색소(Hb:헤모글로빈) 산소해리곡선이 좌측으로 이동한다. 이때는 혈색소에서 산소해리가 잘 이루어지지 않아 조직은 저산소상태에 빠지게 된다.

나. 비행환경과 산소부족

항공운항에서 고려하는 대부분의 비행관련 요소들은 고도와 관련되어 있다. 비행중 운항환경과 대부분의 비행이 이루어지는 대기권에서 여러 외부환경요소들은 정상적인 비행과 관련된 것들이다. 기온·대기압력·진동·난기류·소음·오존·고고도의 자외선방사·전리방사능층 등이 대부분 비행중 운항환경과 밀접하게 관련되어 있다.

비행과 관련된 인적요인에서는 대류권과 일부 성층권에서 운항에 필요한 요소들과 제한되는 요소들에 대하여 주의해야 한다. 공기는 앞서 살펴본 바와 같이 전체적으로는 질소 78%, 산소 21%, 기타의 다른 기체들(아르곤, 수증기, 이산화탄소 등)이 1% 정도로 구성되어 있다. 인체의 세포들은 산소를 필요로 하며 산소는 호흡을 통해서 각각의 세포에 공급되고, 음식물을 산화시켜 생산된 찌꺼기들을 이산화탄소로 처리하는 역할을 한다. 즉, 호흡은 산소와 이산화탄소를 환경과 조직 사이에서 교환하는 것으로 이 과정은 모세혈관의 표면과 폐의 알베오리 주머니(산소를 혈액에 흡수시키며 탄소가스를 혈액에서 배출시키는 작용)에 존재하는 압력과 외부의 대기압력의 차이를 이용하여 이루어진다.

산소와 이산화탄소의 찌꺼기들은 피를 통해 인체내에서 운반된다. 산소를 혈액내로 주입시켜주는 힘을 산소압력이라 부르며 산소압력은 고도상승에 따라 줄어든다. 1만피트 이상을 비행하는 항공기에 여압체계가 있는 것은 인체의 산소요구와 관련이 있다. 최근 항공기 대부분은 8,000피트 이상을 비행할 때 조종실과 객실에 8,000피트 정도의 압력을 유지시키고 있다.

다. 신체내 산소의 균형

인간은 소화와 흡수로 얻은 영양물질을 산화시켜 생명을 유지하는데 필요한 에너지를 얻는다. 산화를 위해서는 산소가 필수요소이므로 생물은 호흡 등을 통해 산소를 체내 또는 세포로 받아들인다. 인간의 신체는 복잡한 과정을 통해서 산소의 균형을 유지한다. 공기는 코와 입을 통해 우리 몸으로 들어가서 기관지까지 내려간 다음 폐의 알베오리 주머니에 다다르게 된다. 알베오리 주머니는 산소를 모세혈관 막 사이에 확산시켜 혈관안으로 들어가게 한다.

피는 폐에서 얻은 산소를 지닌 단백질분자와 혈색소를 혈액내에 지니고 있어 그것들을 세포조직

그림 2-6 대기권내 고도에 따른 산소의 양

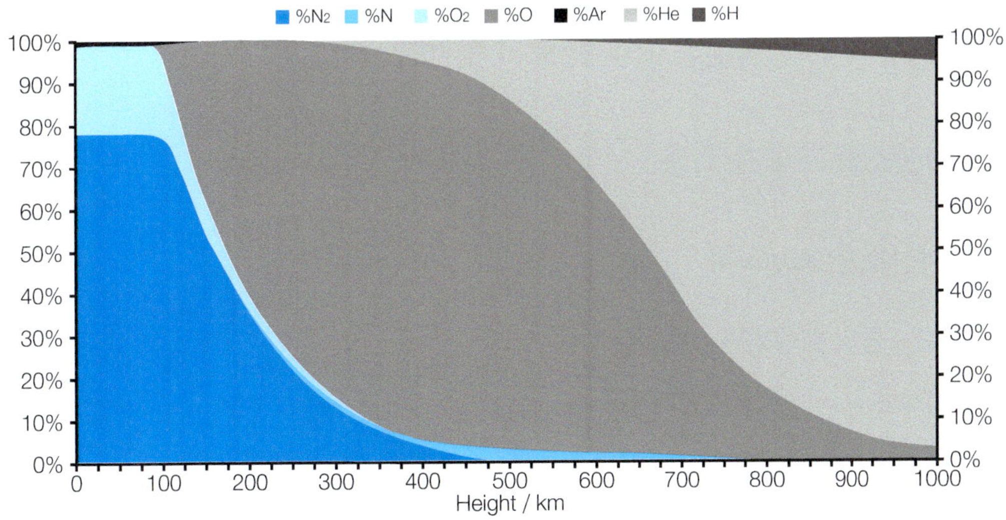

들로 운반하는 운송의 중간과정에 있다. 일반적으로 건강을 유지하기 위해 항공승무원이 금연하는 가장 큰 이유는 흡연이 혈색소의 산소운반능력에 해로운 영향을 미치기 때문이다. 해로운 영향은 흡연이 혈색소내의 이산화탄소의 양을 증가시키는 것으로 나타난다. 혈색소는 이산화탄소에 친화력이 산소보다 더 강하기 때문에 혈색소는 동시에 두 가지의 기체를 운반할 수 없고, 이산화탄소를 산소보다 우선하여 운반하며 이러한 현상의 결과는 저산소증으로 나타나기 쉽다.

저산소증은 조직내 산소가 충분한 기능이나 작용을 하지 못하는 증상으로 정의하고 있다. 어떤 조건하에서 개인의 신체조직내에서 산소를 얻지 못하는 경우가 발생하며, 산소가 없는 상황은 무산소증 혹은 산소결핍(anoxia)이라 부른다. 산소결핍은 인체의 뇌나 기관 등에 영구적인 피해를 입힐수가 있다. 대기권내의 공기에서 산소의 양은 고도에 따라서 다음과 같이 감소한다.

공기중에 실제로 산소는 21%로 이루어져 있고 이 비율은 고도에 따라 줄어들지 않고 유지된다. 그러나 공기 가운데 21%의 산소가 있다 하더라도 전체대기의 압력과 밀도는 고도가 상승함에 따라 줄어들기 때문에 공기의 양 자체가 줄어들게 된다. 따라서 해면에서 일정한 공기의 양은 높은 고도에서의 동일한 양의 공기보다 압력과 밀도가 더 크다. 동일한 양의 공기라 하더라도 21%의 산소가 포함하고 있는 공기는 해면보다 높은 지대에서 실제 산소의 양이 더 적게 포함되게 된다.

고도증가에 따라 감소한 산소의 양을 메우기 위하여 높은 고도에서는 산소마스크를 사용한다. 만약 항공승무원들이 100% 산소를 호흡하고 있다면, 해면과 동등한 산소를 33,000피트까지 유지할 수 있으며 4만피트까지 정상적인 임무를 수행할 수 있다. 4만피트 이상에서는 정상적인 호흡이 불가능하며 압력호흡(Pressure Breathing)이 필요하다.

항공안전법(제52조)에서는 항공계기 등의 설치·탑재 및 운용 등에 항공기 안전운항을 위하여 필요한 사항을 정하고, 산소저장 및 분배장치 등에 관한 구체적인 사항은 시행규칙에서 정하도록 하고 있다. 관련하여, 항공안전법 시행규칙(제114조)에서는 산소저장 및 분배장치에 대한 구체적인 요구사항을 제시하고 있다.

3. 저산소증과 과호흡증

가. 저산소증(Hypoxia)

1) 저산소증의 발생원인

인체내의 세포들은 생존에 필요한 에너지를 산소대사를 통하여 얻고 있다. 호흡으로 폐를 통하여 체내로 진입한 산소분자들은 폐의 모세혈관벽을 투과하여 모세혈관내를 흐르고 있던 적혈구의 헤모글로빈에 결합하게 된다. 산소를 결합한 적혈구는 전신순환을 통하여 몸 전체의 세포들에게 필요한 산소를 공급해 준다.

저산소증은 체내에 산소가 부족한 상태 즉 혈중산소 포화도가 90% 미만을 의미하는데, 저산소증의 가장 중요한 문제는 뇌로의 산소공급부족이다. 각 조직에 따라 산소소모량이 달라서 산소의 요구양이 다른데 뇌는 인체조직 중 산소소모가 가장 많은 조직으로 저산소증에 가장 취약하다.

고고도비행에 있어서 가장 문제가 되는 것은 산소의 부족으로 인한 영향이다. 고고도비행에 있어 경험하게 되는 저산소증은 오래전부터 항공기사고를 유발하는 요소가 되어왔으며, 앞으로도 항공·우주비행에 있어 하나의 커다란 위험요소로 계속 남게 될 것이다. 저산소증이 특히 문제가 되는 것은 비행중 그 증세가 발생하였을지라도 항공기 승무원들은 이를 쉽게 인지하지 못한다는 데 있다. 따라서 항공기 승무원들은 비행안전을 위하여 저산소증에 대한 철저한 지식과 저압실비행훈련이 요구된다.

저산소증이란 인체의 생리기능을 저하시킬만큼 혈액이나 세포 및 조직에 산소가 저하된 상태를 말한다. 저산소증은 원인별로 저산소성·빈혈성·조직중독성·정체성 저산소증으로 구분된다. 비행과 직접 관련된 저산소증은 저산소성 저산소증으로 호흡환경의 산소분압이 낮기 때문에 폐내의 산소분압이 저하하여 발생하는 것이다.

폐포의 산소분압이 떨어지게되면 혈류로 확산되는 산소량이 감소하게 되고 따라서 조직이 충분한 산소를 공급받지 못하게 된다. 비행중 고고도로 상승할수록 기압은 저하되고 이에 비례하여 산소분압도 낮아지게 되며 이러한 공기를 호흡하게 되면 저산소증에 빠지게 되는 것이다.

2) 저산소증 인지와 신체기능에 미치는 영향

항공기 승무원들은 훈련을 위해 만들어 놓은 저압실에서 고고도비행 중 노출되는 훈련을 받게 되며, 이 훈련중에 중요과정의 하나는 바로 저산소상태에 노출되어 보는 것이다. 이렇게 저산소증을 경험함으로써 실제 저산소환경에 노출될 때 적절한 조치를 신속히 처리할 수 있게 된다. 특히 저산소증이 항공기 승무원들에게 위험한 이유는 그 증세가 통증이나 기타 불편한 증세와는 다르게 자각할 수 없는 것에 있다.

저산소증의 증세는 사람에 따라 다르고 같은 사람이라도 때에 따라 다르다. 저압실훈련에서 저산소상태에 노출시 느낄 수 있는 자각증세는 다음에 나열하는 것들이 대표적이나, 전혀 느끼지 못하는 가운데 무의식상태에 빠질 수도 있다.

저산소증 자각증세로는 공기부족감·불안·초조함·두통·현기증·피로감·메스꺼움·오열·오한, 시력저하·시야협소증·마비감·주의력 장애 등이다. 타인이 관찰할 수 있는 저산소증 증세로는 과호흡증, 청색증, 정신혼란, 의식상실 등이 있다.

산소의 저하로 인하여 장애가 일어나는 곳은 인체의 체세포인데 신경조직은 다른 어떤 조직보다

표 2-2 고도에 따른 유효의식 시간

고도(feet)	유효 의식시간
18,000	30분 이상
22,000	5~10분
25,000	3~5분
30,000	1~2분
35,000	30~60초
40,000	15~20초
45,000	9~15초

도 산소소모량이 많기 때문에 뇌조직이 산소저하에 대하여 가장 먼저 영향을 받는다. 인체의 뇌용량은 1,450g(70kg 성인의 2~3%) 정도인데 혈류양은 전체혈액의 20~25%를 소화한다.

시각기관 중에 하나인 망막은 생태학적으로 뇌조직으로부터 파생된 것으로 충분한 산소의 공급을 받지 못할 때 먼저 시력장애를 초래하게 된다. 만약 산소부족상태가 지속된다면 뇌활동이 중지되고 사망에까지 이른다.

3) 유효의식 시간

유효의식 시간이란 저산소환경에 노출되는 순간부터 정상적인 업무수행능력에 장애가 일어나기 시작할 때까지의 시간을 말한다. 유효의식 시간이 경과될 때 가장 문제가 되는 것은 저산소증을 치료하기 위한 작업능력을 상실한다는 것이며 유효의식 시간의 경과가 곧 의식상실은 아니다.

어떤 작업을 위해 산소가 전혀없는 맨홀에 들어갔다면 유효의식 시간은 9~12초 정도가 될 것이다. 왜냐하면 5만피트 이상의 상공에서와 같이 산소를 전혀 받을 수 없기 때문이다. 고도별유효의식 시간의 평균치는 〈표 2-2〉와 같다.

4) 저산소증의 종류

저산소증은 저산소성 저산소증(Hypoxic hypoxia), 빈혈성 저산소증(Hypemic hypoxia), 정체성 저산소증(Stagnant hypoxia), 혈액독성 저산소증(Histotoxic hypoxia) 네 가지로 구분할 수 있다.

(1) 저산소성 저산소증

저산소성 저산소증은 대기중의 산소의 양이 부족해질 때 발생한다. 26만피트까지 대기의 구성은 같다, 그러나 고도가 상승할수록 공기밀도는 감소한다. 따라서 대기 중에 산소의 양이 불충분해지면 저산소증이 발생하게 된다. 예를 들어, 1만피트에서는 산소포화도가 85%까지 떨어진다.

국내항공안전법은 1만피트 이상의 비행부터 산소호흡장치가 필요함을 정하고 있다.

(2) 빈혈성 저산소증

빈혈성 저산소증은 혈액이 충분한 양의 산소를 공급하기 힘든 상태에서 나타난다. 헌혈 등으로 인해 혈액의 양이 줄거나 빈혈이 있으면 저산소증에 쉽게 노출된다. 적십자에서는 운항종사자들에게 헌혈후 24시간을 휴식할 것을 권장하고 있다. 일산화탄소(CO)의 중독, 고장난 히터시스템, 흡연 등도 산소공급에 문제를 발생시킨다. 지상에서의 3개피의 흡연은 8,000피트 비행시에도 가벼운 저산소증을 유발하는 것으로 보고되고 있다.

(3) 정체성 저산소증

정체성 저산소증은 혈액이 원활히 흐르지 못해서 체내산소공급이 불충분한 상태로 발생한다. 비행중 추위로 혈액이 수축하거나 높은 G에 노출될 때에도 발생한다. 또한, 선천적으로 심장에 문제가 있을 때에도 발생이 가능하다.

(4) 혈액독성 저산소증

혈액독성 저산소증은 체세포가 약물이나 독극물 혹은 술로 인해 산소를 공급받지 못하는 상태에서 발생한다. 소주잔 1컵 분량의 알코올은 지상에서도 2,000피트로 비행하고 있는 것 같은 저산소증을 유발한다.

5) 저산소증의 예방

저산소증은 다양한 원인들이 복합적으로 작용해 상태를 악화시킬 수 있다. 저산소증은 그 증세를 미리 알고 있더라도 본인이 올바르게 대처하기는 매우 어려운 것이다. 따라서 예방이 가장 최고의 방법이다. 건강한 몸, 균형잡힌 식사, 비행전 약물복용금지, 흡연금지, 난방기시스템 등 다양한 원인으로부터 저산소증에 대한 대비가 필요하다.

기술적으로 저산소증은 운항승무원들의 폐포내 산소분압을 60~100mmHg로 유지할 수 있도록 산소를 충분히 공급하면 예방할 수 있다. 그러므로 고고도를 비행하는 항공기는 기내에 장착된 산소장구나 조종실여압을 통하여 혹은 두 가지를 혼합하는 방식으로 기내에 적절한 산소분압을 유지하여야 한다. 여객기들은 대부분 어떠한 고도를 비행하더라도 1만피트 이하의 기내고도를 유지하기 때문에 특별히 산소장구의 사용은 필요없다.

항공당국들은 1만피트 이상의 고고도를 비행하는 항공기들에게 여압상실에 대비해 산소장구를 항상 갖추도록 규정하고 있다. 따라서 1만피트부터 34,000피트 이하의 고도에서는 호흡공기 중 산소를 보충해주고, 그 이상의 고도부터는 100% 산소를 공급해 주어야 한다.

4만피트까지 올라갈 때 필요한 여압을 가해주고 그 이상 상승시에는 여압량을 점차 늘려주어 여

표 2-3 고도에 따른 대기압과 산소요구 비율

고도(feet)	대기압(mmHg)	산소요구 비율
해면고도	760	21
5,000	632	25
10,000	532	31
15,000	429	40
20,000	329	49
25,000	282	62
30,000	225	81
35,000	187	100

압호흡으로 비행하게 해주어야 한다. 조종실고도 34,000피트에서 100% 산소를 호흡하면 해면에서 호흡할때와 생리적으로 대등한 고도가 된다. 그러나 34,000피트 이상의 고고도로 상승하면 대기압저하로 인하여 계속 100% 산소를 호흡하더라도 폐내에 형성되는 산소분압은 점차적으로 저하하게 된다. 그래서 4만피트에서 100% 산소를 호흡하는 것은 1만피트에서 대기를 호흡하는 것과 생리적으로 유사하므로 이때에는 산소보충시 압력을 가해서 호흡시키는 여압호흡이 필요하다.

그러나 5만피트 이상의 고고도로 상승하고자 한다면 마스크 내부압력이 인체가 견딜 수 있는 한계인 30mmHg 이상이 필요하게 된다. 때문에 5만피트 이상의 고고도로 비행시에는 특수여압복(즉 우주복)을 착용해야 한다. 고도에 따른 대기압과 산소비율은 〈표 2-3〉과 같다.

나. 과호흡증(Hyperventilation)

1) 과호흡증의 정의와 원인

과호흡은 과도하게 빠르고 깊게 숨을 쉬어서 체내의 이산화탄소가 정상적인 상황보다 과도하게 체외로 소실되는 상황을 의미한다. 이산화탄소는 체내에서 적정량이 존재할 때는 체액의 산도를 중성으로 유지시키는 역할을 한다.

과호흡증이란 호흡을 지나치게 빨리한 결과 폐와 혈액내의 탄산가스(CO2) 분압이 정상이하로 낮아진 상태를 말한다. 지상에서나 혹은 고고도에서 사람들이 정상상태에 놓여 있고, 또 산소장구에 이상이 없을 때에는 인간의 호흡률은 폐포와 혈액내의 탄산가스 분압에 따라 자동적으로 조절이 된다. 예를 들어, 조깅을 한다면 근육운동이 증가하여 그 부위조직에서의 에너지대사 작용이 촉진되며 그 부산물인 탄산가스분압이 증가하고 따라서 무의식중에 호흡률이 증가하여 폐내에 지나치게 축적된 탄산가스를 외부로 배출하는 대신 산소를 더욱 많이 보충하게 되는 것이다.

2) 저탄산상태

근육운동이 활발치 않은 상태에서 비행중의 긴장과 피로에서 연유되는 공포감 · 흥분 · 정신불안 또는 당황하게 될 때 호흡률이 증가된다. 이때 폐와 혈액내의 탄산가스를 외기로 지나치게 배출하여 결국 폐내의 정상적인 탄산가스 분압인 40mmHg를 유지하지 못하고 그 이하로 떨어져 혈액은 저탄산상태가 된다.

저탄산상태가 되면 산소를 운반하는 적혈구내의 헤모글로빈이 산소와 떨어지는 작용을 저하시킨다. 산소가 분해되어 조직으로 가는 양이 저하되어 인체조직에 저탄산성 저산소증을 유발시킨다. 혈액의 저탄산상태는 조직의 정상적인 신진대사작용을 저하시키고 오래 지속되면 장기의 기능 변화까지도 초래할 수 있다. 이에 가장 민감한 부위인 뇌를 보호하기 위하여 탄산가스의 분압이 떨어지면 뇌로 가는 혈관들이 수축되어 뇌에 공급되는 산소량을 더욱 감소시킨다.

3) 과호흡증 증상

과호흡의 증상은 대개는 일시적인데 심한 경우는 의식상실에 이르기까지 한다. 과호흡의 일반적인 증상은 저산소증과 비슷하므로 만약 증상이 발생하면 꼭 저산소증과 감별하여 판단하여야 한다. 이런 경우 보조적인 추가산소를 사용하고 있다면 산소가 제대로 공급되고 있는지 우선 살펴보는 것이 중요하다. 과호흡의 일반적인 증상은 시각장애 · 의식상실 · 어지러움과 손 · 발저림, 그리고 이상감각 및 근육강직이 있다.

과호흡의 초기증세로는 현기증이 가장 잘 나타나고, 증세가 어느 정도 진전되면 근육이 저리고 경직된다. 또한 판단력, 근육협동능력이 저하되고 때로는 의식을 잃을 수 있다. 과호흡증에 빠지면 저산소증과 가속도에 대한 내성이 저하되고 비행착각에 빠질 가능성이 더욱 커진다. 과호흡증은 특히 저산소증과 구별하기가 힘들기 때문에 더욱 큰 위험요소이다. 1만피트 이하에서 느끼는 현기증은 대개는 과호흡증에 의한 것이라고 볼 수 있다.

의식을 차차 잃어가는 과정에서 공포감, 불안감, 흥분 등이 제거되면 호흡이 정상상태로 되돌아오게되고 의식을 다시 회복하게 된다. 그러나 이러한 상태가 운항승무원에게 발생한다면 짧은 시간이라도 극히 위험한 상태가 될 수 있다.

4) 과호흡증 치료방법

과호흡증의 치료방법은 먼저 마음을 안정시키고, 이후 호흡률을 정상속도(분당 12~20회)로 늦추기 위해 큰 소리로 말을 하는 것이다. 또한 주변에 있는 종이봉투나 종이컵을 코와 입에 대고 자기가 내쉰공기를 다시 들이마시면 낮아진 탄산가스의 분압을 올려서 정상적인 상태로 돌아올 수도 있다. 또한, 자기가 과호흡증이라고 생각했던 것이 저산소증일 수도 있으므로 100% 산소를 호흡하는 것도 무방하다.

4. 기압증

비행중 인체가 받는 여러 가지 장애중의 하나가 기압의 변화이다. 기압의 변화는 몸안에 있는 여러 공간에 들어있는 기체의 부피를 바꾸기도 하고 녹아있는 기체를 다시 기화시키기도 하여 문제를 발생시킨다. 이런 기압의 변화는 저산소증과 함께 비행에 있어서 큰 장애요소가 되는데, 기압증의 증세로는 체강통과 감압증으로 대별된다.

가. 체강통

우리 몸에는 여러 개의 빈공간 즉, 체강이 있으며 이곳에는 공기가 차있다. 예를 들어, 장이나 폐, 귀내부의 중이강, 코주위에 있는 부비강 등이 있다. 이런 공간내의 공기는 비행을 하여 고도를 높여가면 압력이 낮아지고 따라서 부피가 증가하게 된다. 이때 부피가 증가된 공기가 밖으로 잘 배출되면 별 다른 문제가 없으나 배출구가 막히면 내부의 압력이 올라가서 통증을 유발시킨다. 반대로 하강시에는 기압이 다시 올라가 정상이 되므로 내부공기의 부피가 감소된다. 이때 외부로부터 공기가 공급되지 않으면 공간내는 저기압이 되고 이 기압의 불균형상태가 심한 통증을 유발시킨다.

1) 위장계통

위나 장에는 정상적으로 가스가 존재한다. 이들 중의 90%는 사람들이 흡입한 것이고 나머지는 소화과정이나 박테리아가 음식물을 분해하는 과정에서 발생한 것들이다. 고고도에 올라가게 되면, 이런 가스들은 팽창하여 트림이나 방귀를 통해 배출되게 된다. 배출이 잘 안되면 배가 더부룩해지면서 심한 통증을 느끼게 된다. 고고도에서 여압호흡을 하게 되면 이 팽창된 가스의 압력이 횡경막에 압력을 가하게 되어 호흡곤란을 야기할 수도 있다.

경미한 복통도 때로는 혈압의 저하나 졸도를 일으킬 수 있으므로 일단 복통이 있는 사람은 주의를 하여야 한다. 대개 이런 현상은 3만피트와 35,000피트 사이에서 흔하고 25,000피트 이하에서는 드물게 나타난다. 그러나 상승속도가 빠르면 15,000피트와 2만피트 사이에서도 복통을 일으킬 수 있다.

치료법은 가스의 배출을 촉진하기 위해 저압실이나 항공기내부를 걸어 다니거나 가벼운 운동을 하고, 증세가 심할 경우 고도를 낮추면 좋아질 수 있다. 정신적인 불안이나 신체의 피로는 이런 증상을 더 쉽게 느끼게 하므로 피해야 한다. 또한 음식물 중에 양파·배추·사과·무·콩·오이·참외 등의 야채류는 가스생성을 촉진하므로 비행전에는 섭취하지 말고, 맥주나 탄산음료 등은 마시지 않는 것이 좋다. 껌을 씹는 것도 공기를 많이 삼키므로 피한다. 불규칙적인 식사나 급히 먹거나 다른 일을 하면서 먹는 것도 증세유발 가능성을 높인다. 규칙적인 배변습관으로 가스발생을 줄일 수 있다.

2) 중이통

비행중에 일어나는 체강통 중 가장 흔한 것이 중이통이다. 귀는 〈그림 2-7〉과 같이 유스타키오관 또는 이관을 통해 코의 뒤쪽과 연결되어 외부와 압력의 균형을 이룬다.

유스타키오관의 입구는 안전밸브처럼 되어 있어 중이강내의 공기가 밖으로 쉽게 배출되지만, 밖의 공기가 중이강내로 들어올 때는 필요한 행동을 취해주어야 한다. 하강시 중이강은 저압이 되어 유스타키오관을 통해 공기가 유입되지 않으면 조직의 손상이 일어나며 심하면 고막의 파열이나 중이강내 출혈이 나타나기도 한다.

중이통은 상승시보다 하강시에 많이 일어난다. 감기에 걸리거나 목이 아프거나 하는 감염의 징후가 있으면 중이통은 더욱 더 잘 발생한다. 이를 막기 위해서는 단순히 침을 삼키거나 하품을 해도 좋고 Valsalva라고 하는 특수한 행동을 해주면 매우 효과적이다. Valsalva는 코를 풀때처럼 비강내 압력을 형성하여 이 압력이 유스타키오관을 통하여 중이내로 강제로 유입되게 하는 방법이다. 한꺼번에 오래도록 계속 불어넣는 것보다는 여러 번으로 나누어 불어넣는 것이 효과적이다.

그림 2-7 귀의 내부

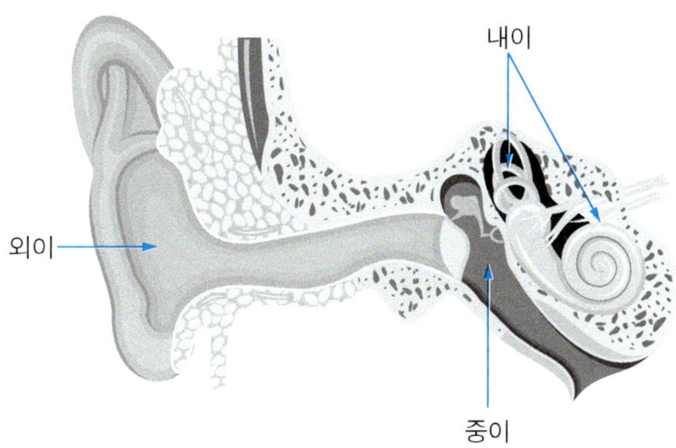

그림 2-8 인체의 부비강

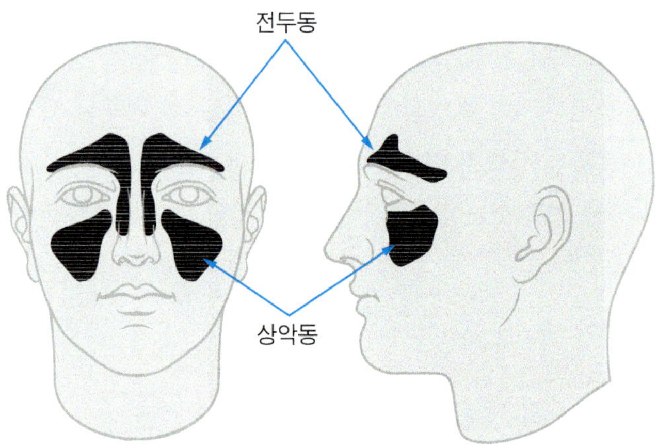

감기에 걸렸을 때(특히 코감기)는 비행을 피하고 비행이나 저압실비행 시에 중이통을 경험했을 때는 반드시 의사의 검진을 받도록 해야 한다. 비행 중 하강시에 중이통이 발생할 정도라면 중이 내의 음압으로 인해 유스타키오관이 Valsalva를 통해서도 잘 열리지 않으므로 고고도로 다시 상승하여 음압을 제거한 상태에서 Valsalva를 하면서 서서히 저공으로 하강해야 한다. 중이의 기압균형이 계속 이루어지지 않으면 국소혈관 수축제를 사용할 수 있으나 이때는 반드시 의사의 처방에 의하여야 한다.

3) 부비강통

부비강은 코내부와 연결되어 있는 빈공간으로 코로 흡입된 공기의 온도와 습도를 맞추어 주고 공기를 정화하여 우리가 외부공기를 편안히 호흡할 수 있도록 하는 곳이다.

부비강에 염증이 있는 것을 흔히 축농증이라고 부르기도 한다. 부비강은 여러 군데가 있으나 비행중에서 가장 문제가 되는 곳은 양쪽 눈위에 있는 전두동과 코옆에 있는 상악동이다.

정상적인 신체상태에서는 큰 문제가 없지만 감기로 코안에 염증이 있거나 코중간의 뼈가 휘어지는 증상같은 구조적인 이상이 있는 경우, 공기의 배출은 잘되지만 공기의 흡입에 이상이 생겨 하강시 통증이 쉽게 발생한다. 이때도 Valsalva를 하면 쉽게 해결이 된다. 통증이 심할때는 2,000~3,000피트 상승하여 비점막수축제를 투여하고 서서히 하강한다. 이런 증상은 예고없이 심하게 나타날 수 있으므로 코에 이상이 있는 사람은 반드시 비행전에 의사의 진찰을 받도록 해야 한다.

표 2-4 비행중 치통의 발생원인

구 분	비행 중 치통의 발생원인
첫째	충치의 살아있는 치수조직 혹은 변질된 치수가 기압변화에 자극되어 비행 중 치통을 유발함
둘째	치근 주위에 염증이 있다면 고고도로 상승 시 염증부위에서 미량의 가스가 외부로 빠져 나오지 못하게 되어 심한 통증을 일으킴(강하만이 유일한 치료법)
셋째	치아 내부 가스가 팽창하여 치통을 유발하기도 하며, 비행 중 발생하는 치통은 역으로 비행을 하면 곧 그 증세가 없어짐

4) 치 통

치통은 보통 고고도상승시(3만피트 이상) 나타나지만 때로는 하강시에도 나타난다. 하강시에 위쪽의 치아 여러 개가 한꺼번에 통증이 있으면 상악동의 부비강통을 의심해야 한다. 치통의 발생원인을 보면 주로 다음의 세 가지이다.(표 2-4 참조)

치통을 호소한 승무원 중에 비행 후 검사에서 치아에 아무 이상이 없으면 대체로 부비강통으로 간주한다.

5) 폐

폐에는 많은 양의 공기가 들어 있으며 통상 호흡과정에서는 별다른 문제를 일으키지는 않지만, 급상승시 기도가 이물질이나 종양에 의해 막히거나 숨을 죽이고 있으면 문제가 일어날 수 있다. 폐가 급격히 팽창하여 폐포를 파괴하면 폐혈관에 공기가 들어가 호흡곤란을 일으키는 공기색전증이나 흉강내로 공기가 새는 기흉 등이 생길 수 있지만 매우 드문 경우이다.

그림 2-9 비행 24시간 전 스쿠버다이빙 금지

나. 감압증(Decompression Sickness)

1) 감압증의 원인

감압증은 잠수부들에게서 많이 나타났던 질환이다. 심해의 고압에서 일하던 잠수부가 적응없이 바로 물위로 올라오게 되면 고압으로 몸에 녹아있던 질소가 외기의 질소분압과의 차이가 생겨서 급격하게 외부로 배출되는 과정에서 기포화되기 때문에 생기는 증상이다.

잠수부는 압축된 공기로 호흡하는데 수심이 깊어질수록 많은 양의 공기(주로 질소)가 체내혈액 속으로 액체화된다. 산소는 신진대사에 쓰여 호흡을 통해 이산화탄소로 배출되고 질소는 인체혈관 속에 남아있게 된다. 체내에 용해된 질소는 감압을 하면 기체가 되어 호흡을 통해 빠져 나간다. 잠수부가 감압없이 급격히 올라오는 경우 혈관속질소가 기체가 되어 감압병을 유발시킨다.

이러한 현상은 〈그림 2-10〉처럼 사이다병의 뚜껑을 딸때 기포가 발생하는 것과 같은 현상이다. 이러한 미세질소 기포가 혈관이나 조직에서 발생하여 증상을 일으킨다.

비행 중 발생하는 감압증은 최소 2분의 1기압 고도인 18,000피트 이상 상승시 발생하고 25,000피트 이상에서 조금 더 흔하게 발생한다. 대부분의 항공기에는 여압장치가 되어 있어 기압고도 25,000피트 이상 올라가는 경우가 드물기 때문에 18,000~25,000피트 사이에서 감압증을 경험하는 경우가 많다.

2) 감압증의 증상

감압증증상중에서 가장 흔한 것은 관절통으로 주로 어깨, 무릎, 발목과 같이 운동이 많은 관절에 생긴다. 주로 관절부위가 저리고 심한 통증을 호소한다. 주로 3만피트 이상으로 급상승하거나

그림 2-10 감압증의 원리

표 2-5 비행 중 감압증의 징후와 증상들

구 분	기포 위치	징후와 증상
감압통	팔꿈치, 어깨, 골반, 손목, 무릎, 발목	특정부위 깊은 통증, 움직여도 가만히 있어도 통증이 악화, 하강을 하더라도, 또는 시간이 흐른 뒤에도 통증 발생
신경계	뇌	혼란, 기억상실, 시각장애, 두통, 알 수 없는 피로와 행동변화, 발작, 어지러움, 메스꺼움, 구토, 무의식
	척수	가슴에 타는 듯한, 찌르는 비정상 감각, 발끝에서부터 올라오는 퍼지는 듯한 마비증상, 복부와 가슴쪽 압박감
	말초신경	요(尿) · 배실금, 손 떨림, 찌르는 듯한 느낌, 손발 저림, 무감각, 근육능력저하
질 식	폐	타는 것 같은 가슴통증, 호흡에 의한 통증, 호흡장애, 마른기침
피부 감압통	피부	귀, 얼굴, 목, 팔, 상체 가려움증, 벌레가 기어오르는 느낌, 어깨나 상부 가슴과 복부에 가려움을 동반한 얼룩덜룩 발진, 하지부종

그 이상의 고도에 오래 체류할 때 잘 나타난다.

또 다른 감압증의 증상은 피부의 반점이다. 이것은 피하조직에 작은 기포가 고여 생기는 것으로 하강하면 보통 사라진다. 이상의 증상은 하강하면 소실되고 별다른 후유증이 없으므로 큰 문제는 안 되지만 흉통이나 중추신경의 장애는 생명에 위협을 주는 큰 문제를 일으킨다. 흉통은 가슴 한 가운데가 타는듯이 아프며 기침이 계속된다. 이것은 폐를 구성하고 있는 말단조직인 폐포주위혈관에 기포가 차있기 때문에 생긴다.

이러한 경우는 매우 위험하므로 즉시 하강하여 압력을 높여주어야 한다. 중추신경장애는 다양한 증상을 나타낼 수 있는데, 주로 나타나는 증상은 시야에 물체가 가려진 것같은 반점이 생기는 것이 흔하다. 그 외에는 주변시각을 상실하고 근육이완마비와 망상증이 오기도 한다.

3) 감압증의 예방

감압증의 예방은 비행고도와 노출시간과 관련이 있다. 25,000피트 이상 비행을 할 때는 여압장치를 하여 8,000피트 이상의 저압에 노출되지 않도록 해야 한다. 또한 고공을 비행해야 하는 경우는 미리 100% 산소를 호흡하여 체내의 질소 양을 감소시켜 주면 감압병의 발생이 크게 감소한다. 또 고고도를 비행할 때는 신체활동을 될 수 있는 한 줄여야 한다. 산소의 소모량이 많아져서 저산소증에 빠질 가능성도 높아지고, 사이다병을 흔들면 기포가 생기듯이 신체활동이 기포생성을 촉진하기 때문이다.

4) 감압증발생시 조치

감압증이 발생하면 먼저 안전고도인 25,000피트 이하로 하강하여야 한다. 단순한 관절통도 중추신경장애의 전조증상일 수 있으므로 관절통이라고만 판단하지 말고 빨리 하강하여 착륙하고 의사의 진찰을 받아야 한다. 단순한 관절통이나 피부발진은 하강을 하여 100% 산소를 흡입하면 좋아지나, 흉통이나 중추신경이상 또는 100% 산소치료에도 반응하지 않는 관절통 등은 가압실치료를 받아야 한다.

5. 가속도(Acceleration)

인간의 신체에는 지구의 중력이 지속적으로 작용하고 있으며, 우리의 신체는 이러한 환경에 잘 적응되어 있다. 그러나 현대항공기는 고속으로 비행하고 기동할 수 있으며, 이에 따라 항공승무원들은 여러 가지 신체적 장애현상을 유발하는 고가속도에 노출된다. 고가속도에 의해 유발되는 생리적 장애현상은 비행안전과 밀접한 관계가 있으므로 고성능항공기 운항승무원은 가속도에 대한 올바른 이해와 극복책을 습득하는 일이 매우 중요하다.

가. 물리적 고찰

1) 가속도

가속도는 물체의 단위시간당 속도변화를 말하며, 속도와 마찬가지로 크기와 방향을 가지는 벡터량이다. 따라서 가속도는 직선운동의 변화율에 의한 선형가속도, 운동방향의 변화에 의한 구심가속도와 앞의 두 가지 결합에 의한 결과로 나타나는 각 가속도의 형태로 분류할 수 있다.

$$\text{가속도}(a) = \frac{\text{속도}}{\text{시간}} = \frac{d^2s}{dt^2}$$

여기서, s는 속도가 변한거리, t는 속도가 변한시간이다. 가속도는 양의 값(속도 증가) 또는 음의 값(속도 감소)을 가질 수 있으며, 대표적인 단위로는 m/sec2와 피트/sec2가 있다.

중력가속도는 9.81m/sec2(32.2피트/sec2)의 값을 가지며 g로 표시한다. 중력가속도에 대한 적용가속도의 비율단위는 G이다. 따라서 적용된 가속도의 G값은 다음과 같이 구할 수 있다.

$$G = \frac{\text{적용된 가속도}}{g}$$

따라서 2G의 가속도 값은 2 × 9.81 = 19.62m/sec2이다.

2) 무 게

무게는 가속되는 물체의 질량에 의해 나타나는 힘이다. 물체가 지구중력에 노출된 경우는 특별한 경우로 무게가 질량과 같다고 정의되는 시기이다. 따라서 질량 1kg의 물체는 9.81m/sec2(중력상수)로 가속될 때 1kg의 무게를 나타낸다. α라는 값으로 가속될 때 질량(m)에 의해 나타나는 일반적인 무게(W)는 다음의 관계를 가진다.

$$W = m \times \frac{a}{g}$$

예를 들면 1kg의 질량에 29.43m/sec2, 즉 3G의 가속도를 생성하는 힘이 작용하면 3kg의 무게를 가진다.

나. 비행중의 가속도

1) 선형가속도(Linear Acceleration)

선형가속도는 방향의 변화없이 속력의 변화만으로 생기는 것이다. 일반적인 비행에서 선형가속도가 인간의 수행력을 심각하게 변화시킬 정도가 되는 경우는 거의 없으나 2~4초간 지속되는 중대한 선형가속도가 항공모함에서 사출기(Catapult)에 의한 이륙 및 착륙중에, 그리고 고성능항공기의 재연소장치(After Burner) 작동시 발생한다.

$$a = \frac{v}{t}$$

여기서, α는 선형가속도, υ는 속도의 변화, t는 υ가 발생한 시간이다.

2) 구심가속도(Radial Acceleration)

구심가속도는 속력의 변화없이 운동방향의 변화에 따라 생기며 이러한 가속도는 비행항로가 변할 때 발생하고, 항공기기동은 비행중 가속도가 발생하는 가장 보편적인 원인이다. 6~9G 또는 그 이상의 가속도가 전투기의 원형비행에 의해 수십초간 지속될 수도 있다. 가속도가 인체에 미치는 영향을 학습하기 위한 가속도 훈련장비도 마찬가지로 구심가속도를 생성한다.

물체의 구심가속도 크기는 원형경로를 따라 도는 물체의 원주속도와 경로에 따라 결정되며 다음과 같다.

$$a = \frac{v^2}{r}$$

여기서, α는 구심가속도, υ는 원주속도, r은 회전반경이다.

예를 들어, 1마일 반경의 원형경로를 따라 500mph(225m/sec)로 비행하는 항공기의 구심가속도는 204피트/sec2(62m/sec2), 또는 6.3G라는 것을 계산할 수 있다.

3) 원심력

원의 중심을 향하는 물체의 구심력은 반대방향으로 작용하는 같은 크기의 힘, 즉 원심력에 의해 균형을 이룬다. 원형비행에 의해 발생되는 구심가속도의 생리적 영향은 원심력 때문이다. 원형경로에 따라 비행중에 발생하는 원심력의 크기는 다음 수식에 의해 주어진다.

$$F = \frac{mv^2}{r}$$

여기서, F는 원심력, m은 물체의 질량, υ는 원주속도, r은 회전반경이다.

그림 2-11 선회항공기에 작용하는 힘

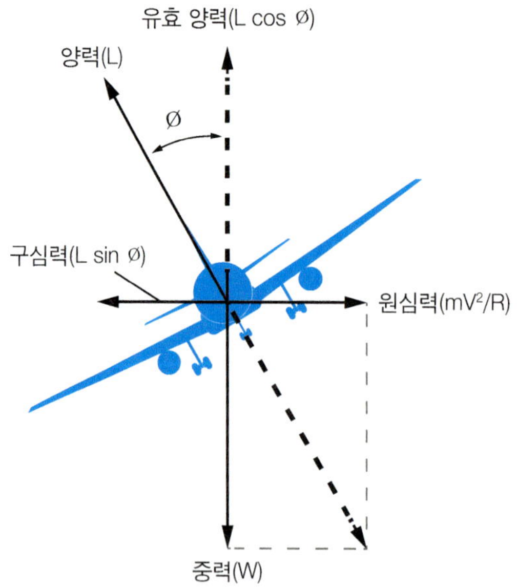

그림 2-12 가속도·관성관련 항공학적 용어

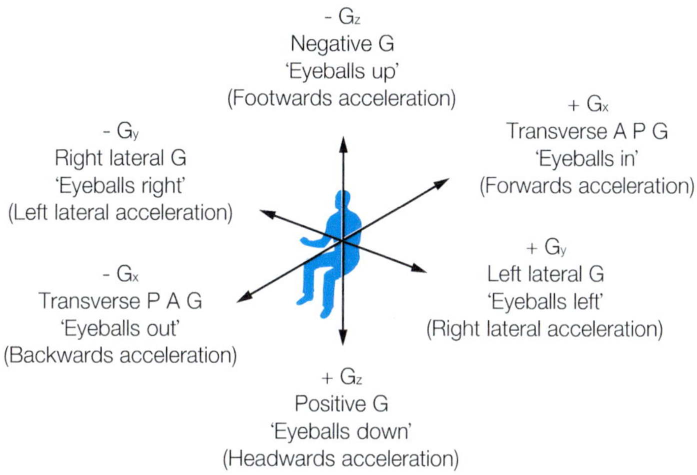

원형비행궤도를 돌고있는 항공기내의 물체는 구심가속도에 의해 발생하는 원심력에 노출될 뿐만 아니라 중력에 따른 선형가속도에 의해 발생하는 힘에도 노출된다. 원심력과 중력간의 관계는 기동중에 지속적으로 변하고, 따라서 물체에 작용하는 합력의 방향과 크기는 비행경로에 따라 변한다. 선회중인 항공기에 탑승하고 있는 운항승무원이 느끼게 되는 힘의 방향과 크기는 원심력과 중력의 벡터합(R)이 된다.

4) 가속도의 용어

가속도 또는 관성이 작용하는 방향은 3차원 좌표방식(X · Y · Z축)을 사용하여 설명하고, 여기서 수직축(Z축)은 인체의 장축과 평행하다. 적용된 가속도와 관성은 항상 반대방향으로 작용한다. 따라서 머리쪽으로의 가속도는 몸내부의 장기 및 눈과 같은 기관을 발쪽으로 향하게 하고 관성은 양의 G, 또는 +Gz라 불린다. 인체에 작용하는 가속도 및 관성의 방향을 나타내는 표준항공의학 용어는 〈그림 2-12〉에 나타나 있다. 벡터화살표는 관성의 방향을 나타낸다.

다. 양성가속도(+Gz)

기동성이 뛰어난 항공기를 조종하는 운항승무원은 종종 선회 또는 강하로부터의 회복에 따라 비행방향의 변화에 의한 지속적인 양성가속도에 노출된다. 현대의 대다수 전투기성능은 조종사에게 5~7G로 10~40초간 양성가속도에 노출되게할 수 있을 정도이다. 최신의 전투기들은 +8~10G의 가속도로 60초까지 지속할 수 있으며 기술적으로 12~14G의 가속도로 수초간 지속할 수도 있다.

1) 양성가속도의 영향

(1) 기동성

양성가속도에 의한 부드러운 조직 및 사지의 무게증가와 전체적인 몸무게의 증가는 낮은 수준의 가속도에서도 특이한 증상과 징후를 증가시킨다. +2Gz에서 얼굴의 연조직이 처지고 몸통과 사지의 무게증가가 명확히 나타난다. +2.5Gz의 경우 앉은 자세에서 몸을 일으키기가 힘들고 약 +3Gz의 경우에는 앉은 자세에서 몸을 일으키기가 불가능하다. 가속도가 +2~3Gz 이상인 경우, 조작불능 항공기에서 기계적 도움없이 탈출하기는 불가능하다. +3Gz가 넘으면 사지운동은 점차적으로 힘들어지고, +8Gz에서는 팔의 상방운동이 거의 불가능하다. 가속도가 약 +8Gz를 넘는 경우 목을 이완시켰다가 머리를 들기가 불가능하며 헬멧(2kg)을 착용했을 때, 이러한 현상은 +4~6Gz의 힘으로 발생된다.

(2) 시각

양성가속도에 노출되면 보통 다른 의식의 장애에 앞서 시각장애가 발생한다. 따라서 높은 양성가속도에 노출되면 시각은 완전히 손실되지만 청각과 정신활동은 영향을 받지않는 Black out이 발생한다. 더 낮은 단계의 가속도에서는 중심시각은 유지되고 주변시각이 상실되는 Gray out 상태가 된다. 주변시각이 상실되는 가속도단계에는 요소별로 큰 편차가 있어 개인차, 신장, 건강상태, 시야 및 목표물의 조도, 특히 근육이완 정도에 따라 변한다.

(3) 의식상실(G-LOC)

Black out이 발생하는 가속도보다 좀 더 큰 양성가속도에 노출되면 의식상실에 빠진다. +5~6Gz 정도의 가속도에서는 Black out이 나타난 후에 의식상실로 진행되지만, 더 높은 가속도에서는 아무런 시각증상없이 의식상실이 일어난다. 의식이 상실되면 근육긴장이 전체적으로 상실되고 머리와 몸통이 푹 쓰러지게 된다. 보통 경련이 일어나지만 당사자는 의식이 없으며 가속도에

표 2-6 인체에 작용하는 가속도 방향에 따른 생리적 명칭·용어

가속도 방향	관성합력 방향	생리적 명칭	표준 용어
머리쪽	머리에서 발	positive G	+Gz
발 쪽	발에서 머리	negative G	−Gz
앞 쪽	가슴에서 등	transverse A–P G	+Gx
뒤 쪽	등에서 가슴	transverse P–A G	−Gx
오른쪽	오른쪽에서 왼쪽	lefeet lateral G	+Gy
왼 쪽	왼쪽에서 오른쪽	right lateral G	−Gy

노출이 끝난 후 완전한 무의식상태가 15초간 지속되고 비슷한 시간의 혼미한 상태가 실질적인 회복에 앞서 나타나므로 일반적으로 서서히 회복된다. 생리적 기억력상실의 가능성으로 G에 의한 의식상실을 무심히 지나칠 수도 있다.

(4) Black out

동공이 확대되고 허공응시 등 안구운동능력이 상실되며 완전한 시력감소로 밖이 캄캄하게 안보이는 상태로서 평균 4.7+Gz에서 초래될 수 있다. Black out 한계치는 대개의 경우 1G/sec의 급가속으로 도달된 고가속도에서 2~4초 동안은 시력이 양호하다가 주변시가 상실되어 오직 원추시세포에 의한 중심시각으로만 계기판독이 가능하다가 1~2초 후에는 중심시마저도 감소되어 완전한 Black out이 초래된다. 이때 심혈관계의 대상작용에 의하여 2초 후부터는 두부혈압증가와 심박동수증가로 인하여 시력이 정상으로 회복되어 계속 유지되어 나가면 그때를 그 개인의 Black out 한계치로 정의할 수 있다.

(5) Gray out

주변시력 상실(Tunnel Vision)되어 시야가 흐리거나 좁혀지는 생리적 현상이 초래될 때이며 주로 4 +Gz 이상에서 발생될 수 있다.

(6) 피부모세혈관

양성가속도 노출에 의해 발생하는 하체피부 모세혈관벽을 가로지르는 높은 압력차로 체액이 조직으로 스며드는 양이 증가될 뿐만 아니라 모세혈관이 파열되어 점상출혈이 발생할 수도 있다. 약 4G 이상의 양성가속도에 반복적으로 또는 장시간 노출된 후 발과 팔에 많은 점상출혈이 나타나는 것은 일반적인 일이다.

2) 양성가속도 관련 내성요소

(1) 체온증가

체온이 증가하면 양성가속도에 대한 저항이 감소한다. 신체온도가 1℃ 상승하면 Black out이 발생하는 가속도단계는 30~40% 저하된다. 양성가속도에 대한 내성저하는 피부혈관확장과 체온증가에 대한 반응으로 발생하는 말초혈관으로의 혈액이동때문이다. 낮아진 말초혈관저항과 중심혈액량 감소는 양성가속도에 의한 동맥혈압저하를 가중시킨다.

(2) 저혈당증

양성가속도에 대한 내성은 혈중포도당 농도저하에 따라 감소한다. 포도당농도가 안정시의 값보다 50% 감소하면 Black out 한계치는 약 0.6G 저하된다. 그러나 포도당농도가 감소되자마자 추위, 허기, 발한 및 떨리는 감을 가져오는 저혈당증 반응이 나타나 가속도한계는 안정시의 값보다 약 0.5G 높게 증가한다. 양성가속도 내성의 이러한 증가는 저혈당증 반응으로 분비되는 아드레날린에 의한 동맥고혈압 때문이다.

(3) 알코올

알코올의 섭취는 양성가속도에 대한 내성을 저하시킨다. 소량의 알코올섭취시 Black out 한계치는 0.1~0.4G 저하된다.

(4) 과호흡

과호흡은 양성가속도에 대한 내성을 명백하게 저하시킨다. 2분에 걸친 강한 과다환기로 동맥혈중 이산화탄소분압이 20~25mmHg로 떨어지면 내성한계치가 약 0.6G 저하된다. 탄산부족에 의해 생기는 뇌혈관의 저항증가는 양성가속도에 노출시 뇌혈류감소를 두드러지게 한다.

(5) 저산소증

경도저산소증은 양성가속도에 대한 내성에 유익한 영향이 없는 반면, 흡기산소분압이 70mmHg까지 감소하면 Black out 한계치가 0.6G저하된다. 중등도이상의 저산소증(흡기산소분압 55mmHg)은 한계치를 0.8~1.2G 저하시키고 종종 의식상실을 초래한다.

(6) 위팽창

위의 팽창은 양성가속도에 대한 내성을 증진시킨다. 1.5 리터의 물을 섭취하면 Black out에 대한 한계치가 0.6~1.3G 증가한다. 이러한 효과는 팽창된 위가 가속도에 노출되는 동안 횡경막과 심장이 아래로 처지는 것을 감소시키기 때문인 것으로 추측하고 있다.

라. 양성가속도에 대한 대처

고성능항공기를 조종하는 운항승무원에게 있어 높은 양성가속도는 의식상실까지 이르게 하는 위험한 안전저해요인이므로 이를 극복하기 위한 많은 연구와 노력이 있어 왔다. 양성가속도에 대한 내성증진의 주안점은 어떻게 하면 눈높이의 혈압을 적절하게 유지할 수 있는가 하는데 있다.

1) L-1 기법

양성가속도에 대한 내성을 올리는 가장 효과적인 방법으로 L-1기법이 있다. 이는 자라목처럼 심장과 뇌 사이의 수직중력 거리를 최대한 단축시킨 자세에서 사지에 혈액이 몰리지 않도록 사지 근육을 긴장시키고 하복부에도 힘을 주어 심장이 아래로 처지는 것을 방지한다. 흡기후 성문(후두부에 있는 발성기관)을 완전히 폐쇄시킨다. 이때 호흡은 하복부에 힘을 준 상태로 매3초마다 빠르게 호기와 흡기를 완료하여 폐압이 내려가지 않도록 한다. 이 기법의 장점은 특별한 장비가 필요없고 다른 형태의 보호법(예, Anti-G Suit)과 결합하여 사용할 수 있다는 것이다. L-1기법을 정확하게 사용하면 1.5G의 내성증진효과를 볼 수 있다.

2) 신체훈련

L-1 기법의 불편한 점은 지속적 근육수축으로 유발되는 피로와 함께 기법의 시작시점과 간격에 주의가 요구된다는 것이다. 피로는 적절한 신체적 상태에 의해 감소될 수 있고, 체력과 무산소성 훈련이 G에 대한 내성시간을 유의미하게 증가시킬 수 있다고 연구에서 보고하고 있다. 예를 들어, 15초씩 +4.5Gz와 +7Gz에 교대로 노출되는 가속도훈련은 웨이트트레이닝으로 내성시간이 77%(232초에서 411초로) 증진되었다.

3) 자 세

심장과 뇌간의 수직거리를 줄이고 신체의 하부에 정체되는 혈액량을 줄이는 자세변화는 순환혈액량을 유지하는데 도움이 되고, 따라서 가속도에 대한 내성이 증진된다.

(1) 전방으로 기울임

상체를 엉덩이로부터 전방으로 기울이면 양성가속도에 대한 영향으로부터 어느 정도 보호가 된다. 30도 전방으로 기울이면 심장에서 뇌까지의 거리를 약 90mm 감소시키고, 이완시 Gray out 한계치는 약 0.4G 향상된다. 몸을 구부리면 심장에서 뇌까지의 혈액주가 약 1G의 내성을 얻는 것과 같은 높이인 200mm정도 줄게 된다. 그러나 이러한 기법은 조종석에서 시야가 감소되고 항공기 구조물에 머리충격의 위험이 있어 실질적으로 사용은 어렵다.

(2) 후방각도 증가

후방각도의 증가는 항공기구조에 적용되는 가속도벡터(+Gz)가 후방각도의 증가에 따라 운항승무원에 대해 점진적으로 +Gx가 되기 때문에 이완시 Gray out 한계치가 증가한다. 후방각도를 75° 로 증가하면 이완시 Gray out 한계치는 3G 올라가지만 이륙과 착륙을 위한 전방시야는 심각하게 제한된다. 이러한 원리를 이용하여 F-16 전투기의 경우 좌석이 후방으로 30도 기울어져 있다.

4) Anti-G Suit

현대의 Anti-G Suit은 운동성을 높이고 부하를 감소시키기 위해 가랑이와 무릎을 베어버린 바지모양의 복장이다. 외부억제층은 비신축성 재질로 만들어지고 그 내부는 다섯 개의 내부로 연결된 공기주머니를 포함하고 있다. 공기주머니는 복부, 허벅지 및 종아리를 둘러싼다. G가 증가하면 공기주머니는 항공기에 장착된 Anti-G밸브에 의해 호스를 통해 팽창된다. 이때 하복부에 가해지는 압력은 횡경막과 심장이 아래로 처지는 것을 방지하며, 허벅지 및 종아리에 가해지는 압력은 혈액이 하체에 정체되는 현상을 예방하는 역할을 한다.

마. 음성가속도(–Gz)

음성가속도 증가를 가져오는 비행상황은 Outside Loop, 상승후 수평비행순간, 단순 배면비행을 하는 경우이다. 음성가속도에 대한 내성은 양성가속도에 대한 내성보다 훨씬 낮고 –2Gz에서 나타나는 증상조차 불쾌하고 놀라게 된다. 더구나, 낮은 단계의 음성가속도도 작업수행력을 감소시킨다. 그러나 항공기들이 비행중 음성가속도가 1~1.5G보다 큰기동을 하는 경우는 드물다.

1) Red out

–Gz에 노출될때 밖이 빨갛게 보이는 현상으로 결막출혈에 의한 염색 때문이거나 또는 아래 눈꺼풀이 동공위로 덮여져서 밝은 빛이 통과됨에 따라 밖이 빨갛게 보인다고 보고 있으며 –2Gz이상에서 초래될 수 있다.

2) 음성가속도의 영향

음성가속도의 특별한 영향은 주로 머리와 목에서 발생한다. –1Gz에 노출되면 머리에서 팽만감과 압박감을 느끼게 되고 –2Gz에서는 심한 불쾌감이 들고 노출후 몇 시간 동안 심하게 욱신거리는 두통으로 악화된다. 두드러진 울혈(혈관일부에 정맥성 혈액양이 증가되는 상태)이 나타나고 –2.5Gz 이상에 수 초간 노출되면 눈꺼풀에 부종이 생기고 얼굴과 목에 점상출혈이 생긴다. 운항승무원은 점막내부울혈로 호흡곤란을 일으키거나 코피가 날 수도 있다. –2.5~–3Gz에서 눈은 곧 머리에서 빠져 나올듯한 불편감을 느끼게 된다. 결막은 아래 눈꺼풀에 덮이고 과도한 눈물은 하부결막의 울혈과 함께 시각을 붉고 흐리게 할 수 있다. 4~5G를 넘는 음성가속도에 6초이상 노출되면 정신적 혼동과 의식상실이 유발된다.

3) 내 성

일반적으로 사람들은 음성가속도에 대한 내성은 상대적으로 약하다. 수 초간 견딜 수 있는 음성가속도에 대한 최대내성을 살펴보면, –5Gz에서 최대 5초간, –3Gz에서는 앉은 자세로 대부분이 10~15초 견딜 수 있을 것이지만 –2Gz에서는 적어도 5분까지는 견딜 수 있다.

제2절 비행착각

1. 비행착각 개요

인류는 몇 백만년에 걸쳐서 육상과 수상, 나무 위 등에서 생활할 수 있게끔 발전돼 왔지만 공중에서 생활하도록 발전되지는 않았다. 공중에서 이동을 주로하고 있는 새들조차도 안개나 구름으로 인해 시야를 확보하지 못하는 경우는 공간정위를 유지하면서 안전하게 나는 것에 제한이 있는 것으로 연구되었다. 오직 박쥐만이 시각에 의존하지 않고 날수 있는 능력을 발전시켜 온것으로 연구에서는 보고되고 있다. 박쥐의 그러한 비행술은 청각의 반향위치탐지법(Auditory Echolocation)으로 시각을 대신할 수 있기 때문이다. 인류는 공중에서 비행이라는 새로운 환경에 우리 몸의 적응요구와 적응할 수 있는 선천적 능력 사이의 부조화 사이에 놓여 있다.

비행중(특히 계기비행 중) 운항승무원들이 인체평형기관의 감각을 그대로 받아들이고 이 감각에 의지하여 비행하려고 할 때 비행착각을 유발한다. 항공기가 계기비행환경에서 비행할때에는 우리가 일상생활환경에서는 경험할 수 없는 여러 가지 형태의 가속도에 노출되기 때문에 우리 인체의 평형기관들은 정확한 자세나 방향을 인지할 능력이 없다. 이러한 현상은 모든 인간에게 정상적인 생리반응으로서 일어나는 것이다. 특히 항공기를 조종하는 운항승무원들이 이러한 환경에 처할 때 정확하고 적절한 조치를 취하지 못한다면 극히 위험한 상태에 직면하게 된다. 대부분의 운항승무원들은 비행중 비행착각경험을 가지고 있다. 이러한 현상으로 인하여 수많은 항공기사고가 발생되었고 그 사고의 대부분이 치명적인 사고였다는 사실이다.

2. 인체의 평형기관

인체의 평형이나 정위를 유지하는 역할을 하는 것은 세 가지 기관들로 시각계통(Visual system), 내이미로전정기관(Vestibular Apparatus), 그리고 고유수용기 계통(Proprioceptive System)이다. 인체의 정위유지는 기본적으로 이들 세 가지 기관의 상호협동과 조화로써 이루어진다. 〈그림 2-13〉은 이들의 상관관계를 보여주고 있다.

이들 시각, 내이미로전정기관, 고유수용기기관은 우리가 일상적으로 경험하는 환경에서만 우리에게 정확한 정보를 제공해 줄 수 있다. 시야가 차단된 환경에서 인체가 항공기기동과 같은 복잡

그림 2-13 인체의 평형기관

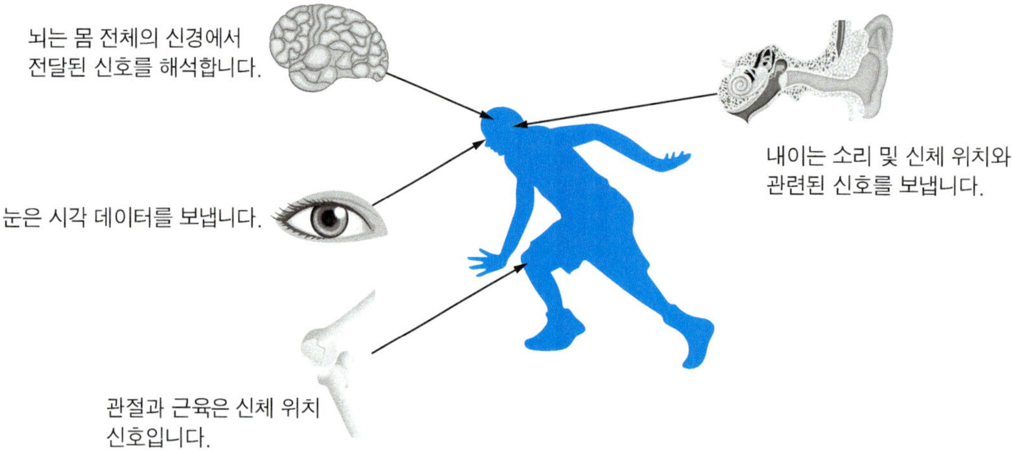

한 가속도환경 등에 노출되면 이들의 기능은 곧 혼돈상태에 빠지게 된다. 그 이유는 내이전정기관과 고유수용기의 감각매개가 되는 것이 가속력이며, 지구중력과 비행중에 발생하는 가속도는 그 물리적인 성질이 동일한 것이기 때문에 시각이 차단된 환경에서는 이를 구별할 능력이 전혀없기 때문이다. 이들 세 가지 평형기관의 기능을 설명하면 다음과 같다.

가. 시각계통(Visual system)

운항승무원이라면 좋은 시력은 필수 불가결한 요구조건이다. 하지만 시력이 아무리 좋아도 실수를 하게 되는데 이러한 실수는 착각(Illusion) 때문이다. 시각계통은 우리 인체의 평형유지에 있어서 가장 중요하고 정확한 기관이다. 시각이 우리로 하여금 평형을 유지하게 하는 이유는 참조물체들을 볼 수 있기 때문이다. 우리는 두 가지 형태로 참조물체들을 구분할 수 있다. 자연참조물과 인공참조물이 그것이다.

표 2-7 인간의 눈(원추세포와 간상세포의 구분 및 기능)

원추세포 (Cone Cell)	간상세포 (Rod Cell)
망막 중심부(황반)에 집중(중심시 담당)	망막 주변부에 고루 퍼짐(주변시 담당)
색상과 밝은 환경을 인식	사물의 움직임과 어두운 환경을 인식
주간 시각에 효과적인 기능	야간시각에 효과적인 기능
삼각뿔 형태로 생겨서 Cone이라 부름	밝은 빛에 노출되면 다시 어두움에 적응하기까지 시간이 걸림

그림 2-14 눈의 맹점(blind spot)

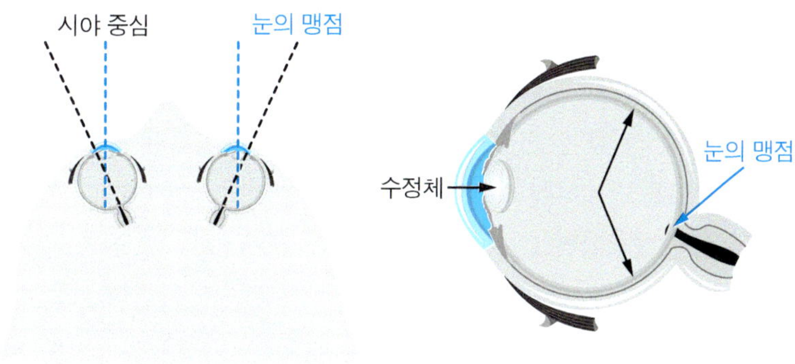

우리가 외부의 상황을 볼 수 없는 비행환경에서는 아주 간결한 인공참조물이 계기판에 나타나면 인공참조물은 자연참조물과 동일한 정도로 명확한 자극을 우리들의 중추신경계통에 전달해주지 못한다. 그리하여 계기비행환경에서는 비행계기를 의심하는 경우가 있게 되며, 이로 인하여 공간 정위를 상실하게 된다.

시각계통이 평형유지에 중요한 또 한 가지 이유는 바로 이 시각을 통하여서만 비행계기를 판독할 수 있기 때문이다 이 계기들을 종합적으로 주의분배 · 판독(Cross Check)이 가능하면 비행중에 요란이나 부주의, 기계고장 등으로 일어나는 항공기자세의 이상상태를 빠른 시간내에 간파할 수 있게 된다. 인간의 눈은 크게 원추세포와 간상세포로 구분되어 있다.

그런데 인간의 눈은 망막내에서 원추세포 또는 간상세포가 전혀 존재하지 않는 곳이 있다. 이를 맹점(blind spot)이라고 부른다.

비행중에 운항승무원은 빈장소근시(Empty-field Myopia)를 경험하기도 한다. 빈장소근시는 시야에 시각적으로 초점을 맞출만한 것이 전혀 없을때(야간 · 구름 · 연무 등), 눈이 보고는 있으나 시각을 인식하지 못하는 근시현상을 말한다. 빈장소근시현상을 경험하게 되면 운항승무원은 주변에 초점을 맞출만한 물체나 빛을 찾아 초점을 맞추어 이를 극복할 수 있다.

주간비행의 시각계통이용(Day Scanning)방법은 다음과 같다. 주간에는 눈의 중심부에 위치한 원추세포를 통해 중심시로 사물을 보도록 한다. 운항승무원은 주기적으로 골고루 중심시를 둚으로써 공중충돌을 예방할 수 있다.

이 외에도 시각은 지면의 고정된 참조물체를 기준으로 하여 항공기의 속력과 방향도 어느 정도 판단할 수 있게 한다. 그러나 시각도 여러 가지 경우 착각을 일으킨다. 예를 들면 2만피트(6,620m) 이상의 고도에서는 지면의 참조물체를 파악하는데 있어서 시각기능에 한계가 있다.

나. 내이미로전정기관(Vestibular Apparatus)

내이에는 청각기관과 별도로 미로전정기관이 있다. 이 미로전정기관 중에서 삼반규관과 이석기관이 신체의 평형을 유지하는데 중요한 역할을 한다. 이들 기관의 기능은 〈그림 2-15〉와 같다.

즉, 평형을 감지하는 기관을 전정기관이라고 하며, 전정기관에는 중력을 감지하는 이석기관과 회전(pitch, roll, yaw)을 감지하는 삼반규관이 있다. 전정기관은 인간은 시각, 체감각과 더불어 전정기관을 통해 몸의 균형감각을 느낀다.

그림 2-15 내이미로전정기관 기능

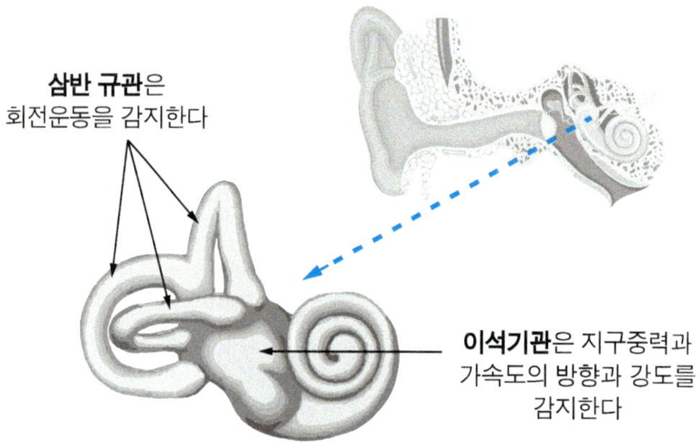

1) 이석기관(Otolith Organs)

미로전정기관의 일부분인 이 이석기관은 구형낭(saccule)과 난형낭(utricle)으로 구성되어 있다.

그림 2-16 머리를 똑바로 한 상태의 이석기관

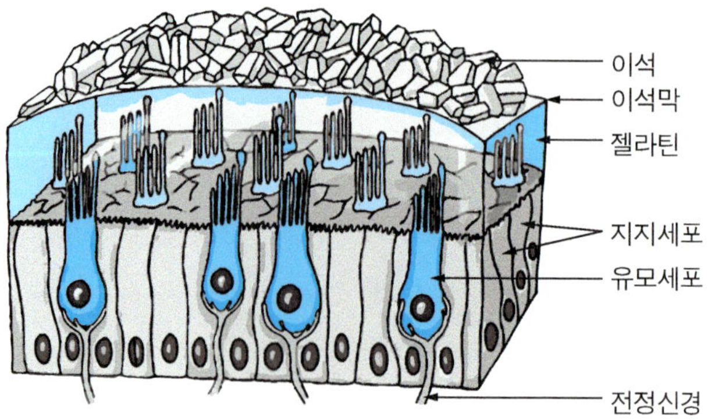

난형낭의 하부와 구형낭의 벽중간에는 모세포층이 있고 이들 각 모세포로부터는 감각모발이 솟아 있다. 이 감각모발 위에는 백악질로 된 이석을 함유하고 있는 아교질의 막으로 덮여 있는데 감각모발의 상단은 이러한 막속으로 돌출되어 있다. 이들이 평형을 유지하게 하는 기능과 감각착오를 다음과 같이 유발하게 된다.

① 이석기관들은 일상생활환경에서는 지구중력에 의하여 반응을 일으키는 것이다. 즉 우리가 머리를 움직이면 이에 작용하고 있는 각 모발을 굴절시키며 이로 인한 자극이 중추신경계통에 전달되어 머리의 자세나 위치를 지각하게 된다. 〈그림 2-17〉에서 보는 바와 같이 우리가 정자세로 유지하고 있을 때는 정자세를 지각하게 하는 신경파가 감각모발로부터 중추신경계통으로 전달된다.

〈그림 2-18〉과 같이 머리를 기울이면 지구중력에 비례한 머리의 자세에 합당한 신경파가 전달되도록 되어 있다.

② 이러한 이석기관들은 인공적인 선상가속도에도 같은 원리에 의하여 자극을 일으킨다. 그러

그림 2-17 머리 상태에 따른 이석기관의 변화(숙임이 없음)

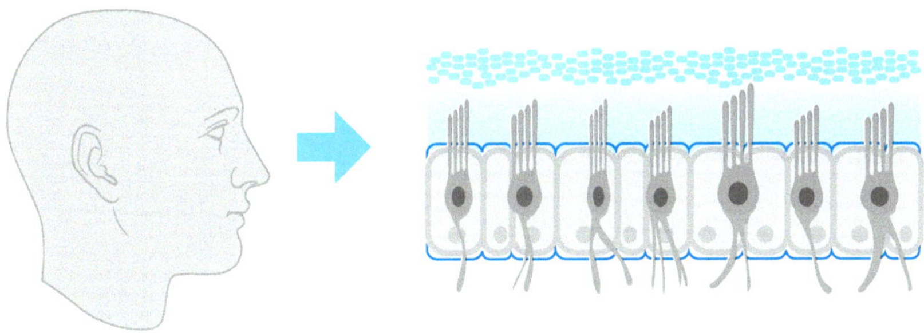

그림 2-18 머리 상태에 따른 이석기관의 변화(앞으로 숙임)

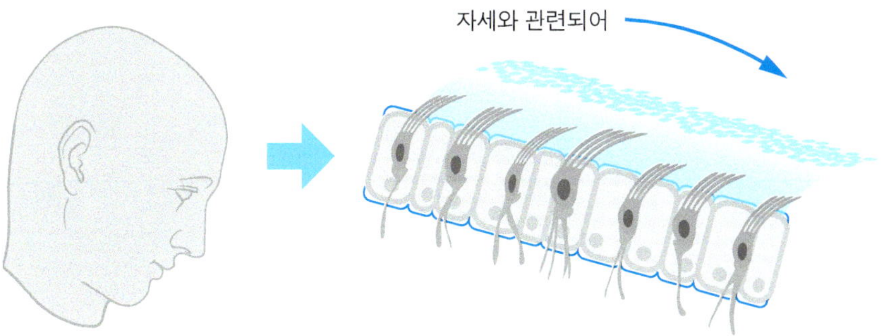

나 선상가속도에 의해서 생기는 관성의 힘과 지구중력을 정확하게 구별할 수 없다. 예를 들면 전진가속시에 이석막은 뒤로 이동하게 되고 시각이 차단되었을 때 머리를 뒤로 젖히는 것 같은 착각을 일으키게 된다.

③ 우리가 1G 정도의 구심가속도에 노출되면 지면에 비례한 항공기자세는 어떠하든 간에 정자세감을 느끼게 된다. 이석기관이 가속으로 뒤로 쏠리면 운항승무원은 마치 Pitch가 올라간 것으로 느낌을 받는다.

④ 이석기관이 감속으로 앞으로 쏠리면 운항승무원은 마치 Pitch가 내려간 것으로 느낌을 받는다.

⑤ 가·감속으로 인한 착각은 흐린날 혹은 야간에 더욱 강력하게 나타난다.

그림 2-19 이석기관의 가속으로 인한 Nose-up 자세착각

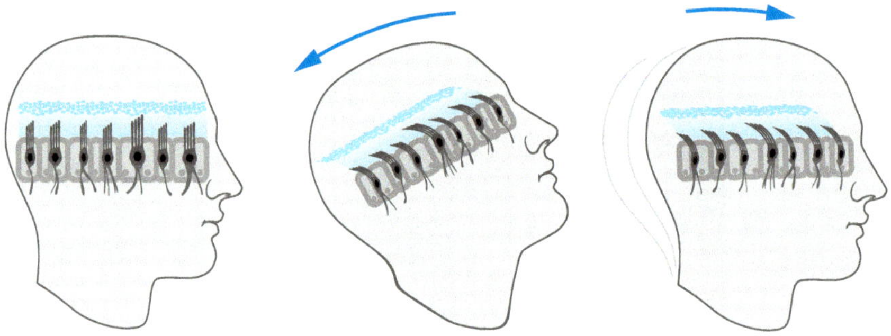

그림 2-20 이석기관의 감속으로 인한 Nose-down 자세 착각

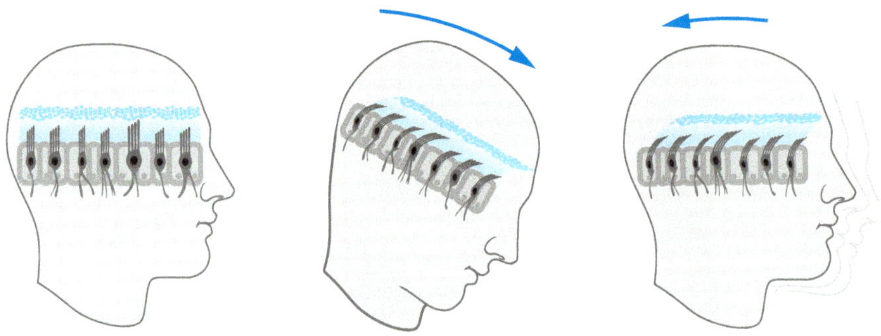

2) 삼반규관

삼반규관은 우리가 각가속도에 노출될 때 이를 지각하여 몸의 평형을 유지하고 여러 가지 운동 상태에 적응할 수 있도록 하는 것이다. 반원형으로 된 세 개의 반규관은 서로 직각으로 놓여있어서 인체가 세 방향으로 운동을 할 때 어느 방향의 운동일지라도 감지할 수 있도록 되어 있다. 이 반규관을 해부하면 〈그림 2-21〉과 같은 모양으로 되어 있다. 이 내부에는 내임파액이 있고 내부에는 감각모발이 수직으로 직립하고 있으며, 이 감각모발은 하부에 있는 미로전정신경에 연결되어 있다.

인체가 각가속도운동에 노출될 때 같은 평면상에 놓여있는 반규관내의 내임파액은 관성에 의하여 반대방향으로 흐르는 결과를 초래하게 된다. 이 내임파액의 흐름으로 감각모발이 굴절하는 반대방향의 회전감을 느끼게 된다. 이 감각모발의 자극은 결국 미로전정신경을 통하여 대뇌로 전달된다. 삼반규관이 인체의 감각에 미치는 영향은 다음과 같다.

① 삼반규관은 인체가 각가속도에 노출될 때 이를 감지할 수 있다. 이 반규관내에 있는 내임파액의 관성운동은 각가속도 시에 일어난다. 〈그림 2-22〉에서 보는 바와 같이 인체가 구심가속도에 장시간 노출될 때는 내임파액이 관성을 극복하고 인체와 같은 속도로 회전하게 되므

그림 2-21 내이의 미로전정기관구조

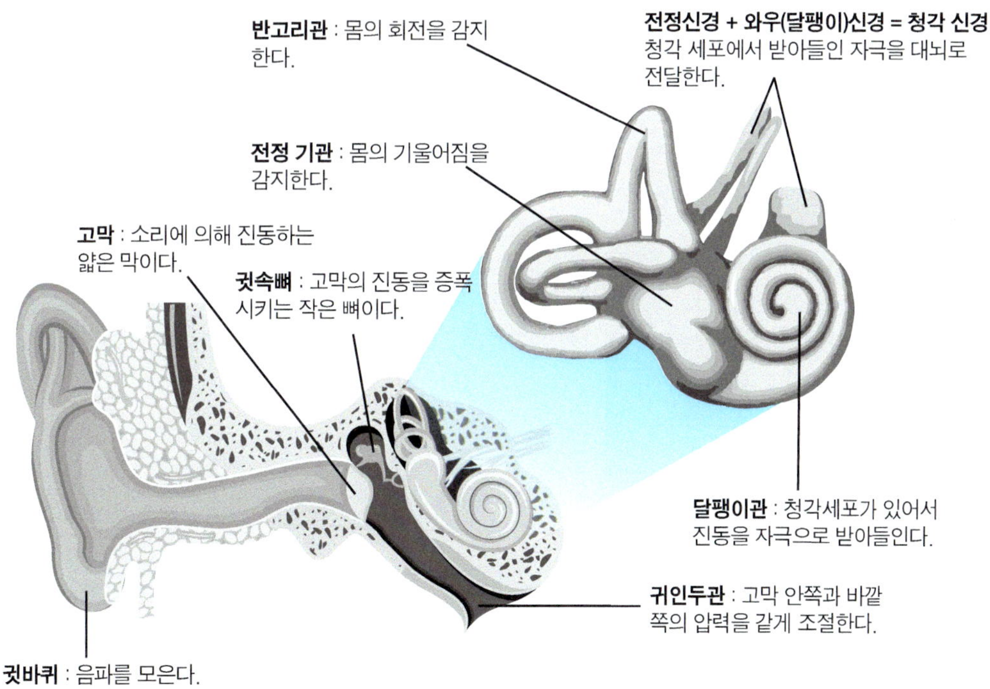

그림 2-22 삼반규관의 기능

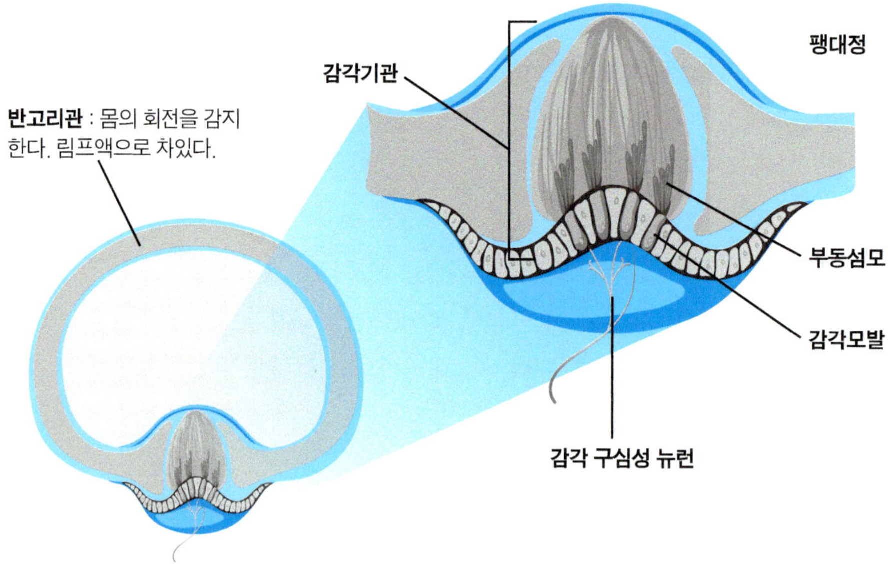

로 관내부에서의 상대운동은 0이 되어 감각모발이 정위치로 되돌아 온다. 이 경우 시각을 통한 대조물을 볼 수 없으면 정지감을 느끼게 된다. 비행과 관련된 예를 들면, 항공기가 Spin을 시작한 후 일정한 시간이 경과하면 일정한 선회율에 도달하게 된다. 이러한 구심가속도하에서는 직선수평 비행감을 느끼게 된다.

② 삼반규관들은 각감속도도 감지하게 되지만 이러한 각감속도에 노출될 때는 대개의 경우 착각을 느끼게 된다. 〈그림 2-22〉의 삼반규관에서 볼 수 있듯이 일정한 속도로 선회하다가 감속하거나 정지할 것 같으면 감각모발은 몸이 회전하던 방향으로 굴절하게 되어 그 반대방향으로 회전을 하는 것 같은 감각착오를 일으키게 된다.

③ 삼반규관들은 앞에서 살펴본 바와 같이 각가속도를 감지하지만 그 자극한계가 높은 편이다. 삼반규관의 내임파액을 자극시키면 최소한 2.5°/sec2 이상의 각가속도량이 부하되어야 하며, 그 이하일 경우 삼반규관은 이를 감지하지 못한다.

다. 고유수용기 계통(Proprioceptive System)

1) 고유수용기 계통 개요

고유수용기란 원래 내이의 미로정전기관과 피하조직, 관절 등에 분포되어 있는 지각신경섬유 전부를 지칭하는 것이다. 그러나 이 책에서는 내이의 미로전정기관을 제외한 기타 지각신경섬유만을

그림 2-23 고유수용기계통

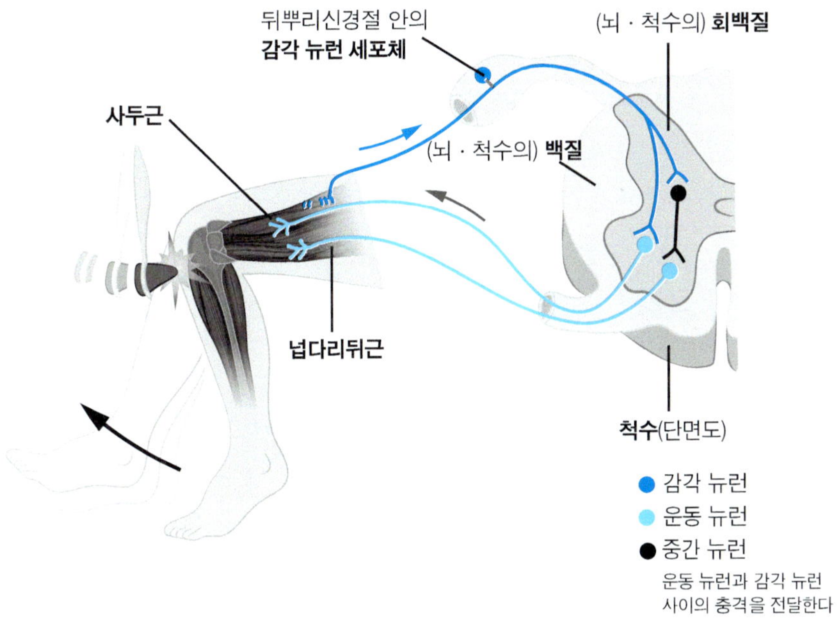

논한다. 이들 지각신경섬유들은 공간에서 우리들로 하여금 체위를 유지하게 하고, 신체가 여러 가지 환경에 적응하는데 필요한 운동기능을 관장하는 것이다. 그 중에서 특히 피하압력 감각기와 근육운동 감각기가 인체의 정위유지에 중요한 역할을 한다.

2) 근육운동감지

근육운동 감각기는 우리들로 하여금 신체의 상대운동관계와 신체부분의 상대적 위치를 감지할 수 있도록 한다. 그리고 피하압력 감각기는 지구중력에 대한 인체의 자세를 감지할 수 있도록 하는 것이다. 즉, 우리가 앉아있을 때는 엉덩이에 압력을 느끼게 되므로, 이를 판단하게 되며 기립 시에는 발바닥, 누워있을 때는 등에 각각의 압력을 느끼게 된다. 운항승무원들은 Seat-of-the-Pants-Sense라 부른다.

이 기관도 비행중에 발생하는 여러 가지 형태의 가속도를 지구중력과 구분할 능력이 없으므로, 만일 압력감각기를 통한 지각을 믿고 의지하게 되면 이것이 곧 공간정위상실상태가 될 수 있다.

3. 비행 중 착각

착각이란 잘못된 지각을 말한다. 정위(지구중력방향에 대한 자기의 위치나 자세 및 운동형태를 정확하게 판단하고 감지할 때 이를 정위 혹은 평형을 유지하고 있다고 지각함)의 착각은 지구표면의 수평면과 관련하여 사람의 위치나 운동(선형운동, 각 운동 모두포함)에 대한 잘못된 지각이다. 비행중의 착각은 시각정보를 잘못 이해하는 것과 전정기관의 오류로 인한 것으로 크게 나눌 수 있다.

가. 시각에 의한 착각

시각은 비행 중 가장 정확한 정보를 제공해주는 기관이다. 시각기관은 시각기능의 한계성 때문에 감각착오를 일으킬 수 있으며, 이것이 곧 비행착각으로까지 발전할 수 있다.

1) 착시(Optical Illusion)

착시는 시각으로 나타나는 착각의 일종이다. 기하학적 착시는 물체의 크기 · 방향 · 각도 · 모양 등의 평면도형의 성질이 주위의 선과 형의 관계속에서 다르게 보이는 것으로, 같은 길이의 수직선과 수평선이 다르게 보이는 현상 등이 있다. 달의 착시는 지평선 가까이에 있는 달 · 태양이 중천에 있을때보다 크게 보이는 현상이다.

반전의 착시는 같은 도형이 보고있는 동안 원근등의 조건이 바뀌어 다른 도형으로 보이는 것으

그림 2-24 False Horizon

로, 루빈의 술잔도형에서 여자의 얼굴이 보이는 현상 등이 있다. 물체운동으로 일어나는 운동의 착시는 유도운동착시와 가현운동착시가 있다. 유도운동착시는 달밤에 구름이 빠른 속도로 흘러갈 때 달이 구름사이를 빠르게 지나가는 것처럼 보이는 현상에 관한 착시이다.

(1) 주간의 착시(False Horizon)

False Horizon은 전선면을 따라 기울어진 채로 형성된 구름을 수평선기준으로 착각하는 현상을 말한다. 비가 오거나 흐린날에 수평선이 잘 보이지 않을 때에 주로 발생한다.

(2) 높이의 착시

운항승무원이 비행장주(Traffic pattern)를 돌 때, 장주높이의 판단기준을 항공기에 둘 때 발생할 수 있다. 운항승무원은 목측판단, 즉 높이의 판단은 항상 활주로와 수평선과의 간격을 통해 파악

그림 2-25 정상장주(우측 pattern)

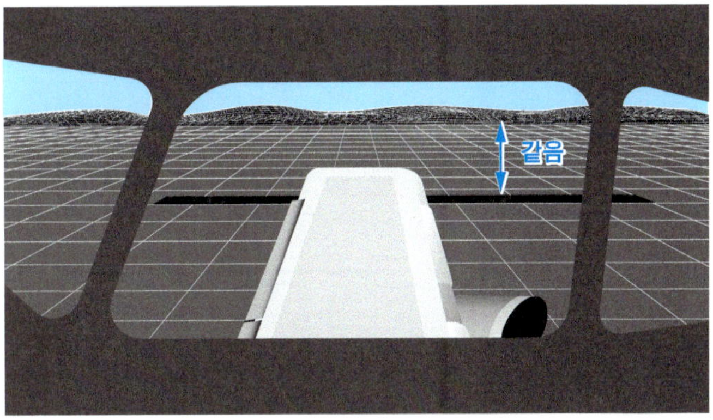

그림 2-26 정상장주(우측 pattern, 언뜻 보면 낮음)

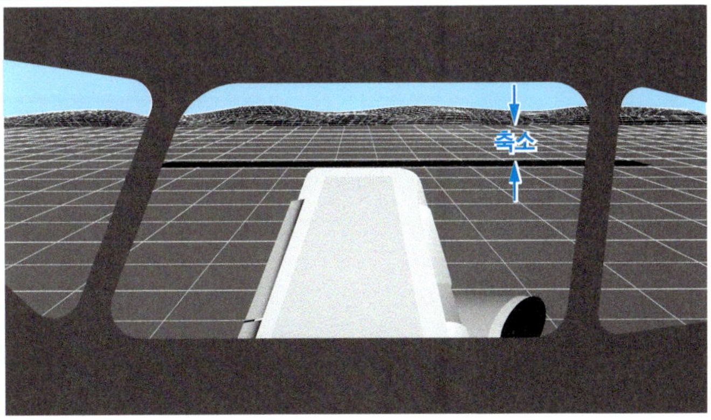

하는 습관을 기르는 것이 필요하다.

(3) 활주로 경사도(Runway slope)로 인한 착시

운항승무원이 착륙하기 위해 일정한 접근경사를 유지하면서 활주로에 접근할 때 활주로는 가장 흔히 시각에 의한 착각을 유발하는 것 중의 하나이다. 〈그림 2-27〉은 경사를 가진 활주로에서 발생할 수 있는 시각의 착각을 잘 보여준다.

〈그림 2-27〉 b처럼, 1° 의 상향활주로에 접근하는 운항승무원의 활주로에 대한 형체는 자신의 망막에 맺히는 활주로의 높이가 더 높게 느껴지기 때문에 접근하는데 너무 높다는 착각을 일으킨다. 이러한 착각에 대한 운항승무원의 자연적인 반응은 기수를 더욱 낮추어 활주로에 대한 상을 다시 형상화하려고 한다. 그 결과 지나치게 강하하여 착륙지점에 미치지 못하는 경우가 있다.

또한, 〈그림 2-27〉 c처럼, 활주로의 경사가 하향일때는 그 반대현상이 일어 날 수 있다. 이때는 망막에 맺히는 활주로상이 수평지형 활주로보다 더 낮게 느껴지므로 활주로에 접근 시 더욱 가파른 접근경사로 비행을 하게 되어 착륙지점을 지나치는 결과를 초래하게 된다.

(4) 활주로 폭(Runway width)으로 인한 착시

크기에 대한 불변성은 거리를 판단하는데 매우 중요하다. 〈그림 2-28〉 a는 익숙한 활주로 넓이

그림 2-27 경사를 가진 활주로 접근(변화)

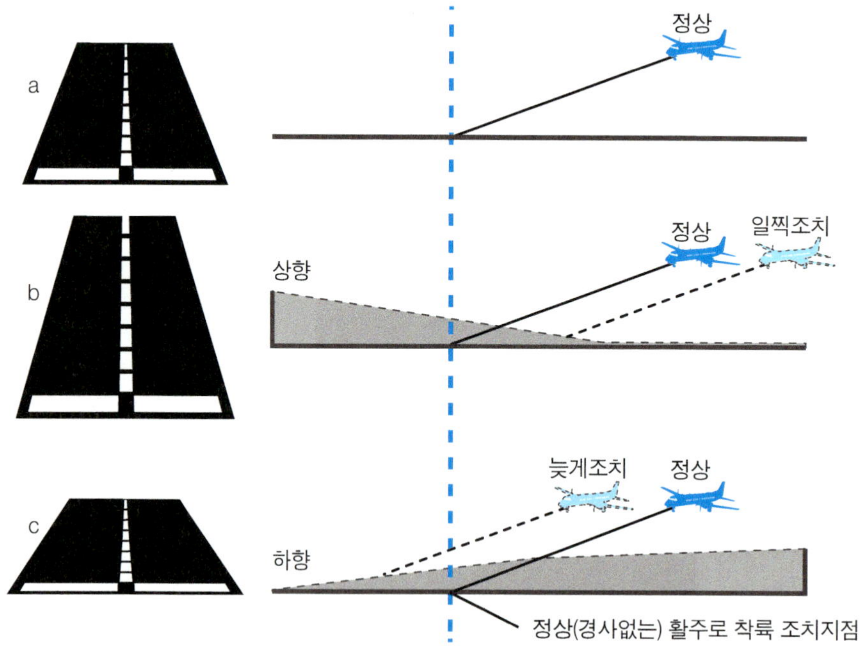

그림 2-28 넓이가 다른 활주로 접근(변화)

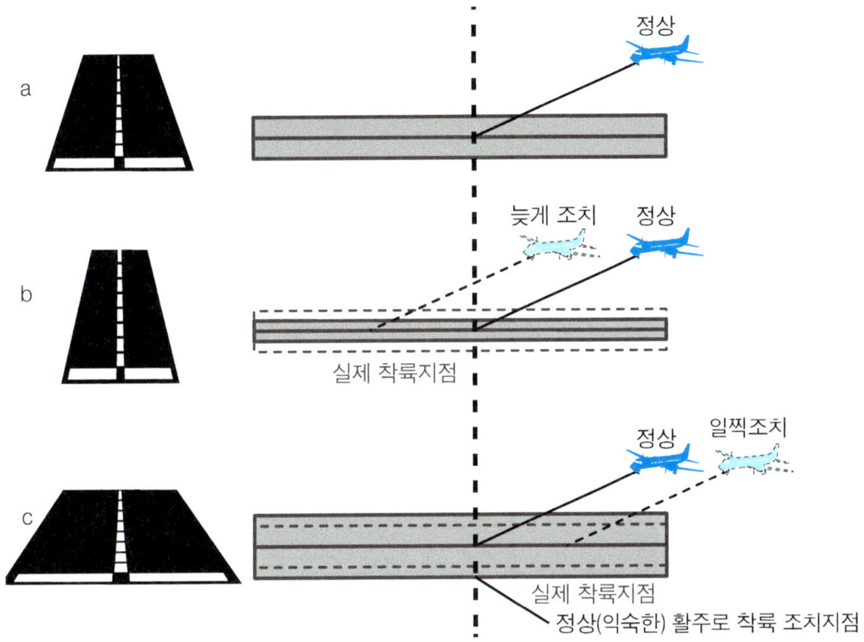

와 정상접근을 나타내고 있다.

〈그림 2-28〉 b는 운항승무원에게 익숙한 활주로보다 좁은 활주로는 착륙하기 위해 접근하는데 위험한 착각을 유발할 수 있다. 크기에 대한 불변성은 운항승무원이 좁은 활주로를 실제보다 더 멀리 있게끔 지각하도록 한다. 따라서 운항승무원은 활주로가 정상크기로 보일때까지 비행하여 너무 늦게 착륙과 관련된 조치를 취하게 되므로 정상착륙지점을 지나치게 될 것이다.

이와는 반대로 〈그림 2-28〉 c처럼, 좁은 활주로에서 운항승무원이 고도가 높다고 판단하여 지나치게 급강하하면 활주로에 못 미치는 결과를 초래할 수도 있다. 반대의 경우 기대한 것보다 더 넓은 활주로는 활주로에 너무 가깝게 있다고 느끼게 되어 운항승무원은 너무 일찍 착륙절차를 취하게 되어 활주로에서 너무 먼 곳으로부터 내려오게 되므로 착륙지점에 못 미치게 된다.

이러한 활주로 넓이에 대한 두 가지 착각 모두 야간에 주변시에 대한 정위참조가 크게 부족할 때 문제가 된다. 운항승무원이 야간에 너무 높은 곳에서 착륙을 취하는 일반적인 경향은 활주로의 실제 가장자리로부터 활주로 등을 옆으로 옮겨놓아 실제보다 더 넓고 가깝게 보이도록 만들었다는 사실에 부분적으로 기인한다. 그러나 야간에 더욱 심각한 문제는 운항승무원이 익숙하게 사용하던 활주로보다 더 좁은 활주로를 가진 익숙하지 못한 비행장에 도착할 때 활주로의 짧은 곳에 착륙하거나 지나칠 수 있다는 것이다.

그림 2-29 접근경로 경사를 가진 활주로 접근(변화)

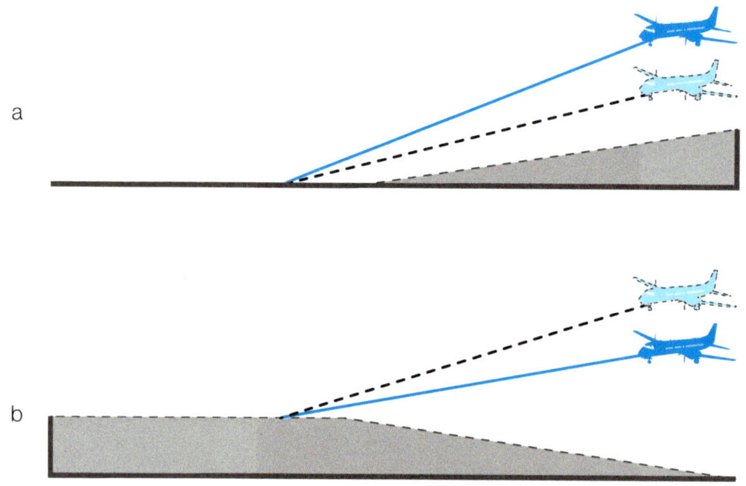

(5) 접근경로의 지형에 따른 착시

접근경로 아래지형의 경사와 구조 또한 착륙지점 상공의 고도에 대한 운항승무원 판단에 영향을 줄 수 있다. 만약 활주로가 접근지역 지형보다 낮은 위치에 있으면 운항승무원은 활주로가 접근방향지형과 수평일 때보다 더 급강하각도로 접근하려는 경향, 즉 〈그림 2-29〉 a에 있다.

〈그림 2-29〉 b처럼, 반대로 활주로가 접근지역 지형보다 높은 위치에 있으면, 운항승무원은 완만한 하향각도로 접근하려는 경향이 있다.

그림 2-30 접근경로 수목크기에 따른 접근(변화)

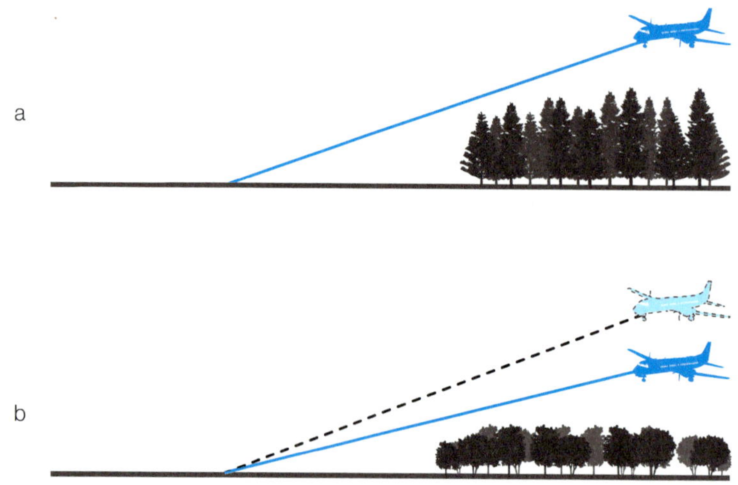

접근하는 지형상공의 고도에 대한 추정이 시각과 주변지형 등에 의존한다 하더라도 시각의 영향이 보다 강하다. 시각과 크기에 대한 불변성은 운항승무원들이 익숙하지 않은 지형의 상공을 비행할 때 종종 고도와 거리판단을 잘못한다.

2) 야간시

정상적인 착륙접근은 시각과 주변 참조물체를 모두 활용하지만 시계만을 확보함으로써 운항승무원에게 상당한 어려운 상황이 있다. 그것은 활주로 접근조건이 참조물체를 잃을 때(Black-hole)와 주변이 하얗게 될 때(White out)의 접근이다. 참조물체를 잃을 때 접근은 깜깜한 밤에 수평을 분간하기 어려운 수면위나 활주로에 이르는 지형에 불빛이 없는 상황에서 이루어지는 접근으로 활주로등만을 볼 수 있는 최악의 경우이다.

그림 2-31 참조물 부재시 불빛이동이나 경사로 인지

(1) 야간시와 야간맹점(Night Blind Spot)

간상세포는 어둠속에서 빛을 인식하는 능력이 원추세포보다 1만배 이상 탁월하며, 빛이 약한 야간에는 오직 간상세포로만 사물의 구분이 가능해진다. 원추세포가 많고 간상세포가 부족한 시야의 중심은 야간에 야간맹점이 된다. 야간맹점을 피하기 위해 운항승무원은 야간에 사물을 바라볼 때에는 시야의 중심으로 부터 5~10° 벗어난 주변시로 보면서 비행을 해야 한다.

그림 2-32 야간맹점

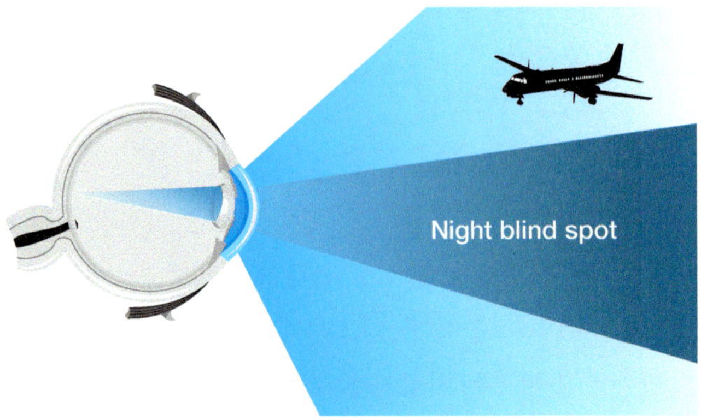

(2) **야간관찰방법**(Night Scanning)

야간비행시 관찰방법은 위쪽(원거리)에서 아래쪽(근거리)으로 좌우로 하는 것이 효과적이다. 각각의 관찰지점마다 폭은 약 30°에 지점마다 관찰시간은 2~3초 이상 머물지 말아야 한다. 목표물 포착후에는 목표점 좌·우·상·하를 주변시를 활용하여 2~3초가 넘지 않도록 지속적으로 관찰이 이루어져야 한다.

그림 2-33 야간관찰 기술 1

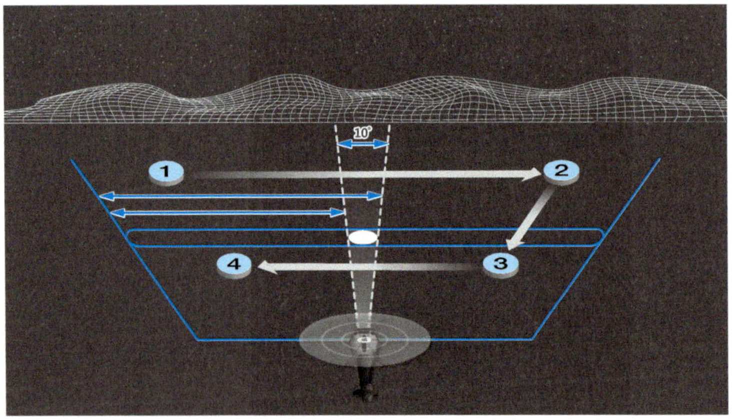

그림 2-34 야간관찰 기술 2

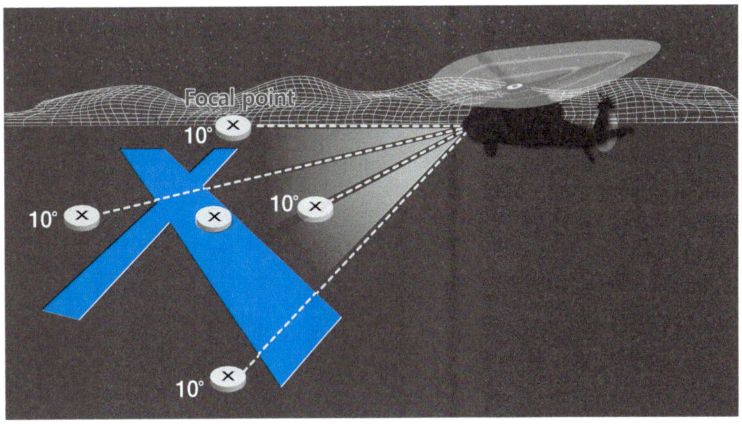

(3) 암순응(Dark Adaptation)

암순응은 인간의 눈을 야간에도 잘 볼 수 있게끔 적응시키는 것을 말한다. 어두운 환경아래 있을 때 간상세포가 활성화되기 위해서는 대략 30분 정도가 소요된다. 하지만 이런 암순응은 눈이 적정량이상의 빛에 노출됐을 때 완전히 파괴되며, 다시 야간시를 활용하기 위해서는 오랜시간의 암순응이 필요해진다.

암순응을 보호하기 위해서는 다음의 조치가 필요하다. 첫째, 선글라스를 활용한다. 선글라스를 활용하여 어둡이 오기전 미리 눈을 암순응하는 것이 좋다. 둘째, 산소보충이 있다. 저산소증은 야간시력을 떨어트린다. 또한 산소보조장치 없이는 기압고도 4,000피트부터 야간시력이 감소된다. 저산소증으로 야기된 야간시력의 감소는 고도를 낮춰 하강하여도 회복이 어렵다. 셋째, 강한 불빛을 회피한다. 비행 중 강한 불빛을 피하거나 실내의 조명을 약하게 유지함으로서 야간시를 유지해야 한다.

(4) 조종석 불빛

조종석의 불빛은 야간에 주의깊게 운영되고 조절되어야 한다. 적색조명은 야간시각을 보호해 주며 특정색상을 왜곡시키는 단점이 있다. 어두운 백색등과 약한 플래시라이트는 야간비행의 지도확인 등에 활용될 수 있다. 조종석 밝기는 조종석 계기판과 실내등이 필요한 만큼보다 더 밝지않도록 주의깊게 운용되어야 한다. 만일 눈이 흐릿해진다면 자주 깜박거림으로써 도움을 받을 수 있다.

(5) 시각의 자가운동

주변참조물이 최소화되었을 때 일어나는 한 가지 당황스러운 착각이 시각의 자가운동이다.

자가운동은 어두운 배경에서 하나의 불빛을 오랫동안 응시할 때 발생한다. 안구의 떨림으로 인

그림 2-35 빛의 밝기에 대한 자가운동

해, 가만히 있는 그 불빛이 마치 스스로 움직이고 있는 것처럼 보이는 착시현상이 발생된다. 이러한 경우에는 한 개의 물체에 시선을 고정하지말고 다양한 거리를 두고 여러 물체들을 번갈아 가며 초점을 옮기면서 관찰이 이루어져야 한다. 자가운동착각을 피하거나 감소시키기 위해 운항승무원은 공간정위가 명백하게 잘 구성된 시각적인 환경을 유지해야 하지만, 야간비행중에는 이것이 거의 불가능하기 때문에 〈표 2-8〉과 같은 행동을 해야 한다.

표 2-8 야간비행의 착시를 예방하는 행동들

구 분	야간비행의 착시를 예방하는 행동들
1	시선의 응시는 목표 불빛에 대한 계속적인 고정을 피하기 위해 시선을 자주 바꿈
2	목표물을 옆으로 보거나 조종석 덮개와 같이 상대적으로 고정된 구조물을 참조하며 살펴봄
3	착각을 없애기 위한 동작으로 시도하는 눈, 머리, 그리고 신체운동은 서서히 함
4	감각기관의 착각을 방지하거나 해결하는데 도움이 되도록 항상 계기를 모니터함

(6) 불빛 등에 따른 접근착오

지상과 대응하는 항공기의 정위를 도와주는 참조단서가 없다면 운항승무원은 기체가 안정되었고 적절한 위치에 있더라도 활주로 자체가 이동하거나 이상위치(예를 들어, 아래로 경사짐)에 있는 것 같이 느끼는 경향이 있다. 그러한 착각으로 참조물체를 잃을 때 접근은 어렵고 위험하며 종종 활주로에 훨씬 짧게 착륙하는 결과를 초래할 수 있다. 참조물체를 잃었을 때 접근이 특별히 위험스러운 형태는 활주로와 활주로 끝에 상향지형에 위치한 도시의 불빛을 제외하고는 완전히 깜깜한 조건에서 이루어지는 접근이다. 이런 조건에서 운항승무원은 먼 도시의 불빛에 대해 일정한 수직

그림 2-36 빛의 밝기에 따른 접근착오

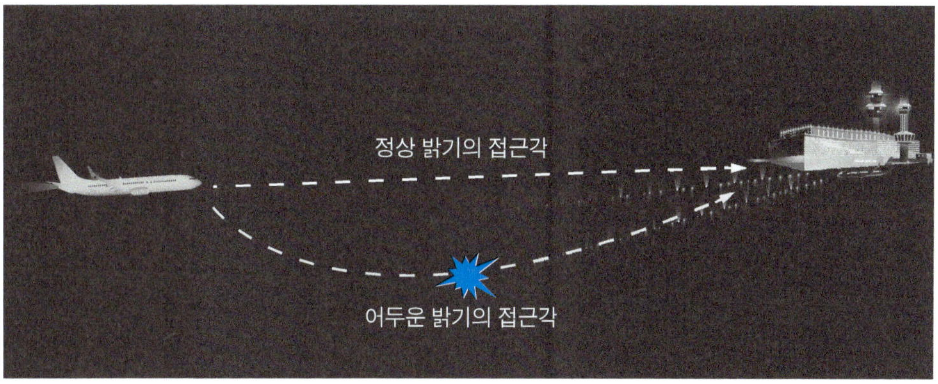

으로 시선각도를 유지하려고 하지만 항공기기체가 활주로에 근접할수록 의도한 접근경사보다 훨씬 아래로 호를 그리는 결과를 초래한다. 즉, 운항승무원은 주변 참조물체 때문에 정상접근보다 더 낮게 유도하는 상향지형을 평지라고 잘못 지각하는 것이다.

주변이 하얗게 되는 조건에서의 접근은 참조물체를 잃을 때 접근만큼 어려운데 본질적으로는 똑같은 이유때문이다. 주변이 하얗게 되는 예로는 두 가지 형태가 있다. 대기로 인해 주변이 하얗게 될 때와 눈보라로 하얗게 될 때이다. 대기로 인해 주위가 하얗게 될 때에는 눈덮인 지상이 하얗게 낀 구름과 어우러져 지형에 대한 참조가 없고 수평시정의 식별이 어려운 조건을 만든다. 비록 대기로 인해 주위가 하얗게 될 때 시야가 제약을 받지 않는다 하더라도 보이는 것이 활주로나 활주로 표시외에는 아무것도 없다.

이러한 상황에서의 접근은 공간정위 상실과 부적절한 접지를 방지하기 위해 고도 및 자세계에 주의집중을 하면서 조작을 수행해야 한다. 눈보라로 인해 주위가 하얗게 될 때는 눈송이 때문에 시야가 많이 제약을 받는다. 눈덮인 지상에 헬리콥터의 착륙은 특히 눈보라로 인해 주위가 하얗게 된다.

헬리콥터 운항승무원은 회전날개에 의해 주위가 하얗게 될 때 습관적으로 지상에서 눈을 떼지 않으려고 하면서 착륙을 수행한다. 운항승무원들은 야기된 정위상실이 계기비행보다는 시계비행 상태에서 예기치 않게 발생하기 때문에, 주위가 하얗게 될 수 있는 곳에서 비행접근의 위험성을 알고 있어야만 한다.

운항승무원이 심각한 판단착오를 범하기 쉬운 또 다른 상황은 고속으로 다른 항공기와 근접해 있을 경우이다. 운항승무원이 지상과 상대적으로 항공기위치 및 속도와 목표물의 위치, 두 가지 모두를 설정하기 위해 수많은 주변 참조물체를 가지고 있을 때 추적과 접근의 어려움은 지상에서 움직이는 목표를 찾는것과 크게 다르지 않다. 그러나 일반적으로 고고도 및 야간 또는 시야가 감소된 다른 상황하에서 흔히있는 일이지만 상대적인 위치를 주변 참조없이 판단해야 할 때 더욱 어려운 것이다. 특히 경험이 부족한 운항승무원이 주변 시각참조가 부족한 상황에 마주할 때 더욱 그렇다.

(7) 그 밖의 야간시력 저하요인

기타 야간시력의 저하요인으로는 비타민 A·B·C·D의 부족이 있다. 또한, 저산소증을 유발하는 요소. 즉, 일산화탄소 중독, 흡연, 음주, 약물 등을 주의해야 한다.

3) 시정의 제한

악시정 역시 운항승무원의 판단을 속이는 역할을 한다. 낮시간 동안 안개와 연무는 운항승무원의 시각적인 판별력을 저하시켜 활주로를 더욱 멀리 보이게 한다. 야간에 안개와 강우속에서 활주로와 진입등이 맑은날씨보다 덜 밝게 보이며 멀리 떨어져 있는 착각을 유발한다. 예를 들면, 활주로등이 왼쪽보다 오른쪽이 더 밝으면 운항승무원은 오른쪽으로 기울어진 착각을 할 수 있다고 보고되어 있다.

또 다른 위험한 착각은 엷은 안개나 연무속에서 착륙하기 위해 접근하는 동안, 특히 야간에 접근하는 동안 일어날 수 있다. 그래서 안개속에서의 강하는 더 먼 거리로의 착륙을 유발하거나 동시에 주변시가 안개에 의해 차단되어 활주로등 광도의 감소를 유발한다.

충분한 시계가 확보된 상태에서 착각을 유발하는 상황은 잔잔한 수면과 눈으로 쌓인 지형에 대한 접근이다. 수상항공기 운항승무원은 습관적으로 착륙절차를 시도하기 보다는 수면이 고요할 때 안전한 강하율을 설정하고 착륙하기를 원한다. 또한 눈이 막내린 활주로에 시각적 참조가 없어진 경우도 대표적인 예로, 착륙진입을 지극히 어렵게 만든다.

4) 전이성착각(Vection Illusion)

전이성착각은 공간환경에서 시각적으로 주변시각에 의한 자가운동의 지각작용이며, 선형자가운동(Liner Vection) 또는 각자가 운동(Angular Vection)에 대한 감각적 착각이다. 자동차를 운전하는 대부분의 사람들은 빨간신호등에서 정지했을 때 옆 차선에서 정지한 대형자동차가 앞으로 서서히 전진하면, 우리차가 뒤로 서서히 후진하고 있는 것같은 착각을 경험(깜짝놀라 브레이크 밟기)한 적이 있다. 또한 이와 유사한 예로서, 정지한 기차에 앉아있을 때 옆노선의 기차가 움직이기 시작하면 자신의 기차는 반대방향으로 움직이는 것같은 강렬한 느낌을 갖게 될 것이다.

선형전이성은 근접편대비행을 아주 어렵게 만드는 요인중의 하나이다. 왜냐하면 운항승무원들은 자신의 항공기나 다른 항공기중 누가 상대적 운동을 하는지 인지를 확신할 수 없기 때문이다.

그림 2-37 주변시각에 의한 자가운동

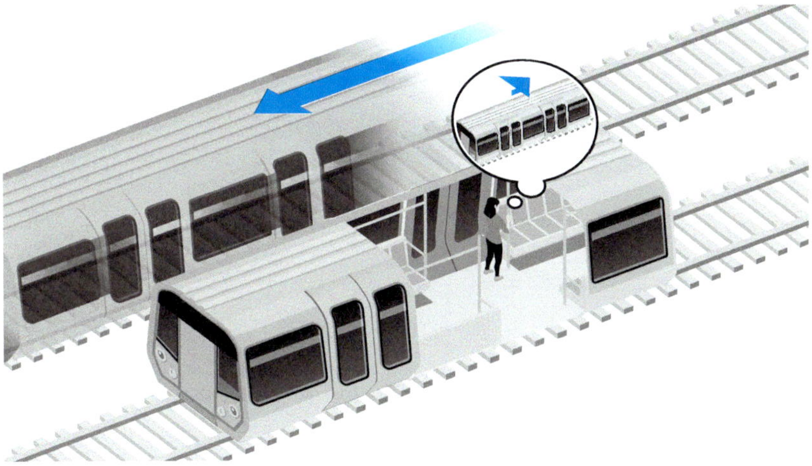

각각의 전이성은 주변의 단서가 인간이 회전하고 있다는 정보를 전달할 때 일어난다. 즉 인지된 회전은 Pitch, Roll, Yaw 또는 그밖에 다른 기준면이 될 수 있다. 운항승무원은 구름이나 안개속을 비행하는 동안, 항공기에 장착된 회전충돌방지등이 왼쪽에 있을 때 각 전이성착각을 경험할 수 있다. 회전의 영향은 Yaw면에서 현저한 회전이라는 강렬한 주변자극을 제공한다.

전이성착각의 또 다른 예는 전이성을 유발하는 시각효과로 유명한 영화로 이름지어진 소위 스타워즈효과이다. 가장 진보된 비행시뮬레이터는 선형과 각 전이성에 의한 비행착각을 유발한다.

5) 가상수평과 가상지표면

때때로 시야를 통해 감지된 수평은 실제의 수평선이 아닌 경우가 있다. 수평선에 대한 이러한 잘못된 착각은 비행상황을 위험하게 만든다. 예를 들어 경사진 구름층이 운항승무원의 주변 참조물체를 확인할 수 있는 범위이상으로 펼쳐져 있다면, 수평면 이외의 것으로 인지한다는 것은 〈그림 2-38〉처럼 매우 어렵다. 균일하게 경사진 지형, 특히 상향경사의 지형도 운항승무원이 수평면에 대한 착각을 일으킬 수 있다.

야간에 경사진 지형의 도시불빛은 그 불빛이 퍼져있는 면이 지표의 수평면이라는 착각을 일으킬 수 있다. 먼거리의 소나기도 실제수평을 구분하기 어렵게 하며 강우의 밑바닥면에 수평적인 시상을 만들어 낸다. 소나기가 착륙을 위한 접근방향활주로 상공에만 보인다면, 운항승무원은 항공기 상승고도를 잘못 판단하여 접근에 부적절한 상승고도수정을 할 수도 있다.

그림 2-38 주변환경에 의한 착각

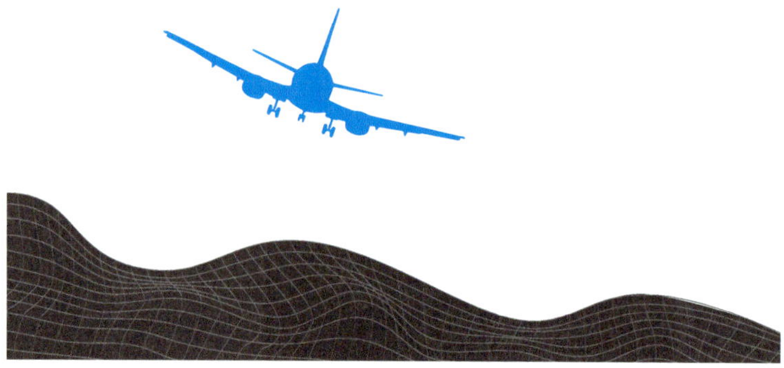

6) 기타 가상주변 참조물

비행 중 조종사의 공간정위참조가 되는 매우 중요한 부분들은 둘러싸고 있는 계기판, 빛 가리개, 그리고 조종석덮개 또는 조종석창틀의 안정적 배치, 특히 계기판빛과 야간에 유리창밖을 볼 수 없는 상태나 조종석덮개와 다른 조종실의 구조물에 의한 영향들이다.

운항승무원이 부주의하게 주의분배를 하는 동안에 조작을 통해 기체가 Roll이나 Pitch조작이 이루어졌을 때 이러한 물체에 의해 제공된 주변의 안정된 시각으로 자신의 조작행위를 인지하지 못하는 경향이 있다. 따라서 운항승무원은 야간이나 계기비행중에 안정적인 주변의 환경에 기인하여 어떠한 움직임도 느끼지 못하기 때문에 비행상황에 대한 잘못된 감각을 가질 수도 있다. 물론 이러한 잘못된 안정효과는 시각환경이 일반적으로 유용한 주변 참조물체들(지구표면 등)을 포함하고 있을 때는 일어나지 않는다. 또 다른 가상주변환경이 공간정위참조가 되는 것은 태양이나 밝은쪽으로 머리를 두려는 경향이다.

지상에서는 태양의 위치에 관계없이 위쪽은 더 밝고 아래쪽은 더 어두운 것을 보는데 익숙하다. 따라서 빛의 강도에 의존하는 이러한 기울기의 방향은 우리가 지구표면에서 정위를 유지하는데 도움을 준다. 그러나 구름속에서는 그러한 기울기가 보통 존재하지 않으며 존재하더라도 보다 밝은 방향은 태양쪽이고 보다 어두운 방향은 다를 수 있다. 또한 태양은 대부분 머리위에 있지 않기 때문에 그 결과 짙은 구름층을 비행하는 운항승무원은 태양이 머리위에 있다고 잘못 인지하는 경향이 있다. 이러한 오해가 운항승무원으로 하여금 태양의 방향으로 기체가 기울어(Bank)지도록 자극하며 따라서 착각이 되기도 한다.

마지막으로, 북극광과 항공기 조명탄의 공간정위 상실효과가 언급되어야 한다. 북반구고위도에서 야간에 항공기에 의한 연료보급은 종종 운항승무원의 수직성판단에 잘못된 참조를 제공하는 북극광에 의해 정상적인 수행이 아주 어렵다. 이와 유사한 예로서, 항공기 조명탄은 떨어지면서 바람에 표류하게 되므로 수직성의 잘못된 참조로 전이성착각을 일으키기도 한다. 항공기 조명탄의 이용과 관련된 또 다른 현상으로 나방(Moth)효과가 있다. 떨어지는 화염의 크기는 화염이 감소됨에 따라 천천히 줄어든다.

앞에서 언급한 시각적인 정위의 크기 불변성 때문에 조명탄이 비치는 지역에서 선회하는 운항승무원은 단계적으로 감소하는 반경을 지닌 강하하는 나선비행을 하는 경향이 있을 수 있다. 또 다른 중요한 영향으로는 항공기 조명탄이 아주 밝아서 항공기 계기판의 광도를 감소시켜 운항승무원들의 공간정위 참조에 대한 능력을 감소시킬 수 있다.

7) 착시의 예방 (Prevention Optical Illusion)

야간접근 및 착륙에서 주의할 점들은 다음과 같다.

접근 시	야간접든 및 착륙시 주의할 점
활주로 정대	활주로 등을 활용함
착륙 전	Landing light가 활주로와 타이어자국을 보여줄 때까지 안정적으로 접근 함
접지 시	접지할 때 까지 동력은 단계적으로 idle함
주 의	야간에는 보통 높은 곳에서 Round out을 하게 됨

야간비행의 착시를 예방하는 방법들은 다음과 같다.

구 분	야간비행의 착시를 예방하는 방법
1	방향감각상실을 일으키는 착각을 이해함
2	비행 전 날씨정보를 확인함
3	저시정상황에서는 계기를 믿고 비행함
4	계기비행에 익숙하지 않다면 저 시정 상황의 비행은 피함
5	외부시각 참조를 이용할 경우 믿을만한 것인지 확인함
6	갑작스런 머리 움직임은 피함
7	충분한 휴식과 적절한 식사를 함
8	계기를 믿고 감각적 인식은 무시함

나. 미로전정기관에 의한 착각

미로전정기관은 지상에서의 일상적인 행동 즉, 회전, 머리숙임, 달리기 등의 운동에서는 정위에 관한 정보를 정확하게 제공한다. 그러나 삼반규관의 반응은 비행중에 빈번히 일어나는 각가속도 환경하에서는 부적절할 수 있고 이석기관 또한 중력과 가속도에 의해 생기는 관성의 구별을 혼동할 수 있다. 따라서 미로전정기관으로 인한 착각은 가장 흔히 발생하는 것으로서 공간정위상실을 초래하는 가장 위험한 비행착각에 해당된다.

1) 신체회전성 착각

신체회전성 착각은 지속적인 선회운동을 감지하는 삼반규관의 기능장애로 인해 발생한다. 인간이 생리적 범위내에서 각가속도에 노출되면 반규관내의 림프액이 감각모발을 자극하여 이 운동을 정확히 감지한다. 그러나 각가속도운동을 부과한 후 감속시키지 않고 일정한 각 속도를 유지하면 감각모발이 정위치로 되돌아와 회전감각은 소멸된다.

일정한 각가속도를 유지하면서 회전운동을 한 후에 각감속을 하거나 서서히 회전운동을 하면 감각모발이 회전하는 방향으로 굴절되어 반대방향으로 회전하는 것처럼 느껴지게 되며, 회전운동이 정지된 후에도 이 느낌은 〈그림 2-39〉처럼 지속된다.

즉, 신체회전성 착각이란 실제회전의 크기나 방향을 잘못 인지한 결과로 초래되는 회전(또는 비회전)에 대한 잘못된 지각이다. 다시 말해서 장시간 동안 각가속회전운동을 한 후에 가·감속을 하거나 정지시키면 반대방향으로 회전하는 것처럼 착각을 일으키는 것이다.

(1) 반복성 Spin감

시야가 감소된 상황에서 비행할 때 신체회전성 착각은 치명적일 수 있다. 반복성 Spin감은 신체회전성 착각이 운항승무원의 정위상실을 일으켜 어떻게 치명적 결과를 초래하는가 보여주는 예이다.

그림 2-39 림프액과 감각모발에 의한 착각

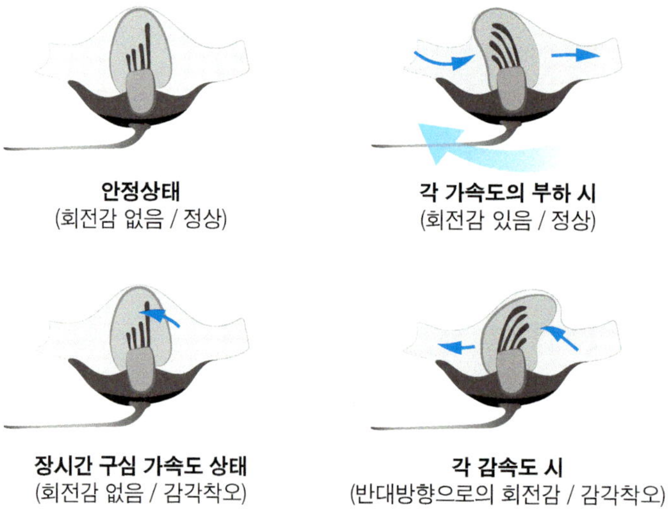

항공기를 의도적이든 비의도적이든 Spin을 하게 되는 즉, 왼쪽으로 Spin한다고 가정하자. 그 초기에는 각가속도가 발생하므로 삼반규관내의 감각모발이 자극되어 Spin을 시작한다는 사실을 알게 된다. 그러나 수 십초간 같은 속도로 Spin을 지속하게 되면 삼반규관내의 림프액이 이 환경에 적응하게 되어 감각모발이 정지한 상태와 같은 형태로 되돌아오게 되어 운항승무원들은 Spin감을 전혀 느끼지 못한다. Spin에서 회복하기 위해 오른쪽으로 조작하면 각감속도가 발생하여 이번에는 삼반규관을 반대방향으로 자극하게 된다. 이러한 경우 항공기자세는 회복되었는데도 불구하고 운항승무원들은 반대편으로 Spin감을 아주 강렬하게 느끼게 되는 것이다.

숙련되지 못한 운항승무원들은 직선수평 비행감을 느낄때까지 수정조작을 하게 되며 그 결과 원래의 Spin상태로 되돌아가게 된다. 이러한 부적절한 조작을 여러 번 반복하면서 강하하다가 구름을 뚫고 지면이 보일때까지 내려오면 고도여유가 없어서 지면에 충돌할 위험이 있다. 이러한 위험한 상황에서 탈출하기 위해서는 운항승무원이 비행계기를 판독하고 정상비행으로 회복하기 위한 조작을 해야 하는데, 이 경우 선회계기 지시침(Turn Needle)이 가운데 오도록 Rudder를 조작해야 하지만 이러한 조작수행은 쉽지 않다. 여러 번의 회전 Spin과 운항승무원의 회전상태회복시도 등 모두에 의해 생겨난 각가속도 외에 안구진탕(눈망울이 몹시 흔들려 울림)을 포함한 부적절한 전정성–안구–반사작용(Vestibulo–Ocular Reflexes)도 야기된다. 일반적으로 지상환경에서 이러한 반사작용들은 시야주위의 망막의 상을 안정시키도록 돕는다. 그러나 시야에 대한 주의가 운항승무원에 대해서는 이미 조종실에 고정되어 있기 때문에 망막상은 불안정한 상태로 계기를 판독한다는

그림 2-40 반복성 Spin

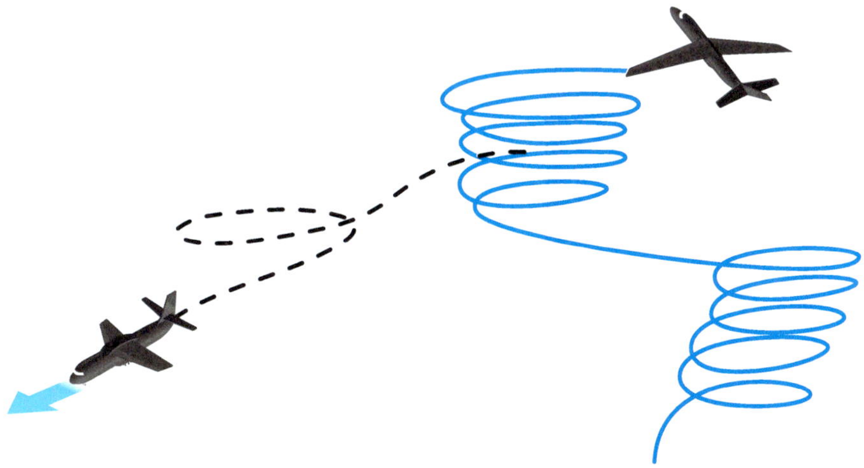

것이 어렵거나 불가능하게 된다. 〈그림 2-40〉은 이러한 착각의 발생과정을 보여주고 있다.

(2) 악성 Spiral

악성 Spiral 초기의 비행지식은 반복성 Spin감을 신체회전성 착각의 위험스러운 예로 설명한 것이지만 오늘날의 비행에서 빈번하게 발생하는 더욱 많은 예는 〈그림 2-41〉에서 보는 것처럼 악성 Spiral이다.

악성 Spiral은 초기에는 운항승무원이 의도적이든 비의도적이든 기울어진 자세로 선회에 들어가서 수 초간의 지속적인 선회후에 감각모발이 평형을 유지하게 되면 수평비행을 하는 착각에 빠진다. 수평자세로 Roll Out함으로써 선회를 중지하려고 시도하면 운항승무원은 원래의 선회방향과 반대방향으로 선회하는 것을 느낄뿐만 아니라 원래의 기울어진 방향과는 다른 반대방향으로 기울어진 것을 느낀다. 잘못된 입력조작을 하면서 이러한 감각 때문에 미숙한 운항승무원은 원래의 기울어진 선회방향으로 회복조작을 하면서 진행된다.

이제 운항승무원의 감각은 의도하는 비행방식과 모순되지 않지만 계기판은 고도의 감소를 나타내며(선회가 고도를 강하시키기 때문)선회를 계속하게 된다. 그래서 운항승무원은 조종간을 뒤로 당겨 아마도 원치않는 하강을 하지 않으려고 파워를 증강시키고 상실한 고도를 회복하려할 것이다.

이러한 행동은 기체가 수평으로 비행하면 성공적이지만 가파르게 기울어진 자세의 기체는 점점 선회반경이 좁은 나선형으로 빠지게 되며, 이때 운항승무원이 궁극적으로 무슨 일이 벌어지고 있

그림 2-41 악성 Spiral

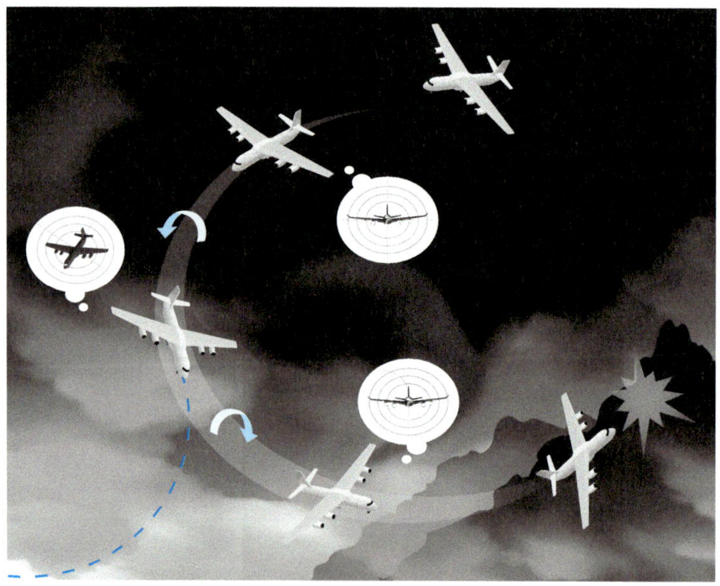

그림 2-42 안구회전성 착각실험

는지 알아차리고 느끼지 못하는 기울어진 선회로부터 회복조작(Roll out)하지 않으면 기체는 지상을 향해 나선형으로 하강을 지속한다.

(3) 안구회전성 착각(Oculogyral Illusion)

신체회전성 착각이 각가감속환경에서 허위감각에 의한 자가 선회성관련 주관적 착각인 반면에 안구회전성 착각은 보이는 물체가 움직이는 것처럼 느껴지는 허위감각이다. 예를 들면, 등속선회를 지속하다가 중지하게 되면 삼반규관에 의한 신체회전성 착각에 의하여 반대편 선회감이 들게 되는데 이때 눈앞에 보이는 계기마저 안구회전성 착각에 의하여 반대쪽으로 움직이는 것처럼 보이게 된다. 그러므로 안구회전성 착각은 부분적으로는 시각에 관련된 신체회전성 착각이라고 할 수 있다.

야간이나 악 기상상태에서 비행하는 동안 기체내에서 일정한 방향으로 선회를 잘못 감지하고 있는 운항승무원은 같은 방향으로 계기판이 움직이고 있는 것도 관찰할 수 있다.

(4) 전향성 착각(Coriolis Illusion)

전향성 착각은 삼반규관의 비정상적 자극의 결과로 나타날 수 있는 잘못된 지각이다. 운항승무원이 Yaw 방향으로 장시간동안 각가속회전운동을 하게 되면 감각모발이 정지상태로 되돌아가고 회전감각은 사라진다. Pitch방향으로 머리를 90° 로 완전히 숙이면, 회전방향에서 수평반규관이 이동되고 나머지 두 개의 반규관이 회전방향으로 오게 된다. 회전하고 있는 머리위치가 순간적으로 바뀌어도 반규관내의 림프액의 흐름은 서서히 반응하게 된다.

그림 2-43 전향성 착각

이동된 수평반규관은 지속적인 각가속회전운동에 의해 림프액의 흐름을 다시 야기시키고 감각모발에 의해 이제는 신체에 대하여 Roll방향으로 회전하고 있다고 느끼는 것이다. 이와 동시에 직각을 이루고 있는 나머지 두 개의 반규관내에 있는 림프액도 일정한 회전방향으로 새로 이동하기 때문에 새로운 각가속운동을 감지하게 된다. 이와 같이 삼반규관에 있는 전체의 감각모발이 각각 합해지면 실제로 각 가속에 노출되지 않았음에도 불구하고, 어떤 각가속에 노출된 것같은 효과를 낸다. 일정한 Yaw운동을 하는 사람이 갑자기 머리를 앞으로 90° 숙이면 그의 주변환경이 Rolling과 Yawing하는 전향성 착각을 경험할 수 있게 된다.

오랫동안 일정한 속도의 선회를 지속하면 삼반규관내의 감각모발이 평형상태가 된다. 이때 운항승무원들이 항공기진로방향과 관계없는 방향으로 머리를 갑자기 크게 움직이면, 항공기의 자세나 진로가 급변하는 것같은 감각착오를 일으킨다. 예를 들어 수평반규관과 같은 평면상에서 일정한 각속도로 오랫동안 회전하고 있는 운항승무원에게 수평반규관 내부의 감각모발은 정지상태로 평형을 이루고 회전감각은 사라지게 된다. 이때 갑자기 머리를 90° 정도로 크게 숙이게 되면 수평선회하던 운동의 영향은 두 쌍의 수직반규관내의 감각모발을 자극하여 Yaw Plane 상의 선회운동을 Rolling이나 Pitching 운동으로 착각을 일으키게 된다. 이러한 감각착오를 믿고 수정조작을 하게 되면 항공기는 조작불능상태로 빠지게 된다.

이러한 전향성 감각착오로 인한 항공기사고를 예방하기 위하여 운항승무원들은 비행중(특히 선회중)에 급격하고 심한 머리운동을 하지 말아야 한다. 또한 이러한 감각착오에 대하여 반사적인 수

그림 2-44 전향성 착각에 의한 사고

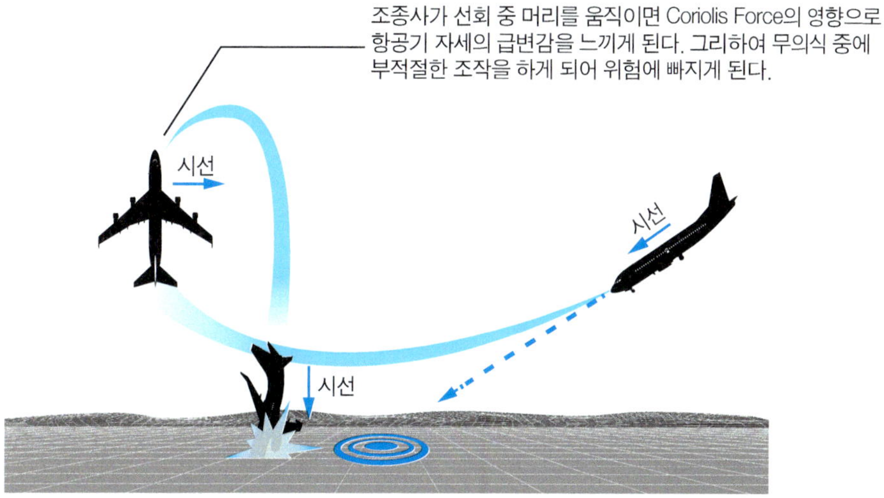

정조작을 가하기 이전에 자세계를 판독하여야 한다. 〈그림 2-44〉는 이러한 착각에 의한 사고에 대해 설명하고 있다.

2) 신체중력성 착각

신체중력성 착각은 관성과 지구중력 사이에 발생하는 힘의 합력(Vector)으로 인하여 발생하는 체위의 감각착오를 말한다. 수직이 아닌 중력관성력 방향을 수직으로 인식함으로써 나타나는 신체 경사에 대한 잘못된 감각인 것이다. 이러한 신체중력성 착각은 〈그림 2-45〉처럼 항공기가 수평 직선 비행상태에서 속력을 증가시키면 상승감을 느끼는 것이다.

이러한 상승감을 느낄 때 운항승무원이 계기를 확인하지 않고 수정조작을 하면 강하자세로 변하게 된다. 이러한 종류의 착각이 가장 흔히 일어나는 환경은 전방에 적절한 참조물이 없는 야간활주로에서 이륙한 직후이다.

이륙후 10초 동안 100~300knots를 가속하는 항공기에서는 운항승무원에게 +0.16Gx가 부가된다. 합성중력관성력이 중력이상으로 거의 감지되지 않는 1.01Gx라 하더라도 후미쪽으로 9°를 가리키며, 부주의한 행동을 하게되는 운항승무원에게는 9°의 머리의 뒤쪽방향으로 상승하는(Nose-up Pitch) 자세를 느끼게 한다. 대부분의 많은 저속항공기가 6° 이하로 상승하기 때문에 아래쪽으로 9°의 Pitch를 수정하면 3° 또는 그 이상 하강하게 될 것이다. 외부의 시야에 나타나는 명확한 수평선이 없으면 전정관련착각이 심화되어 기수를 아래방향으로 숙이는 상태(Nose-down)와 같은 위험한 상태에 빠지게 된다.

그림 2-45 신체중력성 착각

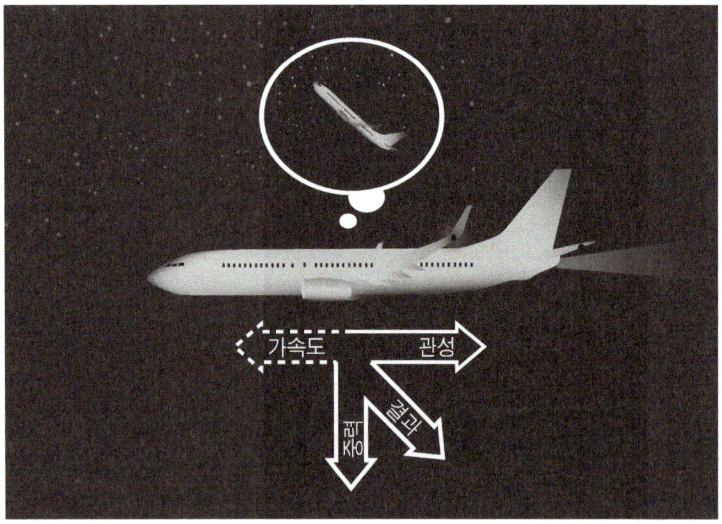

(1) 역전위성 착각

역전위성 착각은 신체중력성 착각의 한 형태이다. 역전위성 착각은 합성중력관성력 벡터가 지구 표면쪽이 아니라 지구표면쪽과 떨어진 방향으로 회전하여 운항승무원이 아래가 역전된 잘못된 감

그림 2-46 역전위성 착각

각을 느낀다.

〈그림 2-46〉은 어떻게 역전위성 착각이 어떻게 발생하는가를 보여준다. 급상승하는 고성능 항공기는 원하는 고도에서 급작스럽게 수평비행이 이루어진다. 이러한 기동은 운항승무원에게 수평비행전에 -Gz의 원심력을 받게 한다. 동시에 기체가 수평자세로 바뀌면서 비행속도가 빨라져서 모든 힘의 환경에 +Gx의 접선의 관성력이 부가된다. -Gz의 원심력과 접선의 힘이 1G의 중력과 합해져서 후방과 상방으로 회전하는 순중력 관성력벡터를 만들어 낸다.

악기상에서는 이러한 착각을 유발할 수 있으며 특히 하강기류는 역전위성 착각의 원천이라고도 할 수 있다. 즉, 불규칙한 기류에 의한 공기역학적 또는 물리학적 힘은 운항승무원으로 하여금 계기판의 시야장애, 계기판독능력상실, 역전위성 착각, 이에 따른 하방선회 비행조작 등을 야기한다.

(2) 과중력효과 착각

신체중력성 착각이 중력의 방향변화에 기인한 것임에 반해 과중력효과 착각은 G의 크기변화에 기인한다. 과중력효과는 G의 환경이 1G보다 크게 지속되었을 때 발생할 수 있는 신체경사에 대한 잘못되거나 과장된 감각이다. 〈그림 2-47〉처럼, +1Gz 환경에서 반듯하게 앉아있다가 머리를 30° 전방으로 기울인다고 가정하자. 이때 이석은 수직에 대해 머리를 30° 숙인만큼 전방으로 이동할 것이며 이 이동거리를 Xμm라 하자. 이제 같은 인간이 +2Gz 환경에서 똑바로 서있다가 전방으로 30° 머리를 숙이면 이때는 +1Gz 환경에 비해서 두 배의 중력과 관성력이 작용하기 때문에 이

그림 2-47 중력에 의한 착각

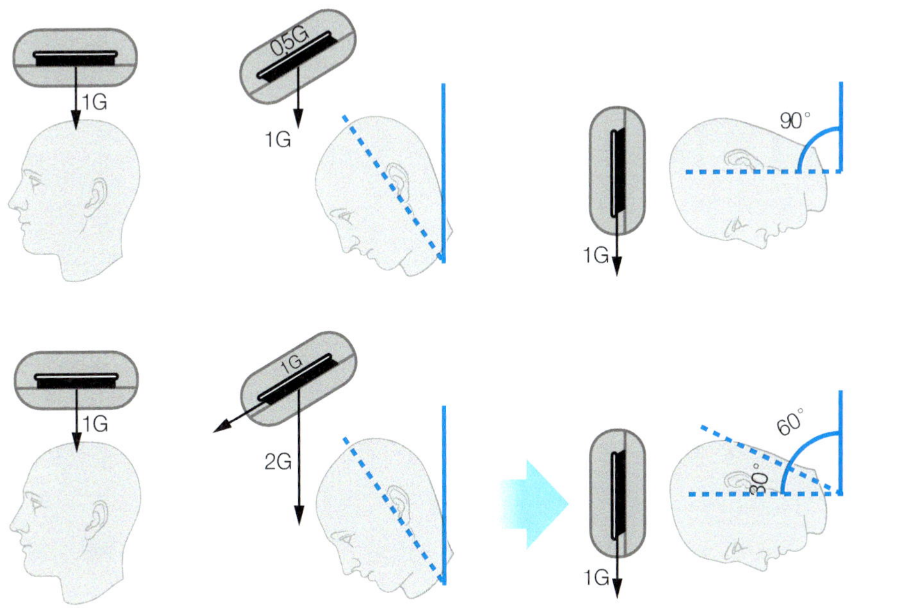

사람의 이석은 X㎛보다 더 멀리 이동할 것이다. +2Gz 환경에서 머리를 전방으로 30° 숙일 때의 이석이동거리는 +1Gz 에서의 90° 숙이는 만큼(2sin30° =sin90°)이 된다.

고속으로 기동하는 항공기에서 과중력에 의한 착각은 선회(예, 침투선회나 절차선회)에서 얻게되는 하나의 G-force 결과로 발생할 수 있다. 운항승무원이 선회중에 새로운 주파수를 선택하거나 바닥에 떨어뜨린 연필을 줍기위해 몸을 숙이거나 옆으로 돌리면 과중력착각에 기인한 Pitch와 Roll 면에서 자발적이지 않은 경사를 경험하게 된다. 과중력에 의한 착각은 그러한 환경에서 일반적으로 전향성착각에 기인한 Pitch 또는 Roll에 대한 잘못된 착각과 관련이 있다.

(3) 안구중력성 착각

안구중력성 착각은 신체중력성 착각과 시각적인 관련성이 있으며 똑같은 자극조건에서 발생된다. 예를 들어, 속도를 감속한 결과 운항승무원은 신체중력성 착각 때문에 머리가 아래로 숙여지는(Nose-down) Pitch감을 경험한다. 동시에 전방으로 경사감을 확인하면서 운항승무원은 전방의 계기들이 하방으로 움직이는 것으로 보이게 된다. 따라서 안구중력성 착각은 순중력관성력의 방향이 변화하는 동안에 운항승무원에게 실제로는 고정된 물체에 대하여 시각적으로는 명백하게 이동하는 현상이 나타난다.

안구회전성 착각과 마찬가지로 안구중력성 착각도 각가속도보다는 부가된 G백터의 방향변화에 의해 야기된 전정성 안구반사작용(Vestibulo Occular Reflex)을 시각적으로 현재의 상태로 유지하려는 시도의 결과이다.

승강관련 착각은 잘못된 인지가 +Gz-force의 방향의 변화대신에 크기의 변화로 일어난 전정성 안구반사작용에 기인한 것으로 믿어지는 것을 제외하고는 안구중력성 착각과 같은 시각적 현상으로 연구되었다. 상방으로 가속되면 승강기와 마찬가지로 +Gz-force의 증가는 안구를 아래로 움직이게 하는 이석기관의 전정성 안구반사작용으로 하강하는 느낌을 유발한다. 관찰자가 상대적으로 고정된 위치에서 물체를 시각적으로 안정되게 하려는 시도는 G-force가 증가할 때 그 물체가 상방으로 이동되는 것으로 보이게 한다.

아래쪽으로 가속될 때에는 반대효과가 일어난다. 순중력 관성력의 크기 가 +1Gz 이하로 감소되면 응시방향의 상방이동반응과 인접한 주위의 사물이 하방으로 이동하는 것처럼 보이게 된다.

3) 경사착각

경사착각은 비행 중 가장 일반적인 전정기관 착각으로서 회전(Roll)축에 대하여 항공기의 각도가 운항승무원의 의도와는 달리 경사진채로 비행하고 있다는 착각이다.

이석기관은 중력에 의해서만 반응하는 것이 아니라 여러 가지 합력(Vector)에 의해 반응하기 때문에 정확한 수직방향의 감지가 어렵다. 반규관은 회전운동에 대해 비교적 정확히 반응하지만 임

그림 2-48 경사착오에 의한 착각

계치 이하의 자극에 대해서는 반응하지 않기 때문에 유발한다. 예를 들어, 수평비행을 하고자 하는 운항승무원이 임계치 이하인 2°/sec로 Roll-in하면 운항승무원은 이것을 전혀 느끼지 못하고 1초후에는 20°로 기울어진 결과를 초래한다. 이때 운항승무원이 자세계를 통해 경사진 비행상태를 인지하고 임계치 이상(3°/sec 이상)으로 Roll-out하게 되면 비행자세는 교정이 되나 반규관의 작용에 의해 반대방향으로 기울어져 비행하고 있다는 착각에 빠진다.

운항승무원이 자세계를 정확히 판독하고 수평비행을 할 수 있다고 하더라도 경사착각자체는 수분동안 지속되며 이 시간동안 비행효율은 심각하게 저하된다. 경사비행에 대한 착각은 장시간 선회비행시에 잘 나타난다. 경험이 많은 운항승무원은 자세계에 엄정한 주의를 기울임으로써 이러한 잘못된 감각을 신속하게 억제하는 것을 배우게 된다.

그러나 운항승무원이 자세계를 미처 판독하지 못해서 경사비행에 대한 착각에서 벗어나지 못할 때도 있다. 따라서 운항승무원은 평소 훈련시에 각 회전비행에 대한 착각을 경험하고 숙지하는 것이 필요하다.

4. 비행착각 예방방법

비행착각은 비행안전 및 효율적인 비행임무를 수행하지 못하게 하거나, 운항승무원에게 스트레스를 쌓이게 한다. 따라서 착각의 발생, 특히 조작불능이나 비행사고를 유발하는 착각을 방지하기 위한 모든 노력이 경주되어야 한다.

가. 비행착각의 원인들

운항승무원은 착각이 여러 가지 형태로 나타난다는 점과 비행중에 야기될 수 있는 신체의 정상적인 반응이라는 것을 인식하고 비행시 흔히 발생할 수 있는 착각을 극복하기 위한 방법을 숙지하여야 하며 이를 예방하기 위해 노력하여야 한다.

1) 비행환경에서의 착각은 다음과 같다.

구 분	비행환경에서의 착각
계기비행	운항승무원 시야가 외부를 주시하다 계기판으로 되돌아 갈 때 착각을 유발함
야 간	부적절한 외부 시각적 단서이용, 안구중력성 착각과 자가운동착각에 기인한 고립된 불빛이동, 지면과 하늘의 이동
고고도	지상의 표적에 대한 수평상태의 착각, 항공기나 지상현실로부터의 이탈감
특색없는 지형의 비행	고도지각에 있어서 착각을 유발함

2) 항공기동에서의 착각은 다음과 같다.

구 분	항공기동에서의 착각
장시간 가속이나 감속	신체중력성 착각과 안구중력성 착각을 초래함
장시간 각운동	선회감상실, 원상회복시의 신체회전성 착각, 편대비행 시에 기울어짐에 대한 감각상실 및 갑자기 머리를 움직일 때 전향성 착각이나 과중력 효과를 초래함
임계치 이하 비행	원상회복 시 경사비행에 대한 착각을 초래함
과중한 임무 부담	모든 것을 지나치게 의식하고 있으면 더 쉽게 착각에 빠질 수 있고 극복 능력도 감소됨
불규칙적인 상승 · 하강	상승 및 강하 각도 착각을 초래함
운중비행	반사된 빛을 보고, 자신의 직상방으로 착각, 이러한 수직 판단의 착오로 항공기 경사나 상승 · 하강 자세에 이상을 초래함

3) 항공기와 관련된 요인은 다음과 같다.

구 분	비행착각의 항공기 관련 요인
계기판	설치위치, 정확한 작동여부 및 쉽게 볼 수 있는 조명 필요함
성 능	높은 각가속 및 선상가속도, 고도조절 파악능력이 요구됨
조종석에서 전망	자신이 탑승하고 있는 항공기의 기체가 보이지 않으면 이탈감이 생김

4) 운항승무원과 관련된 요인은 다음과 같다.

구 분	비행착각의 운항승무원 관련 요인
1	비행경험
2	계기비행의 훈련 · 경험 · 숙련도
3	비행연습 후 경과시간
4	신체적 건강상태
5	정신적 건강상태
6	알코올 및 약물섭취 여부
7	과중한 임무수행에 따른 피로도

나. 비행착각의 예방과 극복

비행착각을 유발시키는 원인, 환경에 대한 지식과 더불어 이를 극복하기 위해서는 다음 사항을 알아야 한다.

1) 실제 비행시 비행착각예방법은 다음과 같다.

구 분	실제 비행 시 비행착각 예방법
1	시각기나 전정기 등의 체감신경에 의한 지각으로 비행할 수 없음을 명심함
2	어떠한 경우에도, 체감신경에 의한 감각에 기초하여 비행하지 않아야 함
3	시계비행과 계기비행을 불필요하게 혼용하지 않아야 함
4	시야가 나쁠 때 신속하게 계기비행으로 전환하고, 계기비행 상태에서는 시각적 단서가 명확하기 전까지 계기비행을 유지해야 함
5	계기비행의 훈련과 숙달에 노력함
6	불필요한 항공기 기동이나 착각을 유발하는 머리운동은 피함
7	야간이나 악천후 비행에는 특히 비행에 집중함
8	감기를 앓거나 음주 · 약 복용 · 피로할 때는 비행하지 않아야 함
9	경험이 많다고 착각에 대한 면역이 키워졌다고 생각하지 않아야 함

2) 비행착각시 극복방법은 다음을 따라야 한다.

구 분	비행착각 시 극복방법
1	지속적으로 반복되는 경미한 착각은 운항승무원이 비행을 다른 방향으로 주의를 돌림으로써 없어질 수 있고, 수평 · 직선비행 시에는 머리를 약간 움직이는 것이 효과적일 수 있음

구 분	비행착각 시 극복방법
2	강한 착각이나 정위유지, 항공기 조종의 어려움에 갑작스럽게 직면했을 때에는 다음의 절차를 고려해야 함. · 계기로 돌아가서 크로스 체크하라 · 항공기 계기판을 보고 원하는 비행자세가 되도록 조작하라 · 지속적인 계기점검수행과 특히 고도계에 주의를 집중하라 · 외부의 시각적 단서가 명확하기 전까지는 시계비행과 계기비행을 혼용해서 비행하지 말라 · 심한 착각이 지속되면 도움을 청하라. 부조종사에게 조종간을 넘기거나, 지상관제사, 다른 항공기 운항승무원과 교신하고 고도계를 체크하라 · 조종불능인 경우에는 너무 강하하기 전에비상 탈출하라
3	대부분의 비행착각은 부자연스러운 비행환경에 대한 정상적인 반응이며, 필요 시 항공전문 의사를 포함한 동료들과 논의해야 함

제3절 비행피로

1. 피로의 발생과 증상

신체는 본래 활동과 휴식의 반복으로 이루어지는 주기를 가지고 있으며, 신체활동후에는 어떤 형태로든 피로가 나타나게 된다. 피로란 매우 복잡한 현상으로 그 개념을 과학적으로 정의하거나 객관적으로 측정하기는 어려우나 일반적으로 "지쳤다"라는 주관적인 느낌이 있으면서 작업능률이 저하되고 기능의 변화가 생기는 현상이라고 정의할 수 있다.

피로자체는 질병이 아니고 가역적인 생태반응으로서 앞으로 일어날 건강상태의 변화에 대한 경고반응이나 이를 무시하고 작업을 계속할 때는 생산성저하와 재해발생, 나아가서는 질병까지도 유발될 수 있으므로 피로관리는 효율과 안전, 그리고 건강관리상 필요하다.

가. 피로의 발생

피로발생에는 여러 가지 요인이 있다. 작업의 자체요인은 물론 작업의 강도와 양, 작업의 성격(정밀도 · 위험성 · 단조로움 · 고도의 정신적 긴장 등)이 중요하고 외적요인으로는 기온 · 습도 · 소음 · 조명 · 공기오염 등 환경조건 그리고 작업자의 의욕 · 적성 · 숙련 · 건강상태 등의 내적요인이 복합적으로 작용하므로 피로발생의 시기와 양상 및 정도에는 개인차가 많아서 같은 작업, 동일인의 경우에도 수시로 다르게 나타날 수 있다.

나. 피로의 판정

피로의 판정은 주관적 증상과 객관적 측정의 결과를 종합한다. 주관적 증상의 경우 본인에게는 매우 심각한 문제인 반면 판정에 필요한 정확성이 결여(대개설문을 통해 조사됨)된다.

객관적 측정은 근력, 뇌파 등 생리적 기능과 생화학적 상태, 심리기능 등의 변화를 측정하는 것으로 듣기에 매우 명료하고 정확한 결과를 얻을 것 같으나 이 역시 피로의 상태를 본질적으로 반영하지는 못한다.

특히 정신작업의 경우 부하가 큰 작업을 한 후에는 능률저하를 동반하는 급성피로 현상이 나타나게 된다. 이런 급성피로의 효과는 정신적 공백이라고 표현되는 순간적인 정신기능의 정지가 바탕이 된다. 피로가 쌓임에 따라 이같은 공백상태는 빈번하거나 길게 출현함으로써 전체적인 능률저하가 초래되고, 이때 작업자의 능률은 겉으로는 정상수준을 유지하고 있는 듯이 보이지만 정신작용의 간헐적 공백이 수시로 섞인다. 이러한 사실이 실제에 있어서 스스로 느끼는 주관적 피로정도와 객관적인 측정결과 사이의 불일치를 야기시킨다.

작업시간이 상당히 경과한 시점에서 작업자 본인은 스스로 자신의 능력저하를 별로 느끼지 않을 뿐더러 반응시간측정 등 어떤 검사에 응할때는 무의식적으로 분발하기 때문에 위의 공백이 일시 억제된다. 또한 객관적인 검사값 역시 피로판정을 내릴만한 변화를 보이지 않는다. 주관적 증상과 객관적 검사결과가 모두 피로판정에 도움이 되지 못할 수도 있다.

2. 육체적 피로와 정신적 피로

가. 국소근육피로

지속적으로 또는 반복해서 근육을 수축시키려면 관련된 근조직에 적당량의 포도당과 산소의 계속적인 공급이 필수적이며, 동시에 신진대사 부산물(노폐물)이 제거되어야 한다. 이런 기능은 순환혈액에 의해 수행되므로 작업중에는 휴식상태에 비해 근육으로의 혈액수요가 대폭 증가되고 수요가 충족되지 못할 때에는 국소근육피로가 발생한다.

근육작업에는 두 가지 형태가 있어서 작업근육의 율동성인 수축과 이완이 일어나는 동적작업, 그리고 근육이 상당기간 수축상태를 유지하는 정적작업으로 나눈다. 작업활동은 흔히 양자의 결합으로 이루어지는데 예컨대 벽돌을 옮기는 작업은 두 다리에 동적작업(보행), 두 팔에 정적작업(지지)을 부과한다. 대체로 정적인 작업은 동적인 작업보다 피로하기 쉽다. 그 이유는 근육수축시에는 혈관이 압박되고 힘이 가해질수록 혈류의 저항이 증대되기 때문이다. 이 시점에서 근육이 이완되지 않으면 포도당과 산소의 공급은 부족하게 되고 근육내 노폐물이 쌓이며 근육은 수축능력을 잃게되며, 이때 자연스럽게 동작은 중지되므로 병적인 상태로의 진전을 억제한다는 점에서 피로현상은 생체의 방어기전이라고 할 수 있다.

나. 전신피로

신진대사로 화학에너지를 기계적 에너지로 전환하기 위해서는 근육에 충분한 산소와 포도당을 공급해 주고 대사부산물을 제거해야 한다. 이러한 이유로 육체운동의 증가에 따라 심폐계통의 부담도 늘어나고 전체근육에 영향을 미쳐서 전신피로를 야기한다. 작업강도가 커지면 작업시간도 조절해야 하며, 작업을 1시간 계속하려면 평균에너지 소모율은 작업자의 운동능력의 50%를 넘을 수 없다. 8시간 근무에는 33%이하로 제한해야 한다. 전신피로를 예방하기 위해서는 근무도중 작업강도에 따라 적당한 시간의 휴식을 줘야 한다. 젊고 건강하다면 상당히 심한 급성피로라도 한 번의 충분한 수면으로 완전히 회복될 수 있다.

다. 정신적 피로

정신피로는 육체피로와 동반해서 또는 작업의 종류에 따라서 독립적으로 나타난다. 누적된 수면부족, 심리적 또는 감각기관의 부하가 큰 작업, 시간에 쫓기거나 정신긴장이 지속되는 작업, 단조롭고 지루한 작업, 의욕과 관심의 결여, 부당한 보수, 자기능력이나 업적에 대해 정당하게 인정받지 못하는 상황, 동료나 상급자와의 원만하지 못한 인간관계, 가정생활의 어려움이나 격리 등이 원인이 되며 증상도 정신흥분, 주의 및 관리영역축소, 과오증가, 불면, 기억력감퇴, 건설적 비판에 대한 수용력감소, 위장장해, 술·담배 및 약물남용 등 다양하게 나타난다.

정신적 피로는 육체적 피로에 비해 회복이 어렵고 축적되기 쉽다.

3. 비행에서의 피로

비행안전과 효율은 운항승무원이 충분히 휴식한 상태로 근무에 임하고 근무중에는 고도의 경계심을 유지함으로써 가능해진다. 단순하고 명백한 정보를 다루는 작업에 비해서 감시영역이 넓고 복잡미묘한 자료를 다루며 끊임없이 경계심을 발휘해야 하는 작업은 단시간내에 급성피로를 야기하게 된다. 따라서 비행은 사전에 계획된 적절한 휴식을 포함하는 근무시간배정이 중요하다.

비행업무상 능률과 피로발생은 연령에 의해 크게 영향을 받게되는데, 일반적으로 능률은 연령이 높음에 따라 감소된다. 예컨대 60세인 사람의 반응시간은 40세의 2배에 달한다. 그러나 실제 임무수행에 있어서는 연령이 높을수록 신경-근 협동능력의 감퇴가 숙련으로 보완되어 조종효율자체의 우열은 단시간의 검사로는 구별하기가 어려울 것이다. 비행피로의 원인이 되는 또 다른 문제는 신체의 구속 또는 운동의 제한이다.

조종석에 장시간 앉아 고정된 자세를 유지해야만 하는 비행에서는 국소근육이나 관절의 피로와 함께 상대적인 부교감신경 긴장상태를 조성한다. 이와 같은 상태는 전신피로에 수반되는 자각증상군과 공통되며 적어도 피로를 촉진시키거나 증가시킨다.

피로는 그 발생과 경과의 시간적 특성에 따라 급성·만성으로 구분하게 되는데 운항승무원의 경우는 그 중간에 누적성피로라는 분류를 하나 추가해야 한다는 주장도 있다. 누적성피로는 여러 날, 여러 주에 걸쳐 점차적으로 나타나고 그 결과는 급성피로에서와 같이 능률·사기의 저하, 흥미상실, 운항승무원 정신의 해이, 비행 중 판단력과 관리능력의 저하로 인한 불필요한 조작 또는 비행전 점검소홀, 한계상태의 비행조건을 무시한 항법상의 오류 등 중대한 과실로 연결되기 쉽다.

또한 근육작업으로 인한 피로가 단 한 번의 숙면으로 완전히 회복되는데 비하여 어려운 비행임무 이후의 정신긴장, 불안과 분노 등을 동반하는 정신적 피로는 회복이 어렵고 누적되는 경향이 크다. 급성피로에 의해서 제일 먼저 저하되는 것이 경계심이라는 것은 주지의 사실이지만 특히 야간의 장거리 해상비행에서 칠흑같은 창밖을 배경으로 희미한 조명, 단조로운 엔진소리, 오랫동안의 신체구속 등 불리한 조건속에서 각성과 경계심을 유지한다는 것이 매우 어려운 일이다.

4. 비행피로의 예방

현재까지 추진되어 온 조종계통의 자동화는 승무원의 피로경감에 큰 도움을 주지 못했을 뿐 아니라 오히려 정신적 피로를 조장하고 임무수행중의 경계심을 저해하는 등 새로운 문제들을 유발하기도 한다. 이에 대한 대책을 수립할 때는 종전의 모든 고정관념이나 편견에서 벗어난 신축성 있고 독창적인 사고방식이 요구되며, 승무원이 구성원으로 참여하여 긴밀히 협동하고 경영층과 모든 지원부서가 공동참여하는 것이 필수적이다.

비행피로의 예방방법은 비행시간, 휴식 및 휴가, 신체적성, 기타 피로의 유발요인배제와 관련되어 살펴본다.

가. 비행시간

피로의 문제를 생각할 때 제일 먼저 거론되는 기본요소가 비행시간이다. 실제로 모든 국가와 운항사는 비행시간제한에 관한 규정을 제정해 놓고 있다. 그러나 비행피로를 유발하는 요인으로는 비행시간외에도 기내환경, 비행 전 휴식의 양과 질, 기상조건, 교신량, 승무원개인의 신상문제 등 대단히 다양한 요소가 존재하므로 비행시간에 지나친 무게를 둔다는 것은 제고할 필요가 있다.

초기비행시간을 정한 근거는 의학적이기 보다 사회경제적인 바탕에서 오랜 관행과 노·사간협의 등을 통해 조정되어 온 것으로 각국의 현행 기준은 여러 가지 여건을 감안해 볼 때 큰 무리가 없는 것으로 받아들여지고 있다. 의학적으로는 1회의 비행시간 자체보다는 근무시간 동안 근무와 휴식의 조화를 중요하게 적용하며 비행 후 또는 전에 최소한 8시간의 중단없는 수면과 8~12시간의 휴식으로 기본적인 목적은 달성된 것으로 본다. 물론 위에 열거한 피로요인들 중 개별적인 것은 추가적으로 고려되어야 할 것이다.

나. 휴식 및 휴가

단기적인 피로는 그때그때 충분한 수면과 휴식으로 회복되지만 부득이한 상황에서 과로가 연속되고 피로의 누적이 일어날 경우 단순한 휴식이나 성급한 약물의 처방보다는 며칠간의 휴가가 훨씬 효과적일 경우가 많다. 특히 비행임무에서 기인하는 피로가 육체보다 정신적인 것임을 감안할 때 정기휴가 이외에 수시로 짧은 휴가를 실시함이 바람직하다.

다. 신체적성

운동이 부족할 경우 능률의 저하와 불면을 초래하며 근육조직이 위축되는 반면 지방의 축적으로 비만이 오고 그 결과 운동을 더욱 기피하는 악순환이 되풀이 되며 신체의 저항력은 급속히 저하된다. 뿐만 아니라 연령이 많아질수록 체력의 저하와 피로에 대한 내성역시 운동을 통해서 억제되므로 항공기승무원으로서 규칙적 운동은 매우 중요하며 근무외에 자유로운 시간에 적어도 한 부분은 체력증진을 위해 사용하는 인식과 노력이 필요하다.

라. 기타 피로의 유발요인배제

비행임무의 원활한 수행을 위해서는 운항승무원이 임무중에 발생하는 피로를 최소한으로 줄이는 노력과 아울러 임무외적인 피로요인을 적극 피해야 한다. 휴식기간 중의 밤샘, 음주, 과도한 흡연은 물론이고 잦은 스케줄변경으로 대기시간이 길어지거나 비능률적인 지상조업으로 인한 중간기착지에서의 지체, 숙박시설에서 후방지원이 원활치 못해서 숙면을 할 수 없거나 필요한 때에 적절한 식사를 못하는 등의 사례는 실제로 자주 발생되는 원인이다. 승무원자신은 물론 운항에 직·간접으로 관여하는 모든 사람들의 이해와 협력없이는 해결되기 어렵다.

제4절 생체리듬

생체리듬은 원래 인체에 내장된 생물시계 기능에 의해서 일정한 진동을 유지한다. 빠른 속도로 장거리를 이동하는 비행은 단번에 여러 시간대를 통과함으로써 인체기능의 여러 리듬과 외부인자 간에 비동기화 상태를 야기하고 시차증을 유발하며 승무원의 수면부족과 피로축적으로 비행안전을 저해하는 요인이 될 수 있다.

항공기 승무원의 수면부족과 그로 인한 근무능률 및 경계심의 저하는 비행안전에 중대한 위협이 될 뿐만 아니라 혼자의 힘으로 쉽게 해결하기 어려운 경우가 많다. 때문에 본인은 물론, 동료·항공기제작사·정비사·승무스케줄 담당자·후방지원부서 나아가 경영층에 이르기까지 공동의 노력과 협조가 필요하다.

1. 24시간 주기(일중)리듬

가. 인체의 생리주기

인체의 여러 생리기능은 각각 일정한 주기를 가지고 같은 모양의 변동을 되풀이 한다. 예컨대 체온은 새벽 4시에 가장 낮았다가 오후 5~8시경 최고에 이르는데, 이런 리듬의 주기는 짧은 것은 20시간, 긴 것은 30시간 이상되나 실제로는 24시간을 주기로 하는 외부환경(예, 명암)의 변동에 따라 하루의 길이와 비슷하게 통합된 하나의 진동계를 이루게 된다. 우리는 이를 Circadian Rhythm(circa=about 대략, dies=a day; 약 1일 의미)이라 하고 실제로는 하루보다 약간 긴 25시간 정도의 주기를 갖는다.

나. 인체의 신체리듬 유지기능

인체에 내장된 신체리듬 유지기능을 내인자라 하고, 생물시계의 위치는 뇌의 시상하부에 있는 것으로 알려져 있다. 이와 같은 타고난 생체리듬을 외부환경의 1일 주기에 동기화시켜 주는 시간정보를 외인자 또는 Time Giver, 동기화인자 등으로 부른다. 이러한 생체리듬은 모든 생물에 공통되는 현상으로 동기화인자로서는 역시 명암(낮과 밤)의 영향이 가장 크나 식물의 경우에는 광선과 함께 습도(수분)가, 육식동물에서는 먹이의 존재여부가 큰 영향을 미치고 인간의 경우는 식사와 더불어 사회활동이 커다란 역할을 한다.

2. 장거리비행과 생체리듬의 교란

경선(Meridian)은 편의상 지구표면을 동서방향으로 360등분하면서 남·북극을 연결하는 가상의 선이다. 지구의 자전은 경도 1도를 이동함에 4분이 걸리므로 15도씩의 전이에는 1시간이 소요되며, 이를 시간대(Time Zone)라 한다.

빠른 속도로 장거리를 이동하는 비행은 단번에 여러 시간대를 통과함으로써 인체기능의 여러 리듬과 외부인자 간에 비동기화상태를 야기하고 시차증을 유발하며 승무원의 수면부족과 피로축적으로 비행안전을 저해하는 요인이 될 수 있다. 시차증으로 인하여 승무원들에게 일어나는 주요 기능장애 실험결과를 요약하면 능률·수면·졸림의 특성이 있다.

가. 능 률

동쪽방향으로 6개 시간대를 가로지르는 비행 후 승무원의 작업능률은 3~4%가 저하되고 회복에는 3일(간단한 조작)부터 5일(복잡한 작업)이 소요되는 것으로 연구(Klein 등) 되었다. 특히, 시뮬레이터조작은 9%, 정신운동성 작업능력은 2~4%, 눈과 손의 협동동작은 8%가 감퇴되었다. 야근자를 포함하여 시차가 발생된 상태에서의 능률은 전반적으로 저하되고 이는 수면장애에 의해 더욱 악화됨이 밝혀졌다.

나. 수 면

여러 시간대를 횡단하는 비행 후 승무원이 경험한 수면장애는 첫날이 60~70%, 셋째날은 25~30%에 이르는 것으로 연구(Laverhne) 되었다. 그러나 이러한 주관적 내용에도 불구하고 나이가 많은 승무원을 제외하고는 전체적으로 수면의 질과 양은 커다란 손실을 보이지는 않았다. 빈번한 시차에 노출되면서 승무원은 각 개인별로 필요한 최소한의 수면을 확보하는 요령을 익히고(적응) 있는 것으로 분석되었다.

수면의 질적변화로는 잦은 단절이 가장 현저하였고 전체적으로 수면이 깊지 못하여 REM 수면(잠의 깊이를 뇌파의 특징에 따라 네 가지 단계로 나눌 때 안구가 빨리 움직이는–Rapid Eye Movement–시기, 얕은 잠과 꿈을 꾸기 때문에 Dream Sleep라고도 함)이 많은데 REM은 특히 수면초기에 나타나고 체온의 골짜기에 집중되는 경향이었다.

수면손실의 효과는 작업종류에 따라 달라서 단순반복작업 또는 경계심을 요하는 일이 가장 현저히 영향을 받지만 심사숙고를 요하며 대단히 중대한 일, 흥미있고 자극적인 작업의 경우에는 오히려 별로 영향을 받지 않는다. 특히 실제상황, 예컨대 이착륙조작이나 긴급사태 발생시의 조치 등은 오히려 온 힘을 쓰기 때문에 수면부족과 피로의 영향이 일시 극복되는 것을 확인할 수 있다.

이에 반해 단조로운 상태에서는 중대한 사태발생을 예고하는 조기징후나 의미있는 정보를 간과하기 쉬운데 그 위험도는 작업지속시간, 심리상태, 불량한 환경조건(주의산만 상태) 등으로 증대되고 이들 요소는 수면손실의 상승작용을 한다.

다. 졸 림

수면잠복실험결과 근무중 졸림현상을 승무원자신은 느끼지 못하고 있었다. 즉 졸림에 대한 승무원의 주관적인 느낌과 동시에 기록중인 뇌파상의 소견에는 큰 차이가 있었다. 이는 근무중의 승무원이 깜빡 잠에 빠질 가능성을 인식하지 못하고 있는 것으로 안전상의 문제가 된다. 한편 장거리 비행에 수반되는 일일 생체리듬비동기화 증후군에 영향을 미치는 요소는 나이 · 방향 · 개인차로 나타났다.

1) 나이(연령)

시차증에 대한 내성은 연령이 많아짐에 따라 떨어지며, 특히 50세가 넘으면 심해지고 그 중에서도 수면손실이 많아지는데 이는 적응력의 저하 때문인 것으로 연구되었다.

2) 방 향

다국적 공동연구(미국, 영국, 독일, 일본 등 참여)에 의하면 서쪽으로 비행한 후 승무원들은 곧 취침하여 비교적 양질의 잠을 잘 수 있었으며, 다음날에는 쉽게 현지 적응이 이루어졌다. 반면, 동쪽으로의 비행후에는 수면이 얕고 단절이 많았으며 다음날 낮의 졸림도 심했다. 이는 서쪽으로 이동으로 길어진 하루가 일일 생체리듬 본래의 길이(24시간보다 긴)를 유지하고 적응하는데 유리하게 작용한 까닭이라고 분석되었다.

3) 개인차

연령외에도 시차증으로 인한 수면손실의 정도는 개인차가 많다. 평소 밤늦게까지 자지않고 활동하는 사람과 아침일찍 활동하는 사람 간의 시차에 대한 반응은 다를 것으로 분석되었다. 그러나 일부사람들이 특히 내성이 약한 이유에 대해서는 아직 밝혀지지 않고 있다.

4) 동기화 인자

목적지 도착후 현지 동기화 인자의 이용도 중요하다. 인간은 사회성이 강하기 때문에 현지에서 적극적으로 사회활동에 참여(모임, 운동 등)하는 것이 재동기화에 유리한 것으로 조사되었다.

3. 시차증

가. 시차증일반

장거리비행 등 환경조건의 율동성변화가 시간적으로 갑자기 전이될 경우 외부의 동기화 인자와 신체내부리듬이 일시적으로 부조화 또는 비동기화되어 혼란이 야기된다. 이와 같은 혼란은 생체가 그 내부환경의 항상성을 유지하려는 자연방어기전에 의하여 전이된 새로운 시간정보와 동기화될 때까지 계속되며 그 동안 인체는 일련의 심신장애를 경험하게 되는데 식욕상실, 위장장애, 불면, 비정상적인 시간에 졸리거나 배가 고파지고 전반적으로 능률과 의욕이 저하되는 등의 증상이 나타난다. 이러한 장애를 일컬어서 비동기화 증후군 또는 일상용어로 시차증이라 부른다.

나. 시차증대책

시차에 노출되는 사람들에게 공통적으로 적용되는 기본사항은 다음의 표와 같다.

구 분	시차증의 대책(설명)
시차증 중요성 인식	시차증은 질병도 아니면서 때로는 건강을 해칠 수 있고 중대한 사고의 요인이 될 수도 있음을 인식
운항시간 및 휴식조절	일중 리듬의 저조기를 피하도록 하고 부득이한 경우 운항승무원 등은 임무종료 후 충분한 휴식과 수면을 취함
체력증진	체력은 시차에 대한 저항뿐 아니라 새로운 시간대에의 적응도 촉진함
약제 · 술 의존제거	새로운 시간대에의 동기화를 촉진할 목적으로 약제, 술을 이용하는 것은 잔류효과 등 부작용의 우려가 있고 의존성이 생기기 쉬움으로 피함
식사요법	일반적으로 항공중에는 소식을 하는 것과 기름진 식품을 줄이는 것이 효과적이므로 이에 맞춰 식사조절

다. 항공기 승무원의 시차증관리

항공승무원은 빈번히 여러 시간대를 이동할 뿐만 아니라 이동이 바로 근무시간이며, 특별히 고도의 경계심을 유지해야 한다는 어려운 조건들이 중첩되어 있다. 그럼에도 불구하고 많은 승무원들은(특히 젊은 층) 경험을 통하여 최소한의 수면시간을 확보하고 근무중의 경계심도 유지하는 요령을 터득하고 있으며 동기부여가 강하기 때문에 중도탈락하는 일은 거의 없다.

항공승무원은 모기지 시간중심의 리듬을 유지하면서 시간차가 많은 외지체류시간을 되도록 짧게하는 방법이 유리하다. 그러나 오랫동안 외지에서 체류해야 하는 경우에는 모기지의 시간을 의식하지 말고 현지 시간중심으로 생활하되 사회활동에 적극 참여하여 현지 시간에 동기화되는 시간을 단축시키는 것이 유리하다.

밤샘비행을 하고 목적지에 오전중에 도착한 경우 그냥 취침해 버리면 밤(현지)에 잠을 못 이루기 때문에 다음날 귀항하는 비행에서의 근무는 충분히 휴식되지 못한 상태가 된다. 이때는 짧은 낮잠으로 수면부족을 완화시키고 곧 일어나 운동이나 사교로 시간을 보낸 다음 밤시간에 충분히 잘 수 있도록 하는 것이 유리하다.

오후 늦게 도착했으면 현지의 밤시간에 충분히 수면하는 것이 좋다. 비행하는 동안 근무로 인해 잠을 못 잤기 때문에 비교적 잠들기 용이한 상태이지만 잠들기 어렵더라도 포기하지 말고 침대안에 머물러 최소한 3~4시간의 수면을 확보하면 일중 리듬의 교란을 최소화할 수 있다. 이러한 관점에서 고려할 사항은 〈표 2-11〉과 같다.

표 2-11 항공승무원 시차증 관리

구 분	항공승무원 시차증 관리설명
쾌적한 실내환경과 경고장치 운용	조종실 설계에 있어서 승무원의 피로문제를 우선 고려하여 실내환경을 되도록 쾌적하게 해야 할뿐만 아니라 자동화와 병행하여 승무원의 각성도 · 경계심을 모니터하고 수시로 경고해주는 장치가 필요함
기내 수면시설 개선	온도, 소음 등이 없는 쾌적한 환경으로 최대한의 숙면이 가능토록 해야 함
근무스케줄	리듬 저조기에 중요 임무를 수행하는 일을 피하도록 하고, 비행 중 기내에서의 교대 휴식을 하며, 교대계획은 사전에 시간을 명시해서 주지시키고 승무원 각자가 출발 시부터 이 계획에 맞추어 사전에 조절하도록 함 근무 중에는 확실한 시간(교대) 목표를 놓고 경계심의 유지를 용이하게 해야 하며, 기내취침 시 깨어난 후 일시 잠에 취한 상태가 지속됨을 유의하여 임무교대는 15분 정도가 지난 다음으로 함
양질의 근무환경 유지	24시간 원하는 시간에 제공되는 양질의 식사, 온수욕, 쾌적한 잠자리 등은 승무원의 수면손실을 완화하고 술, 약제사용의 유혹을 줄이는 효과가 있음
지속적인 시차증 개선 노력 유도	비행피로와 수면부족의 생리적 실태 및 시차증 개선방법에 관한 연구와 모든 관련자들에게 반복교육을 실시함으로써 문제인식과 공동 노력을 유도함
비행피로관리 전담요원 운용	승무원의 근무스케줄을 모니터하는 등 비행피로관리 전담요원을 임명함

제3장

항공심리

제1절 비행심리와 적성
제2절 인간의 정보처리
제3절 항공인적오류
제4절 긴급한 상황에서의 인간행동

제1절 비행심리와 적성

1. 인성과 적성

가. 인 성

인성은 인간의 성품을 말한다. 심리학적으로 인성을 살펴보면 다른 인간과 구별되는 사고(思考)와 태도 및 행동의 특성을 말한다. 운항승무원으로서 바람직한 인성이란 무엇일까? 또는 바람직하지 못한 인성이 있다면 어떤 것인가? 인성이나 경향이라는 것이 과연 있는 것인가? 이에 대한 해답을 얻기 위한 많은 연구가 있어 왔다.

운항승무원에 대한 인성관련 연구방법으로는 우선 좋은 성적으로 비행훈련을 마친 후 성공적으로 승무원생활을 하고 있는 기성승무원들에게 흔히 볼 수 있는 공통된 인성과 중도탈락한 사람들

그림 3-1 EPPS(Edwards Personal Preference Schedule) 설문검사

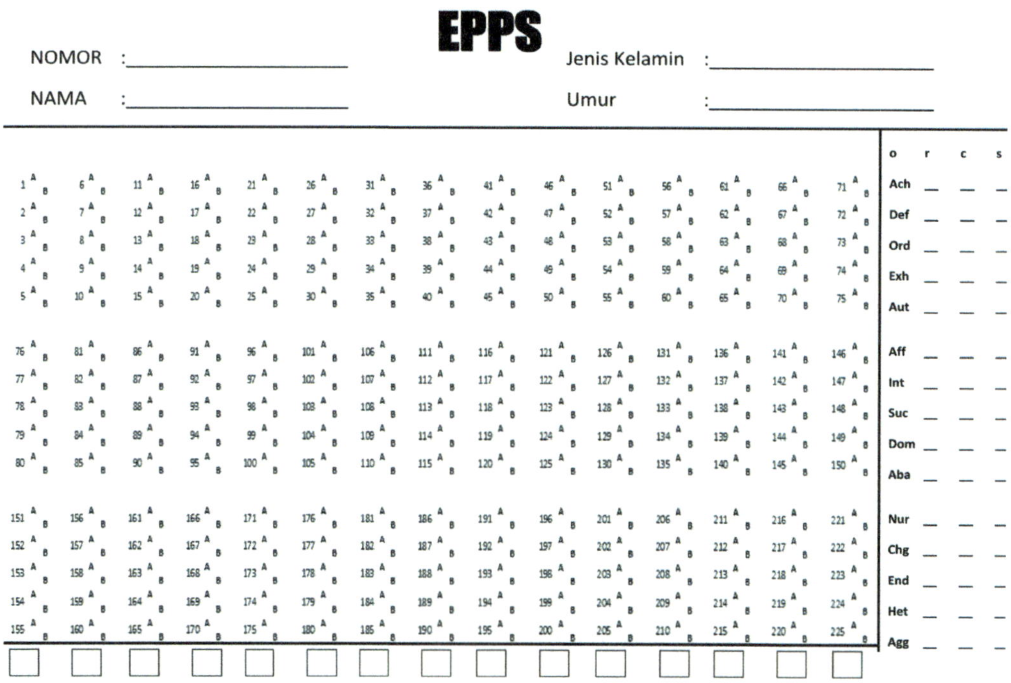
EPPS

NOMOR :

NAMA :

Jenis Kelamin :

Umur :

1	6	11	16	21	26	31	36	41	46	51	56	61	66	71		o	r	c	s
1	6	11	16	21	26	31	36	41	46	51	56	61	66	71	Ach				
2	7	12	17	22	27	32	37	42	47	52	57	62	67	72	Def				
3	8	13	18	23	28	33	38	43	48	53	58	63	68	73	Ord				
4	9	14	19	24	29	34	39	44	49	54	59	64	69	74	Exh				
5	10	15	20	25	30	35	40	45	50	55	60	65	70	75	Aut				
76	81	86	91	96	101	106	111	116	121	126	131	136	141	146	Aff				
77	82	87	92	97	102	107	112	117	122	127	132	137	142	147	Int				
78	83	88	93	98	103	108	113	118	123	128	133	138	143	148	Suc				
79	84	89	94	99	104	109	114	119	124	129	134	139	144	149	Dom				
80	85	90	95	100	105	110	115	120	125	130	135	140	145	150	Aba				
151	156	161	166	171	176	181	186	191	196	201	206	211	216	221	Nur				
152	157	162	167	172	177	182	187	192	197	202	207	212	217	222	Chg				
153	158	163	168	173	178	183	188	193	198	203	208	213	218	223	End				
154	159	164	169	174	179	184	189	194	199	204	209	214	219	224	Het				
155	160	165	170	175	180	185	190	195	200	205	210	215	220	225	Agg				

그리고 일반집단의 인성을 조사·비교하는 방법을 적용하였다. Novello 등은 EPPS(Edwards Personal Preference Schedule)라는 설문검사를 통하여 운항승무원형 인성이라고 할 만한 것을 발견할 수 있었다고 주장하고 있다.

EPPS 검사는 정상인의 성격특성을 다면적으로 판정하기 위한 것으로 피검사자가 선호(욕구)하는 바가 어떤 특성에 많이 집중되는지를 조사하여 그 특징을 판단하려는 것이다.

이 EPPS 검사를 미국과 일본의 운항승무원과 일반집단을 대상으로 실시하여 비교조사한 결과 운항승무원들은 15개 특성 항목 중 성취(어떤 일을 수행하려는 의욕)와 지구(성취를 위해서 어려움을 견디고 끝까지 버팀)를 선호하였다. 일에 앞서 계획을 세우고 질서있게 행동하며 지도자적 역할과 적극적인 자세를 취함에 있어 두드러지는 경향을 보였고, 남에게 의존하거나 도움을 기대(의존성)는 것을 꺼리는 경향이 보였다.

운항승무원 성격관련검사에서는 정서적 안정이 공통적인 성향으로 드러난 반면 신경쇠약, 문제행동을 저지르기 쉬운 형, 또는 평균적이고 이렇다 할 특징을 찾기 어려운 형은 매우 드물게 조사되었다. Morseley 성격검사(MPI)에서는 신경질적이지 않고 외향적이며 사소한 일에 매이지 않는 성향(대학생 9.4%, 고교생 13.3%에 비해 공군조종사 52.4%)이 많았다.

한편 비행훈련도중 낙오한 사람들의 특성을 알아보는 일은 비행부적성자를 조기에 발견하여 불필요한 인적·경제적 손실을 막는데 의의가 있을 것이다. 많은 지원자중에서 운항승무원으로서의 자질을 지녔다고 판정되어 선발되었음에도 불구하고 교육·훈련을 계속할 의욕을 잃는다는 것은 본인의 장래를 위해서나, 또는 동료훈련생에 미치는 영향으로 보면 매우 중요한 사항이다. 운항승무원이라는 직업의 희소가치가 줄고 전직이 일반화되어 가는 요즘의 경향으로 볼 때 앞으로는 자진해서 사퇴하는 경우도 늘어나게 될 것으로 보인다.

Wagg 등은 훈련낙오자가 포기하게 된 이유를 조사·분석한 결과 여섯 가지의 요인을 지적하고 있다.

앞서 살펴본 자질중에서 특히 두드러진 것으로 불안감을 가지지 않는다는 것이 운항승무원에게

표 3-1 비행훈련을 포기하게 된 이유

구 분	비행훈련을 포기하게 된 이유
생활패턴	복종이나 규율에 얽매이는 생활이 싫어짐
비행 불안감	비행에 대한 불안으로 비행 전·중에 불안을 느끼거나 동작이 굳어짐
가정문제	가정문제로서 아내가 조종생활을 싫어하거나 가족과 떨어져 있어야 하는 상황 등임
흥미	교육문제로 교육내용의 어려움이나 비행자체에 대한 흥미를 잃어버림
심리적 중압감	비행준비, 비행 등 비행생활에 심리적인 중압감이 있음

매우 중요한 자질의 하나가 될 것이다. 그외에 성격검사를 이용한 조종낙오자의 연구로 California 인성검사(CPI)를 시행한 결과는 낙오자 군이 상식성과 융통성항목에 있어서 낮은 성적을 보이고 있다.

이상을 요약하면, 운항승무원에게 바람직한 인성으로서는 정서적 안정과 성취욕, 인내력, 질서의식 등을 들 수 있다. 반면, 그 반대인 경우(실패, 낙오하기 쉬운 인성)는 불안경향이 높고 정서가 불안정하며 사소한 일에 오래 구애받는 신경질적인 성격 그리고 의존성이 높은 경우 등이 있다.

사고와 인성간의 관련성은 오래도록 관심의 대상이 되어 왔다. 운항승무원들은 그 선발과정을 통해서 가장 사고를 일으킬 위험이 적은 사람들로 구성되었을 뿐만 아니라 사고발생에는 여러 가지 요인이 복합적으로 관여함으로써 인성과 사고발생 간의 관련을 과학적으로 입증하기는 매우 어렵다. 또한 요구되는 특성은 운항승무원에게 공통되는 기본적인 인성외에 조종임무에 따라서도 크게 달라질 수 있다. 예컨대 적을 공격·격파해야 하는 전투조종사와 수많은 승객의 생명과 재산을 책임져야 하는 민간항공여객기 운항승무원의 경우가 그 대표적인 예라 할 수 있다. 현재로서는 운항승무원의 인성이 크게 문제되는 것은 교육·훈련상의 효율을 고려하는 경우이고 그외의 목적을 위해서는 더 많은 연구가 필요하다.

나. 적 성

사람들 간에는 본질적인 성격차이가 존재하고 있으며 직무특성으로 보아 적합한 직무유형이 존재한다. 스스로의 성격유형과 일치된 직무환경에서 일하는 사람들은 그렇지 않은 사람들보다 만족수준이 더 높게 나타난다. Holland는 이를 근거로 직무별 인원선발에 적성검사를 수행하게 되었다.

1) 적성의 개념

인간의 능력을 개념화하는 방법론으로는 지능(Intelligence)과 적성(Aptitude)으로 구분하는 방법이 보편적이다. 지능은 주로 광범위한 분야에서 적용되고, 적성은 보다 구체적이고 특수한 분야까지로 성공가능성에 적용하고 있다. 적성의 사전적 의미는 〈표 3-2〉와 같이 정의하고 있다.

표 3-2 적성의 개념적 정의

구 분	적성의 개념적 정의
적합한 자질	일반적 요구에 적합한 자질, 적합성, 타당성, 적절성
타고난 성향	성질상의 경향
타고난 재능	타고난 재능(능력), 즉 어떤 일에 대한 재능

심리학분야에서는 적성을 어떤 특수한 분야에서 성공할 수 있는 개인의 능력이라고도 설명한다. 적성에 대한 능력측정은 개인별로 구체적인 영역에서의 업무수행에 대한 미래의 성공가능성에 대한 예측이 주된 목적이라고 할 수 있다.

Cronbach는 적성을 특정한 교육적 조치의 결과로서 개인의 상태를 설명하는 개인특성의 복합이라고 정의하고 있다. 즉 미래의 어떤 직업이나 분야에서 성공을 할 수 있는 것으로서 개인의 지적·정신적·신경운동적 기능을 총칭한다고 보았다. 이상로는 일반적으로 어떤 특정한 활동이나 작업을 수행하는데 필요한 능력이 어느 정도 있느냐와 그러한 능력의 발현가능성이 어떠한가를 문제삼는 것으로 일반적이고 개괄적인 능력의 가능성을 가리키는 지능에 비해, 적성은 구체적인 특정활동이나 작업에 대한 미래의 성공가능성을 예언하는 것으로 보았다. 그리고 어떤 특정한 영역에서 능력발휘의 가능성을 나타내는 개념으로서 지능과 구별된다고 하였다.

위의 내용을 종합해보면 적성에는 자질과 성향, 능력요인으로 구분이 가능하다. 그러므로 적성을 정확하게 판단하기 위해서는 개인의 능력, 그리고 자질과 성향을 살펴보아야 적성검사의 유효성을 기대할 수 있다고 하겠다.

2) 적성의 특징

적성은 선천적인 자질과 성향을 근간으로 하면서 생활경험이나 교육경험에 의해 얻어진 능력(지식 등)이다. 사람들 간에는 각 분야별로 적성에 커다란 차이를 보인다. 예를 들면, 음악적 적성은 있으나 기계적 적성은 없는 경우가 있고, 미술적 적성은 있으나 수학적 적성이 없는 경우 등이다. 대부분의 사람들은 주로 적성이 있는 분야의 학습은 적성이 없는 학습보다 매우 효과적으로 반응한다. 적성은 잠재성에 기초한 예견을 위한 판단에 활용될 수 있기 때문에 그 발달 가능성이 기대되고 변화하는 가능성을 지니고 있다고 할 수 있다.

적성은 개인이 소유하고 있는 모든 특성을 의미하지는 않으며 한정된 분야에 필요한 특성만을 지칭하는 것이다(정형진). 따라서 적성을 고려할 때 그것이 발휘될 분야가 무엇인가가 분명히 다루어져야 한다고 하였다. 따라서 적성은 개인의 상대적 적합성을 나타내는 조건으로서, 본질적인 측면으로 특정 분야에서 숙달될 수 있는 개인의 잠재적 능력이고, 다른 측면은 그러한 능력을 발휘하는데 있어서 흥미와 관심을 나타낼 수 있는 준비된 자질과 성향을 의미한다고 할 수 있다.

따라서 적성이란 일반적으로 어떤 직업분야와 관련된 일에 숙달되는 개인적 능력을 의미하며, 개인이 갖고있는 특성들 중에서 특정한 분야에 적합한 측면이다. 즉 특정 영역의 능력을 의미하며 교육을 받기이전부터 가지고 있는 선천적·잠재적 가능성을 말한다. 또한 어떤 학문분야나 직업분야에서 요구되는 성격적 적합성이나 직업적 흥미와 같은 정의도 적성에 대한 중요한 지표로 활용되고 있다. 예를 들어, 어떤 학생이 법관으로서의 알맞은 적성을 가졌다고 할 때, 전문적 지식을 수용할 수 있는 지적능력뿐만 아니라 균형감 · 치밀함 · 냉철함 · 인간애 · 직업적 사명의식 등 성격적 적합도와 직업적 흥미를 갖추고 있다는 의미로 재해석할 수 있다.

3) 적성검사의 의의

운항승무원과 운항사들의 선발에서도 비행적성검사를 시행하고 있다. 이는 안전하고 효율적인 조종업무를 수행하기 위한 가능성을 판단할 수 있는 중요한 부분이 되고 있다. 일반적으로 운항승무원에게 요구되는 능력은 비행과 관련된 상황을 정확하게 판단하고 대응하는 능력이다. 따라서 운항승무원은 비행중에 발생되는 돌발적인 상황에 미리 대비하고 이를 극복할 수 있는 건전한 정신활동과 정서적 안정을 갖춘 사람이 적절하다.

운항승무원을 선발하는 단계에서 비행적성을 확인하기 위해서는 오랜시간을 두고 실제 항공기 조작을 통해 적성을 심사하는 것이 가장 이상적일 것이다. 그러나 조종사양성을 위한 선발과정에서는 이를 수행할 충분한 시간적 여유가 없으므로 각각의 기관에서 적절하다고 판단되는 평가도구로 검사를 시행하고 있다.

적성검사는 특정한 작업을 수행하기 위한 능력과 특성을 추정하기 위한 목적으로 만들어진 검사이다. 예를 들면, 음악적성검사, 미술적성검사, 일반직업적성검사, 사무적성검사 등을 들 수 있다. 따라서 바람직한 적성검사의 개발에는 우선적으로 어떤 분야에 적용되는 특성을 측정할 것인가가 분명하게 정의되어야 한다.

4) 운항승무원 적성검사

운항승무원은 평소의 생활공간이 아닌 공중에서 복잡한 항공기기를 다루는 작업을 수행한다. 이 작업은 한정된 공간에서 많은 정보를 받아들이고 판단하여 신속하고 정확하게 처리해야 하는 업무이다.

대한민국 공군은 조종사적성검사는 대한민국 공군에서 요구하는 조종적성요소, 즉 비행상황을 정확하게 판단하고 항공기기를 조작할 수 있는 우수한 시각, 청각, 평형감각과 비행중의 우발상황을 극복하는 능력이다. 또한 항공기의 다양한 기능발휘에 필요한 표시장치와 조종장치로부터 각종 정보를 받아들이고 처리하기 위한 일정수준 이상의 지능을 항공기조종사 선발 지필지각검사에 적용하고 있다.

기타 연구의 경우 항공기조종사 선발평가를 위하여 비행단계를 구분하고, 비행단계에 맞춰서 요구되는 적성요인을 찾아서 적용하는 방법으로 항공기조종사 적성지수 요구조건을 구체적으로 제시하였다(유태정 등).

또한, 다른 연구에서는 조종적성에 대한 내용들을 정리하여 항공기조종사 적성요인을 〈표

표 3-3 David L. Imhoff와 Jerrold M. Levine 조종적성요인

구 분	적성요인
지각속도(Perceptual Speed)	외부로부터의 시각 · 청각 · 촉각 및 움직임 등을 재빨리 지각, 두뇌에 전달하는 능력
사지협응(Multilimb Coordination)	손-손, 손-발, 발-발끼리 적절히 조화롭게 협동하여 응하는 능력
변화율 통제(Rate Control)	움직임의 변화율을 예측하여 최적의 순간을 포착하는 능력
운동감각 민감도(Kinesthetic Sensitivity)	운동감각이 정밀하게 기능하여 신체 움직임을 적절히 관장하는 능력
지형적응(Spatial Orientation)	지형의 참조물체들의 관계를 파악하여 지형에 적응하는 능력
선택 주의집중(Selective Attention)	현재 상황에서 가장 우선적으로 처리해야 할 부분에 주의를 집중하는 능력
시분할(Time Sharing)	처리해야 할 2개 이상의 부분에 주의를 균등하게 분산하는 능력
부호화(Encoding)	감각기관을 통해 입력된 자극을 부호화하여 두뇌로 하여금 자극의 실체를 판단하게 하는 능력
비교(Comparison)	사물의 특성을 분석하여 서로 다른 점을 찾아내는 능력
기억탐색(Memory Search)	기억된 각종 정보를 신속하게 탐색하는 능력
기억회상(Memory Retrieval)	기억된 각종 정보 중에서 필요한 정보만을 회상해 내는 능력
신속한 결심(Decision Making)	주어진 상황에서 최선의 행동을 신속히 결정하는 능력
확률예측(Probability Estimation)	수리계산을 정확히 수행하는 능력

3-3〉과 같이 요약제시하기도 하였다(David L. Imhoff와 Jerrold M. Levine).

앞에서 살펴본 바와 같이, 항공기조종사 적성검사를 위한 적성요인을 적용하는 다양한 연구가 시도되었다. 대한민국 공군, 유태정, David L. Imhoff와 Jerrold M. Levine 조종적성연구내용을 정리(비교)하면 〈표 3-4〉와 같다.

운송용항공기 등의 경우는 자가용조종사 자격취득 후 3,000여 시간의 비행경력을 가지고 다양한 수습과정을 거치는 동안 충분한 인성과 적성이 구분되어지는 특수성을 고려할 필요가 있다.

표 3-4 조종적성 연구비교

구 분		대한민국 공군	유태정 등	David & Jerrold
적성 검사 항목	비행지식	☆	☆	
	지각 및 탐색속도	☆	☆	☆
	정보처리 및 통제		☆	☆
	사지협응 및 조작력		☆	☆
	운동감각 및 순발력	☆		☆
	공간지각	☆	☆	
	지형적응			☆
	선택 주의집중			☆
	주의분배 및 동시처리		☆	☆
	부호 및 영어이해		☆	☆
	비교 및 수리판단력	☆	☆	☆
	기억력		☆	☆
	신속한 결심			☆
	응용계산 및 확률예측	☆		☆
	창조성		☆	
	사회적 배경		☆	
	스트레스억제		☆	

다. 인성 · 적성검사

1) 인성검사

인성검사는 개인의 독자적인 행동양식을 전체적인 특징으로 측정하고 진단하기 위해 만들어진 검사이다. 따라서 인성검사는 관찰이나 면접을 통해서 성격을 검사하는 경우도 있지만, 대체로 표준화된 검사도구를 사용하여 특성론에 기초하여 목록을 통한 개개인의 자기보고에 의해 성격을 검사하는 방법이 가장 많이 사용되고 있다. 검사방법으로는 Rorschach 검사, 주제를 통째로 자각하는 검사처럼 개인의 다양하고 역동적인 특성을 묘사하고 발견해내는 투사법이 널리 이용되고 있다.

2) 적성검사

적성검사는 훈련을 통해 장래의 지적·운동적인 사항 등 몇 가지의 구체적인 반응양식을 터득할 수 있는 능력에 대한 지표를 산출해내는 검사이다. 적성검사는 개인마다 특수한 능력에 차이가 있으며 그 차이를 통해 미래의 성과달성에 대한 추론을 할 수 있다고 가정한다. 일반적으로 적성검사는 언어이해력, 일반추리력, 수리능력, 지각능력, 기계적인 지식 등 광범위한 능력을 측정한다는 점에서 지능검사와 비슷하다. 그러나 조종사적성검사는 하나의 지능지수값이 아니라 대략적인 프로파일을 결과로 산출하여 교육·훈련 및 직업상담에 널리 사용된다.

2. 동기와 의욕

가. 동기부여

항공기가 고속화·대형화되고 그 구조와 기능도 정밀해지고 복잡해짐에 따라 운항승무원에 대한 정신적·기량적인 요구수준이 높아지며 교육·훈련의 강도도 따라서 증가되고 있다. 민간항공 운항승무원의 경우 최소 2년간의 밀도 높은 교육이 실시되는데 이 사이에 기량미달·위험조작·규칙위반 등 많은 이유로 도태될 처지에 놓이게 된다. 운항승무원이 되고자 하는 동기의 강도는 엄격한 교육·훈련이 많은 심적갈등과 스트레스에 대한 내성을 높이는데 기여함이 연구를 통해 알려지고 있다.

운항승무원에 도전하는 사람들의 동기에 대한 답변은 천차만별이지만 대부분의 경우 공통되는 두 가지의 욕구가 있고 이는 다음과 같다.

첫째, 하늘을 나는 일에 대한 원초적인 동경으로 현대문명의 첨단산물인 항공기를 조종하여 마음껏 날아보겠다는 개인적 욕구이다.

둘째, 보람이 있는 직업으로 사회, 경제적인 만족도와 함께 기대하는 사회적 욕구이다.

본인들의 의사표현을 통해 어릴적부터의 꿈, 멋진 직업, 현대과학의 첨단기계에 대한 선호, 모양새 좋음, 양호한 수입, 언젠가 항공기를 타본경험 등으로 동기를 표현한다. 이러한 동기는 우연히 생기게 되는 경우, 오랜 세월을 두고 차츰 싹트고 자라난 경우 등 어느 것이든 각 개인의 표현 그 자체로부터 직접 가치관을 판단하기는 어렵다. 우연한 인연으로 운항승무원이 된후 훌륭한 운항승무원으로 대성하는 경우도 있는가하면 어릴적부터 운항승무원이 되고자 끊임없이 기대하고 노력해 왔음에도 불구하고 뜻밖에 중도탈락하는 경우도 있기 때문이다.

인간은 스스로의 뜻에 따라 행동하므로 주체적인 동물이라는 말을 듣는다. 이같이 자신의 뜻에 의해서 행동한다는 자각이 뒷날의 행동 특히, 목표달성을 위한 노력·책임감 등에 큰 영향을 미치게 되기 때문에 동기와 의욕은 운항승무원에게 특히 중요한 구비조건이 된다. 동기에 대한 평가의 중요한 기준은 항공기조종에 대한 관심의 정도로서 운항승무원을 지원하기까지 언제부터, 얼마동안이나 흥미와 관심을 가져왔느냐 하는 점이다. 오랜세월에 걸쳐서 관심을 가져왔다는 것은 본인의 본질적인 선호와 합치됨을 의미할 뿐만 아니라 그 오랜세월만큼 항공기에 대한 지식도 축적되었을 가능성이 있기 때문이다.

아무리 운항승무원이 되기위한 동기가 있다고 하더라도 단순히 개념적인 선호와 동경에 그치고 구체적인 노력이나 지식의 축적이 동반되지 못한다면 이것은 바람직한 동기로 평가될 수 없다. 바람직하지 못한 동기란 운항승무원이나 항공기에 대한 관심이 없이 단순히 사회적 욕구를 충족시키기 위한 방편으로 선택할 때이다. 바람직하지 못한 동기가 교육·훈련중의 갈등을 심화시키고 도피·대상추구·의욕저하 등의 원인이 되는 반면 바람직한 동기의 경우는 스트레스에 의한 갈등을 완화하고 목표달성을 위한 노력을 계속하는 결과로 이어진다.

나. 의 욕

의욕이란 단순한 바람이나 욕구의 강도만이 아닌 자신을 절제하며 목표지향적인 노력을 기울이는 의지의 크기이다. 의욕의 내용은 시기에 따라 변해가는데 교육기간중의 의욕이란 모든 장애를 배제하면서 주어진 과목을 충실하게 습득하고 끝까지 노력을 계속하는 의지가 될 것이다. 운항승무원이 되기를 아무리 갈망한다지만 현실적으로 일관된 노력이 인정되지 않는한 의욕이 없는 것으로 판단할 수 있다.

의욕이 실제로 조종기량에 어느 정도로 영향을 미치는 것일까? 조사에 의하면 자질부족으로 판단된 인원을 걸러내고 난다음 조종요원으로 선발된 학생들을 그 의욕의 정도에 따라 A·B·C 3등급으로 나누고 이후 조종교육 수료율을 분석해 보았다. 분석결과 전과정수료율이 A급은 72.8% 인데 비하여 B급은 57.8%, C급은 36.0%로 현격한 차이를 보였다. 또한 교육의 초기단계에서는 의욕보다 자질이 교육수료에 중요한 요소가 되었으나 과정이 진행되어 지식과 기량에 대한 요구수준이 높아짐에 따라서 의욕의 영향이 커지는 것을 시사하고 있다.

물론 특이한 현상으로서 의욕과잉이 과도한 긴장상태를 초래하여 무리를 범하게 되고 역효과를 내는 경우도 드물지 않았다. 과거와 현재를 대상으로 하는 동기에 대해서도 그렇지만 특히 미래의 행동을 예측하려는 의욕의 평가에 대해서는 아직 객관적이고 정량적인 방법이 개발되어 있지 않고 있다. 따라서 주관적인 방법에 의존할 수밖에 없는 현재 평가항목과 기준을 정하고 평가자의 사고방식도 사전에 통일하는 것이 바람직하다. 의욕이 교육단계를 따라 변하는 사실에 입각하여 각 단

표 3-5 동기부여를 위한 의욕평가 착안사항

구 분	동기부여를 위한 의욕평가 착안사항	
조종훈련 시 착안사항	· 지적받은 사항을 수정하는가? · 순서를 기억하고 있는가?	· 같은 실패를 되풀이 하지 않는가? · 수정하려는 의욕이 인정되는가?
지상교육 시 착안사항	· 적극적으로 질문하는가? · 열심히 공부하고 있는가?	· 질문이 정곡을 찌르고 있는가? · 의사소통이 양호한가?
태도관련 착안사항	· 활기가 있는가? · 진지함을 가지는가?	· 적극성을 띠는가?
의욕을 저해하는 요인	· 불량한 동기 · 가족의 반대 · 사고에 대한 불안감	· 자질부족 · 비행에 대한 만족감결여

계에 상응한 착안이 필요하다. 하나의 예로 초기교육을 위한 의욕평가로 〈표 3-5〉와 같은 사항을 고려할 수 있다.

사람들로 하여금 높은 실적을 올리게 하는데 가장 기여하는 요소를 찾기 위한 연구와 관련하여 최근에는 일에 대한 만족감이라는 문제가 주목을 받고 있다. 일을 대하는 자세(마음가짐)에 영향을 주는 요소는 대단히 많지만 그 중에서도 금전적 보상, 인사정책, 동료와의 인간관계, 작업환경, 일 자체의 성격 등을 흔히 꼽는데 이들 요소의 영향정도는 개인의 성격이나 가치관 등에 따라 달라진다.

그러나 일에 대한 만족감은 그 자체가 바람직한 것이긴 하나 만족감이 반드시 업무성적의 향상으로 이어지지는 않는 것으로 보이며 그러한 사실이 입증된 사례도 아직 없다. 과거에는 보수가 의욕을 고취하는데 가장 중요하다고 생각되었으나 오늘날처럼 소득이 생활을 즐기기에 필요한 만큼 증대되고나면 내 소득의 절대액수는 제쳐놓고 다른 사람의 소득과 비교한 결과에서 오는 불만이 더욱 크게 어필된다.

비판과 의견제시도 없이 다만 현상에 안주하며 만족하는 경향이야말로 의욕상실의 결과이며, 생산성을 떨어뜨리는 요소로 작용할 것이다. 일에 대한 만족감을 높이기 위해서는 승무원 개개인의 참여폭과 책임을 증가시킴으로써 보람을 느끼게함이 바람직하다. 항공기기내의 사무장은 기내식의 종류나 서비스의 시간을 결정할 수 있어야 하고, 기장은 업무의 일부를 부기장에게 위임할 수 있어야 한다.

권태나 지루함은 발달된 산업사회가 직면한 중요한 문제중의 하나로서 강요된 일, 의미를 인정하기 어려운 일, 흥미결여, 단순반복, 맺고 끊는 맛이 없는 일, 또는 개인의 가치관 등이 원인이 된다. 권태와 지루함은 고도의 경각심을 지속해야하는 작업에는 큰 저해요인으로 작용하기 때문에 작업에 변화를 주고 수시로 긴장감을 불러 일으키도록 고안되어야 한다.

상벌을 병행하는 인사관리의 수단을 행동의 보강이라 하는데 벌보다는 상의 효과가 크고 어느 경우에나 그렇지만 특히 벌의 경우는 절대적인 공평성이 요구될 뿐만 아니라 그것이 누구의 입장에서도 명백하게 인식되어야 한다.

3. 운항승무원 선발고려요소

가. 운항승무원에게 요구되는 능력

한명의 운항승무원을 길러내는 데에는 막대한 경비가 소요되고 훈련시간이 길어질 수록 비용이 늘어나며 불필요한 손실이 누적된다. 경제적인 측면에서는 최소한의 훈련시간으로 완성되는 운항승무원이 적성이 있다고 볼 수 있는데 여기에 안전성까지 포함된다면 적성의 의미는 비교적 명백해진다.

과거에는 이러한 적성관련 가능성으로서 선천적인 소질만을 지나치게 강조해왔으나, 현재에는 소질과 더불어 경험에 의하여 습득된 것을 함께 고려하게 되었다. 선천적인 소질과 인성, 동기면에서 적합한 사람을 선발하고 교육·훈련과정을 통해 더욱 확고한 동기부여와 기량을 지니게 하는 것이 운항승무원 적성관리의 기본이 된다. 적성이 뒤지는 사람은 중도탈락 또는 도태될 것이므로 일단 기성운항승무원이 된이상 그 사람은 운항승무원의 적성을 구비한 것으로 간주된다. 그러나 일단 몸에 지닌 적성도 그대로 일생동안 고정되는 것이 아니고 연령, 건강, 정신상태와 훈련 등의 조건에 의하여 변동될 수 있는 것이다. 구체적으로 운항승무원에게 요구되는 능력은 〈표 3-6〉과 같다.

사람들의 얼굴모습, 체격, 음성 등이 태어나면서부터 모두 다르듯이 타고난 소질이나 생활환경, 교육훈련과 경험, 정신·신체적 능력과 관심 등에도 많은 차이가 존재한다.

표 3-6 운항승무원에게 요구되는 능력과 적용분야

요구되는 능력	요구능력의 적용분야
평균보다 높은 수준의 지능	조종기술 습득에 필요
우수한 감각(시각, 청각, 방향 및 평형감각 등)과 신경·근 협동작용, 기민동작	항공기·비행관련 정확한 정보의 인지와 조작에 필요
건전한 정신활동과 인성, 지속적인 긴장이나 단조로움에 대한 높은 내성)	안정적인 운항에 필요
순발력, 정확한 상황판단	돌발사태대비 및 위기극복에 필요

표 3-7 운항승무원의 적성검사 기본요건

구 분	운항승무원의 적성검사 기본조건
타당성	본래 의도했던 사항을 어느 정도 달성하였는가를 대답하거나, 운항승무원 적성검사 결과가 운항승무원으로서 성공률을 정확히 나타내고 있다면 타당성이 높은 것으로 평가됨
신뢰성	몇 번 되풀이해도 대략 동일한 결과를 얻을 수 있는 정도를 대답하거나, 비행자세 검사를 동일인이나 동일집단에 반복검사할 때마다 비슷한 성적이 나옴
실용성	경비가 합당하고 실시하기 용이하고, 채점이 용이할 것 등을 대답함

나. 운항승무원 적성검사

개인차에도 불구하고 운항승무원이 되기 위해서 필수적인 요소를 모두 갖추고 있는 사람을 가려내는 것이 적성검사이다. 따라서 적성검사를 하는 바는 소정의 교육기간내에 조종과정을 수료하기 어렵다고 생각되는 적성관련 결함인원을 사전에 배제하고 보다 더 좋은 적성을 지닌 사람을 선발하는 것이다. 운항승무원의 적성검사에는 수많은 방법에 있어서 국가마다 조금씩 다르지만 공통적으로 다음의 기본조건이 충족되어야 한다.(표 3-7 참조)

적성검사는 선발수단으로서 부적격자를 가려내는데 도움이 되고, 선발된 사람의 장래에 대한 예측과 훈련을 위한 참고자료를 얻을 수 있다. 그리고 배치기종과 임무부여시에 참고가 되는 등 많은 효용성이 있으나 현대과학의 제한성과 대상이 되는 사람의 정신·육체기능의 복잡성, 개인차 등을 고려할 때 한계가 있기 마련이다. 오늘날의 적성검사는 겉치레만의 것도 아니고 그렇다고 만능의 방법도 아니다. 또한 그 결과의 판정에는 여러 변수에 대한 충분한 배려와 신축성이 필수적이다.

4. 운항교육과 훈련

가. 조종교육·훈련고려사항

조종교육·훈련은 본질상 다음의 특수성을 고려해야 한다.

첫째, 경제적으로 고비용이 요구된다. 민간항공운송의 주력기종으로 사용되었던 B-747의 기장 한 사람의 양성에 교육·훈련비로만 약 60만 달러가 소요되는 것으로 알려져 있다. 군에서의 경우도 첨단전투기지휘관급 운항승무원을 양성하는 데 드는 비용도 이와 비슷한 수준이라고 알려져 있다.

둘째, 조종교육·훈련기간이 매우 길다. 항공사의 운항승무원이 되기 위한 기본훈련에만 약 2년이 소요된다.

셋째, 뛰어난 판단력과 순발력이 요구된다. 항공기조종은 전후좌우로의 평면운동 이외에도 상승과 하강, 전후·좌우의 경사와 심지어 배면자세 등 완전한 3차원의 기동을 해야 한다. 따라서 그만큼의 조종실내 계기도 많아서 이들 계기로부터의 많은 정보를 단시간에 파악하고 즉각적인 판단과 조작을 하여야 한다.

학과성적과 조종기량은 반드시 일치하지는 않으며, 또한 우수한 운항승무원에게는 학과의 학습과는 또 다른 지적능력이 필요한 것으로 예측되고 있다. 관련연구를 수행한 Bair 등은 조종훈련에 요구되는 능력에 대하여 지각분석력, 학과학습능력, 관계파악능력, 공간자리매김능력 등 네 가지가 있다고 하였다. Booth, Birkshire 등은 학력과 항공기술, 시스템이해력의 세 가지가 요구된다고 하고 있다.

항공기조종에 꼭 필요하고 특히 초기훈련과정에서 중요한 특성은 첫째는 계획성이며, 둘째는 판단의 신속함과 정확성이다.

나. 조종교육·훈련의 특성

조종교육에는 늘 위험이 동반된다. 지상에서 삶이 체질화된 우리 인간에게는 고공이란 그 자체가 위험한 환경이며 단한번의 실수로 돌이킬 수 없는 결과를 초래하게 된다. 불안을 유발하기 쉬운상황속에서 진행되는 것이 조종교육의 특징이며 과한긴장으로 인하여 인적오류를 범하거나 기량의 습득이 제대로 안되기 쉽다.

조종교육·훈련의 특성으로는 개인교육방식을 들 수 있다. 단독비행전까지의 많은 기간 동안 공중에서 교관과 1대1로 훈련이 이루어지므로 인간적인 갈등도 발생할 수 있다. 보고에 의하면 훈련기간 중 스스로 운항승무원이 되기를 포기한 학생의 약 20%가 교관의 부정적인 태도를 꼽고 있다. 이처럼 조종교육은 여러 특성을 지니고 있어서 다른 기능교육에 비해 고려해야 할 조건이 훨씬 많다.

조종교육이 시작되면 각 단계별로 내용이 달라지고 학생들의 지식과 기량이 발전된다. 조종훈련생이 처음 항공기를 대하는 것이 훈련의 초급과정이며 여기서 몸에 익힌 기량은 차후 상급과정의 훈련을 위한 기초가 되므로 초급과정은 가장 중요하다고 할 수 있다. 초급과정의 기간이 특히 짧았던 학급과 비교적 길었던 학급에 대하여 그후의 성적을 비교한 연구에서는 후자의 경우가 우월하다는 결론을 보였다. 초급과정이 너무 짧을 경우 기량을 제대로 몸에 지니기 전에 상급기종에 대한 교육에 들어가게 되므로 정신적으로는 자신을 잃게되고 기량습득상 혼란을 초래하게 되는 것으로 판단된다.

표 3-8 조종훈련생이 초급과정에서 실패하기 쉬운과목(순)

구 분	비행조작의 실패하기 쉬운 과목(순)
1	나선 꼴 강하(Spin)
2	착륙접근 장주실속과 저속비행
3	고고도에서의 비상(긴급)절차
4	비행장 표준장주 진입
5	Full Flap 상태에서의 착륙접근과 이착륙

동일한 과정중에서는 과목의 난이도에도 유의할 필요가 있다. 조사에 의하면 초급과정의 학생들이 가장 실패하기 쉬운과목은 나선꼴 강하(Spin), 착륙접근장 주실속과 저속비행, 고고도에서의 비상(긴급)절차, 비행장 표준장주진입, Full Flap 상태에서의 착륙접근과 이착륙 등이었다.

조종훈련생의 도태원인이 된 과목으로서는 다음의 조작이 대표적이었다. 단독비행이전의 착륙, 착륙을 위한 최종 선회 및 접근, 착륙장주절차수행, 조작수행의 부정확과 지연, 교차확인(Cross check) 불량, 상황판단불량 등이 원인이었다. 이 조사의 결과들을 종합해 보면 최종선회로부터 접근 그리고 착륙으로 이어지는 일련의 과정이 가장 어려운 조작이다. 과목의 난이도에 따라서 기량이 늘어나는 속도도 달라짐은 물론이다.

일반적으로 복잡한 기능에 대한 습득과정이나, 조종기량의 향상과정도 역시 일정한 간격으로 되풀이 되는 형태가 가장 많다. 이는 단계마다 작성된 평가표를 종합, 분석한 결과 공통적으로 인정되는 경향이다. 기량이 향상되는 경향은 파상 이외에 직선형, 포물선형, 이차곡선형 등 다양한데 처음 얼마간 정체되다가 다음부터 제대로 진전되는 형, 중간에 한동안 슬럼프에 빠지는 형, 초기에 좋지 않다가 후반부터 호전되는 형, 그리고 그 반대순서인 형 등 다양한 형태로 나타남을 알 수 있다.

표 3-9 조종훈련생의 도태원인 과목(순)

구 분	도태원인 과목(순)
1	단독비행 이전의 착륙조작 수행
2	착륙을 위한 최종 선회 및 접근
3	착륙장주 절차수행
4	조작수행의 부정확과 지연
5	교차확인(Cross check) 불량
6	상황판단 불량

이런 조종기량향상의 형태로 볼 때 자질이 낮은 학생은 훈련초기에는 좀처럼 요령을 파악하지 못하는 경향이 있으나 이 고비를 넘기고 나면 다시 순조롭게 성장하는 경우도 많기 때문에 이 고비를 어떻게 넘기느냐가 비행교관, 학생 모두의 과제라 할 수 있다.

다. 교관조종사의 자질

비행교관은 학생과 1대 1의 관계에서 학생의 기량습득과 습관형성에 절대적인 영향을 미치게 된다. 또한 실수를 하면 함께 생명을 잃기 때문에 교관자신도 진지할 수밖에 없고 흔히 엄격해지는 경향을 보인다. Eddows와 King은 기량부족으로 도태된 학생이나 중도포기한 학생을 상대로 면접을 실시하여 비행교관의 교육효과를 높이는 자질과 그 반대인 자질을 조사하여 보고하였다. 이 보고서에서 학생들의 시각으로 바람직하다고 생각되는 교관조종사의 자질은 우선 좋은 운항승무원으로서의 능력을 갖춘 교관, 학생에게 개인적인 관심을 가지며 온화하고 마음의 여유가 있는 교관, 그 외에 경험이 많고 학생들에게 자신감을 갖게 해주는 교관(기량부족으로 판정된 학생들의 경우)을 들고 있다.

표 3-10 좋은 교관조종사의 자질

구 분	좋은 교관조종사의 자질
능 력	좋은 운항승무원으로서의 다양한 전문성을 구비
덕 성	학생에게 개인적 관심을 가지며 온화하고 마음의 여유 구비
배 려	학생들에게 자신감을 갖도록 관심과 감정을 고려

비행교관으로서 바람직하지 못한 특성은 이와 반대되는 조건들이었다. 특히 경험부족과 학생들이 자신을 잃게 하는 언동을 강조하고 있으며 잘했을 때 칭찬은 안해주고 고함을 일삼는다든가, 무관심, 지나치게 공식적인 응대 등도 학생들이 기피하는 성향이었다.

좋은 교관과 나쁜 교관을 인자분석법에 의해 구분해 본 연구결과는 일반적으로 바람직한 특성, 설명능력과 직업의식, 운항승무원로서의 능력 등 세 가지 인자가 제시되었다. 일반적인 특성에는 양심적이고 학생에 대하여 관심과 용기를 주며 단호하면서도 학생에게 마음 편안함을 주는 태도 등이 포함된다. 다음으로 설명능력과 직업의식에 관해서는 직업의식을 너무 과시하는 교관은 가르치는 기술에서는 별로 신통치 않다는 학생들의 평가를 받게되고, 운항승무원로서의 능력은 다시 설명할 필요도 없이 자명한 조건이다.

바람직하지 못한 비행교관에 대해서도 네 가지 인자가 제시되었다. 첫째, 일반적 기질로는 고함

표 3-11 나쁜 교관조종사의 자질

구 분	나쁜 교관조종사의 자질
능력부족	고함을 자주 지르거나, 잘못만 지적하고 제대로 가르치지는 않음 신경질적이고 잘 비꼬거나, 보기를 들지 못함
배려부족	조종훈련생의 관심과 감정을 무시하고 기를 꺾는 사람
의욕부족	가르치려는 의욕이 결여된(스스로 기분전환과 비행시간 벌기만을 염두에 두고 있는 것 같은 태도 등) 사람
성실성 부족	자기중심적이고 불성실한 사람

을 자주 지른다, 잘못만 지적하고 제대로 가르치지는 않는다, 신경질적이고 잘 비꼰다. 보기를 들지 못한다, 자기중심주의, 조급함, 불성실 등을 꼽았다. 둘째, 운항승무원의 우수하고 높은 직업의식 때문에 도리어 조종훈련생의 관심과 감정을 무시하고 기를 꺾는 경우를 꼽았다. 셋째는 가르치려는 의욕이 결여된 경우(자신의 기분전환과 비행시간벌기만을 염두에 두고 있는 것 같은 태도 등)가 포함된다.(표 3-11 참조)

조종훈련에서는 훈련장치와 훈련매뉴얼 등이 중요한 역할을 한다. 훈련장치로는 물론 항공기 자체에 의한 훈련이 가장 좋겠지만 비용과 안전을 고려하여 최근에는 여러 가지 지상훈련장치가 개발·활용되고 있다. 실제로 각 기종별로 항공기에 의한 훈련과 비행시뮬레이터에 의한 훈련의 경비를 비교해 보면 항공기에 의한 훈련의 경우 8~10 배나 높은 비용이 소요됨을 알 수 있다.

경제성과 안전성 외에 성능면에서도 최근의 비행시뮬레이터는 컴퓨터를 이용한 실제상황의 영상화, 기체의 움직임, 각종 기상조건과 긴급상황의 재현 등에서 괄목할만한 개선이 이루어졌고 성적평가기능까지도 가지고 있다. 점검표나 매뉴얼, 항로차트 등은 운항승무원이 항상 몸에 지니고 다니면서도 인쇄물이라는 점에서 소홀히 하는 경향이 있다. 그러나 실제로 이들 매뉴얼이나 차트를 잘못 읽어서 발생한 항공사고의 예에서도 보듯이 읽기 쉽고, 오해의 소지를 배제한 표현과 점검절차에 있어서도 교차확인, 재확인의 습관을 갖도록 하는 일은 매우 중요하다.

제2절 인간의 정보처리

인간의 인지나 경험은 감각으로부터 전달된 물리적인 에너지의 형태로부터 시작된다. 감각적 자극과 관련된 인간의 감각기관에 대해서는 2장의 항공생리에서 살펴보았는데 이를 정리하면 인간은 보고·듣고·냄새 맡고·맛을 보고·움직이고·느끼는 감각기관을 가지고 있다. 이러한 감각기관을 심리·인지적인 관점에서 살펴본다.

1. 감각기관

가. 감각기관의 식별과정

인간의 감각능력은 특정한 외부상황일 때나 요청되는 일이 생길 때, 눈·귀·혀·피부 등 다양한 감각조직을 통하여 사물과 상황을 인지하게 된다. 어떤 감각능력들은 다른 감각에 비해 민감하여 상대적으로 열등한 감각기관의 기능을 저하시키기도 한다.

인간은 감각기관에서 자극을 지각하기 위해서는 자극의 강도가 절대역 이상이어야 한다. 그래야만 감각기관이 그 자극을 지각하게 된다. 하지만 이 모든 것에는 한계점이 존재한다. 두 개의 자극에 있어 이를 식별하기 위해서는 두 개의 자극 사이에 차이역이상의 자극간의 차이가 있어야만 한다. 〈그림 3-2~3-7〉은 인체감각기관의 모습과 기능을 보여주고 있다.

사람들의 외부상황에 대한 정보는 80% 정도가 시각을 통해서 얻어진다. 조종사들이 운항을 하는 공중에서는 그 비율이 더욱 증가하는 것으로 알려져 있다. 시각에서 느끼는 것과 인지하는 것은 차이가 있다. 눈의 망막으로 입력된 에너지를 정보로 인지하고, 해석하고, 그 정보에 대하여 의미를 부여하는 기능은 뇌가 담당한다. 뇌는 에너지를 변환시켜 전달한다. 인지하는 것은 느끼는 것과 다르다. 그 이유는 주어진 자극에서 느끼는 것은 항상 같지만 인지하는 것은 상당한 차이를

그림 3-2 눈의 구조와 기능

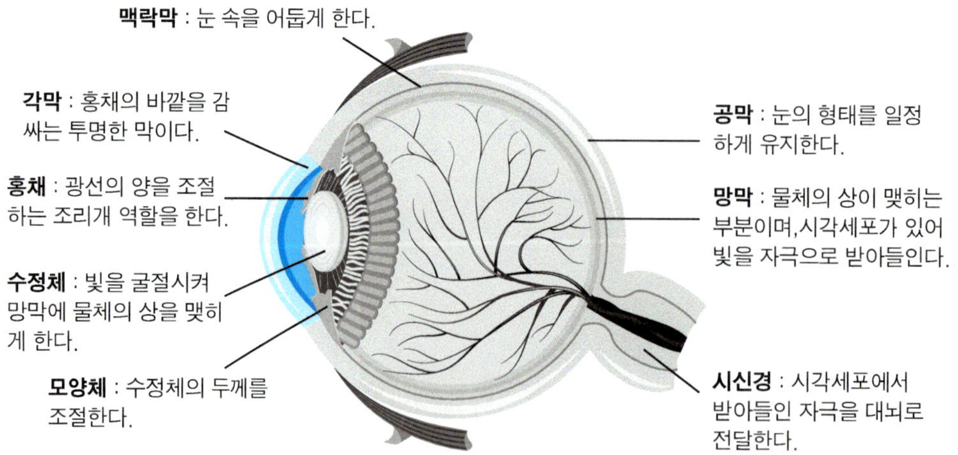

그림 3-3 뇌의 구조와 기능

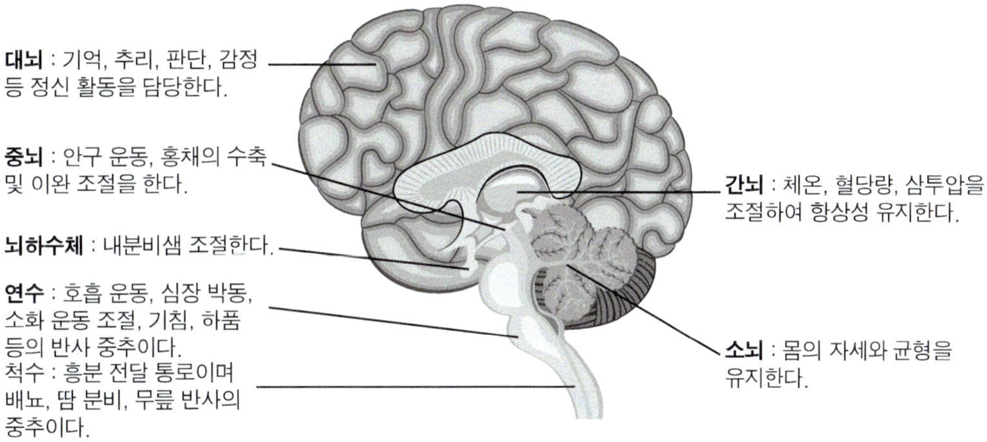

보인다.

귀는 소리를 감지하는 감각기관이다. 소리를 감지하는 귀의 대표적인 기관은 고막이다. 고막은 소리에 의해 진동하는 얇은막이다. 소리가 귓구멍을 통해 들어와 고막을 진동시키면 이 진동은 귓속뼈에서 증폭되어 달팽이관으로 전달된다. 진동이 달팽이관 속의 청각세포를 자극하면 이 자극이 청각신경을 통해 대뇌로 전달되어 소리를 들을 수 있게 된다. 따라서 고막이 손상되어 진동하지 못하면 소리가 잘 들리지 않는다.(그림 3-4 참조)

코는 공기의 출입구이면서 동시에 냄새를 맡는 후각기관이다. 코는 바깥에서 볼 수 있는 코부분

그림 3-4 귀의 구조와 기능

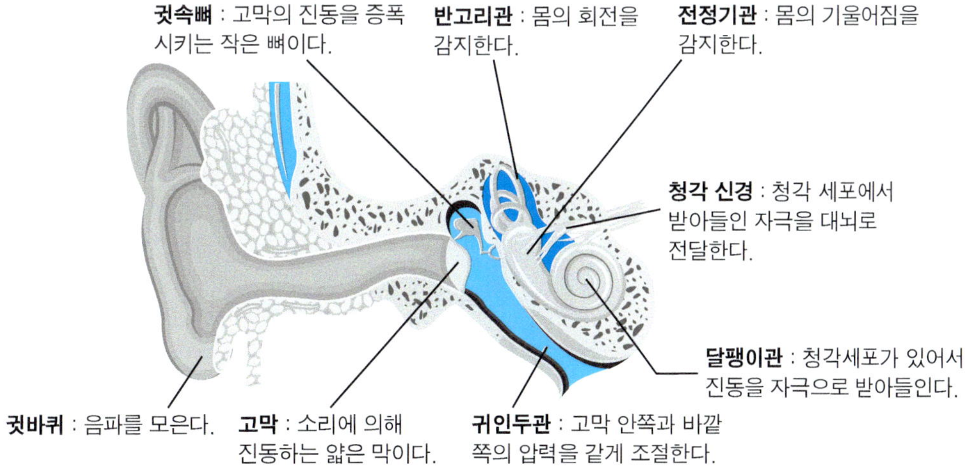

그림 3-5 코의 구조와 기능

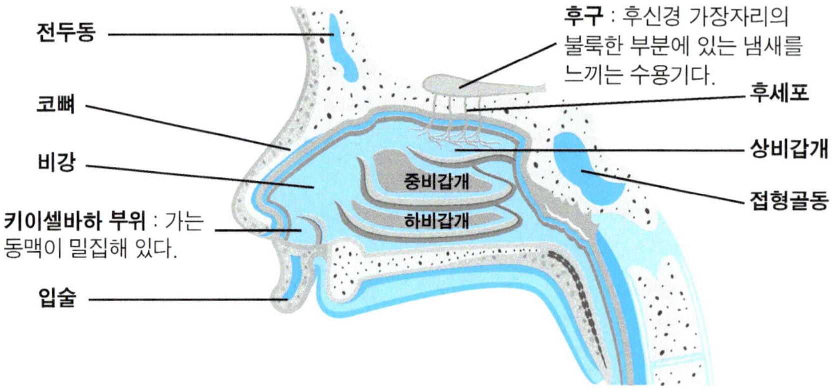

뿐만 아니라 눈 아래부터 넓은 공간이 기관지까지 이어져 있다. 코입구부근을 콧구멍, 콧속의 공간을 비강이라고 한다. 콧구멍이나 비강안의 공기가 지나는 길인 비도에는 코털이 나있다. 코털은 공기와 함께 들어오는 먼지나 티끌을 붙잡아서 기관으로 들어가는 것을 막는다.(그림 3-5 참조)

혀의 대표적인 기능은 맛을 보는 것이다. 그러나 단지 혀는 음식의 맛만을 평가하는 것은 아니다. 온도가 적절한지, 혀에 닿는 느낌이 좋은지도 함께 평가한다. 즉 혀는 맛을 보는 동시에 온도와 촉각을 함께 느낀다. 그리고 이를 맛에 대한 평가에 종합적으로 반영하는 것이다.(그림 3-6 참조)

인간의 피부는 3개의 층으로 이루어져 있다. 바깥쪽에 위치하는 표피에는 각질층·투명층·과립층·가시층·기저층으로 이루어져 있다. 그 아래쪽에는 땀샘·모낭·피지샘·혈관 등으로 이루

그림 3-6 혀의 구조와 기능

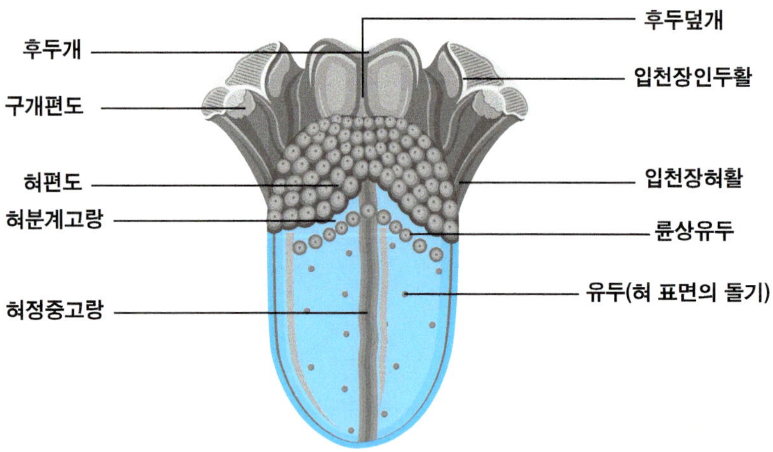

그림 3-7 피부의 구조와 기능

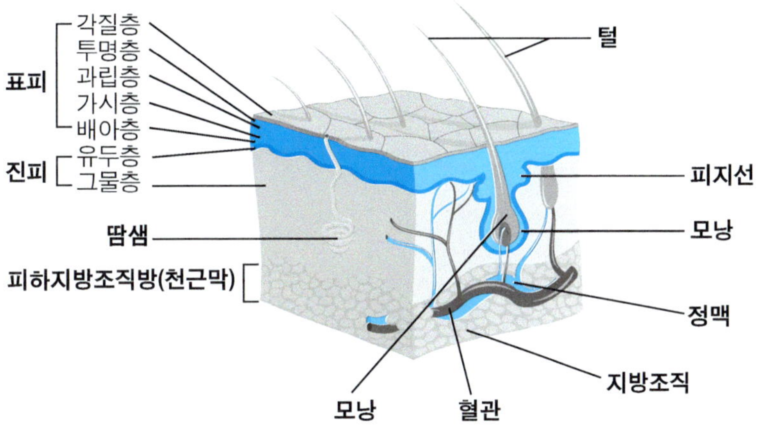

어진 유두층과 그물층으로 이루어진 진피가 있다. 그 아래쪽에는 지방세포로 이루어진 지방층이 위치한다.

피부는 몸의 촉각·온도조절 등으로 몸을 보호하는 역할을 한다. 따라서 감각은 미리 학습된 것과 자극에 대한 기존의 경험은 주어진 자극에서 얻게 되는 정보의 질과 유용성을 결정짓는 중요한 요소들이라 할 수 있다.(그림 3-7 참조)

2. 인지과정과 인간의 기억

가. 인지과정

사전에 학습된 것과 자극에 대한 기존의 경험은 주어진 자극에서 얻게되는 정보의 질과 유용성을 결정짓는 유용한 요소들이다. 지각능력의 수용한계는 어떤 자극지점에서부터 생성되는 신호의 인지를 차단시킨다. 뇌는 자극의 강도를 구별하여 선별할 수 있고 원하지 않는 자극을 구별하여 최소화시키는 능력이 있음이 밝혀졌다.

두 개의 자극이 주의를 끌기위해 경쟁할 때 유리한 자극은 커다란 사이즈, 강한 강도, 반복정도, 생생한 외형과 색이 가져다주는 특성이 있는 것들이다. 그러나 개인의 구체적인 관심이나 요구가 이러한 요소들을 능가한다. 따라서 사람들에게 자극은 같을지 모르지만 그것을 인지하는 것에는 상당한 차이가 있다.

뇌는 중요한 자극만을 고려하여 수용한다. 이러한 뇌도 때때로 중요한 자극이 있음에도 불구하고 무시하거나 버리게 된다. 이러한 특성은 사람들이 어느 한 가지 일에만 몰두하고 있을 때 그 일

【사진 3-1】 KLM · PANAM-747 사고현장

에 관련된 자극에만 관심을 나타내고 다른 것은 알아차리지 못해 적절한 행동을 취할 수 없게 되는 상황에 이르게 된다.

심리학에서는 설정이라는 개념이 있다. 이 설정이란 개념은 조종사들이 항공기를 조종하는데 매우 중요하다. 설정이 행동에 많은 영향을 미치기 때문이다. 설정에 대한 정의는 두 가지로 대표되는데 다음과 같다.

첫째는, 이전의 경험이나 방향을 토대로 특정 문제발생상황시 특별한 방법이나 기술을 사용하는 경향이다.

둘째는, 어떤 특정 상황에서 반응할 수 있는 준비태세이다.

항공기운항에서 설정의 개념이 중요하게 떠오른이유가 1977년 3월 27일 KLM−747과 PANAM−747과의 충돌사고때문이었다. 항공교통관제소통의 잘못으로 583명의 승객이 사망한 엄청난 참사로 기록된 사고는 습관과 사회적 환경이 설정의 개념에 크게 작용하는 문제로 대두되었다. 설정은 인간은 무엇인가를 하려고 할 때 더 가까이 가서 보고싶고, 듣고싶은 소리가 있으면 더 크게 듣고 싶은것이 그것이다. 안개속에서 착륙시도 시 조종사는 활주로 등을 찾으려는 마음이 간절해진다. 이러한 때에 계기점검이 소홀할 수 있고 이러한 소홀함이 참사로 이어질 수 있다는 것이다.

나. 인간의 기억

인간의 행동단계로 나누어 생각하면 각각의 단계는 컴퓨터 프로그램단계와 유사하게 여러 단계를 거쳐 정보를 변환시켜 나간다. 이러한 단계를 분석해보면 인지, 작업 및 기억(장기), 반응선택, 결심으로 나누어진다.

그림 3-8 기억의 구조와 과정

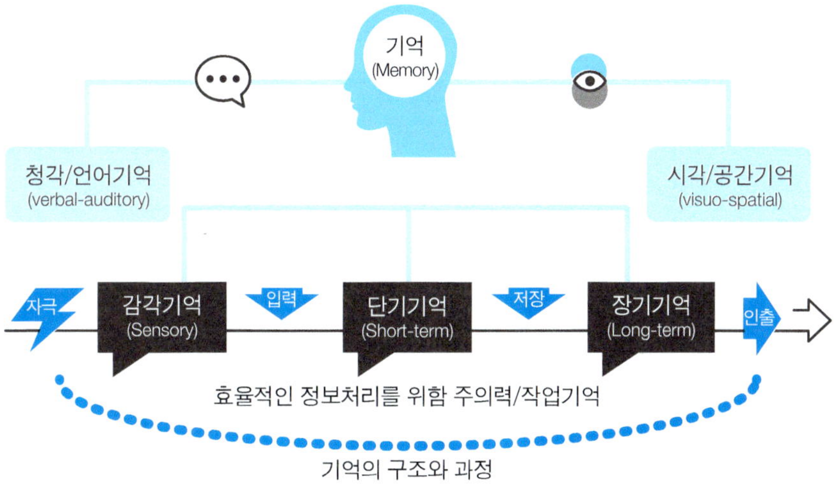

인간의 인지과정에는 정보처리과정이 있고 이러한 정보처리과정에서 문제가 발생하기도 한다. 정보처리과정에서의 문제는 기억의 문제로 이어지며 행동에서의 실수로 이어지게 된다. 즉 기억의 인출실패로 인하여 자신의 의도대로 아니면 주어진 절차대로 수행하지 못하는 경우가 발생하게 된다.

인간의 기억에는 감각기억, 단기기억, 장기기억 그리고 작업기억으로 구분된다. 효율적인 정보처리를 위해서 기억프로세스에서는 주의력이 작동하고 있다. 최근의 연구에서는 운동기억도 존재하고 있음이 밝혀지고 있다. 이를 구체적으로 살펴보면 다음과 같다.

1) 감각기억

감각기억은 인간의 오감(시각 · 촉각 · 청각 · 후각 · 미각)에 의해서 받아들여진 자극에 대해서 매우 짧은 시간동안 저장하는 기억을 의미한다. 이 기억은 인간을 둘러싼 수많은 정보들과 그로부터 흘러들어온 자극들을 매우 짧은 시간동안 기억하고, 이후의 과정으로 처리할 수 있도록 하는 역할을 한다.

짧은 순간의 감각적 기억으로는 두 가지 기억에 대한 연구결과가 있는데 잔사기억(Iconic Memory)과 잔향기억(Echoic Memory)이 그것이다. 잔사기억은 0.5~1초간 지속되고 잔향기억은 2~8초 정도 지속되는 것으로 알려져 있다. 이러한 기억은 우리가 주의를 기울이지 않는 상태에서도 발생하는데 물리적 형태로 기억되는 것으로 알려져 있다. 우리가 사물을 보다가 잠시 눈을 감고있으면 그 영상이 잠시 머리속에 남아 있는 기억형태라 할 수 있다.

표 3-12 단기기억의 기능

구 분	단기기억의 기능
1	현재 지각하고 있는 것이 무엇인지를 알려 줌
2	감각기관으로 들어오는 많은 정보들을 조합하여 통합함
3	순간적인 메모지의 역할을 해서 우리가 생각하고 있는 것이나 문제를 풀고있는 중에 정보를 계속 가지고 있도록 해 줌
4	계획이나 현재의 의도를 계속 유지하게 해 줌으로써 어떤 방향으로 향하는 복잡한 일련의 연속적 행동을 가능하게 해 줌

2) 단기기억(Short-term Memory)

단기기억은 감각수용기를 통해서 입력되고, 짧은 시간동안만 저장되고 소멸되는 특징이 있다. 일반적으로 단기기억은 조직화(organization)와 부호화(coding)과정을 거쳐 이루어진다. 조직화란 제시된 기억자료를 그것이 가지고 있는 속성에 따라 의미있는 단위로 묶는 것을 말한다. 그리고 부호화란 정보를 한 가지 형태에서 다른 형태로 변환하는 것을 말한다.

단기기억은 〈표 3-12〉와 같은 기능을 수행한다.

3) 작업기억(Working Memory)

작업기억은 작용기억이라고도 하며 반복을 통해 정보가 유지되는 기억이다. 이 기억은 현재 기억하고 있는 것들이 영구적인 기억으로 저장되기 이전에 작용되고 있는 형태의 기억이다. 작업기억은 시각보다 청각정보를 통해 주로 유지되며 보유하는 정보의 용량은 7개로 한정된다. 이러한 용량은 chunking(chunk의 크기는 정보에 대한 개인의 친숙도로 의미처리의 깊이에 따라 결정)을 통해 저장항목의 수를 확장할 수는 있는 것으로 연구되고 있다.

작업기억은 10~20초 사이에 방해과정으로 소멸되고, 이미 저장된 정보나 새로운 정보에 의해 혼동 또는 대체되는 특징이 있다. 즉 이 기억의 경우에는 특별히 우리의 뇌에 기억이 꽉차 있을 때 새로운 정보를 받아들이기 위해서는 이전에 있던 작업기억에서 받아들이는 용량만큼 버려야 기억이 가능한 것으로 알려져 있다. 그리고 기억되는 시간은 최대 약 30초간으로 알려져 있다.

4) 장기기억(Long-term Memory)

장기기억은 2차적 기억(secondary memory)이라고도 하며, 장기기억에 저장된 정보는 다시 재생·활용되고 반응으로 나타난다. 이 기억은 수용능력에 제한은 없고 비교적 영속적인 저장이 가능한 것으로 보고 되고 있다. 또한, 장기기억에 저장된 정보는 조직적이고 체계화된 형태로 저장된다. 이를 종합적으로 설명하면 장기기억은 감각통로를 통해 투입된 정보가 단기기억의 과정을 거쳐 비교적 영속적으로 저장되는 기억이라고 정의할 수 있다.

장기기억은 영구적인 기억으로 용량의 한계는 밝혀져 있지 않다. 인간이 장기기억으로 저장하기 위해서는 기억의 유지연습이 필요하다. 연습방법으로는 일정한 방식으로 반복하는 것이며 이미 기억하고 있는 것과 새로운 기억을 연관시키는 연습을 말한다. 추가로 가시적인 이미지를 기억으로 형상화하는 것이 새로운 기억으로 익히는 데 매우 효과적인 것으로 밝혀지고 있다.

5) 운동기억(Motor Memory)

운동기억은 인지단계, 연합단계, 자동단계의 기술습득과정을 통해서 자동운동이 이루어지는 기억을 말한다. 이러한 운동기억은 조직화, 통합된 형태의 사회적, 정신·운동적, 언어적, 지적인 활동을 통해서 얻어진다. 운동기억으로 대표되는 자동운동의 장점은 동시에 많은 행동을 수행할 수 있다는 점이다.

3. 인간행동과 개인차

가. 인간행동

인간의 행동과정은 뇌에서 명령을 하고 신경조직을 통하여 명령이 전달되고 받은명령대로 근육을 움직여 행동을 하는 것으로 알려져 있다.

인간의 뇌에서 명령을 내리기 위해서는 동기가 필요하다. 동기는 행동의 복잡한 구성요소이다. 동기는 모든 행동측면에서 관심을 불러일으키고 지시하고 통합한다. 동기는 목표를 격려하여 하고자 하는 일에 필요한 행동을 취하게 한다. 동기는 두 가지 부류로 분류할 수 있는데, 첫째로는 내적인 동기로 욕구, 갈증, 굶주림과 같은 상태로의 추진이 있다. 둘째로는 행동에 대한 책임을 질 수 있는 목표, 리더십, 그리고 사기가 있다.

인간의 동기와 행동이해에 추가적인 어려움은 인간의 복잡한 구조화에 있다. 동기는 항상 행동에 단순하거나 직접적인 영향을 미치지는 않는다. 행동속에서 자주 갈등을 일으키는 동기는 그 동기를 만족시킬 수 있는 반응과 다르게 작용할 수도 있다. 이러한 부적합한 반응의 결과가 갈등이다. 이러한 갈등을 해결하는 방법으로는 결심을 늦추거나 결정을 하지 않는 것이다.

동기의 갈등은 불안정한 행동이나 고정관념에 사로잡힌 행동을 하게 한다. 항공심리학자들 중에는 갈등요인으로 인한 항공사고의 비율이 상당히 높다고 주장한다. 기술의 발전으로 인간의 오류를 줄일 수는 있지만 상당수의 동기나 부주의로 인한 오류는 줄이기가 어렵다. 이러한 문제들은 소속된 조직의 규정이나 절차 등으로 해결해야 한다. 비행에서 주의- 설정- 동기와 갈등과정에서 실수가 발생되며 이러한 실수형태는 〈표 3-13〉과 같다.

표 3-13 비행의 주의-설정-동기·갈등과정에서의 실수(예)

구 분	주의-설정-동기·갈등과정에서의 실수(예)
주 의	· 비행지시기만 집중, 항공기 고도·속도·강하율 등을 무시함 · 기계고장 시 고장에만 집중하여 비행상태를 유지하지 못함 등
설 정	· 1만 피트만을 예상, 1천 피트를 1만 피트로 잘못 읽음 · 부정확한 기상정보를 따라 무의식적으로 기상최저치 이하로 비행함
동기·갈등	· 비행계획을 맞춘다고 계획되지 않은 짧은 경로료 비행을 실시 · 승무원·관제사 불편한 심기 보고생략 또는 오류를 보고하지 않음

나. 개인차

운항승무원(조종사)의 개인차에 대한 연구는 주로 조종적성으로 이루어져 왔다. 적성이란 개인의 특성내지 능력을 직업활동에 필요한 여러 가지 특성내지 능력과 대비시켜 적합, 부적합을 판정할 때 사용하고 있다.

넓게 보아서 직업적 성공이 예측되는 능력이나 특성이 있다고 할 경우, 직업에 대한 적성이 있다고 본다. 이러한 정의에 따르면 적성이란 지능, 학력, 기능은 물론 특성, 흥미, 신체적 특성까지 포함된다.

4. 정보처리와 상황인식

가. 정보처리

비행상황에서 정보처리는 주의를 분배하여 비행상황을 인식하고 판단을 통한 적절한 설정으로 이루어진다. 이 과정을 지속적으로 반복하면서 비행을 안전하게 유지하는 조작으로 이어진다.

먼저 주의분배는 조종석내부의 각 계기들(조종·성능·항법)과 조종석 외부의 상황들(VMC·IMC, 장애물, 공항 및 항로 상 항행안전시설 등)을 한 번에 확인할 수 없기 때문에 중요한 순서대로(때로는 반복적으로) 나눠서 관찰하는 행위이다.

상황인식은 주의분배를 통해 관찰된 현상을 실제세계에 존재하는 실체의 상태를 특징화하여 정의한 정보라고 정의할 수 있다. 비행에 적용하면 비행상황에 대하여 인지과정을 거쳐 실제인지상태가 결론에 도달하는 과정이라 할 수 있다.

설정은 데이터처리(기계적 처리를 포함하여)를 행하는 장치로 여러 가지 수치를 입력하거나 스위치를 ON·OFF시키거나 하여 지정된 상태로 하는 것을 말한다.

나. 상황인식

상황인식이란 용어는 1994년 Schilit와 Theimer에 의해 최초로 논의되었다. 이들이 말하는 상황은 위치를 의미하는 것으로 근접한 인간과 사물의 확인 및 이러한 실체의 변화를 의미했다.

국제민간항공기구(ICAO)는 상황인식을 운항승무원과 항공기안전운항에 영향을 미치고 있는 여러 요인 및 환경에 대하여 정확히 인지하는 것과 가까운 미래에 일어날 일을 예상하는 것이라고 정의하고 있다.

상황인식은 몇몇 영역으로 구분된다. 그리고 그 분리된 영역들이 결합되어 나타나기도 한다. 비행중 조종사는 어떤 상황에 대해 그들의 생각을 바탕으로 행동한다. 만일 조종사들이 상황을 부정확하게 판단하거나 매우 종적인 종합상황속에서 변화를 보지 못한다면 그들은 부족한 상황인식능력을 가진 것이다.

상황인식은 운항승무원과 항공기안전운항에 영향을 미치고 있는 여러 요소 및 환경에 대하여 정확히 인지하는 것과 가까운 미래에 일어날 일을 예상하는 것이다. 항공기안전운항의 요소로는 항공기운항경로, 운항승무원이 대표적이며 다음과 같은 상황인식패턴을 볼 수 있다. 우선 현재의 모습에서 항공기운항경로, 운항승무원의 어떤 변화(현상)가 발견되면 현재의 현상을 가지고 평가를 하게 된다. 그리고 미래에 대한 모습을 예상하는데 이는 현재의 현상을 평가한 것을 바탕으로 예상하고 바로 이 예상되는 상황을 고려하여 결정을 내리는 과정의 하나이다.

1) 상황인식의 단계

상황인식의 단계는 지각(perception)단계, 이해(comprehension)단계로 구분되며, 심적모형(mental model) 형성단계는 세상에서 일어날 수 있는 사건이나 상황을 묘사하는 마음의 표상이 형

【사진 3-2】 비행상황 인식은 비행상태의 정확한 파악

표 3-14 상황인식의 단계

상황인식 단계	상황인식 단계(설명)
지각 단계	항공기 시스템, 정보, 날씨, 비상절차, ATC 허가, 다른 항적 등을 인지하는 단계
이해 단계	현재의 비행상황을 인지하고 현재의 상황에 따라 어떠한 영향을 가져올지 이해하는 단계
심적모형 형성단계	인간, 환경, 사물들에 대해 가지는 모형으로 경험, 훈련, 지식을 통해 형성(장치의 작용, 가시적 구조를 지각하고 해석함으로써 형성)되는 단계
투사 단계	상황판단 전의 마지막 단계로 미래에 일어날 일을 예측하는 단계

성되며, 마지막으로 투사(projection)단계로 구분된다.

2) 상황인식 장애요소

상황인식은 외부자극과 변화에 대한 지각과 인지로부터 시작된다. 그러므로 상황인식의 장애는 지각단계에서 시작된다. 지각은 여러 가지 방해를 받는데 방해하는 요소는 다음과 같다.

(1) 지루함

지루함은 자극이 없거나 절대역이나 차이역에 미치지 못하는 자극과 같이 자극이 부족한 경우, 업무의 통제가 거의 이루어지지 않아 주의력이 부족하게 된 경우, 작업부하가 거의 없어 자기만족에 빠지는 경우 등이 지루함을 유발한다.

(2) 자기만족

자기만족은 잠재적 위험과 실제적 결함을 자각하지 못한 상태에서 얻어지는 심리적인 상태이다. 자기만족현상은 업무가 반복되어 수행능력이 향상됨에 따라 발생한다. 자기만족이 발생하면 시간이 초과되어도 문제화하지 않고 앞으로 일어날 일에도 생각이 없으며 조심성이 줄어들고 안전문제와 관련된 것도 타협을 하게 된다.

3) 상황인식수준

상황인식과 관련하여 Endsley는 다음의 세 가지 수준을 연구발표하였다.

구 분	상황인식 수준(의미)
수준(Level) 1	상황을 정확하게 인식함
수준(Level) 2	상황을 이해함
수준(Level) 3	미래의 상황을 예측함

4) 상황인식 방해요소 및 극복

상황인식의 방해요소는 지루함(매너리즘), 자기만족(부주의) 외에도 정보오인, 불완전한 심적모형으로 일어날 수 있다. 상황인식의 방해요소를 극복하는 방법은 다음과 같다.

(1) 지루함(매너리즘)

매너리즘이란 늘 같은 일을 반복하여 신선미나 독창성을 잃는 행동을 말한다. 매너리즘의 원인과 극복방법은 다음의 표와 같다.

매너리즘의 원인	매너리즘 극복방법
반복적 직무	처음 마음가짐으로 되돌아보기
작업의 범위가 매우 좁음	장소, 순서, 도구 등을 변화시키기
자극의 다양성 부족	자신의 감정을 발견하고 강화하기
창의성, 문제해결, 사회적 관계 등을 요하지 않음	자신에게 주어진 일의 희소가치 발견하기

(2) 자기만족(부주의)

자기만족의 원인은 업무의 반복에 따라 업무수행능력이 향상되면서 자기만족이 발생한다. 이러한 경우 업무수행시 조심성이 줄어들어 업무수행도중 중요한 요소를 빠트리게 된다. 극복방법은 비행의 경우 비행절차를 철저히 따르고 자신의 능력을 과신하지 말아야 한다.

(3) 정보오인

정보오인은 비행 중 획득된 정보를 착각하거나 조종사 스스로 정보를 예상하여 그릇된 판단에 이르는 것이다. 정보오인을 극복하는 방법에는 오인을 방지하기 위한 상호확인 및 장비나 계기를 신뢰하고, 예측을 신뢰하지 말고 인지 및 예측된 정보를 상호 공유하여 확인하는 것이다.

(4) 불완전한 심적모형

심적모형(mental model)은 사건 · 대상 · 사회적 상황 등을 표상하는 지식의 덩어리라고 할 수 있다. 불완전한 심적모형의 원인은 지식과 경험의 부족, 심적모형의 과신 및 새로운 변화를 반영시키지 못함에 있다. 극복방법은 경험을 통한 상황비교로 패턴 및 관련성을 확인하고 성급한 판단을 금해야 한다.

다. 운항에서의 상황인식

항공운항에서의 상황인식은 대표적으로 다섯 가지의 영역이 있다.

구 분	항공운항에서의 상황인식
1	항공기 상태, Flap과 Spoiler의 적용정도, 엔지출력정도, 연료상태, 착륙장치 적용 상태 등
2	비행계획, 장애물(자연, 인공), 타 항공기들과의 위치관계 등
3	현재, 미래의 기상 등을 포함한 전체적인 외부 환경
4	다음 항행안전시설까지 도착하는데 필요한 시간, 목적지 도착 시간, 체공 또는 예비 공항 전환 시간 등
5	운항하는 팀 구성원, 승객, 그리고 탑재된 화물의 상태

운항에서의 상황인식은 비행전, 비행중, 비행후의 안전에 영향을 미치는 위험요소내의 모든 요인과 조건들을 정확히 인식하고 이해하는 것이다. 비행상황을 지속적으로 인식하기 위해서는 이러한 요소들의 상대적 중요성과 비행에 미칠 영향을 파악해야 한다. 조종사가 상황을 정확히 인식하면 한 가지 요소에만 고착되지 않고, 전체적인 비행운영을 볼 수 있게 된다. 조종사가 고려해야 할 항공기내의 요소들은 항공기시스템, 승무원탑승자의 상태이며, 또한, 항공기의 공간적 방향감각·지형, 통행량, 기상, 공역과 같은 비행의 환경적 조건도 지속적으로 인식하여야 한다.

라. 비행상황인식 장애물

조종사가 지속적으로 상황을 인식하는 데 방해가 될 수 있는 것은 주의산만, 피로, 자기안심이 대표적이다. 스트레스, 작업과부하상태의 조종사는 비행상황을 전반적으로 인식하기보다는 한 가지 항목에 고착되기가 쉽다.

1) 주의산만

주의산만은 많은 사고의 원인이 되는데, 조종사의 주의력이 분산되어 계기를 주시하지 못하거나 항공기 외부관찰을 제대로 하지 못함으로 인해 사고가 발생하는 것이다. 조종실 내에서의 주의산만은 보통 게이지측정값이 올바르지 않는 것과 같은 사소한 문제로 시작되지만, 조종사가 그 문제에 주의를 빼앗겨 적절한 항공기제어를 태만하게 됨에 따라 사고로 이어진다.

2) 피 로

피로는 조종사의 주의력과 수행능력을 저하시켜 항공안전에 위협이 되며, 졸리거나 지친상태부터 기진맥진한 상태까지 모두 해당된다. 피로를 일으키는 두 가지 중요한 생리적 현상은 수면부족과 생체리듬의 교란이다. 심한 졸음을 느끼게 되면 인간은 동기부여·전문성·훈련수준과 무관하게 주의력 결핍이 일으킬 심각한 결과에도 불구하고 언제든지 잠들 수 있다.

3) 자기안심

자기안심은 반복적인 경험이 쌓여감에 따라 생긴 과도한 자신감이라 정의할 수 있다. 자기안심은 수많은 항공사고의 원인이 되어져 왔다. 자기안심은 피로와 마찬가지로 조종사의 효과적인 조종·관리능력을 저하시킬 뿐만 아니라 피로보다 더 자각하는데 어려움이 있다. 자동화장치의 성능이 높을수록 자기안심에 빠지게 되는데, 조종사는 상식적으로 다르게 행동해야 할 때도 자동화장치의 지시를 따르게 된다. 또한, 자동조종장치가 제기능을 발휘하고 있다고 생각하면 계기나 항공기의 위치를 자주 대조하지 않게 된다. 이럴 경우, 자동조종장치에 이상이 생기면 조종사가 항공기를 수동조종할 수 있는 정신적 준비를 제대로 갖추지 못할 수도 있다.

5. 의사결정

의사결정이란 어떤 문제를 해결하기 위해 여러 대안 중 가장 적합한 대안을 선택하는 과정이다. 의사결정을 위해서는 먼저 해결해야 할 문제가 무엇인지 확인을 해야 한다. 그리고 문제와 관련된 사실적 정보를 수집하고 가치갈등내역을 분석한 후 가능한 대안을 생각한다. 다음으로 대안을 판단할 수 있는 기준을 세우고 각 대안의 긍정적 측면과 부정적 측면을 분석하여 기준에 따라 각 대안에 대한 순위를 정한다. 마지막으로 가장 적합한 대안을 선정하고 선정된 대안을 실행에 옮길 행동계획을 수립한다.

일반적으로 사람들이 의사결정을 하는 과정을 보면 주변에서 상황이 변하여 새로운 정보가 지각되어 입력이 되면 이에 대한 상황인식을 하게 된다. 상황인식은 의사결정으로 이어지는 중간단계로 의사결정과 행동에 영향을 미치게 된다.

가. 의사결정의 종류

의사결정의 종류는 자연적 의사결정, 분석적 의사결정 두 가지로 나누어 볼 수 있다.

1) 자연적 의사결정(NDM, Naturalistic Decision Making)

자연적 의사결정은 실제 환경에서 어떻게 그들의 경험을 이용하는가에 관한 의사결정의 한 가지 종류이다. 스트레스 지수가 높을 때, 시간에 쫓길 때, 불확실 할 때, 그리고 새로운 문제가 발생할 때 자연스럽게 과거경험에 비추어 관습적으로 의사결정을 하는 방식이다.

2) 분석적 의사결정(RPDM, Recognition Primed Decision Making)

분석적 의사결정은 상황의 대안으로 행동의 과정을 거치는 의사결정의 한 가지 종류이다. 대안으로 행동을 채택하는 프로세스는 다음과 같다.

구 분	분석적 의사결정시 대안행동을 채택하는 프로세스
경험이용	어떻게 자신의 경험을 이용하는 가를 보여 줌
대안선택	여러 대안 가운데 어떻게 단일 대안을 만들어내는지 혹은 단일 대안을 채택하는지를 보여 줌
전문성	전문성이 어떻게 의사결정에 미치는 가를 보여 줌
비교 · 평가	어떤 단일 대안에 대해 비교 및 평가를 하는 방법을 보여 줌

분석적 의사결정을 하게 되는 경우 행위에 대하여 우선 순위에 따라 순차적으로 최적의 해결안을 선정하려는 의사결정의 방법이다. 연구결과 분석적 의사결정은 계획단계에서 의사결정이 주로 이루어지고 자연적 의사결정은 행위단계에서 의사결정이 주로 이루어지는 것으로 보고되고 있다.

나. 의사결정의 형태

의사결정의 형태는 기술에 근거한 의사결정, 규칙에 근거한 의사결정, 지식에 근거한 의사결정 형태로 구분되며, 각각의 특징은 다음과 같다.

구 분	의사결정 형태별 특징
기술 근거	상대적으로 의사결정이 쉽고 의사결정기술이 매우 잘 명시되어 있음
규칙 근거	상대적으로 의사결정이 쉽고 의사결정규칙이 매우 잘 명시되어 있음
지식 근거	의사결정 내용이나 절차가 매우 복잡하며, 의사결정을 안내할 규칙이 사전에 따로 마련되지 않음

기술에 근거한 의사결정의 예는 다음과 같다. 조종사의 경우 고도계가 상승을 하면 고도를 맞추기 위해 기수를 내려주는 것과 같은 형태의 의사결정이다. 규칙에 근거한 의사결정의 예는 다음과 같다. 어떤 조종사가 지상에서 지상활주 또는 비행중에 빨간불이 들어오면 정지하는 것과 같은 형태의 의사결정이다. 지식에 근거한 의사결정의 예는 다음과 같다. 조종사가 표준율선회를 위해 현재의 속도에서 경사각을 얼마나 주어야 하는지 하는 것과 같은 형태의 의사결정이다.

다. 의사결정의 어려움

운항승무원이 운항업무 중 의사결정을 잘 못하는 경우의 예로는 상황판단미흡, 원인진단미흡, 의견충돌이 대표적이다.

【사진 3-3】 의사결정선택과정(어려움)

구 분	운항업무 중 의사결정을 잘 못하는 경우
상황판단미흡	운항상황을 정확하게 파악하지 못하고 모호한 경우
원인진단미흡	주어진 현상에 대한 원인진단이 제대로 이루어지지 않은 경우
의견충돌	주어진 현상이나 상황에 대한 해석이 달라 의견충돌이 있는 경우

상황이 모호한 경우 의사결정을 잘 못하는 경우가 있다. 즉 상황파악이 되지 않아 현재 이루어지고 있는 일들이 가까운 장래에 어떻게 될지 모르는 경우이다. 〈사진 3-3〉과 같이 목적지의 끝이 보이지 않기 때문에 목적지로 가는 길의 선택이 어려운 경우이다.

이러한 모호한 상황은 사람들에게 문제를 확실하게 파악하려는 많은 노력을 요구한다. 이러한 경우는 운항승무원이 운항중에 여러 가지의 형태로 마주치게 된다.

원인이 진단되지 않은 모호한 상황으로 어떤 조종사가 공장지대 상공을 비행 중 공장지대 연기가 기내로 들어온 것을 기내에 화재가 발생한 것으로 오인하여 급한 비상처치로 돌입하는 경우가 있다. 또 다른 예로 계기상의 지시를 해석함에 조종사 간의 의견충돌이 있는 경우이다.

라. 의사결정의 모형

의사결정과정에 대한 이해는 조종사에게 항공의사결정(Aeronautical Decision Making, ADM) 및 단독자원관리(Single Resource Management, SRM) 기법을 이해하기 위한 기초가 된다. 엔진부작동과 같은 일부상황에서는 수립된 절차를 사용하여 즉각적인 대응이 필요하지만 일반적으로는 비행 중 발생하는 모든 변경사항을 분석하고 정보를 수집하며 결정을 내리기 전에 위험을 평가하여야 한다. 〈그림 3-9〉는 각 단계들의 의사결정과정을 보여주고 있다.

문제해결 및 의사결정을 위한 구조화된 프레임워크의 세 가지 모델은 5P와 PAVE, CARE 및

그림 3-9 항공의사결정 모델

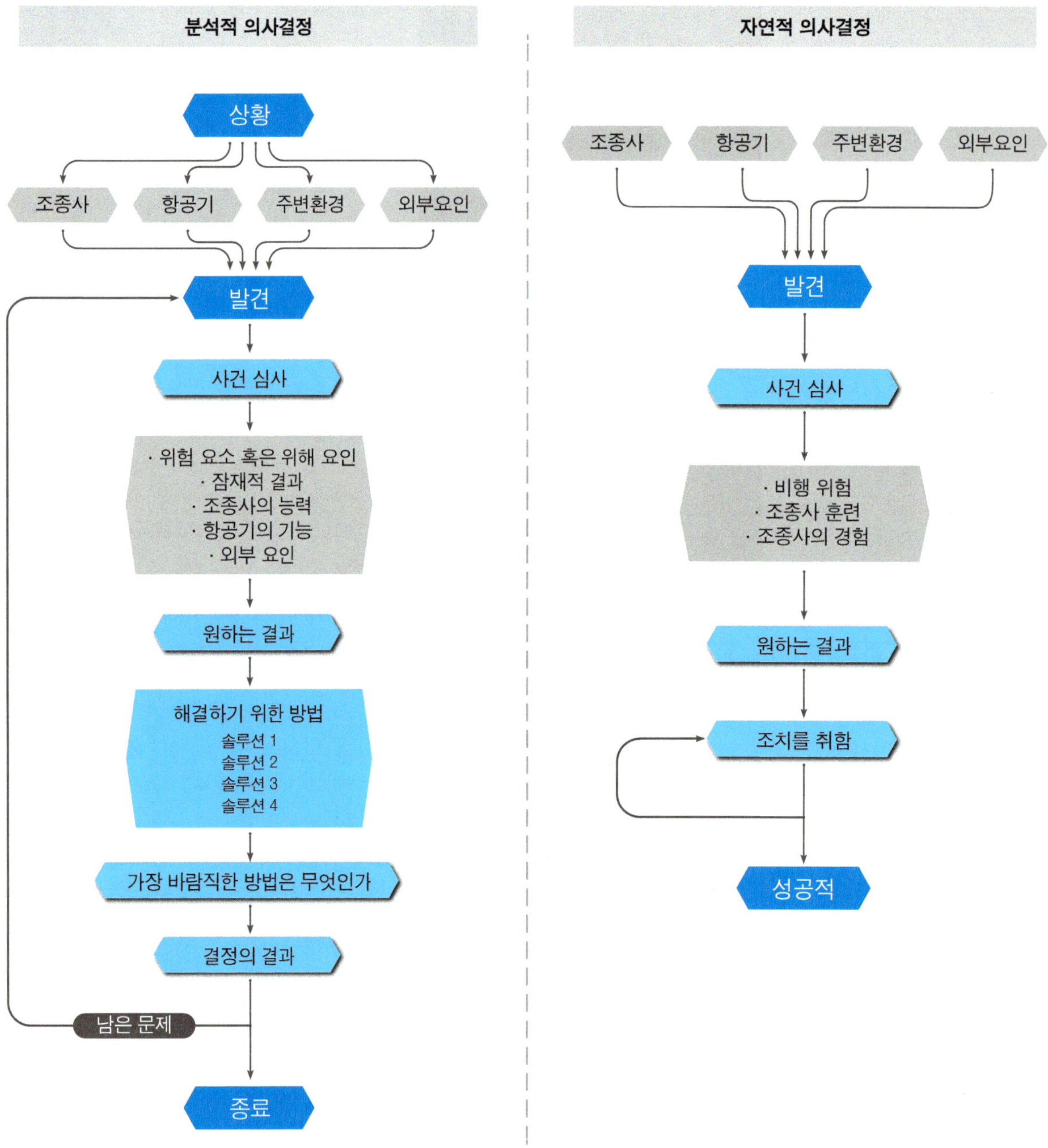

TEAM을 사용하는 3P 그리고 DECIDE 모델이다. 이러한 방법들은 의사결정과정을 조직화하는 데 도움을 줄 수 있으며 혼자 비행하는 조종사가 중요한 의사결정을 할 때 도움이 되는 것으로 확인되었다.

1) 항공의사결정 3P 모델

항공의사-결정(ADM)을 위한 인식(Perceive), 처리(Process), 수행(Perform) 모델 즉, 3P 모델은 운항승무원이 비행을 관리할 수 있는 단순하고 실무적이며 구조화된 방법이다. 운항승무원은 다음과 같이 3P 모델을 활용하여 비행을 안전하게 관리할 수 있다.

구 분	3P 모델 활용 의사결정
인식(Perceive)	주어진 상황들을 인식함
처리(Process)	비행안전과 관련 상황들의 영향을 평가 처리함
수행(Perform)	최선의 행동방침을 수행함

(1) 1단계 목표 – 인식

인식단계는 위험을 파악하여 상황을 보다 잘 인식하는 것이다. 위험은 사고를 초래할 수 있는 현재의 사건·대상·상황을 가리킨다. 이 단계에서 운항승무원은 비행의 모든 측면, 즉 운항승무원·항공기·환경·외부압력과 관련된 위험을 체계적으로 확인하고 열거한다. 특히 각각의 위험들이 어떻게 조합될 수 있는지 고려하는 것이 중요하다.

(2) 2단계 목표 – 처리

처리단계는 확인된 인식이 위험(Risk)이 될지 여부를 판단하기 위해 해당 정보를 처리하는 것이다. 직면한 위험에 따른 위험의 수준은 위험에 노출된 정도(영향을 받는 사람 및 자원의 수), 심각성(피해 가능성의 범위), 확률(위험이 피해를 발생시킬 가능성)을 통해 측정할 수 있다. 낮은 상승한도가 위험요소라면, 위험 수준은 조종사의 훈련수준이나 경험, 항공기 기기 및 연료용량과 같은 여러

그림 3-10 항공의사결정 3P 모델

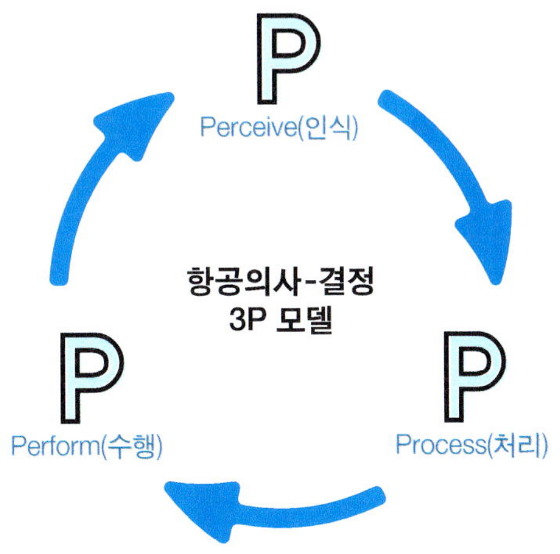

요소에 의해 좌우 된다.

(3) 3단계 목표 – 수행

수행단계는 위험을 제거하거나 위험을 완화시키는 조치를 취한 다음 이 조치의 결과를 지속적으로 평가하는 것이다. 목적지에서의 낮은 상승한도에 대해 운항승무원은 적절한 대안을 선택하고, 기상상태가 좋은 곳을 파악하고, 도달할 충분한 연료를 적재함으로써 항공의사-결정(ADM) 프로세스를 훌륭히 수행할 수 있다. 이러한 행동방침은 위험을 완화시킬 것이고, 또한 기상이 좋아질 때까지 기다려 위험이 완전히 제거되는 것을 택할 수도 있다.

2) DECIDE 모델

다음에서 제시되는 의사결정의 모델은 항공에서 주로 사용하는 의사결정모델인 DECIDE 모델이다. DECIDE 모델은 미국 오하이오 주립대학에서 초기연구되었다. DECIDE 의사결정모형의 특징은 의사결정을 필요로 하는 상황이 발생하면 이를 감지하고 결과를 예측하며, 이 문제를 해결할 수 있는 대안을 선정한 다음, 그 대안이 문제의 본질에 맞게 원하는 목표로 달성가능한 대안인지 비교·분석한 다음 결정된 대안에 따라 실행하고 평가하는 형태로 되어 있다.

DECIDE 의사결정모형의 내용은 다음과 같다. 초기에 의사결정을 필요로 하는 상황이 발생하면 사람들은 이를 탐지하고 그 결과를 예측하며 이 문제를 해결할 수 있는 대안을 선택한다. 다음으로 그 대안이 문제의 본질에 맞게 원하는 목표를 달성할 수 있는 대안인지 비교·분석을 한 다음 최적의 대안을 식별(결정)한다. 그리고 결정된 최적의 대안에 실행한다. 이후 실행한 대안에 대한 평가를 수행한다.

구 분	DECIDE 의사결정과정
D	Detect the problem(문제를 탐지)
E	Estimate the result(결과를 예측)
C	Choose the counter devices(대안을 선택)
I	Identify the objective(대안과 목표의 일치를 식별)
D	Do the best option(최적의 대안 실행)
E	Evaluate(평가)

제3절 항공인적오류

항공에서 주로 사용되는 Error란 우리말의 오류·과실·실패 등으로 표현할 수 있다. 단어의 의미로는 이들 중 어떤 것과도 어감의 차이가 있지만 공통된 것은 자신이 하고자 의도했던 바와는 다르게 된 것, 그리고 결과로 나타난 바가 당연히 기대되는 것과 다르며 올바르지 않은 것이다.

이는 인간의 심리적 현상으로서 정상적인 행동중에 나타나는 현상으로 봐야 할 것이다. 인적오류와 사고의 관련성을 살펴보면 모든 인적오류가 반드시 사고에 연결되는 것은 아니다. 가령 착륙중에 기어를 내리지 않았다면 이는 분명 운항승무원이 오류를 범한 것이지만 그러나 이런 경우 보통은 경보등이 켜지고 경보음이 울리므로 이에 의해 수정조작을 하면 사고에 이르지는 않고 단순한 인적오류로 흘러가 버릴 것이다. 또한 경보마저 인지하지 못한 경우에는 다시 관제탑 등으로부터 경고가 주어지거나 최신기종의 경우 2중 3중의 안전장치가 마련되어 있다. 결국 항공사고란 단일 인적오류의 결과가 아닌 정상조작과정에서의 여러 개 작은 인적오류가 누적될 때 발생할 수 있다.

1. 인적오류발생원인

인간은 어떤 임무수행을 하면서 기계를 사용하고 작업환경과 동료 또는 감독자 등 외부로부터의 영향을 받게 된다. 이와 같이 인간의 행동에 영향을 미치며 인적오류가 발생할 수 있는 요인의 소재를 설명하기 위해 Hawkins의 SHELL 모델이 자주 인용된다. Hawkins의 SHELL 모델에 의하면 인적오류는 모델의 중심이 되는 인간(Liveware-L)자신과 인간의 행동에 영향을 미치는 4개의 요인 [Hardware-H, 규정·절차 Software-S, 환경 Environment-E, 인간 Liveware-L]간의 관계에서 발생한다고 한다.

조종업무에서의 Hardware란 항공기의 계기·조작장치 등 기계와 기체를 말하며 이들과의 관계(L-H)에서 생기는 인적오류로는 초창기 사용되었던 고도계, 자세계 등 계기를 예로 들 수 있다. 부적절한 계기의 표시방법, 스위치나 레버 등의 구조와 잘못된 배열 등 인적오류를 유발하기 쉬운 상태를 생각할 수 있다. Software의 예로는 운항매뉴얼(Flight Manual) 등을 들 수 있고(L-S) 매뉴얼의 색인이 잘못된 경우, 항로 차트상의 오기 또는 점검표의 항목누락 등이 인적오류의 원인이 된다. 작업환경(L-E)의 예로 심한 더위나 추위, 신경에 거슬리는 소음과 진동 등도 인적오류를 유

그림 3-11 SHELL 모델(Hawkins, 1993)

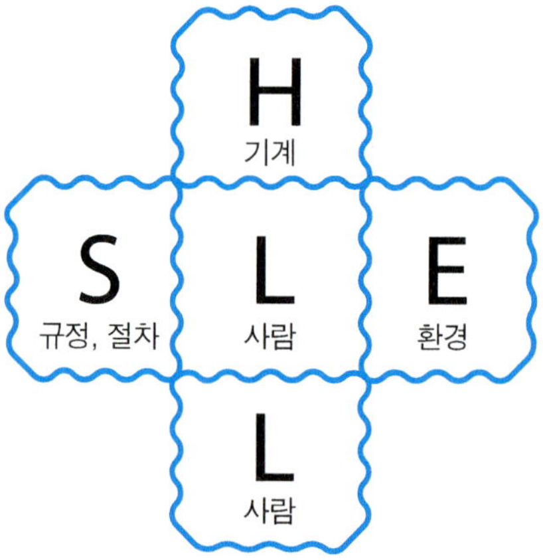

발함이 과거의 경험으로 입증되어 있다. 동료와의 인간관계(L-L)에서는 승무원 상호간의 팀워크, 기장과 부기장 간의 지휘·명령관계가 중요한 문제가 된다. 승무원 상호 간에 협조가 원활하지 않는 경우, 또는 부기장이 제기하는 의문(운항안전의)을 기장이 묵살하거나 부기장이 감히 문제점을 지적하지 못함으로써 사고가 발생되는 경우 등을 생각할 수 있다.

2. 정보처리과정과 인적오류

인간이 지니고 있는 정보처리시스템은 인간의 매우 중요한 특성 중 하나이다. 인간은 광범위한 정보감지능력을 가지고 있으나 감각기관 자체가 불완전하고 중추에서의 정보처리는 단일채널로만

그림 3-12 인간의 정보처리계통

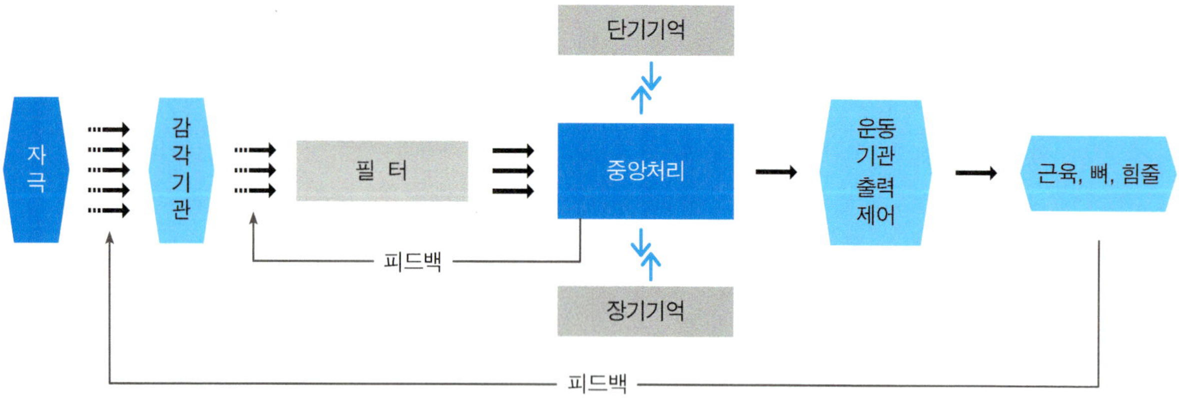

가능하기 때문에 하나의 계통정보를 다루고 있는 동안에는 다른 정보(사실은 더 중요하고 긴급한 것일지도 모르는)를 일시보관하거나 무시함으로써 판단과 결심에 인적오류를 범하게 된다. 〈그림 3-12〉는 인간의 정보처리계통을 설명하고 있다.

가. 감각과 지각

1) 감 각

정보를 감지하는 기관인 감각기관은 앞서 설명한 것과 같이 원래부터 불완전하여 청각은 다른 동물이 들을 수 있는 초음파를 못 듣고 시각기관 또한 일부 적외선·자외선 등을 감지하지 못한다. 전정기관(내이에 위치하며 자세·운동·가속도 등을 감지) 역시 등속운동을 감지하지 못한다. 후천적인 질병에 의해서도 이러한 결함이 발생됨은 물론이다.

2) 지 각

감각된 정보를 가지고 그 본질을 알아내는 과정으로 감각기관을 통해 전달된 정보를 잘못 해석함으로써 인적오류가 생긴다. 지각기능에 불리하게 작용하는 요인으로는 정보량의 부족, 예측과 예견, 습관, 긴장해이, 스트레스 등을 들 수 있고 반대로 경험과 적당한 동기, 높은 각성수준 등은 유리하게 작용한다. 다만 각성의 수준이 지나치게 높을 경우 흥분, 공포와 공황 등을 유발하여 오히려 불리할 수 있다.

나. 판단과 결심

감지하여 분석되고 걸러진 정보를 중추신경이 처리하여 상황판단을 하고 행동을 결심하는 복잡한 과정에서 다음과 같은 여러 가지 오류가 생긴다.

오류조작	판단과 결심행동의 오류조작 설명(예)
잘못된 조건을 설정하는 경우	이륙하려는 항공기가 관제탑으로부터의 허가를 받기전에 이미 받은 것으로 착각하는 경우나 과거의 경험을 여과없이 현 상황에 그대로 적용하는 경우
주의 이탈	어떤 생각에 골몰하고 있을 때(집에 있는 중환자, 승진 기쁨 등)
방어적 오류	유리한 정보만 선택하거나 불리한 정보도 유리하게 해석함
긴장 해이	어려운 상황 해결이후 긴장이 풀어짐(악기상조건 비행 후, 고장을 수리하고 난 후 등에 발생)
운동기억효과	이전 조작방법만을 기억하여 본래 목적의 스위치 대신 다른 스위치 조작(조작방법이 옳았던 사실만 기억하고 스위치 선택자체가 잘못된 것을 인정하지 않음)

다. 동 작

결심을 하고 나면 동작에 옮기게 되는데 운동에 대한 제어가 미흡할 때에는 오동작이 생긴다. 물론 설계상의 결함 등과 관련된 인적오류도 발생한다. 판단과 동작뒤에는 환류(Feedback)가 뒤따라야 전체시스템이 효율적으로 운영되며, 이 과정을 통해서 일부 인적오류는 수정되어 사고에 이르는 일을 방지할 수도 있다.

3. 인적오류의 분류

인적오류의 분류는 다양하게 구분할 수 있다. 인적오류원인에 의한 분류, 오류발생분포에 따른 분류, 오류발생형태에 따른 분류, 오류발생 가역성에 따른 분류로 구분할 수 있다.

가. 인적오류원인에 의한 분류

오류원인에 의한 분류로는 설계오류관련 인적오류와 조작오류관련 인적오류로 구분할 수 있다.

오류원인	오류원인 설명(예)
설계오류관련 인적오류	DC-3의 Flap과 Gear Handle을 혼동한 경우가 이에 해당, 위치나 모양이 비슷한 조작 레버를 잘못 설계하여 인적오류 발생
조작오류관련 인적오류	기량부족, 부주의, 적당치 못한 동기가 원인이 되는 경우 인적오류 발생

나. 오류발생분포에 따른 분류

인적오류는 오류발생의 분포로도 분류할 수 있다. 인적오류발생의 분포에 따른 구분으로는 계통적·우발적·돌발적 인적오류로 구분할 수 있다.

오류발생 분포	오류발생 분표 설명(예)
계통적 인적오류	사격의 예로, 표적의 중심을 벗어난 탄흔이 모두 한 쪽에 몰려있는 경우
우발적 인적오류	위의 예에서 표적판상의 탄흔이 넓게 분산되어 있는 경우
돌발적 인적오류	대부분의 탄흔이 한 곳에 몰려 있는데 한두 개만이 동떨어져 있는 경우

다. 오류발생형태에 따른 분류

인적오류는 발생형태로도 분류할 수 있다. 발생형태에 따른 분류로는 탈락·수행·대상으로 구분된다.

오류발생 형태	오류발생 형태 설명(예)
탈 락	필요한 동작을 하지 않는 인적오류(동작은 했으나, 늦었거나 불확실하게 한 경우 등이 포함)
수 행	해서는 안 될 일을 하는 인적오류(정비관계로 현저히 지연될 것을 알고서도 승객을 정시에 탑승시키는 경우 이에 해당)
대 상	어떤 필요한 일을 하는 대신 다른 조작을 하는 인적오류(비행 중 엔진 고장 시 다른 정상 엔진을 정지시키는 경우 등이 이에 해당)

라. 오류발생 가역성에 따른 분류

인적오류발생에는 가역성에 따라서도 분류된다. 가역성에 따른 분류는 가역성과 불가역성 인적오류로 구분된다.

가역성 분류	오류발생 가역성 분류 설명(예)
가역성 인적오류	인적오류를 저질렀으나 사고에 이르기 전에 수정되는 인적오류(긴급연료 방출 시 방출량을 잘못 계산했더라도 조기에 발견되어 중단하는 경우)
불가역성 인적오류	인적오류를 저지르고 수정이 없었던 인적오류(위의 경우 이미 전량을 방출한 인적오류)

4. 인적오류의 극복

인적오류는 어떻게 보면 피할 수 없는 위험일지도 모른다. 항공기가 발명된 이래 현재까지 사고는 감소하였으나 이는 기재의 개선에 의한 것이 대부분이다. 인적오류는 항공사고의 70%라는 압도적인 원인비율을 계속 유지하고 있다. 현재까지 많은 개선을 이루었고 또 완전한 대책이라는 것이 사실상 불가능하다고도 할 수 있지만 사고율 0(제로)을 지향하는 노력은 지상의 과제가 아닐 수 없다.

인적오류를 제로로 만들기 위해서 위험하고 복잡한 일을 기계에 맡기는 방법을 생각하게 된다. 그러나 기계는 강도가 높은 작업, 정밀을 요구하는 작업 등에는 합당하지만 돌발적인 사태에 대한 대처능력은 인간을 따라오지 못한다.

이런 점에서 볼 때 인간과 기계의 장·단점을 충분히 파악하여 적절한 작업분담을 하는 일이 중요할 것이다.

가. 기계가 인간보다 우월한 기능은 다음과 같다.

구 분	기계가 인간보다 우월한 기능
반응의 속도	기계는 인간의 반응시간에 비해 10만 배의 빠른 반응을 할 수 있음
정확한 반복	기계는 똑같은 동작을 몇 번이고 되풀이 하면서 오류나 오차가 없을 뿐만 아니라 단조로움 관련 권태와 능률 저하 없음
신속한 정보처리	기계는 인간보다 대량의 저장된 정보를 신속히 찾아내어 처리가능함
감시 및 경보기능	인간 및 다른 기계에 대한 감시와 경보기능이 우월하며, 특히 장시간 지속되는 감시에서 우월함
신속한 고장검색	기계는 일단 입력된 회로가 있는 한 어떤 이상사태의 원인을 단시간에 정확히 탐색함
강력한 힘	강력한 힘을 무리없이 낼 뿐만 아니라 마모된 부분은 교환가능함
특수자극 감수성	인간이 감지하지 못하는 특수자극(자외선과 적외선, 초음파)에 대한 높은 감수성을 가짐
작업의 균일성	작업의 질적, 양적 균일성에서 우월함
감정적 내성	감정적 반응 내성(공포, 분노, 초조 등 인적오류의 원인에 대한 무제한의 내성)에서 우월함

나. 인간이 기계보다 우월한 기능은 다음과 같다.

구 분	인간이 기계보다 우월한 기능
판단	여러 가지 잡다한 방해물이 뒤섞여있는 가운데서 필요한 신호를 가려내는 능력(레이더 화면에서 구름, 산, 항공기를 식별하여 위장된 목표물을 가려내는 능력)이 우월함
신속 대처	예기치 않은, 또는 매우 희귀한 사태(갑작스러운 기계고장 등)에 신속히 대처하는 능력이 우월함
추정	나타난 여러 일차적 정보들을 종합해서 엔진의 고장을 알아내는 등 어떤 상황의 발생원인을 추정하는 능력이 우월함
응용과 창조성	이전의 경험을 바탕으로 다소 상이하거나 전혀 새로운 사태에 직면해서 창조적인 대응능력이 우월함
집중	여러 가지 방해나 간섭을 배제하고 한 가지 정보에 생각을 집중, 추적능력이 우월함
적응	처해있는 환경이나 가혹한 조건 또는 약간의 장애에 어느 정도 적응하면서 임무수행능력이 우월함
효율성	인간은 작은 몸집과 최소한의 에너지로서 기계보다 신뢰도가 높은 기능 발휘능력이 우월함

인간의 인적오류를 완전히 방지할 수가 없다면 차선책으로 인적오류의 발생을 극소화하고 인적오류의 결과(피해)를 축소하는 양면적 노력이 이루어 져야 한다. 인적오류의 극소화를 위한 방안으로는 적성이 맞는 인원의 선발, 적소배치, 효과적인 교육·훈련, 기계의 성능향상과 인간공학적 개선 그밖에 SHELL 모델 등의 대책이 포함된다. 또한 인적오류에 의한 손실의 축소를 위한 수단으로는 인적오류의 조기발견에 의한 조기수정(가역성 인적오류), 기장–부기장 간의 상호 의견교환과 보완, 피해를 극소화하기 위한 안전장치 등을 생각할 수 있다.

표 3-15 조종사 인적오류분석(과오의 형태)

과오의 형태	주원인		부수원인		계	
	건수	%	건수	%	건수	%
지각, 해석의 문제	581	24	219	42	800	28
조종실 내	(372)	(64)	(98)	(45)	(470)	(59)
조종실 외	(121)	(21)	(103)	(47)	(224)	(28)
지각 못함	(88)	(15)	(18)	(8)	(106)	(13)
판단, 결심의 문제	**445**	**19**	**63**	**12**	**508**	**18**
잘못된 결심	(438)	(98)	(63)	(100)	(501)	(99)
결심 안함	(7)	(2)	–	–	(7)	(1)
반응(조작)불량	1,348	57	238	46	1,586	54
잘못된 조작	(1,303)	(97)	(226)	(95)	(1,529)	(91)
조작 안함	(45)	(3)	(12)	(5)	(57)	(9)
계	2,374	100	520	100	2,894	100

표 3-16 조종사 인적오류분석(과오의 원인)

과오의 형태	주원인		부수원인		계	
	건수	%	건수	%	건수	%
능력 부족	30	1	29	3	59	2
기본지식부족 · 조종미숙	(18)	(60)	(20)	(69)	(38)	(64)
정신안정도 낮음	(12)	(40)	(9)	(31)	(21)	(36)
경험 부족	928	40	192	19	1,120	33
부적절지식 · 경험	(780)	(84)	(153)	(80)	(933)	(83)
최근경험 · 훈련부족	(148)	(16)	(31)	(16)	(179)	(16)
어학 장애	–	–	(8)	(4)	(8)	(1)
주의 부족	817	34	145	14	962	28
심도 부족	(400)	(49)	(56)	(39)	(456)	(47)
폭 부족	(232)	(28)	(44)	(30)	(276)	(29)
준비태세 부족	(185)	(23)	(45)	(31)	(230)	(24)
태도 불량	**191**	**8**	**117**	**12**	**308**	**9**
思考 과잉	(99)	(52)	(45)	(38)	(144)	(47)
동기 과잉	(68)	(35)	(21)	(18)	(89)	(29)
부적절한 태도	(24)	(13)	(51)	(44)	(75)	(24)
감독 · 설계 · 운용 결함	**191**	**8**	**200**	**20**	**391**	**12**
감독 부적절	(79)	(41)	(70)	(35)	(149)	(38)
조종실배치 · 계기불량	(74)	(39)	(74)	(37)	(148)	(38)
운용능력 미흡	(38)	(20)	(56)	(28)	(94)	(24)
기 타	217	9	330	32	547	16
환경요인 복합	(101)	(47)	(165)	(50)	(266)	(49)
항공기기능결함	(37)	(17)	(113)	(34)	(150)	(27)
외부긴급사태	(64)	(29)	(35)	(11)	(99)	(18)
물리 · 생리 · 심리초과	(15)	(7)	(17)	(5)	(32)	(6)
계	2,374	100	1,103	100	3,387	100

5. 운항승무원 인적오류분석

모즐리(Mosley)는 2,400건의 대형항공사고를 분석하였다. 그 분석결과를 구로다(전 일본항공 운항고문 및 항공자위대 의무부장)가 인간의 정보처리과정에 상응하게 수정편집한 것을 〈표 3-15, 3-16〉으로 요약하여 제시하였다.

여기서 주목할 것은 부적절한 지식과 경험, 최근의 경험이나 훈련의 부족 등을 포함하는 넓은 의미의 경험부족이 인적오류원인의 첫 번째를 점하고, 다음으로 주의의 심도와 폭이 두 번째로 많아서 둘을 합하면 전체원인의 75%를 점하고 있다. 즉 부적당한 반응(출력단계)의 주원인이 된다는 것이다.

제4절 긴급한 상황에서의 인간행동

과거 항공사고조사에 있어서는 승무원의 행동을 평가할 때 평상상태의 심리현상을 기준으로 함으로써 잘못된 결론을 내리고 운항승무원에게 과도한 요구 또는 시행 불가능한 대책으로, 결국 같은 종류의 사고를 유발하는 사례가 있었다.

긴급한 상황인 경우 인간의 행동은 평상시의 감각상태·사고과정·판단과 결심·조작과는 현저히 다르다는 것을 염두에 두고 평가와 대책을 수립해야 한다. 항공기의 긴급한 상황은 고속으로 비행하고 있다는 사실 이외에도 지상의 긴급한 상황에 비해서 다음과 같은 특징을 가지고 있기 때문에 인간행동의 바탕이 되는 생리적, 심리적 부담이나 그 결과도 크게 달라진다.

또한 긴급한 상황에서의 인간행동은 항상 두 가지 요소를 함께 고려해야 한다. 그 하나는 외부세계로부터의 스트레스의 크기와 질, 시간적 특성이며, 또 하나는 인간 각 개인의 소질, 경험과 기량, 준비태세, 유사상황에 대한 지식, 자신감 등의 내적인자이다. 특히 후자의 경우 동일한 사태에 대하여도 초심자와 숙련자의 반응은 전혀 다를 수 있기 때문에 특정한 상황이 반드시 모든 사람에게 긴급한 상황이 되지는 않는다는 사실에 유의해야 한다.

1. 긴급한 상황에서의 생리적·심리적 반응

외부로부터 스트레스가 급격하고 위험을 동반한 경우 인체는 긴급반응이라는 변화가 일어난다. 이는 아드레날린(부신피질 호르몬)의 분비효과를 중심으로 하는 것이며 신속한 활동(예, 투쟁이나 도

표 3-17 항공기운항의 긴급한 상태의 특징

구 분	항공기운항의 긴급한 상태의 특징
1	확실하고도 절박한 생명의 위험에 직면함
2	순간적 조치를 취하기도 하나 많은 경우 강한 스트레스에 장시간 노출됨
3	지상에서 최종적인 선택이 되는 정지라는 조치를 취할 수 없고 반드시 착륙으로까지 가서야 (긴급)상황이 끝남

피)을 위해 소요되는 여러 물질을 동원하고 필요로 하는 신체 각 조직·기관에 수송하기 위한 준비가 이루어진다.

생리적으로는 심장의 박동이 빠르고 커져 산소와 영양공급이 활발해지고 근육활동에 대비하여 간에 저장된 에너지원인 글리코겐(Glycogen)을 방출한다. 피부 및 내장의 혈관은 수축하여 뇌와 근육에 더 많은 혈액을 재배분하고 호흡이 깊어지며 동공은 확대되어 보다 많은 빛을 받아들일 수 있다. 혈액응고능력이 높아져서 지혈능력이 좋아지고 손상된 조직의 수리와 관련되는 림프구의 공급도 증가한다.

이러한 모든 변화(대응)는 초-분 단위의 속도로 이루어진다. 이에 비해서 스트레스가 보다 서서히 오래 지속되는 경우에는 부신피질 호르몬의 분비에 추가해서 부신피질을 지배하는 뇌하수체전엽호르몬의 분비도 증가된다. 운항중인 항공기의 긴급한 상황은 주로 급격한 스트레스 부하에 해당된다.

긴급한 상황에 대한 인간의 반응은 생리적·심리적으로 각각의 단계로 구분할 수 있다. 생리적·심리적 단계로 구분해 보면 다음과 같다.

가. 생리적 단계

생리적 단계는 방어·피로·파탄단계로 구분된다.

구 분	생리적 단계의 반응 특징
방어단계	스스로에게 그 사태에 대한 처리능력이 있고 긴급 상황과 싸우고 있는 상태의 단계(여러 행동이 촉진되어 투쟁과 도피반응이 나타남)
피로단계	에너지의 과한 소모가 일어난 단계(의욕감퇴와 행동의 억제가 나타남)
파탄단계	심신의 소모가 극도에 달하고 행동은 정지하며 방심상태가 되는 단계(자율신경의 기능항진, 평형감각의 상실 등이 나타남)

나. 심리적 단계

심리적 단계는 불안 · 두려움 · 공황 · 혼미단계로 구분된다. 심리적 단계는 개인의 특징에 따라 분명하게 나누어지지 않을 때가 많고 개인차가 크다.

구 분	심리적 단계의 반응 특징
불안	막연한 위험을 예측 또는 마음속에 위기의식이 고조됨
두려움	만성적인 공포감으로 진정한 위험에 대비하는 상태가 됨
공황	모든 정신활동이 정지되며, 절망감과 신경질적인 증상이 나타남
혼미	동작이 정지되고 죽음을 기다리는 것 같은 증상이 나타남

2. 긴급한 상황에서의 인간행동분석

긴급한 상황에 마주하면 인간은 정상적인 행동을 수행하는데 많은 오류를 범하게 된다. 다음은 항공기사고를 경험하고 탈출에 성공했거나 생존한 운항승무원을 대상으로 한 조사결과를 인간의 정보처리의 단계 즉, 입력 · 정보처리 · 출력단계를 따라서 열거하였다.

가. 입력단계

긴급한 상황에 마주하였을 때 입력단계에서는 단일 지각정보에 대한 편중, 정상정보의 무시, 지각정보내용의 변형, 지각대상의 이동, 정보수집 의욕의 저하, 지각전달의 마비와 같은 행동이 나타난다.

구 분	긴급한 상황에서 입력단계의 반응 특징
단일 지각정보에 대한 편중	비정상적인 표시나 움직임을 보이는 계기에 지나치게 고착됨
정상정보의 무시	정상상태나 정상범위를 표시하는 계기정보를 가볍게 보며 넘기거나 아예 무시해 버림
지각정보내용의 변형	색채 · 형태 · 크기가 평상시와 다르게 지각(변색, 변형, 확대나 축소 등)되고 움직임이 다르게(주로 빠르게) 느껴짐
지각대상의 이동	한꺼번에 많은 정보를 얻으려 하므로 지각대상을 너무 빨리 옮겨서 정보내용이 질적으로 떨어짐
정보수집의욕의 저하	생리적 단계의 피로단계에 해당하며, 눈은 움직이고 있으나 보지는 못하는 증상이 나타남
지각전달의 마비	심리적 단계의 혼미에 해당되며, 정신적으로 마비되는 증상이 나타남

나. 정보처리단계

긴급한 상황에 마주하였을 때 정보처리단계에서는 정보종합능력의 질·양적 저하, 정보처리능력저하, 기억정보와의 비교평가능력저하, 저장정보의 활용장애, 판단된 결과의 재점검능력저하, 정량적 판단기능약화, 사고과정을 포기·생략, 판단능력상실, 기억의 변형 및 왜곡같은 행동이 나타난다.

구 분	긴급한 상황에서 정보처리단계의 반응 특징
정보종합능력의 질·양적 저하	여러 계기표시로부터 기체의 자세를 파악하거나 엔신의 상태를 판단하는 등의 능력이 떨어짐
정보처리능력 저하	전체정보로부터 필요한 정보만을 취합하여 처리하는 능력이 저하됨
기억정보와의 비교평가능력 저하	얻은 정보를 기억(저장)된 것과 비교 판단하는 능력이 저하됨
저장정보의 활용장애	단기 및 장기기억의 내용을 필요할 때 신속하게 찾아내지 못함
판단된 결과의 재점검 능력저하	생각해 낸 사항이 과연 옳은지 또다시 검토하는 여유를 잃음
정량적 판단기능 약화	정량적 판단기능이 약화되고 정성적인 판단만 하게 됨
사고과정을 포기·생략	여유(가용)시간을 과소평가하여, 사고의 과정을 포기 또는 생략함
판단능력상실	판단이 아예 불가능해지거나 전혀 다른 생각을 함
기억의 변형 및 왜곡	스스로 기억한 일이 없다고 생각하는 사실까지 생각해 냄

다. 출력단계

긴급한 상황에 마주하였을 때 출력단계에서는 습관적인 조작, 조작부정확, 조작힘의 제어불량, 근육긴장, 이상조작, 협동운동불가, 과잉조작, 조작불가와 같은 행동이 나타난다.

구 분	긴급한 상황에서 출력단계의 반응 특징
습관적인 조작	조작을 습관적으로만 함
조작 부정확	인접한 레버나 핸들 등을 잘못 조작함
힘의 제어불량	필요없이 과대한 힘을 들여서 조작함
근육긴장	근육긴장 때문에 조작의 원활성이 떨어짐
이상조작	조작으로부터의 Feed Back을 못하거나, 핸들을 한계이상으로 밀어버림 등
협동운동 불가	두 가지 이상의 협동운동을 요하는 조작이 안 됨
과잉조작	과잉 또는 급격한 조작을 함
조작불가	전혀 목적성이 없는 조작의 연속 또는 전혀 조작을 하지 못함

3. 긴급한 상황에서의 생체기능

긴급한 상황으로 현저하게 변동되는 몇 가지의 기능으로 맥박, 뇌파, 음성변화, 조종효율의 문제가 발생하는 것으로 알려졌다. 이러한 기능의 변화는 변화자체가 조작에 영향을 주는 경우도 있고, 반대로 이러한 변화로 인해 스스로 받는 스트레스의 정도를 추정할 수도 있다.

가. 맥 박

긴급한 상황이 가장 예민하게 반영되며 맥박변동의 원인으로는 정신적 요인과 신체적 요인 두 가지가 있으나 이 두 가지를 분리하기는 어려울 때가 많다. 육체적 부하는 작업의 강도(산소소모량)에 비례해서 증가한다. 정신적으로 긴장할 때에는 신체적 운동이 별로 없어도 맥박의 심한 증가를 볼 수 있다. 지금까지 관측된 가장 심한 맥박증가는 분당 240회(낙하산 강하의 경우)였다.

항공기운항 중에 운항승무원의 맥박은 비행단계에 따라 거의 같은 변동을 보이는 데 이륙, 고고도로의 급상승, 착륙 등에는 150회를 넘는 게 보통이다. 착륙과정에서 절정에 달했던 맥박은 접지와 더불어 급속하게 평상상태로 돌아간다. 스트레스가 전혀 예기치 않게 닥쳤을 때는 맥박이 일시적으로 심하게 감소했다가 급속히 증가하여 분당 150회 이상으로 된다.

나. 뇌 파

측정의 어려운 점이 있으나 불안, 공포 등 정신·심리적 상태를 잘 반영하는 지표이고 앞으로 많은 연구가 요구된다. 뇌파는 뇌신경세포의 활동에 따른 전기적인 변화를 외부에서 측정하여 기록한 것으로 정신적·신체적 특성과 밀접한 관계가 있다.

고도의 흥분, 공포, 분노 등 몸이 경직된 상태에서는 30Hz 이상의 감마파가 나타난다. 일상생활에서 긴장돼 있지만, 몸은 경직돼 있지 않은 상태에서는 14~30Hz의 베타파가 나타난다. 긴장이 이완되었지만 의식이 집중된 명상상태에서는 7~14Hz의 알파파가 나타난다. 수면상태에서는 0.5~7Hz의 세타파 및 델타파가 나타난다.

이런 주파수의 변동을 조종실에서의 상황과 연관된 정신적·심리적 상태의 지표로 연구가 진행되고 있다. 이러한 연구는 의학적으로 간질발작과 같은 경련성 질환의 진단에 이용하고 있으며, 수면장애 또는 스트레스 해소와 관련된 음악치료 및 명상시 그 결과의 판정에 뇌파를 활용하고 있다.

다. 음성변화

음성변화는 실제상황에서 조종실의 녹음장치를 통하여 여러 가지로 연구되고 있다. 긴급상황에서는 대체로 들뜬 느낌과 음의 높이가 높아짐(고음)을 관찰할 수 있다. 비상사태당시 운항승무원의 음성을 음역분석장치를 이용하여 조사한 바에 의하면 어떤 이상이 나타나면서부터 긴급한 상황으로 발전하기까지의 변화는 약 20%, 생명의 위험이 절박해지기까지는 40% 이상의 변화율을 보인다.

그러나 음성의 모든 변화는 운항승무원 개개인의 숙련도와 경험, 스트레스에 대한 내성, 정신상태 등에 따라 영향을 받는 것으로 보고되고 있다.

라. 조종효율

조종효율에 대한 관찰은 실제 비행상황과 실험실 상황간에 현격한 차이가 생기기 때문에 어떤 결론을 내리기가 어려우나, 음성분석의 결과와 비교하여 양자 간에 상호관련이 있음을 알게 되었다. 스스로 아직 처치가 가능하다고 생각하는 동안은 조작의 곤란이 증가하는 경우에도 음성에서 긴장이 감지되지 않으나 처치불능함이 명백해질 무렵부터 긴장도는 급증한다. 또한 경험이 많지 않은 운항승무원은 처음부터 긴장이 고조되고 그 결과 사태를 더욱 악화시키는 일이 많은 것으로 보고되고 있다.

4. 긴급한 상황에 대한 대응

최근 항공기의 기재와 성능의 괄목할만한 발전과 개선에 따라 운항승무원들이 자재결함으로 인한 긴급한 상황을 경험하는 기회는 현저히 줄어들었다. 그러나 대신 기재와 기능에 대한 감시작업이 급속히 늘어나고 있다. 아울러 과거에 비해 긴급한 상황에 대처하는 능력이 저하되는 경향도 나타나고 있다.

그러나 항공기에 대한 인간의 가장 중요한 역할이 예측할 수 없는 이상상황에 대처하는 일이고 보면 이를 위한 교육과 훈련의 필요성은 아무리 강조해도 지나침이 없을 것이다. 고도로 개량된 비행시뮬레이터가 출현함에 따라 여러 기종에 대한 긴급상황의 실험적 재현이 가능해지고 있으므로 이에 대한 처치요령, 승무원 상호간의 역할분담과 상호보완, 침착하게 고장을 탐색하고 수정하는 강인한 정신력 등이 길러져야 한다.

최근에는 승무원자원관리(CRM)를 위시한 새로운 여러 교육방법이 개발되고 있다. 이와 같은 교육방법이 의도하는 바를 요약하면 직무의 적절한 위임과 책임분담, 조작의 합리적인 우선순위결정, 주요계기와 시스템의 지속적 모니터링과 교차확인, 문제점에 대한 신중한 분석, 불요불급한 사안의 집중배제, 모든 계획과 의도에 대한 승무원전원 간의 명확한 의사교환 및 기장의 올바른 리더십확보 등이다.

아무리 우수한 모의장치를 이용하여 실제와 똑같은 상황을 경험한다고 하더라도 실제상황에서 절박한 생명의 위협에 직면하는 상황과는 현저한 차이가 있다. 따라서 교육훈련과 병행하여 다음과 같은 대책이 병행되어야 할 것이다.

구 분	항공기운항의 긴급 상황에 대비하기 위한 대책들
1	사고에까지 이르지는 않았으나 아찔했던 사례들의 자료를 최대한 수집하고 이 경우의 생리적 · 심리적 요인을 근원적으로 추적 · 분석함
2	같은 운항을 하면서 사고를 내지 않은 항공사의 자료(관련 요소)를 수집, 분석함
3	가장 효과적이고 현실성 있는 대책을 찾아내기 위하여 지속적인 연구와 토의 및 관계분야 간 의견 교환을 활성화함
4	안전교육이나 정책을 주지시키고, 인식정도 및 실천상태를 조사 · 파악하며 성과에 대하여 장기간에 걸친 관찰 · 평가를 지속함
5	관리자와 운항지원부서의 안전의식 향상, 안전정책에의 적극적인 참여를 유도함

제4장

항공건강관리

제1절 항공업무와 건강
제2절 피로관리
제3절 스트레스관리

제1절 항공업무와 건강

1. 건강의 개념

건강에 대한 정의는 학자마다 다르고, 또한 사람들마다 건강이 무엇이냐고 물으면 각인각색으로 대답한다. 왜냐하면 인간은 태어난 환경도 다르고 성장한 배경도 제각기 다르기 때문에 건강에 대한 욕구 또한 다르기 때문이다. 우리가 건강을 향상 시키려면 우선 국제적으로 통용될 수 있는 건강의 정의를 내려야 그것을 바탕으로 건강증진전략을 수립할 수가 있다. 이를 위하여 세계보건기구(WHO, World Health Organization)에서는 건강을 단순히 질병이 없거나 허약한 상태가 아닐 뿐더러 신체적·정신적·사회적으로 안녕한 상태라고 정의하였다.

즉, 건강은 몸이 단순히 허약하거나 질병이 없는 상태만이 아니라 인간은 사회적 존재이기 때문에 세계보건기구에서는 심신의 건강은 물론 사회적 안녕상태가 건강이라는 다소 광범위한 정의를 내린 것이다. 이러한 정의에 입각하여 건강을 유지하고 증진시키는 일은 심신의 건강은 물론 사회적으로 맡은 임무를 잘 수행할 수 있는 사회구성원으로서의 역할까지 건강한 범주로 보고 있기 때문에 인간과 인간과의 인간관계에서부터 인간과 일과의 관계 등을 원만하게 처리할 수 있어야 건강하다고 본다.

이러한 건강의 관점에서 건강관리를 살펴보면 건강관리란 건강에 영향을 주는 여러 가지 악영향요소를 찾아내어 악영향요소의 노출기회를 적게하며, 노출되었다 하더라도 그 영향을 최소화할 수 있는 생활방식을 총체적으로 돌보아야 한다.

질병과 관련된 연구를 진행한 클라크(Clark, FG) 교수는 질병의 성립조건으로 역학적인 견지에서 병인(Agents), 인간(Host), 그리고 환경(Environment) 이 세 가지가 서로 상호작용에 의하여

표 4-1 질병과정 및 단계와 예비(예방)조치

구 분	병원성 이전기간		병원성 기간		
질병과정	병인숙주 상호작용	병인자극 형성	병인자극 숙주반응	질병	회복
질병단계	1단계	2단계	3단계	4단계	5단계
예비조치	건강증진	특수예방	조기발견(치료)	악화방지	재활
예방조치	1차적 예방		2차적 예방	3차적 예방	

발생한다고 보았다. 한편 Leavel 교수는 질병발생과 예방대책과의 관계를 질병의 자연사개념과 연계하여 〈표 4-1〉과 같이 다섯 단계로 설명하면서 각 단계별로 적합한 예방대책을 강구해야 한다고 주창하였다.

질병의 1차적 예방이란 신체의 기능장애나 질병보다는 생체의 조절기능이 변해가는 과정에 깊은 관심을 가지고 대상기능이 완전히 파탄나기 전에 예방조치를 취하여 건강한 사람이 병들지 않고 건강상태를 최고수준으로 향상시키도록 노력하는 것이다.

질병의 1차적 예방에는 면역증강을 위한 예방접종, 건강을 저해하는 요인들에게 노출되지 않도록 가정·직장 및 학교생활의 환경개선과 환경에 대한 적응능력향상이 필요하다. 아울러 보건교육을 통한 건강행위실천도 이에 포함된다. 건강장애요인에 의해 우리 몸이 세포나 조직에 변화를 가져오지 않도록 건강한 생활이 무엇보다도 중요하다. 이러한 노력과 실천이 건강을 지키는 가장 적절한 조치라고 할 수 있다.

질병의 2차적 예방은 질병초기나 임상질환기에 적용되는 것을 말한다. 질병에 따른 자연사 중에서 제2단계에서 원상대로 회복되지 않고 계속 위험요인에 노출되면 시행되는 예방조치단계이다. 우리 몸에서 자가면역으로 회복이 되지 않고 세포나 조직에서 변화가 오면 심신의 자각증상 및 타각증상 등이 나타나는데 이를 병원성기간이라고 부른다. 이때의 예방대책으로는 조기발견·치료가 최선의 방법으로 대두된다.

조기발견을 위하여 심신에서 증상이 나타나기 전에 정기적인 집단검진을 통하여 조기발견이 될 수도 있다. 증상이 나타나기 전에 세포의 기능이나 조직의 기능장애가 발견되는 경우 회복시간도 단축될 뿐만 아니라 고통도 최소화할 수 있다. 그러므로 증상이 나타나기 전에 정기적인 건강검진을 받는 것 또한 건강을 지키는 차선의 대책이 될 수 있다.

질병의 3차적 예방은 치료를 하였음에도 불구하고 심신의 장애가 남아 있는 사람들에게 재활을 해주는 것이다. 재활은 기능장애를 최소화하고 남아있는 기능을 최대한 활용하여 사회구성원으로서 사회생활에 적응할 수 있도록 하는 조치이다. 잔존하고 있는 기능장애로 말미암아 열등의식과 삶의 의욕이 떨어진다면 결코 건강하게 살 수 없다. 정신적·사회적·직업적 재활을 통하여 적극적으로 집단생활을 할 수 있도록 도와 주는 것이다.

건강을 유지증진시키는 일은 최근에는 개인만의 일이 아니라 국가와 사회가 힘을 합쳐 모든 사람들이 건강할 수 있도록 협력하는 것으로 발전되었다. 특히 국가에서 국민의 건강을 인권의 하나로 인식하여 인간답게 살 수 있게 여러 가지 방법을 강구하고 있다.

현대의학에서는 질병이 단순한 병원체에 의해서 야기되는 단일요인설보다는 인간·병원체·환경 세 가지 요인의 상호작용결과로 이해하는 다요인설이 더 설득력 있게 받아들여지고 있다. 그 중에서도 개인건강은 어머니 뱃속에서부터 출생하고 성장해서 성인이 될 때까지 올바르게 자라고 건강한 육체에 건전한 정신이 깃들도록 위생과 건강에 대해서 습득해야 한다.

청결한 상태를 유지해야 하는 개인위생과 건강한 생활태도로 익숙해진 습관, 그리고 건강에 악영향을 끼치는 각종 위험요인에 스스로가 노출되지 않도록 철저하게 예방하는 것이 바람직한 태도라 할 수 있다.

특히 운항승무원은 고고도에서의 조종업무와 시간대를 넘나드는 시차를 많이 겪게되는데 이러한 어려움을 잘 극복할 수 있도록 특별한 노력을 해야 한다. 운항승무원들은 평소에 개인건강에 관한 관심을 가지고 건강행위를 지속적으로 생활화하는 것이 바람직하다. 왜냐하면 건강장애가 갑자기 오는 급성질환도 있지만 대부분은 만성적으로 서서히 오기 때문이다. 건강한 식생활과 규칙적인 운동 그리고 알코올·약물 오·남용방지 등 개인의 기호생활에까지 철저한 절제로 안전운항에 지장을 초래할 심신의 장애가 야기되지 않도록 각별한 노력이 뒤따라야 한다.

2. 건강위험요인

가. 음식과 영양

건강에 영향을 미치는 위험요인은 수없이 많다. 그 이유는 질병의 종류에 따라 기여하는 위험요인이 각각 다르기 때문이다. 과거에는 영양부족이 문제가 되었지만 근래에 와서는 영양과다로 비만이나 과비타민증 등 특정 음식의 과다섭취로 고지혈증이나 고콜레스테롤 등이 나타나 심장병·고혈압·지방간 등 성인병을 일으킬 수 있다.

음식의 기본기능은 신체의 각 조직을 형성하고 보수하는데 필요한 재료와 에너지를 공급해주는 일이다. 영양소에는 단백질·지방·탄수화물·비타민·무기물 등 크게 다섯 가지로 구별할 수 있다. 이 다섯 가지 영양소 중 주요 영향소인 탄수화물 55~65%, 단백질 20~30%, 지방 15~20%정도 비율로 하는 것이 바람직하다. 비타민과 무기물은 약물이 아닌 자연음식물로 하루권장량을 충족시키는 것이 필요하다.

이러한 비율로 성인남자는 2,000~3,000Kcal, 성인여자는 1,500~2,000Kcal의 열량을 섭취하여 자신의 적정체중을 유지하는 것이 바람직하다.

나. 적정체중과 비만

적정체중이란 각각의 이상적인 체중에 15~20% 내·외의 범위에 들어가는 체중을 말한다. 이상적인 체중의 계산은 남자는 키(m)×키(m)×22로 여자는 키(m)×키(m)×21로 산출한다. 예를 들어 키 160cm인 성인남자의 표준체중은 1.6×1.6×22=56.32kg이다. 이외에 신장과 체중을 고려

표 4-2 신장(키)에 따른 적정체중

신장(CM)	남자(kg)	여자(kg)
160	56.32	53.76
165	59.90	57.17
170	63.58	60.69
175	67.38	64.31
180	71.28	68.04

하여 비만증의 기준으로 사용하는 체질량지수(Body Mass Index: BMI)로 30이상일 경우 명백한 이상체중이라 보고 있다. 즉 비만도는 신체체중(kg)에 표준체중(kg)을 빼서, 이 수치를 실제체중(kg)으로 나눠 백분율로 표시한 수치로 10% 이내는 정상, 10~20% 사이는 과체중, 20~30% 사이는 비만, 30% 초과는 심한 비만으로 구분한다.

비만이란 일반적으로 과체중상태를 의미하지만 엄밀하게 말하면 체내에 지방조직이 과다하게 축적되어 있는 상태라고 할 수 있다. 지방조직이란 에너지값이 높은 지방산을 저장하는 기관이며, 그 중에서 중성지방이 과잉으로 저장될 때 비만증의 병적결과를 가져온다. 중성지방은 혈액속의 에너지원 물질이 필요 이상으로 존재할 때 저장되며 에너지가 부족할 때에는 여기에서 충당된다.

비만의 유형은 지방조직이 과도하게 축적된 지방세포의 수가 증가되는 형과 지방세포수는 정상이나 지방세포속에 과도한 지방이 축적되는 형으로 나뉜다. 정상적으로 지방세포의 증식이 일어나는 것은 영아기와 사춘기에서 볼 수 있으며 이때 과한 에너지가 공급되면 지나치게 지방세포가 늘어나서 일생 남게된다고 연구·보고되고 있다. 이를 증식성비만이라 하며 대부분 병적으로 비만하

그림 4-1 적정체중과 비만

여 이상체중의 150%를 넘기도 한다. 반면에 성인에게서 볼 수 있는 비만으로 정상적인 지방세포수에 과량의 중성지방을 함유하고 있기 때문에 비대성비만이라 하며 대부분 허리주위로 분포하며 이 비만은 증식성비만보다 훨씬 조절하기 쉽다.

다. 질 병

비만증에 걸려있는 사람은 고혈압에 걸릴 위험이 정상인에 비해 5배이상 높고, 당뇨병은 3배 이상 높으며 중풍에 대한 위험도 높다고 보고되고 있다. 또한 비만증은 신장질환·담낭질환·호흡기질환·관절계통질환·심장질환·생리불순·고위험임신 등 여러 가지 성인병을 일으키는 중요한 위험요인이다. 그러므로 사전에 과체중이 되지 않도록 체중관리에 힘써야 하며 섭생(병에 걸리지 않도록 잘 관리함)과 운동을 통하여 조절하여야 할 것이다. 적어도 주 3회 이상 주당 최소한 900Kcal의 에너지를 소비할 수 있는 운동을 하여야 하며, 특히 대근육(가슴·어깨·복부·허리·팔·다리 등과 관련된 큰 근육)을 움직이는 운동이 가장 효과적이라고 보고되고 있다.

질병은 크게 세 가지로 나눌 수 있다. 첫째는 예방할 수 없는 유전에 의한 것이고, 둘째는 막을 수도 있는 감염증이다. 셋째로는 습관 때문에 생기는 질병으로 분류할 수 있다. 그런데 앞의 두 가지는 의학의 발달에 의해 감소되고 있다. 그러나 세 번째 질병은 스스로 고칠 수 있는데도 불구하고 최근에 와서 점점 늘어나고 있다. 성인병이 바로 세 번째에 해당한다. 성인병이란 그 대부분이 스스로 만들고 있거나 가정에서 만들고 있는 질병이며, 더 넓은 뜻에서 말하면 사회의 나쁜습관에 의해서 생기는 질병이다.

1) 심장질환

대한민국에서 성인병은 암·심장병·뇌졸중 또는 일반적으로 병의 근원이 되는 고혈압·동맥경화증·당뇨증·고지혈증·간장병 등을 주로 일컫고 있다. 대체로 우리는 성인병을 신체의 노화현상으로 인해 발생되는 각종 만성퇴행성 질환의 총칭으로 사용하고 있다.

성인병의 특징으로는 오랜기간 동안의 섭생의 부조화와 잘못된 생활습관, 운동부족 및 과다한 스트레스 등 복합적인 요인으로 인해 진행된다. 성인병은 일단 발생하면 치료하기도 어렵고 다른 합병증을 일으키기도 한다.

(1) 심 장

심장(Heart)은 인간이 태어나면서부터 죽을 때까지 한순간도 쉬지 않고 체내혈액을 구석구석까지 순환하게 하는 가장 중요한 장기이며, 가장 바쁘게 일하는 엔진과 같은 기관이다. 심장의 위치는 가슴 한가운데와 왼쪽 젖꼭지 사이에 위치하며 폐에 의해서 양쪽이 둘러싸여 보호되고 있다.

그림 4-2 심장의 순환

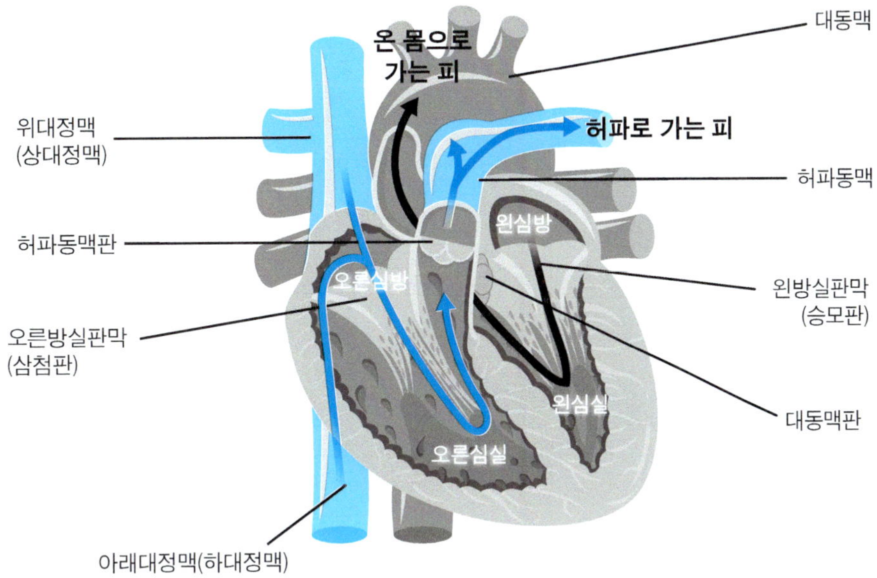

정상적인 성인의 경우 1분에 60~80회 박동을 하며 하루에 보통 10만번 이상 뛴다. 심장이 한번 뛸 때마다 심장으로부터 약 75cc 정도의 피가 나오기 때문에 하루동안 심장이 뿜어내는 혈액의 양은 7,500리터에 해당하는 엄청난 양이다. 심장의 크기는 보통 자신의 두 주먹을 합친 크기보다 약간작고 무게는 겨우 400g 미만의 특수한 근육으로 이루어져 있다.

(2) 심장병 위험요인

심장질환의 위험요인으로 알려진 것은 흡연 · 고혈압 · 고지혈증 · 고콜레스테롤 혈증 · 당뇨병 · 과도한 카페인음료 · 비만 · 운동부족 · 스트레스 · 과음 등이다. 원래 동맥벽은 탄력성이 많고 내면이 매끈하여 심장박동에 따르는 피의 흐름이 효과적으로 이루어지도록 되어 있다. 이런 동맥벽이 굳어져서 탄력성이 감소하고 내면에 군데군데 기름기가 끼이고 이상조직이 증식하여 내경이 좁아지는 현상을 동맥경화 또는 죽상경화라고 한다. 이것이 심근경색을 일으키는 주범으로 알려져 있다. 또한 뇌동맥경화에 의한 것을 뇌경색이라고도 한다. 동맥경화현상은 노화현상으로서 고령일수록 동맥경화성 질환의 빈도가 높아지며 동시에 여러 장기가 침범된 현상을 볼 수 있기에 조기에 동맥경화현상을 예방하는 것이 가장 중요하다.

심장병이 다른 질병에 비해 무서운 것은 그것이 돌발적으로 일어나는 일이 많기 때문이다. 길을 가다가 쓰러지거나 회의중에 쓰러지는 일이 일어난다. 이렇게 갑자기 쓰러질 경우 의사가 달려왔을 때에는 이미 숨이 멈췄다거나 구급차가 너무 늦게와서 사망하는 경우가 흔히 있다.

그림 4-3 일반적인 혈압의 정도

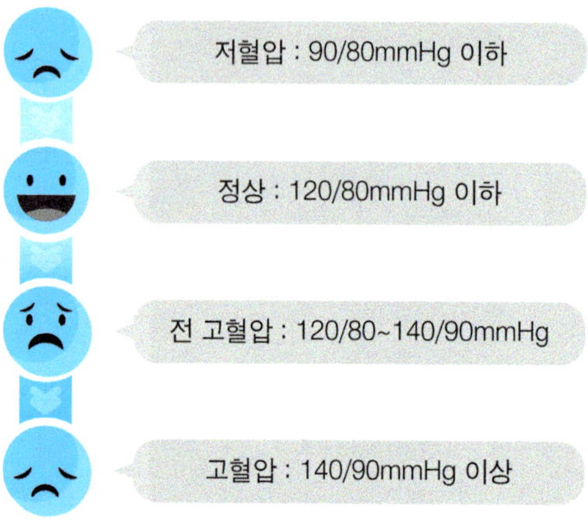

2) 고혈압

대한민국 성인병 중에서 가장 흔한 것이 고혈압이다. 고혈압은 대부분 자각증상이 없어서 자신이 혈압이 높으면서도 인식하지 못하는 경우가 대부분이다. 우리가 혈압이 무섭다는 것을 이야기하는 것은 아마도 혈압 때문에 의식을 잃고 쓰러지거나 생명을 앗아가는 경우를 우리 주변에서 자주보기 때문일 것이다. 일반적인 혈압의 정도는 〈그림 4-3〉과 같다.

(1) 고혈압의 증상

고혈압의 증상은 뚜렷한 증상이 없는 것이 특징이고, 이런 경우 고혈압을 의심할만한 것이 없다는 뜻이다. 그러나 혈압이 높아서 이차적으로 합병증이 발생되면 두통·어지럼증·코피 등이 나타날 수 있으나 고혈압과 관계없이 나타나기도 한다.

두통은 고혈압의 증상으로 가장 많이 알려져 있어서 뒷머리만 땅겨도 혈압이 올라간 것이 아닌가하여 혈압강하제를 복용하려는 사람들이 있다. 그러나 두통이 고혈압으로 나타나는 경우는 드물고 두통의 정도에 따라 혈압의 높고 낮음과는 아무런 관련성이 없다.

(2) 고혈압의 예방방법

일반적으로 알려져 있는 고혈압의 예방방법에는 다음과 같은 생활습관의 개선이 무엇보다 중요하다.

구 분	고혈압 예방방법
금연	흡연을 중지함
체중유지	표준체중을 유지시킴

구　분	고혈압 예방방법
절주 및 운동	음주절제와 규칙적인 운동을 실천함
염분과다 섭취금지	음식은 항상 싱겁게 섭취함
동물성 지방절제	동물성지방 섭취를 절제함
스트레스 해소	스트레스를 적절하게 풀어줌

(3) 혈압유지를 위한 승무원건강관리

고혈압자체는 크게 비행안전에 영향을 미치지는 않지만 예기치 못한 합병증이 발생하면 조종불능상태에 빠질 위험성이 높다.

국제민간항공기구(ICAO)의 권고에 따르면 항공기 운항승무원은 직종에 따라 정해진 항공신체검사를 받도록 되어 있다. 각국에서는 항공관련법규에 항공종사자에 대한 신체검사항목과 실시시기를 명시하여 최소 6개월에서 최대 24개월마다 정기적인 신체검사를 받고 있다. 또한 모든 승무원들은 혈압뿐만이 아니라 건강관리에 적절한 안내와 지시를 받아 스스로 건강을 돌보고 있다.

규칙적인 운동과 저염식, 그리고 체중유지를 통한 생활습관의 개선이 근본적인 혈압예방대책이 된다.

라. 알코올(Alcohol)

1) 항공업무와 알코올

특별히 음주문화에 관해 비교적 관용적인 우리 사회분위기가 알코올섭취를 조장하는 결과를 낳고있음을 비판하는 소리가 많다. 일반적으로 음주행위는 업무의 스트레스해소와 업무상 접대를 해야하는 관습 때문에 자신의 의사와는 다르게 할 수 없이 마셔야 하는 일을 주변에서 볼 수 있다. 그러나 알코올은 화학반응을 일으키는 약물의 하나이며 그 반응은 안정효과, 최면효과 그리고 습

표 4-3 혈중 알코올농도에 따른 체내영향

혈중 농도	체내 영향(보통 성인)
0.01~0.05%(10~50mg%)	정상 반응
0.03~0.12%(30~120mg%)	다소 황홀, 말이 많아짐, 판단장애
0.09~0.25%(90~250mg%)	정서불안, 비판, 기억소실, 감각둔화
0.18~0.30%(180~300mg%)	혼란, 어지러움, 정서발작, 균형소실
0.27~0.40%(270~400mg%)	무감각, 의식장애, 보행불가, 구토

* mg%: 혈액 100ml에 함유된 알코올의 양(mg)

관성의존을 나타낼 수 있는 약물임이 틀림없다. 이러한 효과들 때문에 알코올섭취는 급격하게 판단력장애를 가져오며 각종 사고의 중요한 요인으로 작용할 수 있다. 알코올의 작용은 다른 약물과 마찬가지로 위장에서 20%, 소장에서 80% 흡수된다. 혈중 알코올농도는 성별·체중·음주량·음주속도 등에 따라서 개인마다 차이가 있다. 흡수된 알코올 섭취량에 따라 혈중 알코올농도를 측정할 수 있는데 이 농도에 따른 심신에 미치는 영향은 〈표 4-3〉과 같다.

특히 알코올은 대뇌·안구기능·내이 등에 작용한다. 대뇌의 영향은 반응속도의 저하, 사리분별의 감퇴, 판단, 기억력의 쇠퇴 등을 일으킨다. 안기능장애는 초점이 흐리고 사물이 두 개로 겹쳐 보이는 복시현상 등이 나타난다. 내이장애는 어지러움, 청력감퇴 등이 발생할 수 있다. 이러한 장애는 수면방해, 피로, 약물복용으로 고공성 저산소환경, 야간비행, 악기상하에서 그 영향이 더 크게 확대되어 나타날 수도 있다.

경력이 많은 운항승무원과 초보 운항승무원을 대상으로 혈중 알코올농도와 실수발생빈도를 알아보기 위해 실험하였다. 실험결과로는 초보 운항승무원군이 경력이 많은 운항승무원군에 비해서 혈중 알코올농도의 증가와는 관계없이 모든 혈중 알코올농도에서 훨씬 많은 실수를 야기하였다. 또한 두 개의 군 모두 혈중 알코올농도가 증가함에 따라 실수발생도 따라서 증가하였다.

주정농도가 낮다고 하여 음주량을 많이 섭취하면 체내섭취 알코올농도는 마찬가지로 높아지기 때문에 낮은 도수의 알코올섭취가 더 안전하다는 것은 옳지 않다. 식사를 한 후에 알코올을 섭취하면 혈중 알코올농도가 약 50%까지 감소된다. 알코올 흡수율이 빠를수록 최대혈중 알코올농도도 더 높아진다. 그러므로 운항업무에 종사하고자 하는 사람은 알코올섭취를 금해야 하며 세심한 주의를 기울여 건전한 음주생활을 유지해가야 한다.

그림 4-4 알코올의 영향

2) 우리나라 항공종사자 알코올관련 규정

항공안전법 제57조(주류 등의 섭취·사용제한) 제1항에는 항공종사자(항공기조종 · 항공교통관제 연습인원 포함) 및 객실승무원은 주세법 제3조 제1호에 따른 주류, 마약류관리에 관한 법률 제2조 제1호에 따른 마약류 또는 화학물질관리법 제22조 제1항에 따른 환각물질 등의 영향으로 항공업무 또는 객실승무원의 업무를 정상적으로 수행할 수 없는 상태에서는 항공업무 또는 객실승무원의 업무에 종사하지 못하도록 하고 있다. 이어서 제2항에 항공기 승무원은 항공업무에 종사하는 동안에는 제1항 규정에 의한 음료 또는 약품 등을 섭취하기나 사용하지 못하도록 규정하고 있다.

이와 같이 알코올섭취와 약제복용에 대해서 정부에서 규정한 항공안전법이나 각 항공사에서 적용하고 있는 운항규정을 막론하고 국제민간항공기구나 선진국들의 항공법규에서도 하나같이 이를 규제하는 내용들이 명문화되어 있다.

마. 약물 오·남용 및 자가복용

일반인들이 흔히 마시는 기호품으로 콜라나 커피, 건강보조음료 등이 있다. 이러한 기호식품에는 소량의 각성제인 카페인이 포함되어 있어 빈번하게 음용할 경우 자신도 모르게 습관성에 빠질 수도 있다. 연구보고에 의하면 하루에 정상인이 커피를 다섯 잔 이상 마시면 심장질환의 발병확률이 크다고 보고되고 있다. 아울러 일상생활에서 자극받는 스트레스를 해소하기 위해서 약물을 복용하는 빈도가 점점 증가하고 있다고 한다. 신경안정제, 수면제, 그리고 최면효과를 나타내는 약물들이 이에 속한다.

그림 4-5 약물 오·남용의 영향

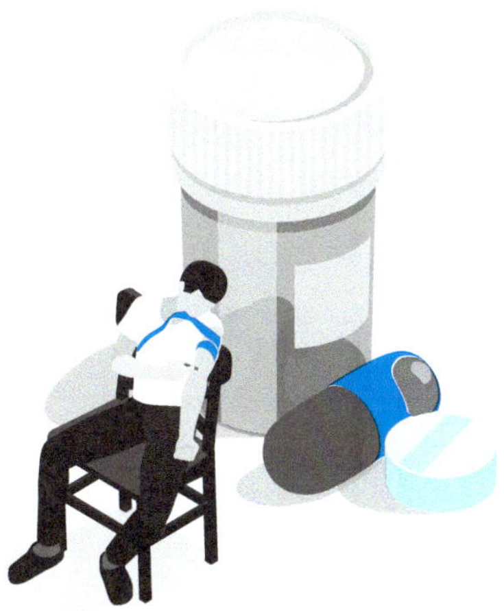

두통이나, 감기, 알레르기 증상을 완화할 목적으로 이와 같은 약물을 복용하는 사례도 늘고 있다. 약물은 주된 약리작용이 있고 원치않은 부작용도 있게 마련이다. 질병치료에 있어서 약물요법을 사용하는 것은 약이 체내에 흡수되어 주된 약리작용으로 질병을 호전시키는 효과를 기대하는 것이다. 우리 몸에 안전한 완벽한 약은 아직 지구상에는 없다고 봐야 한다. 다만 독성이 적을수록 안전한 약물이라고 하는 것뿐이다.

국가에 따라서는 의약분업이 철저하게 되어 있어서 위험한 약물은 반드시 의사의 처방에 의해서 약을 구입할 수 있도록 하고 있다. 우리나라의 경우도 약물의 오·남용방지를 위해 의약분업을 실시하고 있다. 수면제와 같은 약물의 사용은 시차로 인하여 수면장애가 왔을 때 손쉽게 유혹을 받을 수 있어서 보다 신중을 기해야 한다. 운항승무원이 약물을 필히 복용해야 할 상황이 발생되면 항공전문의사 또는 자신의 주치의사의 진료를 받아 비행안전에 지장을 주지않도록 조치하여야 한다.

바. 노화(Aging)

인간이 태어나서 나이를 먹으며 성장과 발육을 통해서 늙어간다는 것은 자연스러운 일이다. 이러한 노화현상은 생리적인 변화를 가져오며 외모의 변화를 초래하기도 한다. 즉, 머리카락이 하얗게 희어진다든지, 머리카락이 점점 빠진다든지, 얼굴·피부에 주름이 생긴다든지 하는 것은 항공기 운항업무와는 아무런 관련이 없다. 그리고 시력이 떨어지거나 청력이 약화되는 생리적 변화는 이미 40대에 들어서면서 서서히 나타나는 것이므로 조종업무에는 지장이 없는 것으로 보고되고 있다.

모든 신체기관의 기능상 이상이 없으면 운항업무수행에는 연령이 큰 장애요소가 될 수 없다는 것이다. 그런데 현재 국제민간항공기구의 규정이나 각국의 항공법에는 만 60세에 도달하는 경우 국제선의 항공기를 조종할 수 없도록 규정(60세 규칙)하고 있는 것이 현실이다. 만 60세의 강제정년 규정이 과연 타당한가에 대해서 끊임없이 의문을 제기하고 있지만 현재까지도 적용되고 있다.

최근유럽에서는 JAA(Joint Aviation Authority) 규정에 의거 65세까지 운항승무원들이 활동하고 있으며 일본에서도 63세까지 활동하고 있다. 정년이 도래하면 건강함에도 불구하고 강제로 퇴임시키는 것이 아니라 개별적으로 항공신체평가를 통하여 선별적으로 비행업무에 종사시키는 방안을 고려해볼 수도 있을 것이다.

연령 및 비행시간별 항공기사고율 조사에 관한 연구보고서에 따르면, 연령과 비행시간이 증가할수록 사고율이 각각 감소되었다고 보고되고 있다. 이는 나이 많은 운항승무원들이 오랜경험과 전문지식을 가지고 고도의 판단력을 통한 익숙한 조종기술을 보유하고 있었기 때문으로 해석될 수 있을 것이다.

항공기의 안전한 운항과 관련하여 중요한 요인은 수행하고자 하는 능력과 질병으로부터의 자유이며 비행하고자 하는 동기화를 들 수 있다. 더 이상 연령이나 성별 등은 조종능력을 나타내는 지표가 아니다. 오늘날에는 항공신체적성평가의 전문적인 기술이 향상됨에 따라 운항승무원들의 직무수행기간이 점점 늘어나고 있는 추세에 있다.

3. 비행과 임신

임신은 배우자가 있는 가임여성에게 자연스럽게 일어나는 현상이기 때문에 환자로 취급하는 것은 옳지 않다. 다만 모자건강의 차원에서 주어진 업무분석은 필요하다. 조종은 자가용조종에서부터 운송용조종에 이르기까지 다양하므로 어떤 입장에서 바라보느냐에 따라 각기 다른 의견이 나올 수도 있다.

가. 비행업무와 임신

국제민간항공기구(ICAO)에서 명시한 제1종과 제2종의 운항승무원 항공신체검사기준에 의하면 임신은 일시적으로 조종업무에 종사할 수 없는 사유가 될 수 있다고 규정하고 있다. 또한 권고사항으로 임신으로 인한 중대한 결함이 없는 경우에 항공전문의사의 판단에 따라 임신 2기까지는 조종업무에 종사할 수도 있다는 규정이 있다. 아울러 임신이 종료된 경우 신체검사를 다시 받아 조

그림 4-6 비행업무와 임신

종업무복귀 여부를 판단하여야 한다고 명시되어 있다.

우리나라 항공법에 명시된 신체검사규정은 제1·2·3종 모두 임신하지 아니할 것으로 되어 있다. 현재 임신한 경우에는 항공업무에 종사할 수 없도록 되어 있지만, 예외규정으로서 국토교통부장관이 위촉한 항공종사자 신체검사자문위원의 판단에 따라 항공승무원 신체검사증명을 발급할 수 있도록 되어 있다. 합병증이 없는 정상여성의 임신은 분만시기가 임박하기 전까지는 일상적인 활동을 하는데 아무런 장애를 받지않을 정도로 모든 신체기관들이 필요로 하는 모든 요구에 잘 적응한다.

그러나 조종업무를 수행하는 경우에는 임신이란 과정은 흔히 있는 일은 아니다. 운항환경에는 다소 부담을 가질 수 있으므로 만일 운항승무원이 임신이라는 사실을 인지하였을 경우에는 반드시 주치의사나 항공전문의사에게 알려주는 것이 바람직하다. 왜냐하면 운항승무원 자신의 모자건강은 물론 자신이 담당해야 하는 조종업무에 관하여 적절한 충고를 해 줄 수 있기 때문이다.

나. 임신의 생리적 변화

임신과 관련하여 생리적인 변화는 다양하게 나타날 수 있다.(표 4-4 참조) 항공전문의사를 통하여 다음과 같은 임신과 관련된 생리적인 변화를 고려하여 어떤 상황에서도 안전하게 조종할 수 있도록 조언을 받는 것이 필요하다.

표 4-4 임신과 관련된 생리적인 변화들

구 분	임신과 관련된 생리적인 변화들
1	임산부의 약 30%가 임신초기에 메스꺼움과 구토가 일어남. 이로 인하여 탈수현상 및 영양불균형 상태를 야기할 수 있음
2	임신초기에 심장박동 등 심장기능이 증가하며, 태아의 약 15%는 임신초기에 유산될 가능성이 있음
3	임신 3개월부터 5개월 사이에 혈색소량이 떨어지며 임신 8개월째가 가장 많이 감소함. 이런 겨우 가급적이면 약물복용을 삼가고 적절한 식사와 철분제재를 보충하여 빈혈을 예방해야 함
4	정맥 혈전증과 폐 혈전증은 임신 중에 야기되는 가장 흔한 중대한 혈관장애로 정맥류 질병이 3배 높게 발생됨
5	임신기간이 늘어갈수록 자궁이 확대됨. 이로 인하여 대정맥이 압박되어 혈류에 영향을 줄 수 있음
6	태아 · 태반자궁 · 유방이 점점 발육되면서 산소의 요구량이 증대되고, 혈류 량 증가에 따라 심폐기관 작동이 증대됨

4. 항공종사자 신체검사

가. 항공종사자 신체검사 개요

운항승무원은 고가의 항공기를 이용하여 주어진 임무를 수행하는 전문인으로서 특히 사업용·운송용 조종업무는 귀중한 인명과 재산을 담당하므로 안전운항을 어느 것보다도 최우선과제로 삼아야 한다.

법규나 항공전문의사들만의 노력으로는 안전운항을 도모하는데 미흡하다. 따라서 운항승무원들 스스로가 심신의 장애를 느낄 경우 자진하여 조종업무를 피할 수 있도록 최대한의 자율권을 보장해 주고 있다. 국제민간항공기구에서는 신체검사기준을 조종업무의 유형에 따라 1·2·3종으로 나누어 설정하였고 각 항목마다 표준과 권고사항을 명시하여 각 나라의 실정에 맞게 적용하도록 하고 있다.

이러한 항목을 판단하는 데는 어떤 검사로도 완벽한 결정을 내릴 수 없기 때문에 의사중에서 항공의학에 관한 학식과 경험을 갖춘자 중에서 항공전문의사로 위촉하여 그들로 하여금 최선의 판단을 할 수 있도록 정책적인 배려를 하도록 제시하였다.

나. 우리나라 항공종사자 신체검사

우리나라 항공법도 항공종사자 신체검사기준을 1·2·3종으로 구분하여 국제민간항공기구에서 제시한 자격소지자 유형을 적용하고 있다. 1종에는 사업용·운송용조종사, 항공기관사, 2종에는 자가용조종사, 조종(조작)연습생, 3종에는 항공교통관제사로 구분하여 명시하였다.

항공종사자 신체검사의 범위는 머리에서 발끝까지 전신에 해당하나 검사시설·장비 및 검사방법이 동일하지는 않다. 각 나라마다 다소 차이는 있지만 국제민간항공기구 기준에 따라 자격소지 유형별 검사판정기준을 적용하고 있다. 각 나라마다 법으로 규정해 놓은 신체검사기준은 최소한 신체조건에 부합하면 각각 소지한 자격에 해당하는 항공업무를 수행할 수 있다고 보는 것이다.

일반적으로 실시하는 항공신체검사항목은 신장, 체중 등 신체계측을 포함하여 체온, 안정 시 맥박, 운동후맥박, 좌완위혈압, 근·원거리 시력 및 교정시력측정, 색각, 시야, 안압측정, 사방위시각검사, 청력검사, 폐기능검사, 심전도검사, 흉부방사선 촬영, 일반뇨검사 및 혈액·혈청검사와 함께 항공전문의사와의 면담 등이 있으며 최초 신체검사에는 뇌파검사가 포함된다.

이러한 검사항목은 항공안전법, 운항기술기준 등에 의거하여 신체검사기준에 적합판정을 내리기 위한 최소한의 검사이며 이상소견이 나올 경우에는 각 항목에 따른 정밀검사까지 실시한 후에 최종판정을 하게 된다.

심신의 상태는 항상 역동적으로 변화하고 있기 때문에 한번 실시한 신체검사결과를 가지고 신체검사기준에 적합하다고 하여 언제까지 이를 법적으로 인정해야 하는가 하는 문제는 매우 중요하다.

우리나라 항공안전법에서는 신체검사 유효기간은 제1종의 경우 40세 이상은 6개월이고 40세 미만은 12개월이다. 제2종과 3종은 24개월까지 유효하나 40세 이상인 경우에는 원래 유효기간의 2분의 1로 한다고 명시되어 있다. 항공기 승무원으로서 항공업무에 종사할 경우 국토교통부에서 지정한 항공전문의사로부터 발급받은 항공기승무원 신체검사증명서를 반드시 소지하여야 한다. 신체검사증명서의 갱신을 위해서는 유효기간종료 1개월 내에 지정기관에서 신체검사를 실시한 후 동일한 절차를 밟아 신체검사증명서를 항상 유효한 것으로 유지하여야 할 책임이 있다.

이와 같이 항공종사자 신체검사는 최소한의 신체기준에 의거 법적으로 행하는 검사이므로 안전운항을 위해서는 이와는 별도로 정기적으로 건강을 측정하는 종합검진을 받는 것이 자신의 건강을 위해 바람직하다. 나이가 들어감에 따라 여러 가지 노화현상과 성인병질환이 생기기 때문에 섭생 및 운동과 더불어 정기적인 건강검진은 반드시 필요하며, 나아가서는 자신의 건강을 돌봐 줄 수 있는 의사를 자신의 주치의사로 정하여 평생 도움을 받는 것도 바람직하다.

제2절 피로관리

1. 피로와 피곤

가. 피로의 문제점

앞서 비행피로에서 살펴본 대로 피로는 육체적 피로와 정신적 피로로 나누어진다. 이번 장에서는 특히 비행피로에 대해 살펴보고 피로관리에 중점을 두고 제시하고자 한다.

흔히 우리는 피로와 피곤을 같은 개념으로 정의하기도 한다. 그러나 피로와 피곤은 엄연히 다른 개념이다. 비행에서의 피로에 관해 가장 먼저 연구가 이루어진 곳은 영국의 캠브리지 대학이었다. 연구결과 피로에 대한 현상을 정리하면 표와 같다.

구 분	피로 현상
1	피로는 심해질수록 운동반응의 시간은 더 느려지는 현상
2	업무에 대한 정확도와 성취도가 낮은 수준으로 떨어지는 것을 스스로 받아들이는 현상
3	조종사들이 중요 비행계기의 지시를 따르기 보다는 좀 더 많이 자동적인 반응을 택하는 현상
4	조종사들이 눈으로 즉시 볼 수 있는 범위밖에 있는 계기를 점검하는 것을 망각하는 현상

그림 4-7 조종실 비행환경피로

일반적으로 피로는 업무수행에 부수적이고 부정적인 영향을 미치는 매우 복잡한 문제이다. 특히 항공에서는 하루 24시간 동안 업무가 지속되고 전지구로 이동하면서 업무를 수행해야 하는 특성을 고려해야 한다. 항공사들은 피로문제에 대해 잘 이해하고 있고, 잘 대응하고 있다고 하나 피로와 관련된 사고는 지속적으로 일어나고 있다.

피로는 조종사실수의 중요한 원인의 하나이다. 전형적인 피로의 악영향은 주의가 산만해지고 업무에 집중하기 힘들어지는 것이다. 아울러 비행시에는 조작을 위한 신체의 조정력도 떨어지고 조종실내에서 승무원 간의 상호 의사소통능력도 감소하게 되며 필요한 시기에 적정한 판단을 내리기 어렵게 된다. 육체적 피로는 수면이 부족하거나 육체적인 노동에 의하여 발생하고, 정신적 피로는 스트레스나 인지능력을 사용하는 장시간의 정신노동 등에 의하여 발생한다.

나. 피로의 발생과 증상

1) 피로의 발생

피로의 발생원인은 아직 명확하게 규명되어 있지 않다. 그렇지만 지금까지 연구된 바로는 피로의 발생원인은 다음의 표와 같다.

구 분	피로의 발생원인
1	물질대사에 의한 노폐물 즉, 피로물질축적의 결과
2	산소 · 영양소 등 소모의 결과
3	체내 물리 · 화학적 변화의 결과
4	여러 가지 신체조절기능 저하의 결과

즉, 피로는 활동함으로써 영양소가 분해하여 에너지원으로 공급받는 과정이 원활하게 이루어지고 있는 동안은 생리적인 피로현상이라고 할 수 있다. 피로는 분해과정이 지나치면 피로현상은 병적으로 되어 과로 또는 피곤하여 기운이 없는 상태에 빠지게 된다.

피로의 발생에는 여러 가지 요인이 관여된다. 작업자체의 요인으로는 작업의 강도와 양, 작업의 성격(정밀도 · 위험성 · 단조로움 · 고도의 긴장 등), 작업편성 등이 있다. 그외의 요인으로는 기온 · 습도 · 소음 · 조명 · 공기오염 등의 환경조건과 또 작업자의 의욕 · 적성 · 숙련도 · 건강상태 · 생활조건 등의 내적요인이 함께 복잡하게 작용한다.

피로발생의 시기와 양상에는 개인차가 많고 같은 직업, 동일인의 경우에도 수시로 다르게 나타날 수 있는 것이 그 특징이다. 특히, 운항승무원들의 피로는 분명히 정의하기는 어렵지만 피로를 일으키는 요인은 대체로 다음과 같다.

구 분	운항승무원들의 피로 발생 요인
1	3차원 공간속을 빠른 속도로 날아가기 때문에, 감성이 착각속에 빠짐
2	높은 집중력과 고도의 기술로 복잡한 항공기를 조종을 해야 하므로, 짧은 시간내에 많은 정보를 처리해야 함
3	시공의 엄격한 테두리 속에서 기상, 운항 등 여러 가지 변하기 쉬운 주위 환경 하에서 판단 · 결정해야 함
4	승객에 대한 사회적 책임감으로 파생되는 압박감이 상존함
5	오랜 시간동안 좌석에 얽매어 있어야 하므로, 신체리듬의 부조화가 발생함

2) 피로의 증상

장기간의 작업으로 능력저하를 동반하는 급성피로현상이 나타나는데 급성피로 중 특히 정신, 신경기능의 피로는 순간적인 정신공백상태로 야기된다. 피로가 쌓이면 이러한 공백상태가 자주 일어나고 전체적으로 능률의 저하를 가져온다. 피로한 작업자는 보통 이때에 겉으로는 거의 정상수준을 유지하고 있는 듯이 보이지만 간헐적인 공백상태가 수시로 섞이면서 조작실수로 연결되곤 한다. 피로의 증상은 진행되는 과정에 따라 네 가지 시기로 분류할 수 있다.(피로시기별 증상 표 참조)

피로 시기	피로시기별 증상
제1 시기	단순히 작업능률의 경미한 저하가 나타나는 시기로 본인의 노력으로 일시 능력이 고조되기도 함
제2 시기	작업능률이 현저히 떨어지고 심한 피로감을 느끼는 시기로 여러 가지 자각증상들이 대부분 나타나지만 단 한 번의 충분한 휴식으로 말끔히 회복됨
제3 시기	제2 시기 상태에서 충분한 휴식없이 근무를 계속하거나 반복함으로써 피로가 진행되는 시기로 피로가 축적되고, 이 상태에서는 단 한 번의 휴식으로는 피로가 회복되지 못하고 여러 날의 휴양을 필요로 함
제4 시기	제3 시기 상태가 지속되면서 결근자가 생기고 결근일수가 증가하는 시기로 누적된 피로는 결국 질병의 발생으로 연결됨

다. 급성피로와 만성피로

피로는 급성피로와 만성피로로 나뉘고, 작업수행에 미치는 영향 등 세부내용의 설명은 다음과 같다.

1) 급성피로

급성피로는 힘든 일을 오래하거나 장시간 긴장하거나 흥분해 있는 상태 혹은 수면이 부족한 상태 등에서 권태, 피로, 지친 느낌 등을 느끼는 것이다. 급성피로는 일상에서 정상적으로도 흔히 일어나며 단기간 지속된다. 이러한 급성피로는 작업후 휴식이나 8시간 충분히 수면을 취한다면 해소될 수 있다. 급성피로의 특별한 예는 기량피로이다. 기량피로는 일반적인 작업수행에 있어서 다음의 표와 같이 두 가지 영향을 미친다.

구 분	기량피로가 일반적 작업수행에서 미치는 영향
적절한 시기 선택의 어려움	· 작업수행 시 평상시처럼 보이기는 하지만 각 작업구간별 타이밍이 약간씩 벗어나곤 함 · 승무원은 각 비행조작을 서로 유기적으로 융합하여 조화가 되게 하여야 하며, 이런 타이밍 오류가 반복되어 누적되면 각 조작이 자연스럽게 연계되지 않고 따로 겉돌게 되어 전체적으로 비행과정이 자연스럽지 못하게 됨
지각 영역의 붕괴	· 사물의 형상이나 움직임을 판단할 때 중심시야의 정보에만 편중하고 주변 시야에서의 정보를 무시하게 됨 · 이러면 항공기의 움직임을 정확하고 매끄럽게 조종하지 못하게 됨

항공승무원에게 급성피로의 원인은 다양한데 경도의 저산소증, 지속적인 육체적·심리적 스트레스, 심리적 스트레스로 인한 신체에너지 고갈과 같은 것들이 상당한 영향을 미칠 수 있다.

급성피로는 적절한 식사, 충분한 휴식 및 수면으로 예방할 수 있다. 균형잡힌 식사 및 적절한 휴식은 체내에 과도한 에너지 소모를 막고 적절한 에너지를 비축하여 신체에 활력을 유지하게 할 수 있다.

조종사가 만약 급성피로를 느끼면 가능하면 비행하지 않는 것이 좋다. 비행할 때 조종실내에서 급성피로를 느낀다면 충분한 휴식만이 유일한 해결책이다. 비행훈련의 양을 늘려서 기량을 향상시킨다고 급성피로의 악영향에서 벗어날 수는 없다. 예를 들면 밤새비행하였거나 장시간 와류속을 비행하여 스트레스로 체력이 탈진하였을 때는 간밤에 충분히 쉬지 않았으면 비행하지 말아야 한다. 정기적인 비행을 하는 조종사는 한 번에 8시간 이상은 조종업무를 하지않도록 법적으로 권고하고 있다.

2) 만성피로

만성피로는 장기간 지속되는 피로이다. 만성피로는 기저신체질환 등 특정한 원인이 있는 경우도 있지만 대부분 심리적인 원인에 기인하는 경우가 많다. 지속적으로 높은 수준의 스트레스가 만성피로를 일으키는데, 급성피로와는 달리 적절한 식사·휴식·수면 등으로 잘 해소되지 않고 의학적 치료를 요하는 경우가 많다. 만성피로를 겪는 조종사는 쇠약감·피로감·두근거림·숨이 차고 자주 짜증을 내기도 한다. 가끔 위·장에 문제를 일으켜서 복통 등 통증을 유발하기도 한다. 이러한 현상들이 깊어지면 정서적 질환으로 발전되기도 한다. 조종사는 만성피로가 문제가 된다고 느끼면 곧바로 의료진의 도움을 받아야 한다.

라. 운항과 피로

피로는 비행이 시작된 이후 계속해서 문제가 되어 왔다. 조종사와 운영자 모두 피로가 존재하는 것을 알고는 있었다. 피로와 관련하여 비행에서 초기에 문제로 대두된 것은 1921년 2월 2일 Jack Knight의 첫 야간비행에서 였다. 예정된 첫 야간비행을 한 후 Jack Knight는 새벽 2시에 Omaha에 도착하였다. 그는 매우 지쳐서 정상적으로 예정된 휴식을 원했지만 Omaha에는 다른 조종사가 없었기 때문에 시카고까지 계속하여 비행하는 것에 동의하였다. 그는 매우 피곤했지만 비행을 결심하였으며 추후 그는 이러한 피로에 대한 문제점을 제기하였다.

1993년 8월 18일 관타나모에서 추락한 아메리칸에어 808편에 관한 사고조사 보고서에는 피로가 사고의 예상되는 원인으로 인용되었다. 사고조사 보고서에 따르면 사고의 예상되는 원인은 피로의 영향으로 인한 잘못된 판단, 의사결정, 그리고 기장과 승무원의 비행능력이 저하되었다고 지적하였다. 세 명의 승무원 모두 사고가 일어나기 전에 수면부족을 경험하였고, 24시간 주기리듬이 깨졌으며 오랜기간의 불면증을 가지고 있었다고 사고조사 보고서는 기록하고 있다. 이런 모든 것들은 피로가 비극적인 사건과 아주 깊이 관련되어 있다는 결론을 뒷받침해 준다.

피로가 사고의 예상되는 원인으로 지적되지 않았던 한 가지 이유는 아주 최근까지 피로가 단순히 사고에서 일어날 수 있는 예상되는 원인으로 고려되지 않았다는 것이다. 운항에서 피로를 완전히 배제할 수는 없다. 비행 그 자체가 피로를 가져오고 피로는 모르는 사이에 진행되기 때문에 조종사들은 업무를 수행하는 동안 피로와 마주칠 것을 예상해야 하며 피로가 초래하는 문제점을 인식하고 있어야 한다. 그리고 피로의 수준이 과도하다고 판단되면 그 업무는 수정되어야 한다.

운항의 한 부분인 피로를 다루는 데에는 임시변통의 해결책이나 응급처치는 있을 수 없다. 오늘날 모든 개개인들, 운항상의 모든 요구들, 그리고 최근 항공산업에 관련된 모든 기술들이 피로와 관련되어 있기 때문에 완벽한 해결책은 존재하지 않는다. 항공운항은 대부분 24시간 운영을 요구한다. 과학적이고 생리학적인 지식을 피로라는 분야에 적응시켜서 안전한 상태의 한계를 유지할 수 있도록 하는 것이 오늘날 항공운항에서 도전해야 할 과제이다.

2. 수면부족과 생체리듬의 혼란

수면은 생존을 위한 중대하고 적극적이며 복잡한 생리적 활동이다. 수면부족은 졸음을 야기시키는데 이를 의지로 극복하는 것에는 한계가 있다. 졸음은 잠재적으로 인간의 모든 능력을 저하시키고 항공기운항에 있어서도 수면부족은 중요한 인적요소들의 능력을 저하시킨다.

수면에 대한 정의로 Carskadon과 Dement는 환경으로부터의 무반응이나 환경에 대한 지각과 관련 동의된 것에 대한 역행적 행동이라고 정의하였다. 인간의 생리적 능력과 한계가 운항의 중요한 부분인 만큼 정상적인 수면 사이클의 혼란은 피할 수 없다. 그러므로 운항의 모든 부분에 있어서 수면과 졸음에 대해 가능한 많은 이해와 수면으로 발생되는 문제를 최소화하는 방법을 찾는 것은 필수적이다.

가. 수면부족과 24시간 주기의 혼란

비행에서 중요한 두 가지 항공건강관리 요인인 수면부족과 24시간 주기의 혼란이 수면과 밀접하게 관련되어 있다. 그리고 수면부족과 24시간 주기의 혼란은 피로와 관련하여 상호 연관되어 있다. 수면부족은 수면부족이 누적되는 수면부재의 결과이다. 모든 운항승무원들은 수면부족이 누적될 수 있으며 이는 수면부재를 야기한다는 것을 이해하고 있어야 한다. 수면부족은 당연히 깨어있는 동안의 활동이나 각성, 감정에 불리한 영향을 미친다. 경미한 졸음의 영향도 쉽게 개인의 의지에 반하며 그것은 잠재적으로 인간의 능력을 모든 면에서 저하시킨다.

주로 장거리를 이동하는 비행에서는 지구의 자전에 따라 수면패턴이의 경향이 달라진다. 서쪽방향으로의 비행후 수면패턴이 안정되려면 최소한의 시간대 차이에 해당하는 날수만큼 소요되는 것으로 보고(Harry & Linda Orlady)되고 있다. 예를 들어 3시간대를 통과하여 왔으면 3일의 수면안정기간이 소요된다는 것을 의미하는 것이다. 오랜 시간동안 동쪽으로 비행한 경우 정상적인 수면패턴으로 돌아오기 위해서는 서쪽으로 비행한 경우보다 더 많은 시간이 필요하다. 이러한 경우 개인차가 있어 비행계획에 따라 추가적인 시간이 요구될 수 있다.

나. 24시간 주기시계

모든 항공승무원들은 24시간 주기시계를 이해하고 있어야 한다. 인간은 모두 지구의 자전에 따라 생물학적으로 적응하여 왔기 때문에 24시간 주기시계를 가지고 있다. 자고 일어나는 사이클이나 체온·호르몬·행동·감정·다양한 활동들 그리고 기타 생리적인 것들이 대략 24시간을 기준으로 조절된다.

인간의 뇌에서는 24시간 주기시계가 일하거나 쉬거나 깨어나거나 잠을 자는 사이클을 다른 시간대로 변화시킬 때 즉각적인 조절은 불가하다. 주기시계의 조절은 몇일~일주일이상의 시간이 지나야 완전히 바뀌고 새로운 환경에 적응된다.

우리는 24시간 주기시계에 따른 시각의 느낌변화를 시차라고 한다. 항공종사자들의 완전한 시차적응은 운항스케줄에 있어서 불가능하다고 보아야 한다. 단지 피로의 문제들이 생겼을 때 그것을 최소화하거나 조정할 수 있는 다른 대응수단을 마련하는 것은 매우 중요하다.

시차조정과 관련된 요소들은 매우 복합한데, 개인간의 수면의 필요나 유효성 또는 영향을 받은 모든 생리적 요소들의 적응시간이 개인에 따라 커다란 편차를 보인다는 것이다. 예를 들어, 대부분의 사람들은 하루에 8시간 정도의 수면시간이 필요하나, 어떤 사람은 6시간이 필요하고 또 어떤

그림 4-8 생체리듬 24시간 주기

사람은 10시간도 필요로 한다는 것이다.

주기적인 생체리듬의 혼란과 복합적인 피로에 영향을 미치는 요소들은 나이, 개인적 수면의 필요정도, 경험, 총체적 건강, 운동 등이 있다. 생체리듬의 혼란을 최소화하기 위해서는 개인적인 대응전략이 중요하다. 생체리듬의 혼란예방전략으로 최대한의 수면, 좋은 수면습관유지, 운동, 영양조절이 있다.

대부분의 항공승무원들이 알고 있듯이 서쪽방향으로의 비행은 동쪽방향으로의 비행보다 적응하기가 쉽다. 그 이유는 동쪽방향으로 비행할 때 24시간 주기를 단축시켜야 한다는 것이고 반대로 서쪽방향으로의 비행은 24시간 주기를 연장시키는 것이 되기 때문에 생리적으로 적응하기가 더 쉬운 것이다.

3. 피로관리

피로관리는 다양한 방법으로 이루어져야 한다. 개인적으로도 피로를 관리하고 운항사차원에서 피로를 관리해야 한다. 정부도 과도한 업무에 대한 피로를 규제하는 방법을 고안해 적용하고 있다. 그 방법은 근무조건들에 관한 규정을 만들어 적용시키는 것이다. 이제는 비행시간과 휴식시간, 더불어 최소휴식에 대한 의무시간을 고려하려는 관심이 상당히 많아졌다. 운항사와 승무원조직간에는 이 영역에 대하여 대체로 공감대를 이루고 있다.

피로관리는 개인적 피로관리, 운항사차원에서 조직적 피로관리, 정부차원의 피로관리 등 항공운항 전 분야에서 관리가 필요하다.

가. 개인차원의 피로관리

1) 운 동

운동이 부족할 경우 불면과 능률의 저하가 초래되면 근육조직이 위축되는 반면 지방축적으로 몸이 비대해지고 그 결과 운동을 더욱 기피하는 악순환이 반복되어 질병이나 과로에 대한 저항이 현저히 쇠퇴한다.

뿐만 아니라 나이가 들어감(Aging)으로 인한 체력의 저하와 피로에 대한 내성의 저하 역시 운동을 통해서 예방이 가능함으로 항공승무원으로서 규칙적인 운동과 항공신체적성유지에 더욱 노력해야 한다.

2) 시차증관리

항공승무원들은 여러 시간대를 비행함으로써 야기되는 생체리듬 부조화현상인 시차증을 겪게 된다. 항공승무원들은 이에 대한 충분한 이해와 자신에게 알맞은 방법으로 이를 극복해야 피로가 쌓이지 않는다. 시차증은 수면장애와 위장장애를 가장 흔히 호소하게 되기 때문에 음식물섭취에도 주의를 기울여야 한다. 개인적으로 시차증을 극복하기 위한 음식물섭취는 취침전의 음식은 칼로리가 적고 소화가 잘 될 수 있는 음식을 선택하며 낮에는 적당한 칼로리에 균형잡힌 음식을 섭취해야 한다.

3) 피로유발요인 제거

비행임무의 원활한 수행을 위해서는 항공승무원이 임무중에 발생되는 피로의 최소화와 아울러 임무외의 이유로 피로하게 되는 요인을 적극적으로 제거하도록 하여야 한다. 다음의 표는 피로유발요인을 제거해야 하는 사항들이다.

구 분	피로유발요인 제거요구 사항
1	휴식시간중의 밤샘, 음주, 과도한 흡연, 과도한 가사 등
2	잦은 비행스케줄의 변경으로 대기시간 또는 이동시간 연장
3	비효율적인 지상업무로 인한 중간 기착지에서의 지연
4	숙면할 수 없거나 필요한 때 적절한 식사를 못하는 것

4) 스트레스 해소

일상생활은 물론 비행임무에서 오는 스트레스를 받지않는 사람은 아무도 없다. 스트레스를 해소하는 자신만의 방법을 찾아 스스로 스트레스를 적절하게 유지·관리할 수 있어야 한다.

나. 운항사차원의 피로관리

1) 비행시간제한·휴식보장

항공승무원들의 비행피로에 대한 예방대책중 가장 비중이 큰 부분은 비행시간제한과 휴식시간의 보장이다. 일반적으로 정부가 국제적 표준 및 권고사항을 준수하여 법령(항공법규 및 운항규정)으로 규정하고 있다. 그러나 비행피로를 유발하는 요인으로는 비행시간 이외에도 기내환경, 비행전후의 휴식에 대한 양과 질, 기상조건, 무선교신량, 승무원개인의 신상문제 등 대단히 많고 복잡다양하므로 비행시간에만 집착한다는 것은 무의미하다. 의학적으로 살펴보면 대개의 피로가 한 번의 충분한 휴식으로 완전히 해소된다는 점에서 1회의 비행시간 자체보다는 한 임무기간을 통한 근무와 휴식의 조화가 중요하다. 따라서 근무할당부서는 비행 후 또는 전에 지상업무로부터 완전히 벗어나 휴식할 수 있도록 휴식시간이 보장되는 비행스케줄을 할당해야 한다.

2) 휴가관리

단기적인 피로는 그때그때 충분한 수면과 휴식으로 회복되지만 부득이한 상황에서 과로가 연속되고 피로의 누적이 발생되었을 때는 단순한 휴식이나 성급한 약제의 처방보다는 수일간의 휴가가 훨씬 효과적이다. 특히, 비행임무에 따르는 피로는 정신적이라는 점을 생각할 때 항공승무원들에게는 정기적으로 적당한 휴가를 실시토록 하는 것이 바람직하다.

3) 숙박시설 등 개선

외지에서 숙박시 수면부족과 피로제거를 위하여 24시간 원하는 시간대에 양질의 식사와 쾌적한 잠자리 등을 제공해야 한다. 또한 온도·습도·소음 등 환경요건을 쾌적하게 하여 휴식중인 항공승무원이 피로를 최대한 회복할 수 있도록 하는 피로관리가 요구된다.

다. 정부차원의 피로관리

정부도 과도한 업무에 대한 피로를 관리하는 방법을 고안했는데 이것은 근무조건들에 관한 규정을 만들어 개인 및 운항사 등에 관리에 대한 기준을 제공하고 있다.

1) 항공안전법

정부에서는 항공안전법에 피로관리에 관한 근무조건을 규정화하여 제공하고 있다. 항공안전법 제56조에는 승무원피로관리는 다음과 같이 규정되어 있다.

① 항공운송사업자, 항공기사용사업자 또는 국외운항항공기 소유자 등은 다음의 방법(국토교통부령으로 정하는 승무원의 승무시간, 비행근무시간, 근무시간 등(승무시간 등)의 제한기준을 따르는 방법이나, 피로위험관리시스템을 마련하여 운용하는 방법)으로 소속운항승무원 및 객실승무원의 피로를 관리하여야 한다.

② 항공운송사업자, 항공기사용사업자 또는 국외운항항공기 소유자 등이 피로위험관리시스템을 마련하여 운용하려는 경우에는 국토교통부령으로 정하는 바에 따라 국토교통부장관의 승인을 받아 운용하여야 한다. 승인받은 사항 중 국토교통부령으로 정하는 중요 사항을 변경하는 경우에도 또한 같다.

③ 항공운송사업자, 항공기사용사업자 또는 국외운항항공기 소유자 등은 제1항 제1호에 따라 승무원의 피로를 관리하는 경우에는 승무원의 승무시간 등에 대한 기록을 15개월 이상 보관하여야 한다.

2) 항공안전법 시행규칙

항공안전법 시행규칙 제127조에는 운항승무원의 승무시간 등의 기준 등이 다음과 같이 규정되어 있다.

① 법 제56조 제1항 제1호에 따른 운항승무원의 승무시간, 비행근무시간, 근무시간 등의 기준은 〈표 4-5〉와 같다. 다만, 천재지변, 기상악화, 항공기고장 등 항공기소유자 등이 사전에 예측할 수 없는 상황이 발생한 경우 승무시간 등의 기준은 국토교통부장관이 정하여 고시할 수 있다.

② 항공운송사업자 및 항공기사용 사업자는 제1항에 따른 기준의 범위에서 운항승무원이 피로

표 4-5 연속 24시간 동안 운항승무원 최대 승무시간 · 비행근무시간 기준

운항승무원 편성	최대 승무시간	최대 비행근무시간
기장 1명	8	13
기장 1명, 기장 외의 조종사 1명	8	13
기장 1명, 기장 외 조종사 1명, 항공기관사 1명	12	15
기장 1명, 기장 외의 조종사 2명	12	16
기장 2명, 기장 외의 조종사 1명	13	16.5
기장 2명, 기장 외의 조종사 2명	16	20
기장 2명, 기장 외 조종사 2명, 항공기관사 2명	16	20

1. Flight Time : 이륙을 목적으로 항공기가 최초로 움직이기 시작한 때부터 비행이 종료되어 최종적으로 항공기가 정지한 때까지의 총 시간
2. Flight Duty Period : 1개 구간 또는 연속되는 2개 구간 이상의 비행이 포함된 근무의 시작을 보고한 때부터 마지막 비행이 종료되어 최종적으로 항공기의 발동기가 정지된 때까지의 총 시간
3. 연속되는 24시간 동안 12시간을 초과하여 승무할 경우 항공기에 다음 각 목의 어느 하나에 해당하는 휴식시설 필요. 이 경우 위 표에 따른 최대 비행근무시간은 각 목의 구분에 따른 휴식시설의 등급에 따라 단축
   가. 1등급 휴식시설[객실 외 침상이나 수평 수면시설]: 단축 없음
   나. 2등급 휴식시설(객실 내 80도 이상의 수평에 가까운 자세로 수면가능하고 커튼 등으로 승객과 분리된 좌석): 1시간 단축
   다. 3등급 휴식시설(객실 또는 조종실 내 발과 다리 받침대가 있고 40도 이상 기울어지는 좌석): 2시간 단축
4. 시차가 4시간을 초과하는 지역을 운항하는 운항승무원이 해당 지역에서 최소 36시간 이상의 연속되는 휴식을 취하지 못하였거나, 최소 72시간 이상 체류하지 못한 경우에는 최대 비행근무시간을 30분 단축
5. 항공기사용사업 응급구호 · 환자이송 하는 헬리콥터 운항승무원 제외
6. 법 제55조 제2호에 따른 국외운항항공기 운항승무원 제외

(2) 개인적 스트레스 인자로는 역할에 따른 갈등, 역할의 모호성, 과중한 업무, 통제력제약·책임 등이 있다.

구 분	개인적 스트레스 인자 설명
역할에 따른 갈등	· 낮은 직무만족과 직무상 갖게 되는 고도의 긴장이 역할에 따른 갈등과 크게 관련됨 · 권한·권력을 통해 많은 것을 주문할수록 이를 받아들이는 사람들은 역할 갈등으로 더 많은 직무상 불만족을 가져옴
역할의 모호성	· 직무와 관련해서 자신이 갖고 있는 권리, 특권, 의무에 대해 이해가 부족한 것을 말함 · 역할의 모호함이 많으면 많을수록, 지적인 활동, 지식, 항공기술, 리더십을 발휘하는데 제약 조건이 됨
과중한 업무	· 과중한 업무에는 성질에 따라 양적으로 과중한 업무와 질적으로 과중한 업무로 구분함 · 양적으로 과중한 업무는 일이 너무 많은 경우와 할 수 있는 시간이 부족한 경우이고, 질적으로 과중한 업무는 그 직무에 필요한 개인의 능력부족과 그 직무가 기준 이상의 높은 수준을 요구함으로 인해서 발생
통제력 제약	· 상황에 대한 통제력의 제약은 많은 사람들에게 개인 스트레스 인자가 되고 있음 · 운항승무원의 직무는 운항 중인 항공기 내에서 업무가 이루어지므로 시간적·공간적으로 제한되어 있는 정도가 높으며, 정해져 있는 운항규정과 항공교통관제절차를 따르는 문제는 의사결정 통제 정도가 낮음
책 임	· 책임의 구분은 사람에 대한 책임과 일에 대한 책임을 기준으로 나눔 · 사람에 대한 책임이 많이 요구될수록 직무와 관련한 스트레스를 많이 받음

(3) 집단적 스트레스 인자

집단의 특성은 개인에 대한 유력한 스트레스 인자가 될 수 있으며, 집단구성원들 간의 관계를 좋게 유지하는 것이 개인행복의 핵심요소가 된다. 집단적으로 원만하지 못한 관계의 예로 낮은 상호신뢰도, 낮은 협력도, 타인의 문제에 낮은 관심 등을 들 수 있다. 동료들 간의 불신은 상호간의 대화를 기피하고, 낮은 직무만족 등을 유발하는 직무의 모호성과도 깊은 상관관계를 가진다.

(4) 조직적 스트레스 인자

조직적으로 강조되는 스트레스 인자는 참여와 조직의 구조이다. 참여는 의사결정과정에 있어서 사람들의 지식, 견해 그리고 생각에까지 영역이 확장되며, 이러한 참여자체가 스트레스 요인이 된다. 조직의 구조는 조직의 관료적 체계의 정도가 높고 낮음, 조직의 직무만족, 스트레스 그리고 조직의 성과와 관계가 있다.

다. 스트레스 반응

스트레스는 환경에 대한 반응이라고 볼 수 있으며, 반응은 크게 생리적, 심리적, 기타 반응 세 가지 형태로 나타난다.

구 분	스트레스의 반응
생리적 반응	· 위협이나 위험에 대처할 수 있도록 우리 자신을 지키려는 신체적 반응임 · 생리적 반응에는 심장박동의 증가, 혈압상승, 신진대사의 증가 등이 포함됨
심리적 반응	· 두려움, 긴장, 불안 등의 감정에 관한 반응임 · 스트레스를 유발하는 상황이 얼마나 위험한가를 결정하기 위해서 적극적으로 상황을 평가하려고 노력하기도 함
기타 반응	기타 스트레스에 대처하기 위해 여러 형태의 대응행위가 나타날 수 있음

3. 스트레스 관리

스트레스 관리란 스트레스를 완전히 없애는 것이 아니라, 그것이 지나쳐서 부작용이 생기지 않게끔 통제 가능한 일정범위내로 스트레스 수준을 유지시키는 것이다. 스트레스를 야기하는 요인에는 조직적 측면과 관련된 요인과 개인적 측면이 관련된 요인들을 들 수 있다. 조직적 스트레스의 요인에는 개인이 담당하고 있는 직무의 종류가 그가 받는 스트레스의 정도에 영향을 미칠 수가 있다.

일반적으로 직무수행자가 자기직무에 대해 통제력을 행사할 수 없다든가, 시간적 압박이 크다든가, 작업조건이 위험하다든가, 또는 불확실성하에서 중대한 의사결정을 내려야하는 직업의 경우 스트레스가 크다는 사실이 밝혀지고 있다.

아울러 양립할 수 없는 두 가지 이상의 기대가 개인에게 동시에 주어질 때 역할갈등이 발생되는데 이것이 스트레스를 유발하게 된다. 또한 개인의 역할과 관련된 충분한 정보를 가지고 있지 못할 때 발생하는 역할의 모호성도 마찬가지다. 즉, 성과에 대한 기대를 분명히 모르거나, 기대를 충족시킬 방안을 모르거나, 직무행위의 결과를 모를 때 발생하는 것이 보통이다.

너무 많은 일이나 너무 적은 일도 스트레스를 유발한다. 스스로가 지닌 능력이나 기술의 일부밖에 사용하지 못하는 경우에서도 스트레스를 유발한다. 판에 박힌 일을 거듭하는 단조로운 작업상황이나 작업의 대부분을 기계에 의존하는 경우에 흔히 발생한다.

조직의사결정에서 구성원의 의견·지식·바람이 배제될수록 소외감·무력감·통제의 결핍 때문에 스트레스나 긴장이 증가하고 생산성도 저하된다. 그 외에도 누군가에 의해서 평가받는다는 것, 그것도 특히 앞으로의 경력에 상당한 영향을 미치는 평가라면 그것은 상당한 스트레스를 준다. 운항승무원의 경우 매 6개월마다 자신의 기량을 평가받아야 한다는 것과 신체검사를 받아야 하는 것도 상당한 스트레스로 작용할 수 있다. 스트레스를 야기하는 요인은 조직으로부터의 영향요인외에 개인적인 영향요인들이 있다.

가. 개인적 스트레스 관리

개인이 자신의 스트레스를 관리하는 방법은 매우 다양하다. 여기에서는 실험되었고 과학적이라고 평가받은 스트레스 예방 및 관리방법들을 소개한다.

1) 운 동

스트레스 연구에서 육체적으로 활동적인 사람보다 비활동적인 사람이 심장병도 잘 걸리고, 사망율도 높은 것으로 보고되고 있다. 영국의 한 스트레스 연구자는 1일에 15분 정도의 적절하고 계획적인 운동을 주 3회정도 실행하면 스트레스를 받아도 침착성이나 쾌활함을 얻을 수 있다고도 주장하고 있다. 운동의 효과는 표와 같다.

구 분	운동의 효과
1	기력을 일으키게 하는 세라토닌을 증가시킴
2	심장박동, 호흡수를 적게 하고, 심폐기능을 좋게 만듦
3	혈액 내 적혈구를 증가시키고, 체내 산소를 풍부하게 공급함
4	혈액순환이 좋아지고, 혈압을 정상으로 만듦
5	지구력, 인내력, 근력 및 체력이 증진됨
6	정신이 안정되고, 소화기능이 좋아짐
7	스트레스가 해소되고 적극적인 사고방식을 갖게 됨
8	혈중 콜레스테롤과 중성지방 정도를 강하시켜줌

때때로 하는 격한 운동을 제외하고 주기적으로 언제 가벼운 운동을 하는 것이 좋을 것인가? 다음의 표는 좋은 운동의 시기 · 강도 및 방법을 설명하고 있다.

운동 시기	운동의 강도 및 방법
아침 (기상)	아침 침대위에서 10분가량 무릎을 세우고, 몸을 좌우로 비틀거나 발목을 구부리고 아킬레스 근육을 스트레칭하는 등 전신이 움직이는 운동을 함
오후 (3시경)	오후 3시경이 되면 지적 활동이 둔화되기 때문에, 정신피로를 해소시키기 위해 가벼운 운동을 함
취침 (1시간 전)	숙면을 위해 신경 피로를 풀 수 있는 약간의 운동을 함

2) 휴 식

스트레스가 우리 몸에 나타나는 반응이라면 휴식은 이러한 반응이 나타나지 않게 해주는 것이다. 따라서 휴식을 하면 긴장이 감퇴되고 심장박동이 줄어들고, 혈압이 내려가고 호흡수가 느려진

그림 4-10 관계를 좋게하는 유머

다. 휴식을 취하는 방법으로는 조용한 환경에서 눈을 감고 편안한 자세로 계속해서 마음을 안정시키는 것이다. 휴식에는 취미생활이나 오락이 포함이 되는데 여기서 주의해야 할 것은 마음에 들지 않는 사람과 함께 하는 취미생활은 오히려 스트레스를 가중시킨다는 점이다.

3) 유 머

웃는 것이 스트레스해결에 최고의 방책이다. 우리는 긴장과 스트레스로 부터 즐거운 마음을 갖기 위해서 유머가 있는 생활이 필요하다. 운항사들의 경우, 항공승무원 대기실에 유머에 관한 서적이나 비디오테이프 등을 확보하여 대기시간이나 휴식시간을 통해 활용할 수 있도록 해주는 것도 좋은 스트레스해결방안이 될 수 있다.

4) 영 양

적절한 영양섭취는 인간의 육체적·정신적 활동을 원활히 해주는 원동력이 된다. 그러나 부적절한 음식물섭취(과식·편식 등) 또는 강제 Diet 등은 신진대사의 불균형을 초래하여 신체활동에 이상이 나타난다. 특히, 항공승무원은 한정된 공간 그리고 제한된 시간을 두고 반복하는 순환직업이면서 고도의 심신노동을 요한다. 따라서 항공승무원 개인에게 미치는 스트레스는 다른 직종에 비하여 심하므로 적절한 영양분섭취가 스트레스 해소에 도움이 될 것이다. 다음은 스트레스 해소에 효과가 있는 음식들이다.

구 분	스트레스 해소에 효과가 있는 음식들
1	연근주스로 신경의 피로를 회복시켜 줌
2	감자생즙은 감자에 들어 있는 비타민 C가 부산피질 호르몬의 생성을 촉진시켜 우리의 몸을 스트레스로부터 지켜줌
3	우유, 유산균 음료, 시금치, 양배추, 오이 등 식물성 섬유가 적은 채소가 유효함
4	신 맛이 적은 생과일주스, 참기름, 샐러드 기름 등의 식물성 기름, 생선, 두부 등이 유효함

나. 조직적 스트레스 관리

스트레스 결과는 많은 부정적인 부작용을 수반하게 된다. 그러나 조직적으로 이러한 스트레스에 의한 영향을 초기에 감지하지 못하고 또 감지된 현상을 적절하게 대처하는 기술이 부족하고 관리가 소홀하였던 것도 일부사실이다. 여기에서는 인지된 스트레스를 참아낼 수 있는 범위내에서 무엇이 스트레스를 유발하고 지속하게 하는지 원인을 찾아 조직의 스트레스 예방·관리방법에 대하여 알아본다.

1) 역할분석·명시

항공승무원들은 그들의 직무를 정확하게 이해하고 있어야 한다. 항공승무원들이 자신의 역할에 대한 혼돈을 일으키거나 그들이 자신의 직무수행에 두려움이 있을 때 스트레스가 발생한다. 직무를 수행하는 동안 과도한 스트레스가 존재하게 되면 관리자들은 승무원들의 역할을 다시 규명하고 직무를 분산시켜 과다한 역할을 덜어주어야 한다. 스트레스가 발생하였을 경우에는 스트레스를 감소시킬 수 있는 방법을 적용하여야 한다. 조직내 스트레스를 예방하기 위해서는 항공승무원들의 역할과 직무환경을 종합적으로 진단하여 조직을 재조정해야 한다.

2) 협력문화

조직문화는 구성원 각자로 부터 나오게 된다. 만약 항공승무원들이 스트레스를 받고있다면 그 운항사의 분위기는 모든 일에 과민반응을 나타나며, 의기소침해지고, 특별한 이유없이 적개심을 갖게되기도 한다. 이때 통찰력 있는 관리자가 있다면 분위기를 바꾸어 개방적인 상태에서 항공승무원들의 욕구에 응할 것이다. 스트레스가 존재하면 부작용이 도출되기전에 운항사내 분위기를 바꾸어 관리자와 항공승무원 사이에 협력하는 분위기를 유지해야 한다. 운항사관리자와 운항승무원 사이에 협력할 수 있는 방법으로 생활속에서 지켜야 할 다섯 가지 규칙은 표와 같다.

구 분	운항사 관리자와 항공승무원 사이에 협력 가능한 규칙
1	긍정적인 감정은 즉시 표현함
2	상대방의 일에 대한 긍정적인 반응을 구체적이고도 명확히 함
3	자신의 진정한 감정이 담긴 긍정적인 메시지를 전달함
4	다른 사람이 일을 잘해낼 수 있도록 격려함
5	다른 사람을 자기편으로 만들기 위해 먼저 그들의 편이 됨

3) 스트레스관리 프로그램 추진

운항사로 하여금 소속 항공승무원들의 스트레스를 관리하기 위하여 성공한 프로그램 종류들은 표와 같다.

구 분	운항사 항공승무원 스트레스관리 성공 프로그램들
진단	도움을 청하는 승무원에게 정기 신체검사와는 별도로 건강진단을 받게 해 주는 프로그램
치료	스트레스를 받고 있는 승무원과 상담을 하고 치료를 위해 적극적으로 지원해 주는 프로그램
적격검사	직무상 스트레스를 극심하게 받는 경우, 현재 직무의 적격심사를 실시하여 조정해 주는 프로그램
예방	스트레스 관련 교육과 설득을 통해 운항 승무원들에게 자신감을 부여해주고, 상황과 환경을 이해시켜 주는 프로그램

4) 교육훈련

조직 스트레스 관리를 위해 운항승무원들에게 승무원자원관리(CRM)교육으로 대화기술, 리더십과 플로우십, 팀개념 등의 개발이 필요하다. 아울러 구성원 간에 정보교환을 통해 합리적인 의사결정기술을 교육·훈련하고 개인별 상담(Counseling)제도를 운영함으로써 스트레스가 없는 항공사가 될 수 있도록 할 필요가 있다.

PART

02

항공인적요인 해결의 과학적 접근

제5장

SHELL 이론

SHELL 모델은 초창기 1972년 Edward가 처음 개발사용하였다. 이후 Edward가 고안한 SHELL 모델을 기반으로 1975년 KLM 기장이던 Hawkins가 수정보완하여 SHELL 모델로 제시하였다.

SHELL 모델에서 중심부의 L은 Live-ware(인간), H는 Hard-ware(기계) 및 S는 Soft-ware(절차, 기호 등), E는 환경(L-H-S 시스템이 작동해야 하는 상황)을 나타낸다.

SHELL 모델의 중심에는 Central L(Liveware)이 있고 이는 자기자신을 의미한다. S(Software)는 자신과 관련된 법규, 규정, 절차, 매뉴얼, 점검표 등을 의미한다. E(Environment)는 자신과 관련된 날씨, 온도, 습도 등 기상은 물론 조명, 소음 등의 물리적인 환경을 의미한다. H(Hardware)는 자신과 관련된 각종시설, 장비, 공구 등을 의미한다. L(Liveware)은 자신과 관련된 자신이 수행하는 업무와 직·간접적으로 관련된 사람들을 의미한다.

SHELL 모델은 자기자신을 중심으로 한 주변의 모든 요소들이 자신의 작업(업무)과 직접적인 관련을 가지고 있으므로 업무의 효용성 및 안전성확보를 위하여 업무에서 이들의 상호 연관성을 항상최적의 상태로 업무를 수행하는데 초점을 둔 인적요인의 이론적 배경이다. 근래에는 Hackman과 Johnston이 개발한 SCHELL 모델로 발전되고 있으며, 이 모델의 C는 승무원자원관리(CRM)를 의미한다.

그림 5-1 Hawkins의 SHELL 모델

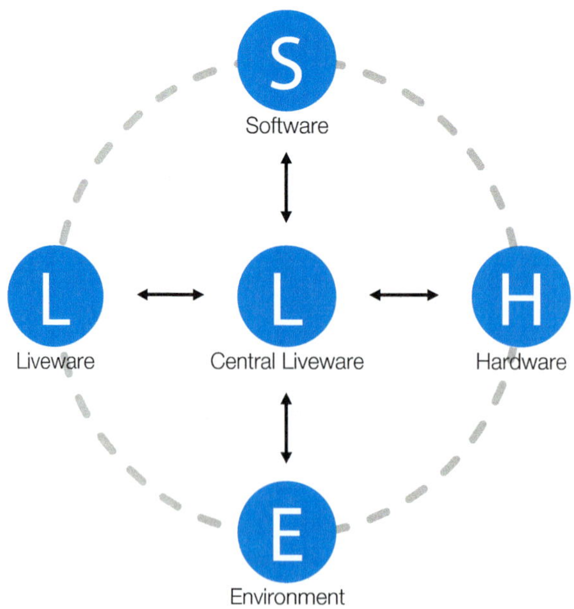

제1절 사람-시설장비(Liveware-Hardware)

조종실내의 항공기 표시장치(Display)는 인간공학의 심장이라 할 수 있다. SHELL 모델에서 Liveware-Hardware와 Liveware-Software Interface의 주요 부분이 된다. Display의 경우 정보는 장비로부터 사람에게로 전달되며 조작은 사람이 장비로 정보와 명령을 전달하기 위해 사용된다.

1. 조종실배치와 인간공학적 조명

인간공학의 관점에서 보더라도 항공의학이나 심리학 등에서 얻어진 인간공학적 지식이 직접 설계에 적용되어야 한다. 이러한 의미에서 조종실내부의 설계는 인간과 기계와의 중요한 관계이므로 특히 인간공학적 검토가 반영되어야 한다.

조종실뿐만 아니라 인적요인에 관련되는 장소의 설계는 초기단계부터 충분히 조정·검토하여야 한다. 경우에 따라서는 인간-기계 상호간의 타협점 등도 명확히 해두지 않으면 안 되는데 우선 배치설계의 순서로 적어도 〈표 5-1〉과 같은 사항을 고려하여야 한다.

이상과 같은 검토단계를 거치면 인간의 구조적 동작 또는 그외의 특성을 포함한 인간모습의 청사진이 도면상에 나타난다. 여기에는 기계적 특성상의 필요조건 뿐만 아니라 인간측면의 필요조건도 구체적으로 객관적인 형태로 표현되어야 한다.

표 5-1 조종실 배치설계 고려사항

조종실 배치설계 고려사항	조종실 배치설계 고려사항의 예
비행의 목적과 임무	비행제원 등에 관한 전반적인 사항으로, 항공기 종류에 따른 비행 목적, 임무 또는 비행시간, 속도, 항속거리, 고도 등 상세한 데이터에 관한 사항
설계 관련 제한 · 요구사항	조종공간의 척도, 물리적 환경조건, 중량 등의 제한 또는 기타 요구사항
조종계통 신뢰성과 운항승무원의 역할	조종특성, 조종 내용, 조종시간의 배분과 분담도, 운항승무원의 제어분담과 상호관련성 등에 관한 사항
장착 조종계기	기존의 계기종류를 사용할 것인가 새로 개발할 것인가의 장착 조종계기에 관한 사항
보안 · 안전계통의 신뢰성	긴급 경보계기의 신뢰성이나 운항승무원에게의 정보 전달법과 처치방법 또는 공조조건
인간-기계 Dynamics 평가	인간측면과 기계측면과의 기능 특성이 적합하게 배분되어 있는 가의 문제의 고려사항

2. 인체측정과 시스템운용

가. 인체측정

인간공학분야에 대한 연구목적중의 하나는 인간특성을 작업분야에 적합하게 맞추는 것이며, 인간의 기본적 특성들은 몸의 움직임과 신체 여러 부분의 크기 · 형태와 관련되어 있다.

인체의 측정은 안전벨트와 같은 구속장비가 없거나 또는 앉았을 때의 거리와 앉은 눈높이에서 측정한 측정치와 몸무게 · 키 · 손 · 발크기같은 신체치수와 관련되어 있다. 이런 정보로서 작업표면과 조종물의 위치에 대한 최적의 높이, 화물의 적하 등의 분야들에서 높이와 깊이, 조종석 사이의 최소무릎공간, 의자의 폭, 팔걸이의 길이, 머리받침의 높이, 구명보트와 의자의 쿠션설계, 유효 요구조건을 평가하는 것이 가능하다.

생체와 관련된 학문은 살아있는 유기체(인간)의 연구에 기계적인 부분의 과학적 적용을 전문으로 다룬다. 연구분야는 그들이 적용할 수 있는 힘들과 신체부분들의 움직임을 연구한다. 예를 들어, 어떤 힘이 조작기를 움직이는가를 아는 것뿐만 아니라 조작기가 몸과 조작기 움직임방향과 관련되어 어디에 위치하는가를 아는 것이 필요하다. 생체와 관련된 연구에서 자료수집은 중요한 단계의 하나이다. 자료는 장비를 사용할 인간의 대표적이고 신뢰성 있는 표본으로부터 수집되어야 하며, 이런 자료를 사용할 시기에 인간의 신체치수는 매번 변하기 때문에 자료수집의 날짜를 고려해야 한다. 예를 들어, 사람들은 일반적으로 과거 십여 년 전보다 키가 더 커진 것으로 알려져 있다.

인간공학 전문가는 언제 · 어떻게 이러한 변화가 설계 시에 고려해야 할 요소가 될 수 있는지를 결정해야 한다. 인간공학 전문가는 인간의 변화점을 고려하여 설계개념에 대해 심사숙고해야 한다. 인종(人種) 그룹 간에도 신체적 치수에 차이가 있을 뿐 아니라 하나의 인종그룹에서도 남자와 여자 간에 차이가 있다. 따라서 모든 사용자의 차이를 만족시키기 위한 단일설계 해결책이 불가능하다면, 조정의 폭을 넓혀서 사용자들의 편의를 도모할 수 있도록 해야 한다. 예를 들어, 조종실에서 Rudder Pedal과 의자의 조절이 가능함은 하나의 좋은 예이다.

나. 조종공간과 기본설계

1) 인체계측

일반적으로 작업공간을 고려할 경우에 인체의 계측치는 매우 중요하다. 예를 들면, 각각의 나라마다 신장 대비 앉은 키와 발크기가 다르다는 것을 고려해야 한다. 운항승무원의 착석감이나 스위치, 레버 등에 대하여도 상이한 습관으로 인하여 기기의 조작이 불편할 수 있다. 이러한 불편함을 없애기 위하여 인체계측은 매우 필요하다.

【사진 5-1】 운송항공기 조종석의 예

2) 항공기 조종석

항공기내 조종실의 공간은 항상 한정되어 있으며, 그 범위내에 필요한 기기를 배치하기 위해서는 설계상의 제한이 따른다. 하나의 예로, 항공기설계자료에 의하면 조종석을 2.5㎝ 높임에 따라 기체의 중량이 68㎏ 증가한다는 결과에서도 조종석에 대한 검토의 중요성을 알 수 있다.

3) 계기표시와 배치

초기의 항공기나 글라이더 등은 고도·속도가 낮았기 때문에 직접 외부의 공기흐름이나 체감에 의존하여 조종할 수가 있었다. 그러나 현대의 항공기는 속도·고도면에서 모두 비약적인 발전을 보였기 때문에 감각에 의존하여 비행한다는 것은 매우 곤란하며 위험하다. 그러므로 운항승무원의 감각기관을 보좌 또는 대신하는 계기의 종류나 기계의 작동상황을 나타내는 계기가 필요하게 되었다. 이와 관련하여 조종실의 배치설계중 현재 사용되고 있는 계기의 종류를 목적별로 분류하면 〈

표 5-2 계기의 종류(목적별 분류)

계기 종류	계기별 목적 설명
조종계기	어떠한 자세로 어느 정도의 속도로 비행하고 있는가 하는 이른바 감각기관을 대행하는 계기(자세계, 고도계, 속도계, 선회계, 승강계 등)
항법계기	항공기 진행 방향과 거리지시 계기(레이더, 콤파스류, 방위거리 지시기, 계기착륙 지시기 등)
엔진계기	엔진 작동상황을 나타내는 계기(회전계, 온도계, 연료계, 각종 압력계 등)
기체계기	기체의 상황을 지시하는 계기(랜딩기어 지시기, 플랩이나 트림위치 지시기, 그 외 전기계통의 계기류 등)
보안계기	탑승자 안전과 보안상 필요한 계기(산소계통의 각종 지시기, 경보계통의 각종 지시기)
그 외 특수계기	레이더, 조준기 등이 있으며, 대형기 또는 성능이 향상 될수록 복잡화되는 경향

표 5-2〉와 같다.

계기류의 신뢰성과 조종능력을 높이는 데는 이들의 표시법과 배치법이 중요한 관건이 된다.

3. 표시장치(Display)

가. Display 개요

조종석 Display는 운항승무원에게 신속·정확하게 정보(예, 비행상태)를 전달하는 것이다. 정보처리과정에서 인간의 능력과 한계가 Display 설계에 반드시 고려되어야 한다. 시의적절하고, 적합하고, 적절한 정보의 양이 작업요구에 따라 운항승무원에게 나타나야 한다. 운항승무원이 스트레스를 받거나 또는 피로하고 업무량이 지나치게 많을 때, 특별하게 필요한 것보다 더 많은 정보를 제시하면 오히려 업무능력에 지장을 초래할 수 있다.

눈으로 확인하는 Display는 동적(Dynamic, 고도계, 자세지시계 등) 또는 정적(Static, Placards, 신호, Charts 등)인 정보를 나타내는데, 이러한 Display들은 정량적(양적인 계기, 고도계, Heading 등) 또는 정성적(질적인 계기, 착륙바퀴상태 등) 정보를 제공해 준다. Display는 한계를 초과하는 경우에 경고(예: 엔진화재)나 주의(예: oil 압력지시 또는 조명)를 나타내준다.

나. Display와 감각체계

Display는 시각외에도 촉각 또는 청각을 이용하는 장치도 있다. 특히 가시시스템이 크게 부각될 때 이런 촉각·청각 Display는 인간운영자에게 정보를 전달하는 데 사용된다. 촉각정보의 전달은 더 낮은 가시조건에서 적용된다(조종간-떨림을 활용한 실속경고가 좋은 예). 청각정보는 특별히 경고와 같은 정보를 전달할 때 경보용으로 적합하다. 이런 이유 때문에 조종실에서 때때로 발생하는 위급상황에 관한 정보를 운영자에게 제공하는 데에 청각 Display를 적용하는 경향이 있다. 그러나 조종실에서 청각경고의 주의가 낮은 사용은 성가심과 혼돈의 원인으로 알려져 있다. 따라서 청각경고는 작업성능에 영향을 주므로 Display 설계에서 관련 인적요인을 고려해야 하는 중요성을 과대강조해서도 안 된다.

다. Display 설계

Display를 적절히 설계하고 배치시키기 전에 Display의 설계와 배치 모두다 인간과 기계간 상호호환의 효과에 크게 영향을 줄 수가 있다. 따라서 조종실 Display 설계시에는 다음 사항을 고려하여야 한다.

구 분	조종실 Display 설계 고려사항
1	Display가 어떻게, 누구에 의해, 어떤 환경에서 사용되는가?
2	한 사람 이상이 Display를 보는 것이 필요한가?(청각 Display는 일반적으로 전방향성이지만, 시각 Display는 다름)
3	순환하는 조명은 시각 Display 효과에 어떤 영향을 주는가?
4	정보 표시는 아날로그 또는 디지털 형식인가?(디지털 Display는 기록 · 주시하는 시스템에 더 정확성을 제공하고, 아날로그 Display는 수적인 값이 자주 또는 급격히 변할 때 유용(고도계, 상승율 지시계))
5	Display가 보여 질 각도는 어떻게 되는가?
6	시차문제는 있는가?
7	보여주는 거리는 얼마인가?(기호 · 문자와 Symbol 크기들은 떨어져서 판독력을 제공하는가? 확대 필요는?)
8	대기 · 非작동 상태에 있는 표시장치는 그 내용이 명확히 표시되는가?(애매함은 정신적 작업량을 증가시키고 실수 유발)
9	의심되는 정보는 운영자에게 계속, 제공되어서는 안 됨
10	밝기 · 색 대비, 깜빡거림 같은 Display 요인들을 고려해야 함

라. 문자 · 숫자형태 Display

문자 · 숫자형태 Display도 많은 연구가 진행되어 왔다. 기계적이거나, 전기–기계적, 또는 전자 Display는 다양한 형태로 운항승무원에게 운항정보들을 제시한다. 제시된 정보는 읽기 쉬워야 하며, 기호와 문자는 쉽게 구별되고 확인되어야 한다. 그리고 전체단어들 또는 문자의 그룹들과 숫자들은 쉽게 이해할 수 있어야 한다. 읽기쉬움은 기호(문자)형태, 형식(예, 대문자, 이탤릭체), 크기 · 대조 · 공간과 같은 요인들에 의해 영향을 받는다.

다이얼의 표시와 모양은 인간공학자들에 의해 고려되는 두 가지의 부가적인 요소가 있다. 두 가지는 정량적 정보를 제시하는 데 사용하는 크기의 수열은 정확하고 규칙적인 눈금표시를 가지며, 단일단위계를 가져야 한다는 점이다. 또한 10 또는 5의 단위가 좋으며, 2 단위로의 표기도 괜찮으나, 소수점은 피해야 하고 만일 사용이 필요하다면 소수점 앞의 0은 포함되지 않아야 한다.

계기가 지시침에 의해 가려질 수 있는 디지털판독장치로 되었다면 지시침의 설계에 주의해야 한다. 눈금 스케일의 끝에 닿을 수 있는 지시침의 끝은 눈금을 가려서는 안 된다. 지시침과 크기의 표면사이 거리는 최소화되거나 제거되어야 하며, 그렇지 않다면 시차를 초래할 수 있다. 만약 크기가 전자 Display에 나타난다면 그런 문제는 없다. 일반적으로 나타난 정보의 크기는 보는 거리에 절대적으로 관련되어 있다(보는 거리가 멀수록 스케일 또는 아이콘의 크기는 더 커야 함). 설계시 조명, 진동, 보는 각도와 같은 환경적 변화요인들을 고려해야 한다.

마. 전자 Display

전자 Display는 전자·기계식 Display 초기의 제한요소를 극복할 기회를 제공하고, Display 통합을 허용하며 시현공간의 효과적인 사용과 융통성을 많이 부여했다. 전자 Display는 일반적으로 조종실에서 비행계기를 위해 시스템정보(예, 엔진자료뿐만 아니라 다른 시스템, 자료 · 경고시스템 포함), 비행관리시스템 등에 적용된다. 전자시현 장치는 인간공학에 관련된 다양성을 보여준다. 전자 시현 장치에 포함되는 것은 조명과 조명대조, 정보의 다른 부분들에 대한 색의 이용, CRT Display(브라운관에 문자 · 도형을 표시하는 컴퓨터 단말장치) 주시를 오래하면 생기는 피로효과, 사용된 상징기호, 스크린의 어디에 무슨 정보가 나타나는가? 등이다.

바. 경고 Display

1) 경고 Display 형태

경고 Display는 시스템의 안전을 유지하기 위하여 운항승무원의 즉각적인 조치를 필요로 하는 상태를 나타내며 표시색은 일반적으로 빨간색이다. 주의 Display는 진전되거나 나빠지면 비상사태가 되는 상태를 의미하고 즉각적인 것은 아니지만 운항승무원의 적절한 주의를 요구하며 표시색은 주로 적색이나 황색으로 나타낸다. 일반적으로 정보만을 알려주는 것은 운항승무원의 조치를 필요로 하거나 그렇지 않을 수도 있으며, 이러한 표시의 색깔은 파랑·흰색 또는 초록색이다. 이와 같이 경고 Display는 다음의 세 가지 기본원칙이 조종실 시스템설계에 적용되며 다음과 같은 특성을 가져야 한다.

구 분	경고 Display 요구 특성
1	승무원에게 경보를 알리고 그들의 주목을 끌어야 함
2	상태의 본성을 알려줄 수 있어야 함
3	필요하고 적합한 행동지침을 제공해야 함

2) 경고 Display 설계시 고려사항

경고 Display의 시스템설계에서의 고려사항으로 다음의 세 가지가 있다.

구 분	경고 Display 시스템 설계시 고려사항
시스템 신뢰도	시스템이 거짓경고를 하여 운용자 판단을 흐리고 어렵게 할 경우 신뢰도를 잃게 됨
신호의 과도한 출현	운용자에게 시스템에 대한 경각심 관련반응을 줄이고 불쾌함을 주게 됨
다중의 음성경고	예를 들어, 한 가지 상태보다 더 많은 것에 대해 경보를 하는데 사용되는 동일한 소리는 피해야 함

3) 경고 Display 경고의 범주

경고 Display는 운항승무원에게 조종실에서 조언, 주의와 경고를 한다. 조종실에서 조언, 주의와 경고는 다음의 네 가지 범주로 나눌 수 있다.

구 분	조종실 조언, 주의와 경고의 범주
1.	성능, 안전한 비행절차(Profiles) 또는 운영관련 정보로 통상 매우 긴급한 항목(예, 실속, 과속과 지상근접)
2.	항공기 상태(Configuration) 정보에 관한 항목(예, 착륙바퀴와 플랩위치)
3.	항공기시스템 상태에 대한 정보로 계기상에서 제한된 영역과 신호를 포함한 항목
4.	의사소통과 관련된 사항으로 절차에 영향을 미치는 항목(예, Interphone 등)

4. 조종석 조작기기의 설계와 운용

가. 조종석 조작기기

제어 또는 조작(Control)은 운용자가 기계에 메시지나 명령을 입력하기 위한 방법으로서 메시지는 특정화된 정확성과 시간대 안에서 전달되어야 한다. 조작의 다른 형식들은 각기 다른 기능들을 수행하는데, 흩어져 있는 정보를 전달하는데 사용되거나(예, Transponder Code 선정), 연속적인 정보전달에 사용되기도 하며(예, Cabin 온도선택), 시스템에 조종신호를 보내거나 직접 시현장치를 조종하기도 하므로(예, Flap Lever, Altimeter Setting Knob), 시현장치의 경우처럼 운용인원의 특성을 고려하여 설계하여야 한다.

나. 조종석 조작기기 형태

항공기조종에 필요한 힘과 기능적 요구조건들은 채택되는 조작의 형태와 설계를 결정한다. 이러한 기능에 기초해서 조작을 어떻게 선정하는지 Checklist의 실례는 조작(제어)을 위한 다른 기본 요건(인간공학관점으로부터)은 작업영역내에 있어야 하지만, 시현장치에 맞는 최적의 위치표시가 최적이 아닐 수도 있다는 것을 기억해야 한다. 조작(제어)설계시에는 다음 사항이 포함되도록 하여야 한다.

포함사항	조작(제어) 설계 시 포함되어야 할 사항
제어–표시 비율	제어입력에 상응한 표시의 변화량과 운용자에 의해 영향 받는 제어 변화량과의 비율
표시 요소(포인터)의 이동 방향	제어이동 방향과의 관계

운항승무원은 조작기를 통해서 정보나 신호를 전달하거나 직접 항공기를 조종한다. 항공기조작

시 조종사에게 조작을 하는 손·발·눈·귀 등의 신체부위가 어떤 감각을 느끼게 하여 조작시간간 관계를 맞추고 정확성을 높여서 실수를 방지할 수 있도록 한 것이 제어저항이다. 제어저항은 제어 운용의 속도와 정확성을 위해서 제어감각을 갖도록 하여 매끄러운 제어이동, 부주의한 운용과 민감성을 제어한다. 제어(형태·크기·색·분류·위치)는 용이하게 식별할 수 있어야 하며, 선택의 오차와 시간을 줄여야 한다.

제어설계원칙의 마지막은 부주의한 행동으로부터 보호되어야 한다는 것이다. 이는 이동의 정확성과 실수를 막기 위하여 각 단계별로 걸리는 부분을 주어 구별감을 느끼게 하는 것, 고정되는 장치를 한 잠금장치, 추력레버가 가동지 않은(Idle) 상태에 있을 때까지 역추진레버가 작동될 수 없게 하는 것과 같은 제어를 상호연결하는 Inter-locking과 같은 방법 등이 있다.

일부의 경우, 현행조건에 맞지 않는 행동이 시각적·청각적 경고를 조작시킬 수도 있다는 것(착륙을 위하여 항공기바퀴가 안내려지고 고정이 안 된 상태에서 지상과 근접한 저고도로 내려와 추력레버를 완전히 줄일 때 시각·청각경고를 작동시키는 것)도 고려해야 한다.

다. 항공기조종실의 설계 및 운용

1) 항공기조종실의 발달

항공기조종실은 그동안 유압·전기 등 가압장치와 같은 서로 관계없는 시스템이 집중되어 있는 보편적 공간으로 간주되어 왔다. 또한 각 시스템은 서로 다른 전문가들에 의해 설계되었고 관련된 제어 및 Display는 주로 해당되는 시스템의 특성에 따라 조정되어 왔다.

최근의 항공기설계는 제작자, 운항사, 운항승무원 및 행정기관을 포함한 군 그리고 항공기설계·제작그룹 간의 협조로 승무원·시스템설계개념으로 발전되어 왔다. 이 개념에는 조종실의 배열, 비품(좌석, 창, 빛 가리개), 환경변수(소음·진동·빛·온도·기상), 잡화(커피잔·홀더·식기·가방걸이) 등이 포함되어 그 시스템을 운용하는 운용자의 특성을 반영하고 있다.

2) 항공기조종실의 자동화

최근 항공기조종실은 자동화로 진행되고 있고 조작의 대부분을 키보드를 이용하고 있다. 이러한 키보드 사용은 컴퓨터도래와 현대항공전자시스템 발달의 결과로서 계속 증가해 왔다. 숙련된 타자수는 2,000~4,000타당 하나정도 실수한다는 연구결과가 있다. 조종실 승무원은 일반적으로 비숙련 타자수로 볼 수 있으며, 그들은 악조건(약한 불빛이나 진동) 하에서 키보드를 사용하게 된다. 승무원이 키보드를 사용할 때는 타자속도보다는 정확성과 오류발견이 더욱 중요하다. 부적절한 작동의 예방을 위한 키보드사이즈나 키보드 간의 장애나 진동에 대비한 적당한 손받침대 등은 키보드

설계시 고려해야 할 사항이다.

라. 항공기조종실 설계의 시스템적 접근

항공기조종실 설계의 시스템적 접근은 시스템공학으로 가능하다. 시스템공학의 목적은 시스템 기능 간 상관관계를 개발하고 서로 다른 개별적 기능효과를 평가하고, 모든 시스템기능을 하나의 효과적인 기능체로 통합하는 것이다. 운용자·정비사·교관은 시스템의 요소로 간주된다. 이러한 접근방법은 인간·기계의 복합체로서의 최종적인 생산물이며, 조종실은 Liveware, Hardware, Software와 Environment의 요소를 갖춘 하나의 시스템으로 간주된다.

1) 항공기조종실의 효과적인 설계

조종관련 시스템의 효과적인 설계를 위해 현대의 시스템 공학적인 접근은 운용자의 능력과 한계를 적절히 고려해야 한다. 인간공학적 접근은 배치명세 및 조종실치장과 같은 설계의사결정에 영향을 미치는 작업요건과 운용자 특성의 평가와 함께 시작된다. 따라서 설계자는 설계선택사항을 제한할 수 있는 제약요소를 고려해야 한다. 이 제약요소에는 항공기의 공기역학적 특성, 계기에 대한 Cross check 요구, Display까지의 관찰거리, 비행계기판의 형태, 스위치작동방법을 주로 고려해야 한다.

항공기의 공기역학적 특성은 동체의 단면과 기수형태와 관련된다. 예를 들어, 콩코드의 조종실 폭 148cm는 공기역학적 요건에 의해 설계되었으며, B-747의 191cm와 비교하면 상대적으로 비좁은 공간이라 할 수 있다.

계기에 대한 Cross check 요구는 같은 시현장치나 제어장치를 두 명의 조종사가 같이 사용할 때 조종석 간의 거리는 중요한 요소가 된다. 조종석에 앉기가 곤란하도록 그 간격이 너무 좁으면 조종석을 약간 바깥쪽으로 옮기면 되지만 이것으로 비행 중 위험한 상태에 이르지 않도록 운항승무원과 제어장치가 제대로 정렬되도록 하여야 한다.

Display까지의 관찰거리 또한 조종실배치에서 매우 중요하다. 대형항공기의 경우 운항승무원 눈에서의 표준관찰거리는 주계기판과 71-78cm, 머리위 계기판과 20cm, 측면시스템판과 2m이다. Display의 세부적인 크기는 관찰자 눈으로부터 표시장치까지의 위치와 거리에 의해 결정된다.

비행계기판의 형태는 항공기조종실 설계자가 많은 주의를 기울이고 있는 부분이다. 오늘날 대부분의 항공기가 갖추고 있는 기본적인 T자형배치는 비행자세에 중요 요소가 되는 네 가지 기본 파라미터 즉, 속도·자세·고도·기수(Heading)를 빠르고 정확하게 감시하기 위함이다. 시스템의 정량적 정보를 표시하는 계기판(엔진계기판 등)은 계기를 블록으로 나누어 정렬시키는데, 계기중의 하나가 틀리게 가리키면 블록의 대칭이 깨짐으로써 운항승무원이 보다 신속하게 감시할 수 있도록 한 것이다. 연료 · 전기 · 기압 · 유압계통과 같은 제어장치와 Display를 적절히 배치한 도식적 형태로서 시스템을 나타내도록 한다. 비행유도관련 계기판은 대개 조종석정면에 장착되어 있는데 이는 운항승무원이 상체를 구부리지 않고 계기판에 다다를 수 있도록 하며 계기판독을 향상시킨다.

스위치작동방법 또한 항공기조종실 설계자의 중요 고려요소이다. Toggle 스위치는 Forward-on(작동시키기 위해 스위치를 전방으로 밈)이나, Sweep-on(쓸듯이 스위치를 작동시킴) 개념을 적용할 수 있다. Forward-on 개념은 수직 또는 수직에 가깝게 장착된 panel에 대한 모호한 문제를 나타내며 또한 기준규격이 재배치되어야 할 때는 융통성이 부족하여, 신규 스위치위치는 Forward-on 개념을 더 이상 적용하고 있지 않다. Sweep-on 개념은 이런 어려움을 해결하고 있다. 이러한 표준화의 결핍이 혼란을 야기하며 승무원의 실수를 유발시켜 온 것으로 알려져 있다.

2) 항공기조종실 좌석설계

시스템의 복잡성이 추가 계기장치를 요하는 기준까지 증가한다면 별도의 분리된 장치가 요구된다. 두 명의 승무원이 탑승하는 항공기에서 머리위 계기판은 측면계기판에 설치되어야 할 제어장치를 제공하기 위하여 설치된 것이다. 일반적으로 머리위 계기판은 전면부에서 가장 자주 사용되는 항목을 포함해야 하며, 후면부는 상대적으로 조작하기에 불편하기 때문에 덜 빈번히 쓰이는 계기를 배치하고 있다.

조종실 좌석설계의 일반원칙은 좌석기골둘레의 한쪽 엉덩이 부분을 통하여 체중을 분산하고 허벅다리 뒤의 과도한 압력을 피하기 위해 좌석높이를 적절히 하는 것 등이 있다. 척추의 열은 균형있게 유지되어야 하고, 적절한 요추지지와 좌석설계에 의해 자연적으로 허리를 구부릴 수 있도록 해야 한다. 팔걸이는 어깨, 팔, 몸통의 자유이동을 허용하면서 적절하게 팔을 지지해 주어야 한다. 그리고 내구성 · 물질중량 · 연소성 · 구조적 통합성 · 신뢰성 · 공간이용 · 허가요건 · 비용과 같은 요소들을 고려해야 한다. 좌석제어, 제지계통, 발걸이 등도 적절히 조절가능해야 한다.

제2절 인간-소프트웨어(Liveware-Software)

SHELL 모델에서 사람은 운항승무원 혹은 항공운항시스템을 운영하는 인원을 말한다. Software는 Hardware를 제외한 항공법규 · ATC시스템 · 비행절차 · 관련프로그램 · 점검표 등을 의미한다.

SHELL 모델에서는 매우 유동적일 뿐만 아니라 많은 변수를 잠재하고 있는 사람, 즉 사람이 중심이 되고 있으며, 그리고 그 주위에는 Liveware, Software, Hardware, Environment 등의 요소가 둘러싸고 있다. SHELL 모델 그림의 가운데 운항승무원과 소프트웨어와의 관계는 운항승무원 혹은 기타 인원과 절차, 지침서, 점검표, 기호, 컴퓨터프로그램과 같은 비물리적인 것들과의 관계를 말한다. 이 두 시스템의 관계가 명백하지 않기 때문에 두 시스템 간에 문제가 발생하였을 때 문제해결에 보다 많은 노력과 연구가 필요하다.

1. 표준운영절차

가. 표준운영절차의 적용

복잡한 인간·기계시스템이란 단지 한명이상의 인간과 몇 가지 하드웨어 구성품의 관계만을 의미하는 것이 아니라, 그 이상의 연관성을 가지고 있다. 복잡한 시스템을 성공적으로 운영하기 위해서는 인간–기계시스템의 운영개념·규칙·지침·문서 등 조직적 기반의 도움을 받아야만 한다. 그러한 운영개념의 일관성, 다시 말해서 일관성과 논리성이 복잡한 시스템의 효율성과 안전성에 영향을 미치는 매우 중요한 요소가 된다. 항공기운항이나 우주비행, 원자력개발, 화학공정 그리고 군사작전 등과 같은 위험성이 큰 업무에 있어서는 완벽한 절차가 기본적으로 확립이 되어 있어야 하며, 절차를 지키지 않았을 때의 댓가는 엄청나다.

안전성의 확보를 위해 표준운영절차는 운항승무원에게 지대한 도움을 준다. 표준운영절차는 운항승무원에게 한 가지씩 그리고 차례차례 수행할 조작의 내용과 순서를 제공하고 조작을 통일시킨다. 반면에 운항승무원의 역할을 축소시키고 업무의 질을 하락시킬 수도 있다. 또한 아무리 완벽한 절차도 절대적인 안전을 보장하지는 못하며, 잘 만들어진 조작절차도 사람들이 위반하는 일이 자주 발생한다는 점에 유의해야 한다.

잘 설계된 절차와 기능은 주요 임무가 효과적이고 논리적이며 오류를 줄일 수 있는 방법으로 수행될 수 있도록 확인하기 위해 부수적 임무와 행위의 진행을 지시하고 구분함으로써 운항승무원을 돕는 것이다.

조종석내 절차의 또 다른 중요한 기능은 시스템내부의 각 행위자 즉, 운항·객실승무원, 지상요원 혹은 그밖의 사람들과의 협동심을 고취시키는 것이다. 절차는 또한 감독기관(정부)이나 경영자로 하여금 운항사에 대한 품질관리의 한 가지 형태로 사용되기도 한다.

1) 표준운영절차의 이해

표준운영절차란 보통 서로의 경험이나 기술적 능력을 잘 알지 못하는 운영자들을 위해 제공되는 절차이다. 운항사의 경우 표준운영절차에 대한 확신이 매우 강하기 때문에 심지어는 운항사표준을 잘 마련해 놓으면 운항중에 운항승무원이 조종석을 비워도 다른 대체인원에 의해 항공기가 안전하고 순조롭게 운항될 수 있다고까지 믿는 경우도 있다.

일관성 있고 명확해야 할 지침서·절차·정책·이념 등의 표현은 점진적으로 어렵기도 하다. 이는 운항승무원이 운항의 특정한 개념을 유도하면서도 자신이 속해있는 기업의 역사나 문화를 동일하게 공유하지 못하기 때문이다. 나아가 거의 모든 사람들이 표준운영절차의 준수가 모든 장비를 운영하는 유일한 방법이 아니라는 사실을 모른다는 것이다.

주어진 임무를 확실한 안전성을 확보하여 수행하는 방법은 몇 가지가 있을 수 있다. 예를 들어, 어느 운항사에서는 운항승무원이 활주로에 진입하기 전에 Mode 선택창의 경로선택창에 활주로 자침로를 입력하게 되어 있다. 또 다른 운항사에서는 같은 창에 표준계기출발절차(SID: Standard Instrument Departure)에 지시된 혹은 예상되는 경로를 입력하도록 하고 있다.

2) 절차위반 사고

인간·절차의 문제는 대체적으로 절차위반의 형태로 나타난다. 절차위반이 표면화되면 사고나 준사고의 원인이 되는 것이다. 1987년 Lautman과 Allimore는 사고유발요소를 보다 쉽게 이해하기 위하여 운송용 제트항공기의 사고조사기록을 연구하였다. 그들은 1977~1984년 사이 93건의 대형운항사고를 분석하였다. 분석결과 승무원과실에 의한 93건의 사고 가운데 기본적인 절차위반이 원인이 된 사고가 가장 많았다는 사실을 밝혀냈다.

운항승무원의 표준운영절차위반은 어떤 면에서는 오독(誤讀)이라고 할 수도 있다. 우리는 먼저 그 절차가 운항환경에 적합한 지의 여부와 절차가 일관성 있고 논리적인가를 재고해보아야 한다.

표 5-3 승무원과실 대형운항사고(93건) 분석(Lautman, Allimore)

승무원과실 대형 운항사고 분석	발생빈도(%)
조종사의 표준조작절차 위배	33
부조종사의 부적절한 Cross check	26
비정상 상황에서 승무원의 부적절 조치	9
조종사가 복행의 필요성을 인지 못함	6
조종사의 무능력	4
조종사의 항공기량 미숙	4
훈련비행 중의 실수	3
기 타	15

무엇보다도 중요한 것은 운항승무원으로 하여금 절차를 위반하게 하는 그 무엇이 절차의 구성이나 수행방법상에 존재한다는 것이다.

Hendrick은 인적요인 혹은 인간공학을 다음과 같이 정의하였다. 인적요인 혹은 인간공학은 두 가지 단계 즉 미시적 인간공학과 거시적 인간공학으로 구별된다. 미시적 인간공학은 직접적으로 인간-기계시스템에 초점을 맞추는 것으로써 조종계통, Display 등이 이에 해당된다. 이에 비해 거시적 인간공학은 전반적인 인간·기계시스템에 초점을 맞추고 있으며, 구조와 운영상 그리고 개별적인 부수적 시스템 간의 영향에 관련된다. 우리는 운항승무원이 조종석에서의 절차를 어떻게 수행하는지를 이해하기 위해, 절차와 같은 미시적 인간공학측면에서의 고려와 방침 혹은 정책·절차를 개발하고 숙련시키면서 기본적 운영개념 등과 같은 거시적 인간공학측면도 함께 논의하여야 한다.

나. 절차이론 3-P

1) 절차의 정의

일반적으로 임무에 따른 절차란 다음과 같은 여섯 가지 사항이 모호하지 않도록 규정하기 위해 만들어졌다.

구 분	임무수행을 위한 절차 고려사항
1	임무가 무엇인가?
2	임무를 언제 수행해야 하는가?
3	임무를 누가 수행하는가?
4	임무를 어떻게 수행하는가?
5	임무가 어떠한 순서로 이루어졌는가?
6	임무가 어떠한 형태의 Feedback으로 제공되는가?

언급한 바와 같이 절차는 사용자의 운영이라는 기본개념에 기초하고 있어야 한다. 이러한 기본개념은 장비를 효율적으로 운영하는 방법을 규정하기 위하여 작업방침이나 절차에 반영이 된다.

2) 3-P 이론

절차와 운영개념은 서로 연결되어 있다. 이러한 연결고리를 조종석 운영의 원리(Philosophy), 방침(Policies), 절차(Procedures)를 고려한 이론 즉, 3-P 이론이라고 한다. 〈그림 5-2〉는 3-P 이론의 계통도를 보여준다.

최근에는 실행(Practice)이라는 개념을 추가하여 4-P 이론이라는 모델도 제시되어 적용하기도

그림 5-2 3-P 계통도

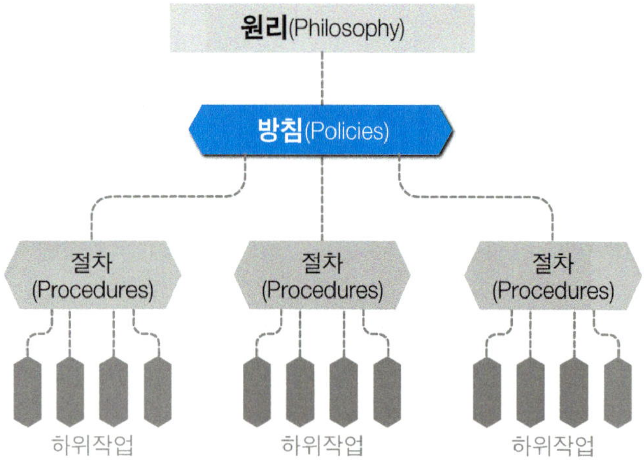

한다.

다. 원리(Philosophy)와 방침(Policy)

1) 원 리

조종석절차의 개념에 대한 접근을 위한 기본적인 바탕은 안전한 운항을 위한 원리를 적용하는 것이다. 운항원리는 운항사 등에서 항공기운항을 포함하는 운항사업무를 어떻게 수행하고 있는지를 볼 수 있는 중요한 도구로 이용될 수 있다. 운항사의 운항원리는 몇 사람의 결정권자에 의해 막대한 영향을 받을 수 있고 기업문화에 의해서도 크게 영향을 받는다. 특정 운항사에 퍼져있는 고유의 기업문화와 운항원리는 대체로 명확히 확인할 수 있다. 어떤 운항사의 운항원리가 무엇인가 하고 질문하였을 때 이를 쉽게 대답하기란 어려울 것이다. 그러나 절차·방침·훈련내용·징계절차 등으로부터 추론하는 것은 가능할 것이다.

최근 조종석자동화에 따르는 운항상의 문제로서 자동화된 조종석에서의 비상절차에 대한 자동화장비의 사용방법·시기 그리고 누가결정하는가에 대한 협의가 부족한 부분들에 대하여 운항원리에 대한 논란이 있다. 운항원리는 미국의 델타운항사에서 처음으로 이와 관련된 운항원리를 제정하여 소속 운항승무원들에게 배포하였다.

자동화의 의미는 인간의 기능을 기계기능으로 대체하는 것이다. 이 자동화의 정의는 자동화의 모든 수준에 적용된다. 자동화의 목적은 운항승무원의 직무를 돕기위한 것이다.

운항승무원은 가장 복잡하고 유연한 요소로서 항공운송시스템 가운데 주어진 환경에서 자원의 최적화를 결정하는 주체가 된다. 운항승무원은 모든 자동화수준에 있어서 항공기를 능숙하게 운영할 수 있어야 한다. 그리고 운항승무원은 적절한 자동화정도를 선택할 수 있는 지식적인 능력을 가지고 있어야 한다. 또한, 자동화의 한 단계에서 다른 단계로 전이하는데 필요한 기술을 가지고 있어야만 한다.

자동화는 운항방침지침서에 명시된 바와 같이 안전성, 승객의 안락함, 홍보, 비행계획 그리고 경제성 등에 대한 우선 순위를 강조할 수 있는 가장 적절한 수준에서 사용되어져야 한다. 이러한 목적을 달성하기 위해 델타운항사에서는 교육훈련프로그램 · 훈련장치 · 절차 · 점검표 · 장비 · 규정 · 품질관리프로그램 · 표준화 등에 이러한 원리를 적용하였다.

2) 방 침

운항원리와 경제적 요인, 홍보, 항공기교체, 중요한 구조적 변화 등이 결합하여 방침이 만들어진다. 이러한 방침에 근거하여 가능한 한 일관성 있게 절차가 만들어지며, 결국 운항원리의 일관성을 유지하게 되는 것이다.

3-P 이론에서 각각의 단계는 고정적인 것이 아니다. 3-P 이론의 각각의 단계는 항공기운영에 대하여 몇 가지의 방침이 적용될 수도 있고 오직 한 가지의 원리만이 적용될 수도 있다. 운영이 성숙해지면서 방침이 결정되고 추가될 수 있으며 원리 또한 변경될 수 있다. 경우에 따라서는 절차에 영향을 주는 항공기운항절차가 방침을 조정할 수도 있다.

잘 설계된 절차의 기능은 주요 임무를 효과적이고 논리적이며 오류를 줄일 수 있는 방법으로 수행할 수 있도록 부수적 임무와 행위의 진행을 지시하고 구분함으로써 운항승무원을 돕는 것이다.

라. 절차의 개발

1) 절차개발의 지침은 다음과 같다.

① 절차운영의 결과에 대한 Feedback이 관리자나 절차를 개발하는 개발자에게로 전달될 수 있는 체계가 확립되어야 한다. 이 Feedback 체계는 공식적으로 진행되어야 하며 보고내용은 면책되어야 하고 이에 대한 조치가 있어야 한다. 또한, 최초 보고자에게 조치사항이 전달되어야 한다.

② 자동화장비를 이용하는 대부분의 임무는 매우 복잡하고 일련의 표준운영절차와 상호 작용한다는 것을 알아야 한다.

③ 관리자는 기본적으로 자동화에 대한 원리를 개발해야 하고, 이는 특히 자동화된 조종석을 운영할 경우 중요하다.

④ 절차를 개발하거나 신기술을 조종석에 적용할 경우, 현재 사용하는 모든 절차나 방침을 신기술에 비추어 보고 재평가해야 한다.

⑤ Feedback 체계에서는 운항승무원 평가프로그램까지도 포함하여 사용되고 있는 기술을 모두 관찰할 수 있어야 한다.

⑥ 운항승무원뿐만 아니라 관제사 · 지상요원 · 객실승무원들에게도 절차가 알려질 수 있도록 주의를 기울여야 한다.

⑦ 절차는 운항형태의 특이성에 따라 조율되어야 한다. 이러한 특이성을 무시하였을 경우 절차를 준수하지 않는 사례가 많아지게 된다.

⑧ 어떤 장비를 위한 절차를 만들 때 그 장비의 제한사항이나 성능을 염두에 두어야 한다. 잘 설계된 장비는 필요로 하는 절차가 간단하게 되지만 그렇지 않을 경우 절차는 복잡해진다.

⑨ 관리자는 절차가 항공기 혹은 하부시스템을 운영하는데 적합함을 보장해야 한다. 항공기 간의 차이가 모호하거나 별다른 차이를 볼 수 없거나 감지하기 힘들 경우 더욱 주의를 해야 한다.

⑩ 기체제작자나 부품납품업자는 장비나 부품제작시 일반적인 운항사절차에 맞도록 하여야 한다. 그리고 절차에 대한 지식정도가 인간공학적인 고려사항에 영향을 줄 수 있다.

⑪ 운항승무원에게 제공되는 모든 문서정보는 하나의 시스템으로 간주되어야 하며, 하나의 시스템으로 제작되어야 한다. 즉 개별적인 문서정보를 모아서 사용하면 안 된다. 구성의 명료성과 논리성 그리고 상이한 문서정보의 표준화 등은 매우 중요하다. 익숙하지 않거나 자주 사용하지 않는 절차의 지침서나 점검표는 범례를 만들어 사용함으로써 시간을 절약할 수 있다.

⑫ 절차는 어떤 장비의 사용목적에 적합하도록 신중하게 만들어져야 한다. 컴퓨터를 이용한 시스템의 절차를 수립할 경우에는 특히 주의를 필요로 하며 서로 다른 조종석환경을 위해서는 그것에 적합한 절차가 기본적으로 수립되어야 한다.

⑬ 절차에는 외부와의 의사소통도 반드시 포함하여야 한다. 예상되는 의사소통내용을 찾아내고, 훈련하고, 다른 절차와 마찬가지로 표준화시켜야 한다.

⑭ 자동화된 조종실을 운영함에 있어서 브리핑은 승무원 간의 모호함을 감소시키고 가변적 상황을 줄여주는 중요한 도구로 사용된다. 예를 들어, 한 사람이 기술적 요소를 과신할수록 다른 사람은 더욱 브리핑을 강조하여야 한다.

⑮ 만일, 같은 절차가 완전히 다른 결과를 야기할 수 있다면 그 절차는 모호함을 제거하기 위하여 수정되어야 한다. 다시 말하면 절차는 예상한 결과를 도출하여야만 한다.

⑯ 하급자가 난이도가 높은 비행을 수행할 경우 안전과 관련된 정보교환을 위해 특히 주의를 기울여야 한다. Call-out은 간단 · 명확해야 하고 다른 승무원에게 필요한 정보만을 전송해야 한다. Call-out은 다른 승무원들이 기본적인 업무에서 벗어나지 않도록 주의를 분산시켜서

도 안 된다. 마지막으로 Call-out 절차는 다른 절차들이 변경될 경우 다시 검토되어야 한다.

⑰ 절차를 만들 때 어떠한 절차도 주어진 어떤 시간에 승무원이 수행해야하는 총 업무량에 부과된다는 사실을 고려해야 한다. 운항승무원은 과도한 업무에 노출되었을 때 절차수행에 매우 민감해진다. 이러한 경우 업무량이 비교적 적은 부분으로 업무를 이동시킴으로써 효과적인 운영이 될 수 있도록 노력해야 한다.

⑱ 조종실내의 문서화된 소프트웨어를 설계할 경우 절차가 지나치게 많은 항목을 포함하거나 중복되어 있는 상황을 찾아내어 중복을 해소할 수 있는 방법을 강구하여야 한다.

⑲ 절차와 점검표의 빈번한 변경은 승무원들로 하여금 시스템이 불안정하다는 결론을 내리게 하며 새롭고 변화된 절차의 중요성을 감소시킨다. 따라서 최근에는 매우 중요하고 긴급한 내용이 아닐 경우 이러한 절차나 점검표의 변경을 최소화해야 한다는 주장이 나오고 있다.

⑳ 표준운영절차는 단순히 기계적인 절차만을 설명하는 것이 아니라 배경이 되는 논리적 설명이 추가되어야 한다. 운영논리, 시스템제한 그리고 원리, 방침, 절차모델과의 연계에 대한 상세한 설명이 포함되어야 한다.

㉑ 다기종운영을 통합하는 표준화는 분명한 이점이 있으나 이러한 유형의 표준화가 부적절한 경우도 있다. 그것은 어떤 기종의 조종석절차에 다른 기종의 절차를 중첩시킴으로써 완전한 최적화를 이룰 수 없는 경우가 발생하는 것이다.

㉒ 다기종운영의 표준화를 위해서는 다음의 세 가지의 접근이 요구된다.

구 분	다기종 운영 표준화를 위한 세 가지 접근
1	다기종 운영 원리 제정
2	다기종 운영 표준화 포럼의 개설
3	다기종 운영절차에 대한 개인적인 의견의 수렴

㉓ 절차의 개발 · 훈련 · 점검 · 이행 · 최종 Feedback에 이르는 일련의 흐름이 조직적인 기구에 의해 지원되어야 하며, 절차가 변경되거나 보완된 경우 면밀히 감독되어야 한다.

2) 절차의 변경

이미 제정되어 시행되고 있는 절차도 경우에 따라서는 변경되어야 한다. 변경되어야 할 사유가 있는데도 변경하지 않는다면 결과적으로 다른 문제를 유발하게 된다. 절차의 변경을 유도하는 대표적인 요인으로 새로운 장비, 새로운 규칙, 예기치 못한 경험, 새로운 항로, 새로운 경영관리, 새로운 ATC 절차, 절차수행의 협조, 운항환경의 변화, 다기종 운영표준화, 마케팅영향, 총 열가지가 대표적이다.

(1) 새로운 장비

항적경고 및 충돌회피시스템(TCAS, Traffic Alert and Collision Avoidance System)과 같은 새로운 장비가 도입되면 장비자체의 조작과 여러 가지의 기능을 수행할(예, TA-only) 때와 이륙시의 절차(TA/RA Mode)에서의 비행절차 등이 개발되어야 한다. 이전에 사용되지 않았던 새로운 장비의 도입은 참고가 될 역사적 배경이나 선례가 없기 때문에 절차를 개발하는 데 매우 힘들게 된다.

(2) 새로운 규칙(예, 객실에서의 금연)

비록 금연규칙이 객실내에서의 행위에 제한을 가하는 규칙이지만 조종석에서도 다양한 금연경고등을 조작해야 하므로 운항승무원에게도 영향을 주었다. 새로운 금연규칙에 의해 이제는 금연경고등을 ON한 상태로 계속 유지하고 있다.

(3) 예기치 못한 경험(예, 고도강하율 위반)

US Air 운항사는 1990년 고도강하율 위반으로 자주 FAA에 보고(평균 한 달 4건을 같은 이유로 보고) 하였다. 이에 대한 조치로 비조작 조종사가 고도를 입력할 때 고도를 Call-out 하고 손가락을 대고 있으면 조작조종사가 고도를 역시 Call-out 하고 조작을 하는 절차로 확인하도록 하였다. 만약 서로의 Call-out이 다르면 ATC에 재차 확인토록 절차를 수행하였다. 이러한 새로운 절차가 시행된 후 FAA에 보고되는 위반건수는 한 달 평균 1건으로 줄어들었다.

(4) 새로운 항로(예, 다발 항공기 장거리운항)

B-767이나 A-310과 같은 다발운송용 항공기를 초기에 장거리 해상비행에 투입하기 위하여 일련의 특별절차가 개발되었다. 예를 들어, 이륙후 비행의 어떤 특정시간에 ETOPS(Extended Two-engine Operations) 진입지점에 도달하는 조건으로 장거리 해상비행이 인가되었다. 이렇게 됨에 따라 대체공항의 선정을 위한 절차 역시 필요하게 되었다.

(5) 새로운 경영관리(예, 인수합병)

인수합병시 전형적으로 인수사는 인수대상 운항사의 절차에 자사의 기존 절차를 통합하여 표준화시킨다. 따라서 인수된 운항사소속의 운항승무원들은 새로운 절차를 재교육받아야 하며, 만약 새로운 기종이 인수·합병되었다면 인수사는 절차의 동일성을 기하기 위해 중요한 절차를 수립할 필요성을 가지게 된다.

(6) 새로운 ATC 절차(예, 새로운 LDA접근절차)

샌프란시스코 국제공항활주로 28R 경로의 LDA(Localizer-type directional aid only) 접근절차는 계기접근절차상에 모든 절차를 상세히 설명하기 위해 많은 분량의 설명이 필요하다. 운항승무원들은 이에 대해 만약 내가 다른 어떤 접근절차를 예상하고 혹은 준비하고 있다가 LDA 접근을 갑자기 허가받았다면 이 모든 설명을 살펴볼 시간이 있을 것인가? 라는 의문을 가지게 된다.

(7) 절차수행의 협조(예, 탑승구에서 항공기 후진)

운항사에서는 탑승구에서 견인차로 후진시키는 절차를 수행해야 한다. 이에 따라 조종석의 조종사와 지상요원의 통화절차가 필요하게 되었다.

(8) 운항환경의 변화(예, 새로운 산악지역 취항)

운항승무원은 인수합병시 새로운 항로나 새로운 환경에 직면케 된다. 예를 들어, 미국 델타운항사가 웨스턴운항사를 합병하였을 때 웨스턴운항사의 기존 노선과 취항공항을 함께 인수하였고, 델타운항사의 운항승무원들에게 미 서부지역 산악지역의 입·출항절차를 다시 숙달시켜야 했다.

(9) 다기종 운영표준화

운항사가 주 기종을 두 개의 기종으로 동시에 운항하도록 하는 경우, 운항승무원은 두 가지 기종을 조종하면서 절차와 혼동하지 않으려 고심하게 된다. 이런 경우, 주 기종의 절차를 우선적으로 고려하여 절차를 수행하고 기타 기종에 대한 표준화를 따르도록 할 필요가 있다.

(10) 마케팅영향(예, 일등석 승객에 대한 보다 나은 서비스)

일등석 승객의 편의를 위해 항공기의 탑승구를 1L을 사용하지 않고 2L(항공기 왼쪽의 앞에서 두 번째 탑승구)을 사용한다. 이유는 1L을 사용할 경우 항공기의 승객 모두가 일등석구역을 통해 지나다니기 때문이다. 이러한 예는 마케팅에 대한 고려가 어떻게 절차에 영향을 주었는지의 예이다.

(11) 기 타

이밖에도 운항사의 새로운 규칙(예, Flight Director의 사용), 운항사의 새로운 정책, 소음규제, 권고되는 운항방식의 변화(예, Windshear 감지·회피절차), 정비기록에 의한 절차변경(예, 타이어마모기록에 의한 Anti-skid사용), 자연적 위험의 발생(예, 화산폭발), 인위적 위험의 발생(예, 테러) 등을 절차변경의 사유로서 볼 수 있다.

2. 문서화된 소프트웨어

가. 문서화란

문서화는 문서나 자료를 작성하는 것이다. 수행한 작업기록을 남기거나, 어떤 시스템을 사용자가 적절하게 이용할 수 있는 지침을 제공하기 위해 또는 작업자의 훈련 등을 위한 교재를 만들기 위해, 그리고 작업의 진행을 점검하기 위한 점검표의 작성을 위해 문서화가 수행된다. 운항승무원이 사용하는 문서화된 물품·소프트웨어의 종류는 차트(혹은 지도), 계기접근절차, 기상정보, 항공고시보(NOTAM: Notice To Airmen), 기종·장비별 사용지침서 등이며 비행 중 운항승무원과 항공기간의 소통(interface)은 주로 점검표에 의해 이루어진다.

이러한 문서화된 것은 운항승무원에게 많은 양의 정보를 제공하며, 가끔 이러한 문서화된 내용을 판독하고 이해하는데 운항승무원들이 어려움을 겪게 된다.

나. 운항승무원 점검표

1) 비행점검표 개요

초기 비행점검표는 기억력을 보조하기 위해 개발되었다. 현재 사용되고 있는 비행점검표와 유사한 형태를 갖추기 시작한 것은 2차 세계대전 이후이며, 일반적으로 이륙전 점검, 착륙전 점검 등과 같이 임무의 종류에 따라 구분된 형태를 갖추게 되었다.

2) 비행점검체계

① 비행점검체계는 운항지침서(비행지침서)의 조작절차나 제한사항을 철저히 따를 수 있게 기장이나 승무원이 다음 과정의 절차를 점검할 수 있는 체계를 갖추는 것이다.

구 분	운항지침서 점검표에 포함되는 조작절차
1	이륙전 및 이륙 절차
2	비행 중 절차
3	착륙절차
4	비상상황에서의 절차

② 점검표는 운항하는 항공기에 반드시 탑재하고 언제든지 즉각적으로 사용할 수 있는 위치에

【사진 5-2】 비행점검표

보관하여야 한다.

③ 기장은 점검체계가 정확히 수행되고 있는지 반드시 확인하여야 한다.

④ 점검표형식은 다음과 같은 방법 중 적절한 방법을 택하여 작성된다.

구 분	운항지침서 점검표 형식들
1	지면 표기 점검표
2	두루마리식 점검표
3	기계식 점검표
4	음성 점검표
5	컴퓨터에 의한 점검표

3) 점검표 작성목적

① 일반적으로 운항지침서의 점검표는 다음과 같은 목적으로 작성된다.

구 분	운항지침서 점검표 작성목적
1	운항승무원에게 조작절차를 환기시킴
2	운항승무원의 정신적, 육체적 상태저하를 극복할 수 있는 항공기조작의 기본적 표준을 제공함
3	계기를 점검하는 적절한 순서를 제공함
4	조종석 내 · 외부의 운항에 필요한 요구조건을 순서에 따라 점검할 수 있는 절차를 제공함
5	승무원 간의 상호확인 감독이 가능하도록 함
6	운항승무원 간 운항시스템 내에서 역할을 지속함으로서 Team Work을 향상시킴
7	승무원 협업의 최적화를 촉진시키고 조종석 업무량의 적절한 배분을 위하여 승무원 각자의 임무를 규정함
8	운항승무원의 항공기 운항평가를 위한 도구로 사용함
9	비상시 승무원의 기억을 되살려 주고, 위급한 조치사항 실행을 확인시켜 줌
10	운항승무원간의 조작 상이를 최소화해주며, 비행임무 상황에서 승무원 간의 협력을 고취함

4) 점검표 문제점

① 점검표사용에 익숙해지면 운항승무원은 보다 많은 참조정보에 주의를 분배할 수 있고 보다 많은 정보를 처리할 수 있는 능력을 갖게 된다. 그러나 극도로 고조되고 스트레스를 받는 상황에서의 하급자 운항승무원은 실제상태와 운항승무원이 예상하는 상태를 혼돈하여 인지하는 경우가 발생하게 된다.

② 운항승무원이 점검표의 각 항목을 빠른 속도로 수행하는 상황에서는 정확도가 저하된다.

③ 표준용어를 사용하지 않았을 때 정보전달에 문제가 발생할 수 있으며 운항승무원은 점검표의 용어가 혼란스럽고 그 표현이 부적절할 경우, 항목간의 순서가 부적절한 경우, 사용하는

단어의 숫자가 너무 많을 경우 표준용어를 사용하지 않으려고 한다.

④ 수많은 점검표에서 어떤 항목을 수행완료하였다는 뜻으로 Set, Check, Completed 등의 애매한 대답을 하게 되어 있다. 그러나 가능하다면 이러한 대답은 실제상태 혹은 수치를 불러주는 것으로 수정되어야 한다. 또한 항공기에 따라 장착된 장비가 상이하거나 기체제작사가 서로 다를 경우 하나의 운항사에서 다양한 기종을 운영할 때 용어의 차이 때문에 운항승무원이 혼동을 일으킬 수 있다.

제3절 인간-인간(Liveware-Liveware)

1. 인간-인간의 개념

인간(Liveware)은 SHELL 모델에서 중심에 위치하여 융통성이 있으면서도 가장 중요한 역할을 한다. 인간은 업무과정에서 업무와 관련한 주변의 다른 인간과 교류관계를 유지하면서 업무를 수행한다. 이것을 인적교류(Liveware-Liveware Interface)라고 한다. 항공기운항 측면에서 본다면 중요한 위치에 있는 인간은 곧 기장(Pilot in Command)이 된다. 업무와 관련한 다른 인간은 또 다른 조종실승무원, 객실승무원, 정비사, 회사경영자·관리자, 항공교통관제사, 그리고 탑승하고 있는 승객이 되는데, 인간-인간은 기장과 그 주변에 업무와 관련한 종사자들과의 관계를 말한다.

가. 인간의 중요성

운항승무원은 신체기관을 이용하여 항공기의 각종 기기를 직접 조작했는데, 과학기술의 발달과 비행환경의 변화에 따라 항공기를 운항하는데 필요한 운항승무원들의 기능과 역할도 변화하고 있다. 항공기설계, 계기지시·경보계통, 항공기운용에 필요한 절차, 교범, 점검표 및 비행에 필요한 기초자료와 같은 것은 대부분 가시적이다. 때문에 인간-기계와 인간-소프트웨어 관계의 현저한 변화를 지적하는 것은 비교적 용이하지만 인적요인측면의 구체적인 변화를 지적하기는 어렵다.

역사적으로 볼 때, 운항승무원 훈련은 조종기술이나 항공기계통에 관한 지식에 중점을 두는 반면, 항공승무원 상호간 어떻게 의사소통을 하고 필요한 정보를 효과적으로 교환·활용하며, 합리적인 의사결정방법은 어떻게 해야 하는지 등에 대하여는 간과해 온 것이 사실이다.

운항승무원에 대한 여러 가지 교육과 항공기설계가 잘못 되었다든가, 절차의 미비 또는 기상조건에 잘못 대처해 왔다든가, 하는 것에 대한 대비는 매우 중요하다. 하지만 인적과실의 근본요인이 무엇인지를 표면화시켜 예견할 수 있는 인간의 능력과 제한사항들을 고려하여 인적요인에 의한 과실을 줄이고 사고를 예방하는 대책이 더 중요하다.

나. 안전과 교육

각종 운항사고조사 보고서에 의하면, 1970년도 이후 사고들은 대부분 운항승무원이 가용자원을 잘못 활용하였던 것으로 조사되었다. 예를 들면, 한명의 운항승무원은 대단히 바쁜데 반면 다른 운항승무원은 그렇지 않다는 것이다. 또한, 동승한 승무원이 어떤 문제(항법과실, 기계적 결함 등)를 해결하는데 동참하지 않았다는 것 등이다. 결국 운항승무원 간의 업무분담·정보공유·조종업무에 관한 의사소통이 잘 이뤄지지 않아 사고로 진전되었다는 것이다. 장기간 항공관련 연구팀의 연구결과를 보면 운항사고 중 60~80%는 인적과실에 기인하고 있다.

사고원인에서 밝혀진 운항승무원 관련 인적요인들은 의사결정을 잘못했다든가, 의사소통이 잘못 되었다든가, 적절하지 못한 리더십을 발휘했다든가, 상황판단을 잘못 하였다든가, 자원관리를 잘못한 내용이 대부분이었다. 이를 해결하기 위한 노력으로 자원관리훈련의 필요성이 제기되었다. 운항승무원에게 잠재하고 있는 취약점에 초점을 맞춘 자원관리훈련은 인적과실에서 오는 사고의 원인을 사전에 방지하는데 크게 기여하고 있다.

항공안전에 인적요인 측면의 하나로 조종석 자원관리(CRM, Cockpit Resource Management) 교육이 개발되었다. CRM은 운항승무원들이 보유하고 있는 역량을 최대한으로 발휘하는데 있어서 필수적으로 항공승무원으로서의 개인과 대인활동에 관한 가치관과 행동지표의 학습을 목표로 하고 있다.

CRM 과정에서 학습한 자원관리원리를 모의비행 훈련장치에서 적용해 보는 훈련기법이 1986년 이후에 개발되었다. 많은 운항사에서는 이를 실시하고 있는데, 이 훈련을 LOFT(Line-Oriented Flight Training)라고 부른다. LOFT 훈련은 항공기 안전향상을 위하여 한차원 높은 단계로 발전된 교육·훈련기법이다.

2. 인간의 특성

SHELL 모델의 중심인 사람(Liveware)과 주변에 위치한 다른 요소들의 상호 유기적인 협력관계를 증진시키는 것이 승무원 개개인의 결함을 보완할 수 있다는 것이다. 이러한 상호관계를 잘 유지하기 위하여 인간의 특성을 이해하는 것이 대단히 중요하다.

가. 육체적 요구

인간은 작업하는 장소에서 원활한 작업을 수행하기 위하여 환경에 적합한 여건이 필요하다. 특히 항공운항환경에서는 생리적 요구를 충족하기 위한 음식물·물·산소 등이 필요하다.

나. 정보수집·처리

인간은 감각기관을 통하여 필요한 정보를 수집하며 외부상황에 적응하여 필요한 반응을 하게되어 있다. 인간의 기억력이나 분별력은 이러한 외부상황에 따라 그 능력이 감소하기도 한다.

정보가 수집되면 이를 뇌조직에 보내져서 요구에 부응하는데, 인간의 정보처리에 대한 능력은 많은 한계를 가지고 있다. 모든 수단을 동원하여 정보처리를 정교하게 처리한다 하더라도 실수를 일으키게 된다.

다. 행동으로 전이과정

정보가 수집되어 처리되면 그 내용이 근육계통으로 하여금 필요한 반응을 일으켜 몸을 움직이게 한다든가 어떤 형태의 의사결정을 하게 한다. 의사결정과정에 여러 가지 요소들이 실수를 일으키게 하며, 결정된 의사에 따라 행동하는 과정에서 Feedback 기능이 작동하는데 이 과정에서도 실수가 발생한다.

라. 환경적 장애

온도·기압·습도·소음·밤낮·명암 등 모든 것이 직무수행과 인간의 안전성에 영향을 미칠 수 있다. 또한, 고도, 공중의 유쾌하지 못한 작업환경도 운항승무원의 행동양식이나 업무수행능력에 영향을 미치는 실수를 유발할 수 있는 잠재력을 가지고 있다.

마. 문화적 차이

운항승무원의 여러 가지 문화적 차이를 알아보기 위하여 Helmeich, Merritt, Sherman, Gregorich, & Wiener는 FMAQ(Flight Management Attitude Questionnaire)를 대상으로 연구를 진행(1993)하였다. 14개 국가 20개 운항사 7,000명의 운항승무원, 2,000명의 객실승무원을 상대로 연구가 진행되었다. 지휘체계, 정보교환, 가치관을 중요요인으로 하였고, 스트레스, 팀행동방식, 자동화관련 태도 등에 관하여 설문조사를 실시하였다. 이 연구에서는 문화적 차이를 보다 분

그림 5-3 개인문화(Anglor)·집단문화(Other) 지휘체계 및 정보교환

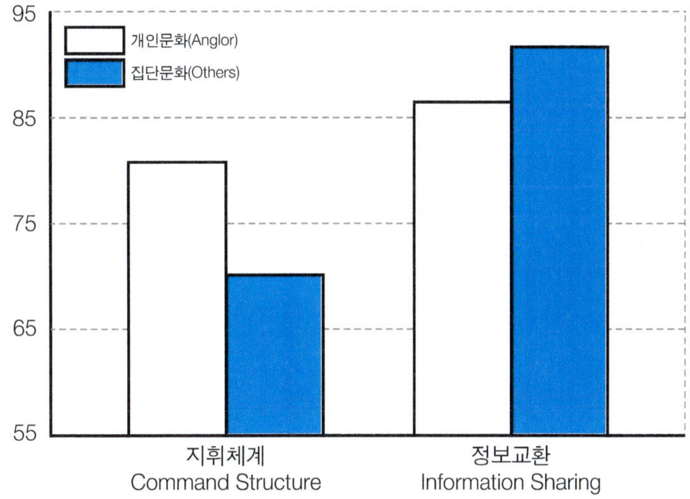

명하게 확인하기 위하여 개인문화권 운항승무원과 집단문화권 운항승무원 간 차이를 비교하였으며 내용은 〈그림 5-3〉과 같다.

1) 지휘체계(Command Structure) 및 정보교환(Information Sharing)

(1) 지휘체계

다른 승무원이 기장의 결정사실에 대하여 부담없이 질문을 한다든가, 어느 경우에라도 부기장이 항공기를 대신 조종할 수 있다(권한의 위임)든가, 기장이 절대적 권한을 행사해서는 안 된다든가, 비행관리의 성공이란 기장의 비행숙련도에 의존하기 보다는 그것 이상의 요소가 있어야 한다는 것 등의 내용을 지휘체계로 하였을 때 개인문화권 운항승무원들의 점수가 보다 높게(잘 수용함) 나타났다.

(2) 정보교환

작업을 언어로 표현하여야 한다든가, 자기직무에 관계되는 것은 정보를 교환하고, Cockpit 승무원과 Cabin 승무원은 잘 협조하여야 된다는 내용을 정보교환을 하였을 때 집단문화권 운항승무원쪽에 더 많은 점수를 주고 있다. 개인문화권에서는 정보교환이 중요하지만 주장해야 할 경우에 말을 해야할 책임이 있다고 보는 반면, 집단문화권에서는 자기주장을 말한다는 것이 자연스러운 것이 아니므로 상의하달식 의사소통과 협조에 큰 가치를 두고 있다.

2) 대인관계(가치관)

개인문화권의 운항승무원은 인간은 평등하게 태어났다는 평등주의에 기초를 두고 있다. 다시 말해서 상급자인 기장과 하급자인 다른 승무원(Crew)과의 관계는 임시적이며 인위적인 특성을 가질 뿐이라고 생각하고 있다.

의사결정전에 서로 상의하는 지도자를 좋아하며 하급자들도 항상 평등하다고 대우하는 지도자를 좋아한다. 직설적이며 간결하고 편견없는 대화를 하는 편이고 어느 것이든 논리적으로 질문할 권리가 있다고 믿고 있다. 누구든지 의문이 있으면 항상 합리적인 해답을 구하고 마음에 들지 않으면 도전할 것이라고 기대하고 있다. 결국 개인문화권 사람들은 개인의 자율능력에 대한 권리, 책임과 의무에 찬성을 많이 하고 있다.

반면 전 세계적인 현상은 아니지만 집단문화권의 많은 운항승무원들은 불평등주의에 기초를 두고 있다고 보고되고 있다. 전통적 계급제도가 가족·씨족·직장·모임속에 그러한 직위가 생성되어 존재한다는 것이다. 이러한 환경속에서 조성된 자연질서를 이해하고 순응하는 것은 당연한 책임이라는 것이다. 그러므로 계급적 관계속에서의 의사소통은 자연히 관계질서를 존중하고 단체적 조화를 유지하기 위하여 간접적이며 조심성 있는 대화가 필요할 것이라는 것이다. 결국 기장과 다른 승무원의 관계는 상급자와 하급자 간에 형성되는 합법적인 상·하 차등관계가 있다고 본다.

3) 체 면

체면은 사회적 위치와, 일반적 관행에 비추어 자신에 대하여 타인이 인정하는 품격같은 것이라고 할 수 있다. 어느 문화권에 있거나 인간은 자존심, 명예 그리고 존엄성에 많은 가치를 부여하고 당혹을 피하려고 하거나 자존심을 유지하려고 하고 각종 사회활동에서 자기의 표상을 넓혀 가려고 한다. 체면이라는 용어는 원래 중국에서 나온 것인데 문화적인 현상이 아니고 일반적인 개념에 속하는 것이다.

인간의 상호작용이 이루어지는 곳에서 상호체면을 위협하는 소지가 많다. 개인문화권의 운항승무원은 다른 사람의 체면보다는 나 자신의 독자성을 위주로 하고 기장과 승무원 간에는 신분의 차이를 느끼지 않으며, 기장이 잘못했으면 기장 스스로 책임을 지고 자신의 체면은 위협받지 않는 것이라고 생각한다. 반면, 집단문화권의 운항승무원은 다른 사람들의 체면과 우리를 위주로 하고 기장과 승무원 간에는 신분의 차이가 엄격하고, 기장이 잘못했으면 승무원은 공동체의 일원으로서 난처하게 생각하며, 기장의 태도를 바로 잡을 수 없는 것을 서로 부끄럽게 생각하기 때문이다.

이상에서 살펴본 바와 같이 인간은 실수할 수 있다고 보는 인간의 특성상 항상 잠재적으로 실수를 가지고 있다고 보아야 할 것이다. 다국적 승무원을 운용하고 있는 운항사에서는 조종실구성원의 문화적 차이가 장점도 있지만 단점으로 작용하여 직무수행능력을 저하시키는 경우가 많다고 보고되고 있다.

제4절 인간-환경(Liveware-Environment)

1. 내부적 환경

가. 온 도

항공기내부의 온도조절은 아주 중요한 고려사항 중 하나이다. 온도는 탑승객과 승무원 간에 조건이 다른 경우가 발생할 수 있으므로 주의해야 한다. 다시 말해서 식사준비를 하면서 일을 하고 있는 객실승무원과 좌석에 앉아 있는 탑승객과는 조건이 다를 수 있으므로 적합한 온도는 차이가 있을 수 있다. 그리고 온도는 체내에 수분손실과 직접적으로 관련되어 있다.

인체는 환경조건의 변화에도 불구하고 체온을 유지할 수 있는 적응력이 있지만 보통 섭씨 15.6도 이하의 온도와 섭씨 29.4도 이상의 온도에서는 불쾌감을 느낀다. 섭씨 27도에서 앉아서 독서를 하는 경우 시간당 0.38리터, 차운전을 하는 경우 시간당 0.24리터, 걷는 경우에는 시간당 0.38리터가 땀으로 배출되는 체내수분차이가 있다.

항공기 조종실내에 있어서 기내온도조절은 승무원과 관련된 가장 중요한 환경분야이다. 운항승무원의 임무는 조종석에 앉아서 수행되기 때문에 온도조절에 관한 고려사항이 많은 것은 아니지만 휴식을 위한 조종실 외에서의 활동과 객실승무원에 대해서는 고려되어야 한다. 기내주방에서 음식을 준비하는 등 특별히 활동량이 많은 객실승무원은 좌석에서 앉아 있는 승객이 최적이라고 생각하는 온도분포에서 매우 덥다고 느끼게 될 것이다. 담요를 덮은 상태로 쉬고있는 승객은 달리 기내주방에서 일하고 있는 승무원이 짧은 소매로도 땀을 흘리는 것은 당연하다. 이는 오븐과 뜨거운 컵에서 나오는 열이 기내주방으로부터 과다하게 방사되기 때문이다.

기내주방에서 멀리 떨어진 곳의 환경적 온열조건의 차이는 능동적이고 수동적인 승무원들 간에 나타난다. 이러한 차이는 비행중 보충해야 할 물의 양에 그대로 반영된다. 승객은 시간당 0.11리터의 물이 필요한 반면, 매우 활동적인 승무원은 거의 4배가 필요하게 된다. 이러한 수분요구는 수분손실율과 관계가 있는데 육체적 활동, 기온, 상대습도에 따라 다양하다. 수분손실은 다른 방법으로도 발생되지만 수분손실에 대한 활동의 영향은 발한율(發汗率)로서 판단하게 된다.

나. 습 도

고고도로 비행하는 항공기의 새로운 환경요소에는 매우 낮은 상대습도를 접하는데, 이는 고고도 공기중에 수분함유량이 매우 낮기 때문이다. 그리고 상대습도는 탑승객에게도 달려 있다. 항공기 기내의 낮은 상대습도를 높이기 위해서는 항공기운영에 따른 문제점을 내포하고 있다. 예를 들어 B-747의 경우 상대습도를 8%에서 15%로 올리기 위해서는 시간당 약 20kg의 물이 필요하게 된다. 항공기가 상승함에 따라 공기는 건조하게 되어 기내상대습도는 환기율, 승객탑승율, 기온, 기압 등이 보통 2~23%이내에 있게 된다. 이것은 제트항공기 운항에 가장 경제적인 고도에서 매우 낮은 수분함량환경에 노출되게 된다.

난방이 되는 실내인 경우 여름에는 40~60% 정도, 겨울에는 40~45%가 대체로 쾌적감을 준다. 이보다 낮은 상대습도에서는 바이러스나 박테리아가 더 오래 살아남아 있는 것으로 보고되었다. 그리고 30% 이하 또는 80% 이상이면 건강에 좋지 않는 것으로 보고되었다. 상대습도가 30% 이하가 되면 건조해져서 눈, 코에 상당한 불쾌감을 주게되고 감기와 같은 질병감염에 대한 저항력을 떨어뜨린다. 신체에 수분부족현상을 막기 위해서는 커피나 술을 마시지 않아야 한다.

승무원의 업무중 부상 및 질병에 관한 조사에서 승무원은 다른 근로자에 비해 호흡기질병의 가능성이 20배나 되는 것으로 보고되었다. 또한 낮은 습도는 피부에 해로운 영향을 주고 노화를 촉진시킨다. 적절한 수분이 비행중 보충된다면 몸의 탈수현상은 예방될 수 있다. 비행중 상대습도는 가습기의 장착으로 높일 수 있으나 많은 양의 물과 요구되는 장비로 무게가 증가하는 문제가 발생된다. 또한 필요 이상의 높은 상대습도는 전자장비에 좋지 않은 영향을 주고 장시간 계속되면 항공기의 각종 자재가 습기침투로 인해 기능이 떨어질 수도 있다.

다. 기 압

항공기를 자주 이용하는 사람들은 항공기이륙이나 착륙시에 귀가 일시적으로 멍멍해지고 심하면 두통까지 뒤따르는 경험을 한두 번쯤은 겪었을 것이다. 또한 항공기가 순항비행중에 심하게 흔들리는 요란현상도 겪었을 것이다. 이러한 경험은 우리가 평상시 지상에서만 생활하다가 고고도라는 환경에 노출됨으로써 발생되는 것이다. 이러한 환경에서 우리의 몸도 고고도환경에 적응하려는 생체변화가 일어나게 된다.

객실내기압은 보통 비행중에는 5,000~8,000피트에서 조절된다. 여압장치는 급격한 감압위험을 가지고 있으며 의식을 유지할 수 있는 시간은 비행고도에 따라 다르고 남·여 간에도 차이가 있는 것으로 보고되었다.

라. 소 음

운송용 항공기의 주된 소음원은 기체와 엔진의 경계층 난류로부터 발생된다. 그리고 이것은 전진속도와 공기밀도의 증가에 따라 증가하게 된다. 더욱이 에어컨과 여압상치 그리고 유압계통도 소음발생에 한몫을 하고 있다. 일반적으로 항공기기내에서 발생하는 소음은 주파수대가 광범위하고 동체의 측면보다는 중심선을 따라 6데시벨(dB)정도 감소하는 현상을 보인다.

소음의 영향은 생리학적·심리학적으로 해석하는데, 소음에 장기간 노출되면 인체의 청각기관이 손상을 입게 된다. 이러한 환경을 극복할 수 있는 정도는 개인간의 차이가 있다. 더구나 소음은 지속적이거나 한시적이며 다양한 주파수를 가지고 있으므로 어떤 국가들은 소음수준, 노출시간에 대한 제한사항을 규정하고 있다.

장거리용 항공기인 경우는 HF라디오를 지속적으로 수신하고 있어야 하므로 승무원들이 소음에 노출되는 요인이 되고 있다. 자동호출장치(SELCAL)가 개발됨에 따라 많이 해소는 되었지만, 항공기기내 소음환경에서 장기간근무하며 나이가 들어감에 따르는 자연적 손실이상의 청력손실을 호소하는 항공기운항 승무원이 많다. 음성통신의 경우 이는 항공기안전과 직접적으로 연관되어 있으며 소음은 신호를 정확하게 수신하는데 방해가 된다.

그리고 규명하기는 곤란하지만 심리학적인 측면에도 소음은 영향을 주게 된다. 젊은 세대들은 팝음악을 즐겨 듣지만 인체의 귀는 소음과 음악을 구분하지는 못한다. 즉 심리적인 측면에서는 기쁨을 가져다주는 음악도 인체청각기관에는 소음과 같은 조건으로 받아들여지게 된다는 것이다. 통신에서의 소음은 항공기운항 승무원을 당황하게 하고 긴장하게 하며, 메시지 전달내용을 반복해야 하는 등의 부담이 업무의 피로를 증가시키게 된다. 소음은 항공기운항 승무원뿐만 아니라 객실승무원에게도 마찬가지이며 객실승무원들은 탑승객과의 대화에서 소음에 의한 피해를 받게 된다.

청력손실을 방지하기 위하여 항공기 승무원들은 소음의 피해를 알고, 소음수준을 최소화하고 소음에 노출되는 것을 가급적 줄이는 것이 바람직하다. 항공기운항 승무원이나 객실승무원 모두 임무중이 아닌 경우에는 조용한 곳에서 휴식을 취하여야 하며 조종실 HF 라디오소리를 너무 크게 하지 말아야 한다. 그리고 헤드폰이나 귀마개를 사용하여 소음에 노출되는 수준과 시간을 감소시켜야 한다.

2. 외부적 환경

가. 시 차

항공우주과학의 발달로 여객용 항공기의 규모가 커지고, 더 높이 더 빠르게 날 수 있는 대형고속항공기가 장거리노선에 주역을 이루고 있다. 장거리 해외여행에서 야기되는 생체리듬의 부조화 현상 즉, 시차병증세가 적잖은 문제를 만들고 있어서 운항승무원에게는 특별히 신체환경극복이 무엇보다도 중요하다.

여러 시간대의 장거리 해외여행으로 야기되는 시차병증세는 개개인과 나이에 따라 다소 다르게 나타난다. 시차증으로 흔히 나타나는 증상들은 불면증 · 피로감 · 소화불량 · 공복감 · 신경과민 · 두통 · 집중력 저하 등이다.

일상생활 속에서의 밤과 낮에 의한 생활리듬이 항공승무원의 경우 항공기운항에 따른 시각대가 달라지기 때문에 인체 바이오리듬과 생활리듬이 다르게 되어 피로를 유발하게 된다. 우리인체는 시간을 늦추는 것보다 시간을 앞당기는 것이 바이오리듬을 더 심하게 자극한다. 때문에 서쪽에서 동쪽으로 가는 경우가 동쪽에서 서쪽으로 비행하는 경우보다 더 심하게 피로가 나타난다. 1시간의 시각차를 회복하는데 하루가 소요된다고 주장하는 연구결과도 있으나, 항공승무원 각자가 시차를 극복하기 위한 노력이 건강유지와 피로방지에 중요하다고 할 수 있다. 그리고 현지 시각에 맞게 행동하는 것이 시각차에 의한 피로를 보다 빨리 회복하고 현지 적응을 쉽게하는 방법이라고 보고되고 있다.

나. 전자파

전파응용범위가 확대되고 전파응용장치의 사용이 두드러짐에 따라서 전파에 대한 관심이 높아지고 있다. 전파의 주된 이용은 정보의 전달과 에너지의 전송이다. 이뿐만 아니라 그 응용분야를 각각 열거하자면 헤아릴 수가 없다. 이와 같은 전파자원은 인류에게 많은 도움을 주는 반면 유해물질도 배출한다.

인체에 영향을 미치는 전자파는 ELF(Extremely Low Frequency: 1KHZ), VLF (Very Low Frequency: 1500KHZ), Microwave(300MHZ~300GHZ)로 분류한다. ELF와 VLF는 자계(Magnetic Field)와 전계(Electric Field)를 측정하여 유해정도를 삼는다. Microwave는 단위견적 당 출력을 측정하여 유해정도의 기준으로 삼는다. ELF와 VLF는 자계와 전계에 의해 인체에 유도되는 전류가 흐르는 것이 문제가 되는데, Microwave는 인체조직의 온도를 상승시킨다.

전자파에 의한 전류가 인체에 미치는 영향이 해롭다고는 하나 어떻게 해로운지 완전히 밝혀지지 않고 있다. 그러나 다음의 두 가지 학설이 설득력을 얻고 있다. 그 중 하나는 전자파파장과 세포의 크기가 연합될 때 공진현상이 일어나고, 이 공진은 전자파 에너지전달을 최대화시켜 유해 또는 이를 측정가능한 생체현상을 유발시킨다는 학설이다. 측정가능한 생체현상이란 전자파에 의해 세포막을 통과하는 칼슘이온이동이 방해되는 현상을 말한다. 또 다른 학설은 세포막 사이의 변화된 칼슘이온 흐름이 암에 대항하여 싸우는 능력을 감소시킨다는 것이다. 얇은 세포막의 낮은 전도성으로 말미암아 미세한 유도전류와 세포막 사이에는 높은 전압이 형성되어 화학적 평형을 방해한다는 것이다.

다. 구 름

구름은 공기중의 수증기가 승화해서 수직으로 대기중에 떠있는 것이다. 구름은 대기중에 발생하는 물리적 현상중의 하나로 구름의 양이나 구름의 형태를 정확하게 측정해 기상환경변화를 예상할 수 있게 해준다.

운형은 구름의 겉모양을 말한다. 운형에는 국제적으로 통일된 분류법이 있어서 상층운, 중층운, 하층운, 수직운으로 구분하고 세부적으로는 열 가지 종류로 나누고 있다.

상층운은 권운, 권적운, 권층운이 있고, 중층운은 고적운, 고층운이 있다. 하층운은 층운, 난층운, 층적운이 있고, 수직운은 적운, 적란운이 있다.(표 5-4 참조)

운량에 의한 하늘상태는 Clear, Scattered, Broken, Over Cast의 네 가지로 구분하고 있다.

표 5-4 운형의 분류 및 형태

구 분		운형의 형태
상층운	권 운	빙정상태이고 흰색, 연달아 있는 새털모양
	권적운	빙정상태이고 흰색, 작은 잔물결(또는 자갈)과 연기모양
	권층운	빙정상태이고 흰색, 반투명한 베일(면사포) 모양
증층운	고적운	물 또는 빙정상태, 흰색부터 암회색으로 연기, 잔물결모양
	고층운	물 또는 빙정상태, 흰색부터 회색까지 고르게 하늘을 거의 덮으나 태양확인은 가능
하층운	층 운	균일한 운저의 흐린 회색빛으로 하늘을 고르게 덮음
	난층운	운저가 혼란스러운 암회색, 운량이 많고 강수가 있음
	층적운	물 상태로 진한 회색, 부드러운 회색조각 모양
수직운	적 운	운저가 수평, 편평한 밑바닥을 가진 꽃 양배추모양
	적란운	적운이 발달하여 성장, 연직방향으로 크게 뻗치며 거대한 산이나 탑 모양

라. 시 정

시정은 대기의 혼탁정도를 나타내는 척도중의 하나다. 어떤 방향의 시정이라고 하면 주간에는 그 방향의 하늘을 배경으로 하나의 목표를 확인할 수 있는 최대거리를 말한다. 여기에서 말한 확인이란 목표의 존재를 볼 수 있을 뿐 아니라 목표의 모양을 식별할 수 있음을 뜻한다.

미국 연방항공청에서 적용하고 있는 시정과 세계기상기구(WMO, World Meterological Organization)에서 적용하고 있는 시정은 주간에는 동일하나 야간은 정의상 약간의 차이가 있다. 미국에서는 목표로 선정된 등화가 식별되는 최대거리가 야간시정이 된다. 그러나 WMO에서는 주간과 같은 밝기라고 지정했을 때의 최대 가시거리를 말한다. 따라서 WMO 적용 주·야간의 시정이 연속적이나 미국은 주·야간의 경계에서 불연속적이더라도 무관하게 정의하고 있다. 시정은 미터단위로 관측·통보된다. 5,000m까지는 100m마다 5,000m이상은 1,000m마다 관측·통보한다. 9,000m이상인 때는 999로 통보한다.

3. 문화적 환경

가. 문화적 환경의 이해

전통적으로 운항승무원의 역할은 3차원 환경에서 적당한 정확성으로 일련의 조작을 통하여 항공기를 조종하는 것이다. 새로운 과학기술을 이용한 신형항공기 등장은 이러한 기술 등을 자동화로 점차적으로 대체하는 추세이다. 이에 맞춰 운항승무원의 역할도 점차적으로 바뀌어 가고 있다. 이러한 역할변화와 더불어 운항승무원은 새로운 기술과 지식을 습득해야 하고, 더욱 중요한 것은 그 임무수행방식을 한차원 끌어올려야 한다는 것이다.

새로운 과학기술을 이용한 신형항공기 운항에 요구되는 기술은 의사소통과 비행관리에 관한 것이다. 새로운 지식은 컴퓨터에의 적용, 그리고 항공기구조의 이해에 있다. 이러한 요소중에 가장 중요한 것은 신형항공기 조종에 보다 높은 수준의 팀워크와 역할분담이다.

인간관계기술을 개발하려면 우선 인간을 이해할 줄 알아야 한다. 운항승무원의 역할을 이해하기 위해서는 인간관계기술을 문화적인 관점에서 접근해 보는 것이 필요하다. 또한 각국의 문화와 여러 가치관들 뿐만 아니라 운항사가 고용하고 있는 외국인력의 문화와 가치관의 고찰도 필요하다. 이를 위한 인간관계 기술의 문화적 접근을 위한 검토내용은 표와 같다.

구 분	인간관계 기술의 문화적 접근위한 검토내용들
1	문화의 정의와 가치의 근원
2	네 가지 문화적 차원과 Team Work, 의사소통, 정보처리, 스트레스, 상황인식과의 관계 및 의사결정 과정에 미치는 영향
3	팀워크와 역할분담으로 보다 효과적인 임무수행하는 도구들

나. 문화적 환경의 정의

네덜란드 심리학자 G. Hofstede는, European Institute for Advance Studies에 있는 동안 150 문항으로 구성된 질문서로 전 세계의 거의 모든 나라에 걸쳐서 심도 깊은 문화연구조사를 시행했다. 이 모든 나라들은 미국에 본사를 둔 대기업 IBM에 의해 조사되었다. 이 회사는 여러 나라에 걸쳐서 동일한 직업과 유사한 연령, 그리고 성별에 따른 구성을 갖고 있다는 장점이 있어서, 이론상으로는 국적만이 다른 것이었다. 따라서 연구조사결과에서의 차이점은 나라별 문화의 차이에서 온 것이라고 생각할 수 있었다.

Hofstede는 문화를 이렇게 정의(1990)했다. 문화란 한 단체와 다른 단체의 구성원들을 구별짓는 정신의 집단적인 프로그래밍이다. 문화의 차이는 나라와 나라사이 뿐만 아니라, 나라안에서 지역, 사회계층, 세대, 성별, 직업, 조직 사이에서도 존재한다. 이러한 문화는 우리가 실재를 인지하는 방식에 영향을 주고 제약한다. 문화 때문에 우리는 실재의 어떤 국면을 선택하고 그에 의미를 부여한다. 문화는 가치체계를 포함하고 우리의 우선 순위에 영향을 끼치므로 우리의 의사결정에 영향을 미친다.

이러한 정의중에서 유의할 사항은 의사결정과정의 대부분이 실재 그 자체가 아니라, 우리의 가치관과 실재를 인지하는 방식에 영향을 받는다는 것이다. 그러면 여기에서 우리의 가치관은 무엇에서 그리고 어디에서 기원하는가를 생각해보는 것이 타당할 것이라고 생각된다. 대부분의 대한민국 사람들은 최초의 그리고 가장 강력한 가치의 근원은 가족에서 오는 것으로 말한다. 가장 영향력이 강한 것은 부모, 형, 아주머니, 할아버지 또는 형성기간중에 가장 접촉이 많은 사람들이다. 이들의 중요한 요점은 연장자라는 것이다.

초기 학교환경(선생님들)도 또한 강한영향을 끼친다.

세 번째의 가치원은 우리가 성숙할 때, 우리 자신의 가치관을 제련시킬 수 있을 때 온다. 이러한 것에는 대학교, 훈련소, 군대생활, 최초의 고용주, 과장, 부장, 기장, 교관 등이 있다. 우리가 취직할 때쯤은 이러한 기본적 내지는 부차적 가치들이 서로 통합되어 우리 자신의 가치관을 형성시키는 것이다.

우리의 가치관이란 우리가 간직하고 지키기로 한 다른 인간의 가치관인 경우가 흔하다고 말할 수도 있다. 따라서 선생님은 자기가 맡고있는 학생에게 긍정적이고도 일관된 가치관을 전수하는 것이 아주 중요하다.

대한민국 사람들은 일반적으로 가족에 대한 가치관이 강한 집단주의적인 사회에 살고 있다. 연장자에 대한 존경이 가정에서나 직장에서 행해지고 있는 것을 볼 수 있다. 권위와 직위에 대한 존경도 또한 널리 행해지고 있어서 상급자에 대한 호칭이 여러 가지이다. 대한민국 사람들은 대결보다는 화해를 선호하고 사업상거래에서 의견일치와 조화를 추구하는 편이다.

상급자와 하급자의 견해가 서로 다른 경우가 흔하지 않다. 자존심과 체면에 손상이 가지 않는 방향으로 노력한다. 관용과 양해가 객관성에 기초를 둔 법적 또는 합리적 주장보다 더 중요한 것으로 생각한다.

다. 문화적 경향의 중요 내용(대책)

Hofstede는 40여 개국에 걸쳐서 직업관련 가치관에 대해 체계적인 연구를 진행하였으며, 이 연구에서 그는 문화적 비교를 허용하는 네 가지 차원을 제안했다. 이 네 가지의 차원들은 모두 일반개념들로서 일반개념들이 모두 그렇듯이 모든 사람들에게 적용될 수는 없다. 그의 연구가 항공분야를 목표로 한것은 아니지만 Hofstede의 문화적인 통찰력은 CRM에도 유용하며 CRM에서의 중요내용은 다음과 같다.

구 분	CRM 문화의 중요내용
1	권력거리(Power Distance)
2	불확실성 회피(Uncertainty Avoidance)
3	개인주의(Individualism)
4	남자다움(Masculinity)

여기서 주의해야 할 것은 옳거나, 그르다고 하는 가치판단적인 것이 아니라, 단순히 상이한 문화, 상이한 세계모델간에 비교만을 허용할 뿐이라는 것이다. 각 차원은 강점과 약점이 있으며, 상황에 따라 적절하거나 부적절하게 된다.

1) 권력거리

권력거리는 자신과 상급자 사이에 권력의 차이가 클 때 얼마나 마음이 편한지를 측정하는 수치이다. 마찬가지로 상급자가 이러한 권력의 불평등하에서 그 마음이 얼마나 편한지를 측정하기도 한다.

필리핀과 같은 문화는 이 권력거리 수치가 높으며, 따라서 권력의 불평등이 큰 상황을 기꺼이 감수하려는 경향이 크다.

하급자 승무원들은 기장과 의견대립으로 인해 초래되는 결과를 두려워하기 때문에 소신있는 조치가 요구되는 상황인데도 아무말을 하지 못하는 경우가 많다. 기장은 지시일변도이어서 효과적인 의사소통과 팀워크를 방해한다. 상급자 승무원은 하급자 승무원을 열등한 존재로 여겨서 자신의 영역에 침범하는 것을 싫어한다. 하급자를 믿지도 않고 그 능력을 인정도 하지 않는 이러한 마음가짐은 효과적인 팀워크에 부정적으로 작용한다.

호주와 같은 문화는 이 권력거리 수치가 낮다. 그래서 상급자와 하급자는 서로 동료같이 대하고 가깝게 지내는 경우가 많다.

2) 불확실성 회피

애매하고 불확실하며 잘 모르는 상황에 봉착했을 때 사람들이 느끼는 초조함과 불안감을 측정하는 수치가 불확실성 회피이다. 이 불확실성 회피수치가 높은 문화는 규칙이나 규정에 크게 의존함으로써 불확실성을 피하려고 하는 경향이 강하다. 엄한 행동규범을 수반한 이러한 규칙들은 경직되고 융통성이 없으며 아량이 없는 행동을 유발한다. 이 불확실성 회피수치가 낮은 문화는 상황을 보다 유연하게 대처하여 불확실성을 인생의 하나의 사실로 받아 들인다.

상황에 관계없이 규칙과 규정에 지나치게 의존하는 융통성이 없는 마음가짐을 갖게되고 규칙과 규정의 적용 그 자체에 대해서도 반론이 생길 수 있다. 상급자의 공격적인 행동이 허용되고 장려되는 상황은 팀워크와 의사소통에 심한 제약을 가할 수도 있다. 한편으로는 불확실성 회피가 높으면 위험부담을 적게하려고 하며 정도내지는 표준적인 것만 하려는 경향이 강하다.

3) 개인주의

문화가 지각하고 있는 개인의 중요성과 이에 대한 단체의 중요성을 비교측정한 수치가 개인주의 수치이다. 높은 개인주의적인 문화는 한 사회나 단체에 대한 사회적 의무보다도 개인의 동기와 성취에 더 많은 가치를 부여하며, 개인이 주체의식의 기본이다. 이 개인주의 수치가 낮은 경우 사회제도에 기초한 주체성을 갖고 마을이나 단체의 일원으로서 존재하기를 선호한다. 미국이나 유럽 운항사들의 승무원들이 흔히 갖고 있는 생각은 개인의 결정이 단체의 결정보다 언제나 더 좋다는 것이다.

이런 생각은 팀워크를 저해하는데, 종업원은 우리이고 고용주는 저들이라는 마음가짐은 종업원들이 자신들의 이익을 지키려고 투쟁하는 분위기를 조성한다. 유념해야 할 것은 CRM 즉, 승무원자원관리(CRM, Crew Resource Management)가 개인주의에서는 때때로 조종실의 경계를 넘어서까지 영향을 미친다는 것이다.

4) 남자다움

남자다움을 중시하는 문화는 결단성, 직접성, 야심 등과 같은 것에 가치를 부여한다. 그들의 신조는 크고 빠른 것이 아름다운 것이고 물질적인 성공이 중요하며 독립심이 이상적이라는 것이다. 반대로 여성적인 문화는 겸손하고 부드러우며 경쟁적일 필요가 없어서 물질적인 성공보다는 삶의 질에 더 많은 가치를 둔다. 개인적인 결정이 단체결정보다 언제나 더 좋다는 생각이 문제점이며, 조종실내에서 자기가 제일 남자답다는 자만심이 또한 커다란 문제점이다.

5) 문화적 경향의 상호작용

앞에서 설명한 네 가지 문화적인 경향 사이에는 상호작용이 있다. 예를 들어, 권력거리가 크면 개인주의가 낮은 경향이 있고 권력거리가 낮으면 개인주의가 높은 경향이 있다.

대한민국 사람은 대체로 권력거리가 크고 남자다운 성격이 강하고 불확실성 회피는 중간내지는 약한 쪽이며 개인주의 성향이 낮다. 이러한 문화적 경향은 좋은 성향이다 또는 나쁜 성향이라는 것은 없다. 모든 성향이 강점과 약점이 있는 것이다. 우리가 추구해야 할 것은 어디에 우리의 강점과 약점이 있는가를 아는 것이다. 권력거리가 크면 상급자와 하급자는 서로서로를 다른 종류의 사람이라고 생각한다. 권력을 잡고 있는 사람은 될 수 있는 대로 자신이 힘이 있는 사람이라고 보이도록 노력한다. 자리가 높을수록 특권과 혜택이 많이 따라온다. 이는 대한민국 사회에서 연장자를 의식하고 공경하는 것과 밀접한 관계가 있다. 한편 하급자는 상급자가 겸손한 자세를 갖기를 기대한다.

남자다움이 강하다는 것은 여성을 대우하는 방식에서도 관찰될 수 있다. 남자들은 중요한 결정을 내리고 여자들은 커피를 나른다. 어떤 가정에서는 여자는 남자가 식사를 끝마친 다음에야 식사를 하는 집도 있다.

불확실성 회피성향이 약한 문화는 규칙이 적다. 이런 문화에서는 법적인 서류가 없이 계약을 하는 것이 마음이 편하다. 말로 한 약속이 계약서보다 더 중요시 되기도 한다. 이런 태도는 모든 것을 낱낱이 계약서로 문자화해서 서명한 후에야 합의가 성립되는 경우와는 대조적이다.

대한민국 사람은 소속감을 갖기를 좋아하므로 단체환경에서 일을 잘한다. 단체정신이 개인주의보다 더 중요하므로 개인적인 일보다는 단체의 관심사에 우선순위를 기꺼이 부여한다. 일의 만족감은 동료로부터 존경을 받고 동료와 하급자와의 원만하고 조화로운 관계를 유지하는 데서 온다.

제6장

승무원자원관리(CRM)

제1절 CRM 개요

1. CRM(Crew Resource Management) 배경

국제민간항공기구(ICAO)는 각 체약국 및 운항사의 인적요인훈련을 돕기위해 1986년 ICAO 총회결의문 A26-9에 의거 DIGEST를 발간하고 있다. 이 DIGEST 2번항에는 조종실자원관리 및 운항중심비행훈련(LOFT, Line Oriented Flight Training)에 관한 훈련자료를 기술하고 있다.

CRM은 항공승무원 인적요인훈련으로 가장 잘 알려진 형태이다. CRM은 일반적으로 안전하고 효율적인 항공기운항을 위하여 관련된 하드웨어, 소프트웨어, 운항관련 인적자원과 환경 등 이용할 수 있는 가용자원을 조종사가 효과적으로 사용하는 것으로 인식하였다.

ICAO 결의안을 기초로 각 국가, 학술연구기관, 운항사들은 운항승무원들의 구성특성과 문화적 배경을 참조하여 운항사의 안전운항을 위한 인적자원관리 훈련기법을 설계·개발 등 운항승무원 훈련의 목표를 효과적으로 달성시키기 위하여 노력하고 있다.

2. CRM의 이해

가. 인적요인의 중요 사항

항공기조종실 내에서의 승무원 상호간의 인간관계가 원만치 못하면 어떤 사태를 유발하는가에 대해서는 미 국가교통안전위원회(NTSB, National Transportation Safety Board) 보고서 내용이 몇 가지 교훈을 주고 있다. 1972년 12월 29일 미국 Miami 근처 Everglades에서 추락한 트라이스타는 Eastern항공조종실 승무원들이 고장난 Nose Gear Position Light를 교환하고 있는 동안 발생하였다. 사고조사결과 다음과 같은 사실이 발견되었다.

구 분	Eastern항공 트라이스타 사고(1972. 12. 29) 사고 원인들
1	Nose Gear의 이상 지시에 주의를 빼앗겨 접근이나 착륙의 통상절차 이행을 소홀히 함
2	업무량을 줄이기 위하여 자동조종장치가 사용되었으나 항공기 조작 책임의 위임은 명확히 하지 않음
3	Lens Assembly를 뺀 다음 잘못 끼움
4	부조종사는 걸려서 꼼짝하지 않는 Lens Assembly를 다시 빼는데 고착됨

구 분	Eastern항공 트라이스타 사고(1972. 12. 29) 사고 원인들
5	기장은 부조종사를 돕는 한편 문제를 다른 방법으로 해결해 보기 위해 다른 승무원에게 지시하는 등 주의가 분산됨
6	승무원들은 약 4분 동안 고장 난 지시등에만 몰두하는 바람에 그 밖의 것에 대하여는 배려하지 못함

즉, 기장은 항공기의 비행상황을 항상 감시(Monitor)하고 주관하는 기본업무를 망각하고 있었다는 것이다. Chicago Midway 공항에 착륙하려던 민간항공기 한대가 활주로에 도달하지 못하고 추락하였는데, 이것도 앞에서의 사고와 같이 사소한 기계적 결함에 몰두하는 바람에 자기항공기의 위치를 잃어 착륙준비상태를 채 갖추지 못한 상태에서 정상보다 700피트나 높게 최종접근지점을 통과하여 사고가 난 사실도 있었다.

이 사고분석의 대부분은 수평자세로 만든 전후의 사건들을 다루었지만, 이 사고는 기장이 비행장 접근 초기단계에서 적극적인 비행관리(조종실내에서 승무원관장과 임무분담)를 잘하지 못함으로써 발생하였다는 것을 강조하고 있다.

이러한 종류의 사고에서는 몇 가지 공통점이 있다. 공통점 중에서도 가장 중요한 점은 운항승무원이 이용가능했던 승무원자원을 효율적으로 이용하지 못하였다는 것이다. 또한 이들 자원의 효율적인 활용만 이루어졌다면 이러한 사고는 미연에 방지되었을 것이라는 점이다. 이밖에 접수된 많은 보고서에서도 자원관리의 여러 가지 문제점들이 Accident나 Incident 보고서에서 발견되었다. 발견된 많은 문제점은 모의비행훈련장치로 실험한 사례에서도 운항승무원이 필요한 정보, 그외 관련자료, 이용가능한 인적자원을 효과적으로 활용하지 못하여 운항의 안전과 효율성을 위태롭게했다는 것이 증명하고 있다.

이러한 문제해결을 위해서는 훈련을 통하여 효과적인 자원관리에 필요한 의사소통, 통솔력 및 사회성 등에 관한 바람직한 능력의 개발이 요구되었다. 1979년 6월 San Francisco에서 열린 NASA 주최 워크샵에서 자원관리교육·훈련문제가 주제로 제기되었다. 이 Working Group 보고서에 따르면 지휘통솔력의 잠재능력개발을 촉진하기 위해 활용하는 기술과 기준을 강화해야 한다고 제안하고 있다. 제안하는 자원관리의 훈련은 비행훈련초기에 시작하여야 하고 운항승무원으로 종사하고 있는 동안 전 생애(퇴직시까지)를 통하여 계속되어야 한다고 강조하였다.

나. CRM의 진화과정

구 분	CRM의 진화과정
제1세대	조종실 자원관리(Cockpit Resource Management)
제2세대	승무원 자원관리(Crew Resource Management)
제3세대	승무원 자원관리 범위 확대

구 분	CRM의 진화과정
제4세대	승무원 자원관리 통합 및 공식적인 절차 수립
제5세대	오류관리(Error Management)
제6세대	위협 및 오류관리(Threat & Error Management, TEM)

1) 제1세대: 조종실자원관리(Cockpit Resource Management)

조종실자원관리(Cockpit Resource Management)는 유나이티드 항공에서 비즈니스관리 개선에 대한 전문가의 의견을 수렴하여 프로그램을 개발한 것이 대표적이다. 조종실자원관리는 미 FAA 권고를 받았으며, 권고안에 따른 프로그램의 주된 특징은 다음과 같다.

구 분	1세대 유나이티드 항공조종실 자원관리 특징
1	승무원 성과향상을 위한 포괄적인 시스템
2	안전개선에 관한 운영 중심
3	팀 구성원의 태도와 행동이 안전에 미치는 영향에 관한 연구
4	훈련 단위로서 개인이 아닌 팀을 사용하는 훈련방법
5	참가자들이 경험하고 참여하는 능동적인 훈련

2) 제2세대: 승무원자원관리(Crew Resource Management)

승무원자원관리(Crew Resource Management) 프로그램은 조종실 그룹역할(Team 역할)을 강조하고 조종실자원관리에서 승무원자원관리라는 이름으로 그 범위가 확장되었다. 승무원의 범위에는 조종사, 객실승무원, 정비사, 관제사, 지상조업사 등 비행에 관련된 모든 사람이 포함되었다.

관련인원의 확장으로 교육에는 Team Building이라는 개념으로 진행되었다. 이러한 개념에는 사회적 관계를 향상시키고 Team내의 역할을 정의하는 데 사용되는 다양한 유형의 활동에 대한 집합적인 용어로서 종종 협업작업을 포함한다. Team Building은 대인관계보다 효율성을 향상시키기 위해 설계된 Team 훈련과는 조금 차이가 있다. 이 교육·훈련에는 브리핑전략, 상황인식 및 스트레스관리와 같은 새로운 주제가 포함되어 있으며, 의사결정 및 위기재발을 초래할 수 있는 오류사슬을 깨는 별개의 모듈이 포함되어 있는 것이 특징이다.

3) 제3세대: 승무원자원관리 범위확대

승무원자원관리 범위확대 프로그램은 승무원이 조종하는 항공시스템과 관련된 문제뿐만 아니라 안전에 영향을 미치는 조직문화요소 등도 포함되었다. 승무원자원관리에 대한 교육은 승무원, 운영자, 유지보수직원을 포함하여 항공안전에 대한 책임을 공유하는 다른 그룹으로 확대되었다. 다수의 운항사가 기장 Leadership 교육을 도입하였으며, 고급승무원 자원관리교육은 교육을 담당하는 교관승무원들을 위해 개발되었다.

4) 제4세대: 승무원자원관리 통합 및 공식절차 수립

1990년 미 FAA는 승무원자원관리에 대한 권고사항(AC, Advisory Circular)을 발행하여, 승무원자원관리 교육은 선택사항이 아니라 법적 요구기준의 교육·훈련이 되었다. 미 FAA는 또한 진보된 자격부여 프로그램(AQP, Advanced Qualification Program)을 도입하면서 또 다른 중요한 변화를 가져왔다. 진보된 자격부여 프로그램은 운항사가 자체조직을 위해 맞춤식 CRM교육을 개발할 수 있도록 했으며, 다음의 기본요건을 갖추도록 하였다.

구 분	진보된 자격부여 프로그램(AQP)의 기본요건
1	모든 승무원에게 CRM 훈련과 LOFT를 제공할 것
2	승무원자원관리 개념을 기술(skill) 교육에 통합할 것
3	각 항공기 기종별 교육요구분석(Task analysis)을 작성할 것
4	훈련의 각 측면에서 인적요인을 위한 프로그램을 개발할 것

5) 제5세대: 오류관리(Error Management)

5세대 CRM 프로그램은 오류관리의 개념을 도입하고 강조하였다. 오류관리는 인간의 오류와 함께 생활하고 관리한다는 개념으로 인간의 실수는 어디에나 존재하며 피할 수 없지만 가치있는 정보라는 인식을 가지는 것이다. 따라서 CRM은 각 상황에 적용할 수 있는 오류의 대응방안에 집중토록 하였다.

5세대 CRM은 인지오류 및 실수의 본질, 피로, 업무과부하 및 비상사태와 같은 스트레스 요인의 성능저하효과를 포함하여 인간수행능력의 한계에 대한 공식적인 내용 등을 포함한다. 즉 오류는 필연적으로 발생하고, 모든 오류에 대해 비처벌적인 접근방식을 채택해야 오류관리 접근법이 호응을 받을 수 있을 것이라고 강조하였다. 단, 규칙이나 절차의 고의적인 위반은 비처벌에 포함하지는 않는다.

6) 제6세대: 위협 및 오류관리(Threat & Error Management, TEM)

6세대 CRM은 오류관리에서 위협 및 오류관리로 확대되었다. 최근에는 전통적인 승무원자원관리 기술과 방법이 오류를 제거(avoid), 트랩(trap) 또는 완화(mitigate)할 뿐만 아니라 안전에 대한 시스템적 위협을 식별하는 데에도 적용된다.

그림 6-1 위협 및 오류관리(TEM)

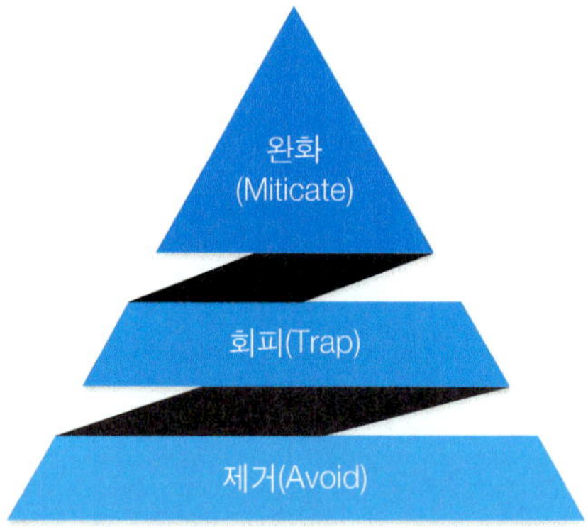

다. CRM Skill

1) 의사소통(Communication)

의사소통의 영문 Communication은 공동·공통성을 의미하는 라틴어 C ommu n is가 어원이다. Communicare란 공통된 것을 나눈다는 의미에서 현재의 Communication으로 자리잡았다.

의사소통의 목적은 둘 또는 그 이상의 사람들 사이에 사실·생각·의견·감정의 교환을 통하여 공감대를 형성하고 수신자(듣는 사람)측의 의식이나 태도 또는 행동에 변화를 일으키게 하는것이다. 따라서 의사소통이란 정보와 이해의 전달과정으로 발신자가 수화자에게 생각·사실·사고·느낌·가치관을 전달하는 것으로 정의할 수 있다.

사람이 대화를 할 때 언어와 함께 표정, 제스처, 입술 모양 등이 언어의 전달의미를 명확하게 해줄 수 있다. 그러나 항공에서는 얼굴을 대면하지 않은 상태에서 통화해야 하므로 명확하게 의사를 전달해야만 한다. 항공에서 의사소통은 다음의 기본원칙 즉 간단성·명료성·명확성을 지키는 것이 바람직하다.

미 NASA에서 실시한 조종사와 관제사의 통신을 분석한 결과 항공의사소통의 문제점은 〈표

표 6-1 의사소통 기본원칙

기본원칙	항공에서 지켜야 할 의사소통의 기본원칙
간단성	전달하고자 하는 의도를 간단하게 표현함
명료성	잘 전달될 수 있는 톤으로 천천히 또박또박 발음함으로써 다시 물어봐야 하는 시간적 손실과 오류를 줄임
명확성	의도한 내용을 정확하게 전달해야 함. 무엇을 의미하는지 모르게 표현해서는 안 되며 이해할 수 있도록 명확해야 함

표 6-2 조종사와 관제사의 통신분석(결과)

구 분	분석(%)
부정확한 통신	80
통신을 빼먹는 경우	8
정확하지만 늦은 대답	12

표 6-3 의사소통의 종류 및 사용량

의사소통의 종류	사용량(%)
듣기	45
말하기	30
읽기 및 쓰기	25

6-2>와 같다.

항공의사소통에서는 의사소통의 빈도와 종류를 살펴보면 항공의사소통에 영향을 준 요소 즉, 의사소통의 종류 및 사용량은 <표 6-3>과 같다.

접근 및 착륙사고 중 30% 이상이 부적절하거나 부정확한 ATC지시, 기상 또는 항적정보, 비상시 조언 등이 원인으로 나타났다. 조종사와 관제사 간 의사소통과 일반적인 의사소통의 차이점을 살펴보면 조종사와 관제사 간 의사소통은 read-back과 hear-back을 통해 상호 의사전달을 확

그림 6-2 조종사와 관제사간 의사소통 통로

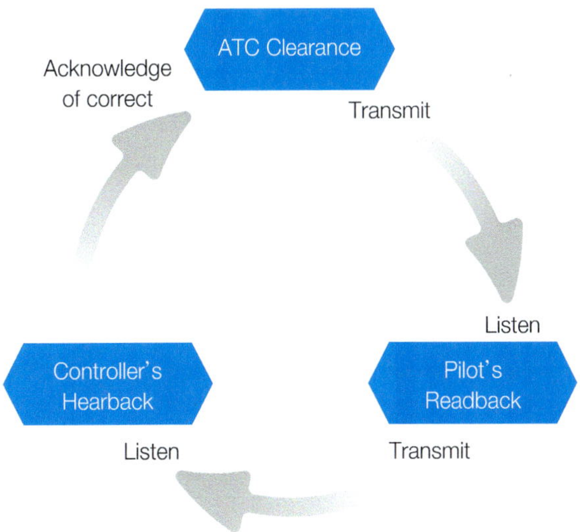

인하는 프로세스를 가지고 있다. 항공기운항 중에 조종사와 관제사 간 의사소통의 통로는 다음과 같다.(그림 6-2 참조)

2) 상황인식(Situational Awareness)

가) 비행중 상황인식

운항승무원의 비행중 상황인식은 비행전, 비행중 및 비행후 안전에 영향을 미치는 다섯 가지 기본위험요소(비행, 운항승무원, 항공기, 환경, 비행상황 작동형태) 내의 모든 요소와 조건에 대한 정확한 인식과 이해를 의미한다.

비행중에 항적확인, 기상, ATC 통신에 대한 무선통신감시 등은 운항승무원이 무슨 일이 일어나고 있는지에 대해 추측하도록 도와 줌으로써 상황인식을 향상시킬 수 있다. 비행관련 상황인식을 유지하려면 모든 비행관련요소들의 상대적 중요성과 비행에 대한 향후영향을 이해하여야 한다.

비행중에는 운항승무원이 항공기의 지리적 위치를 아는 것도 중요하지만 무슨 일이 일어나고 있는지를 이해하는 것도 매우 중요하다. 비행상황인식을 잘 유지하기 위해서는 비행중 의사결정과 관련된 모든 기술이 사용될 수 있다. 상황인식은 외부자극에 대해 인지하고 인지된 사항을 이해함으로써 앞으로 어떻게 상황이 전개될 것인지 예측하는 모형이다. 운항에서의 상황인식모델은 다음과 같다.

나) 비행중 상황인식 장애물

비행에서 피로, 스트레스 및 작업과부하로 인해 운항승무원은 중요한 항목 하나에 고정되어 비

그림 6-3 운항에서의 상황인식 모델

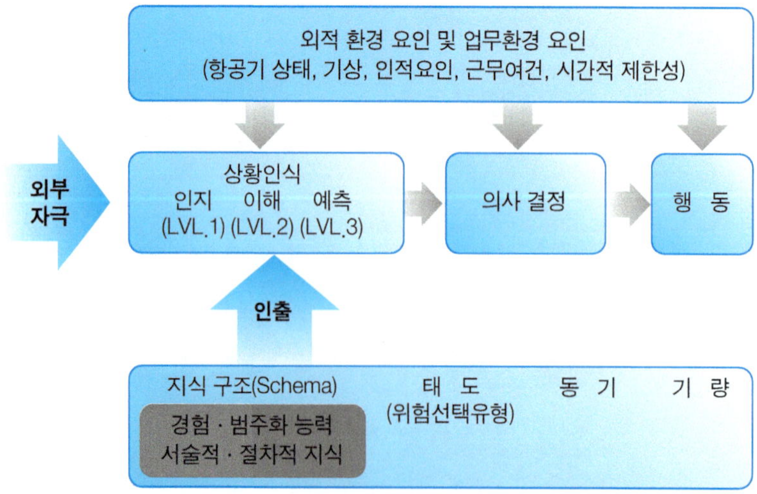

그림 6-4 전통적인 계기판(좌)과 Glass Cockpit 계기판

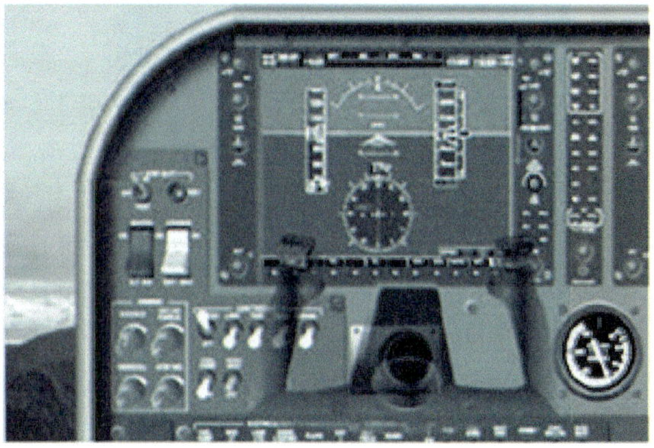

행의 전반적인 상황인식을 감소시킨다. 많은 사고조사에서 발견된 사고요인 중 하나는 운항승무원의 주의를 장비나 항공기 외부감시를 소홀히 하게 만든 산만함이었다. 산만함은 계기를 정확히 읽지않는 것과 같은 사소한 문제로 시작하나, 조종사가 주의를 뺏겨 항공기를 제어하지 못하는 조종상실상황까지 발전되어 사고가 발생된 사례가 있었다.

상황인식은 현재 상태를 인지하여 분석하고 이해해서 미래를 예측함으로써 대응을 할 수 있게 해 주는 것이다. 비행중 운항승무원은 대응행동을 하는 것으로 끝나는 게 아니라 다시 주의분배와 관찰을 통해 진행상황을 계속 인식해 나가는 과정을 가지게 된다.

상황인식이 용이하도록 항공기 제작사들은 조종실계기판을 아날로그방식에서 집적표시방식으로 설계해 운항승무원의 상황인식향상에 기여하고 있다.

3) 승무원협동(Crew Coordination)

승무원협동은 승무원 간 의사소통을 통해 상황을 공유하고 안전하고 효율적으로 업무를 수행하는 것이 목적이다.

승무원 간 협동이 잘 이루어지기 위해서는 먼저 대화를 할 수 있는 Team 분위기가 조성되어야 자유롭게 자신의 생각을 말할 수 있게 된다. 또한 상대방의 발언에 대해 경청하고 Feedback 함으로써 건전한 의사결정을 하는데 도움을 받을 수 있다.

Team을 구성하는 승무원들 각각은 기본적인 기량과 경험, 그리고 의사소통기술을 갖추고 있어야 한다. 이러한 기본능력을 배경으로 하여 역할부여, 동기부여, 업무의 위임, 감시라는 구체적인 과정을 통해서 효율적인 승무원협동이 이루어질 수 있다.

4) 계획과 작업관리(Planning & Workload Management)

효율적인 작업관리는 작업과부하를 피하기 위해서 진행되어야 한다. 진행은 업무계획 → 우선순위지정 → 업무순서조정(계획) → 필수작업수행 순이다.

운항승무원의 작업은 비행노선에 따라서도 차이가 난다. 미주노선의 태평양상공에서는 항공기 감시외에는 업무가 없는 편이다. 반면 공항인근에서는 어느 지역보다 바쁘다. 유럽지역비행은 비행정보구역이 많아 지속적인 ATC교신과 항적에 대한 고려사항도 많고, 특히 중국지역에서의 비행은 피트가 아닌 미터고도를 사용하기 때문에 많은 주의를 기울여야 한다.

작업과부하 상황인식도 작업부하를 관리하는 중요한 요소이다. 높은 작업부하의 영향은 운항승무원이 더 열심히 일할 것같지만 오히려 작업을 더 적게 수행한다. 작업량이 증가함에 따라 한 번에 여러 가지 작업에 동시에 집중할 수 없으며 운항승무원은 하나의 항목에 집중하게 된다. 운항승무원은 작업포화상태가 되면 다양한 정보입력에 대한 인식이 없어져 불완전한 정보에 의한 결정을 할 수 있으며 오류가능성이 높아진다. 작업과부하 상황이 발생하면 운항승무원은 작업을 멈추고, 생각하고, 속도를 줄이면서 우선순위를 정할 필요가 있다.

작업부하를 줄이는 방법을 이해하는 것도 중요하다. 예를 들어, VFR 비행에서 객실승무원과의 협업은 작업부하에 미미한 영향을 미치지만, IFR 조건비행 중에 객실승무원과의 협업은 작업부하에 미치는 영향이 커지게 된다. 따라서 적절한 시점에 적절한 상황이 이루어지도록 조절이 필요하다. 〈그림 6-5〉처럼 운항단계에서 업무량과 운항승무원 능력을 고려하여 작업부하를 조정하는 것

그림 6-5 운항단계와 작업요구사항

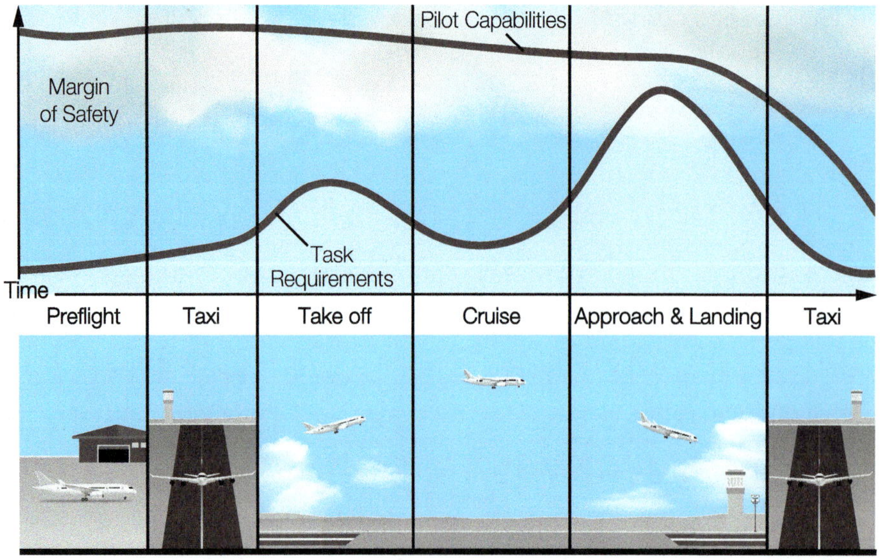

이 중요하다.

제2절 CRM 훈련

1. CRM 훈련개요

CRM 훈련은 안전하고 효율적인 운항과 승무원의 의사소통증진을 위한 것이다. CRM 훈련의 가장 큰 목적은 안전문화의 정착이라고 할 수 있다. 안전문화의 정착을 위해 CRM 훈련으로 제안되는 항목은 다음과 같다.

구 분	CRM 훈련으로 제안되는 항목
1	운항 중에는 개개인의 역할과 책임을 명확히 함
2	회사 내에 있어서 개개인의 역할과 책임을 명확히 함
3	운항승무원 상호간에 교차 점검으로 확인하고 유효적절한 의사소통의 중요성을 인식하게 함
4	다른 동료 운항·객실승무원, 항공관제, 정비, 운항관리·통제 등의 인적 자원은 이용 가능하다는 사실을 인식하게 함
5	자원관리는 기장만이 아닌, 타 승무원 공동 책임임을 인식하게 함

가. 안전문화

인간의 능력은 한계가 있어서 무엇인가를 할 때 실수를 하게 마련이다. 실수를 줄이고 제거하여 안전운항을 이룩하려면 안전문화의 정착이 선결과제가 될 것이다. 이런 안전문화에 기초한 CRM 훈련이야말로 안전과 효율성의 목표를 효과적으로 달성할 수 있다.

안전문화는 믿음의 바탕에서 형성된다. 조직내에서 가장 중요한 것이 안전이라는 것을 구성원들이 인지하도록 하는 것은 조직문화다. 이런 조직문화를 바탕으로 구성원들은 단순히 안전을 행하는 개인들의 모임이 아니고 믿음을 전제로 하여야 한다. 안전의 표준을 가지고 그 목표를 추구하며 다른 구성원들의 지지를 받으며 안전을 실행할 수 있는 조직화된 행동양식을 따르도록 유도되어야 한다. 이런 행동양식이 어떤 반감이 없이 조직내에 널리 확산되어 행해질 때 이것을 안전문화라고 할 수 있다.

어떤 사고의 원인이 회사의 구조적인 문제와 관리책임일 경우, 이에 따른 관리프로그램과 비난

없이는 새로운 정책이나 운항환경을 만들 수 없다. 이미 구성원들과 소비자 모두에게 신의를 잃어버린 회사는 부정적인 반응을 얻게되어 결국 큰 손실을 입게 된다는 사실을 관리자는 명심하여야 한다.

나. 안전관리 프로그램

안전관리 프로그램이 안전문화를 이룩하는데 있어 중요한 역할을 담당하는 것은 너무나 자명하다. 따라서 관리능력과 인격을 갖춘 적임자를 보임시키는 것은 너무나 중요하다. 관리자가 안전하지 않은 것을 묵인하거나 간접적으로 안전하지 않은 것을 행하도록 종용한다면 구성원들은 조직에 대한 신뢰를 잃어버리게 될 것이다. 그리고 안전에 관한 문제에 적극적으로 동참하지 않게 될 것이다. 따라서 처벌에 관련된 것도 안전을 근간으로 전달되어야 하고 안전관리를 위해서 제일 먼저 추진해야 할 작업이 구성원들의 신뢰를 얻는 것이라는 원칙을 세워 실행하여야 한다.

안전과 관련된 조사·분석, 교육·훈련을 담당하는 부서는 최고 경영층으로 직접 보고할 수 있어야 한다. 안전과 관련된 보고와 긴급조치를 언제라도 취할 수 있는 권위, 직원들의 신의, 최신의 데이타베이스 유지와 인력확보, 국제표준과 조직에 적합한 적절한 사고예방교육·훈련체계를 갖추어야 한다.

진실한 안전문화란 의사소통이 열려있고 남을 비난하거나 잘못을 숨기지 않는 문화이다. 안전중심의 조직에서 팀의 용기를 북돋우며 고무시키기 위해서는 성공이라는 것이 생산성이나 재정상의 결과로써 뿐만 아니라 안전의 결과로써 정의가 내려져야만 한다.

안전문화를 위협하는 요소들 중 하나가 안전자체가 될 수도 있다. 그 이유는 조직이 자기만족에 빠질 수도 있고 자신의 방어력을 낮게 하는 안전기록들을 만들어 유지함으로써 종이 한 장 차이인 안전과 재앙의 사이구분을 없애기 때문이다. 안전기록에 의한 자만은 현재 존재하고 있는 방어체제를 무시하거나 바꾸어 재난이나 사고로 이어질 수도 있게 한다.

다. 안전자료관리

안전문화는 자료를 바탕으로 만들어진다. 안전관리자는 오류가 어디에서 만들어 지는가? 어떻게 하면 그러한 오류의 발생과 영향을 최소화할 수 있는가를 연구하여 효율적인 안전문화의 기본자료로 활용하여야 한다. 이러한 자료는 구성원들에 대한 완벽한 신뢰를 통해 얻을 수 있기 때문에 조직은 신뢰를 형성할 수 있도록 오류에 관대한 철학을 도입해야 한다.

실제 업무의 실행을 담당하는 일선의 항공승무원들은 오류를 발생시키는 상황을 항시 보고하고 안전관리자는 이를 활용하여 오류에 대한 예방적인 조치를 취하여 조직의 방어력을 증진시켜야 한다.

안전자료는 다양한 원인으로부터 얻어지는데 안전관리자는 그러한 다양한 원인을 통해 얻어진 부분적인 그림들을 조합해 최상의 그림을 만들어야 한다. 자료는 설문, 사건이나 사고, 항공안전 활동프로그램(ASAP, Aviation Safety Action Program), 조사, 감사 등을 통해서 수집된다. 이것의 분석에서 나타난 오류의 구체적 예와 조치가 오류관리에 많은 도움을 준다.

디지털비행자료기록, 운항감사, FOQA 등의 자료는 비정상상황을 승무원이 인식하고 대처하는 행동양상을 평가할 수 있고, 회피 · 제거 · 완화의 예를 알 수 있도록 설계하여야 한다. 여기에서 오류의 근원지가 어디인지? CRM이 오류의 발생과 영향을 줄이는데 성공했는지?를 알아내는 끊임없는 평가와 분석이 중요하다. 효과적인 안전문화는 지속적으로 갱신되는 정보에 크게 좌우되므로 신뢰를 얻고 자료를 확보할 수 있는 예방적이고 적극적인 오류관리철학이 필요하다.

라. CRM 훈련방향

CRM 교육은 개인 또는 조직으로서의 원만한 상호작용이 비행안전과 비행능률에 가장 중요하다는 것이다. 승무원 상호간의 협조관계와 능률을 증진시키기 위하여 교육에 많은 노력을 기울이고 있는 이유다.

CRM 교육의 연구자료가 충분치 못한 것은 항공관련 연구기관들의 전문적 지식이라든가 동기가 부족한 탓이라기보다 오히려 운항승무원의 업무수행능력에 대한 기록이 운항승무원으로서의 신분에 영향을 줄 목적으로 쓰이지 않을까 하는 예민한 반응때문이라는 견해도 있다.

CRM 훈련기법을 개발함에 있어서 가장 필요로 하는 내용을 정한다든가, 상대적 영향력을 평가하여 어떤 수준의 내용을 채택유지하여야 바람직한 것인가에 대한 고려는 신중할 수밖에 없다. ICAO Human Factors Digest N0.2에 기술된 CRM 및 LOFT 관련 훈련커리큘럼은 다음 표와 같다.

구 분	CRM 및 LOFT 관련 훈련 커리큘럼
1	CRM 훈련의 배경 설명
2	CRM 훈련의 단계
3	CRM 훈련 과정의 개발기준
4	CRM 훈련과정에 포함할 내용
5	CRM 훈련기법과 CRM 훈련으로 얻어지는 효과 등

ICAO 결의정신을 기초로 운항사들은 운항승무원 구성원의 특성과 문화적 배경을 참조하여 운항사의 안전운항을 위한 인적자원관리 훈련기법을 설계하고 개발하여 비행훈련과 병행한 훈련을 실시하고 있다.

2. CRM 훈련과정

CRM 훈련과정은 일반적으로 기본과정(awareness), 숙달과정(practice and feedback), 보수과정(reinforcement)으로 나누고 있다.

가. CRM 기본과정

CRM 기본과정은 초기 학술교육단계이며, 승무원들 간의 협동을 위한 개인의 역할과 그룹의 요소들에 대하여 초점을 맞추고 있다. CRM에서 사용되는 개념과 일반적인 용어의 설명, 개념적인 기준, 그러한 요소들이 과거의 사고·준사고와 어떤 관련이 있는가? 등을 설명한다.

의사소통, 상황인식, 의사결정, CRM기술과 리더십, 팀 개념, 스트레스 관리 등 인적요인의 전반적인 사항들을 다룬다. 이것은 신뢰성을 증진시키고 태도를 변화시키는데 도움을 주도록 계획된다. CRM 기본과정개발에 대표적인 적용사례가 United 운항사 CRM이다.

1) United 운항사 등 개발 CRM

초기 CRM과정은 1981년 최초로 United 운항사와 Scientific Methods 회사가 공동으로 개발한 프로그램이다. 이 프로그램은 사전학습과 세미나활동의 두 단계로 이루어져 있고, 인적요인의 일반개념, 인적오류방지를 위한 팀워크, 시너지효과, 리더십, 의사결정훈련 등으로 인간의 유형을 다섯 가지로 구분한다.

United 운항사 CRM은 이러한 구분을 토대로 GRID 형태로 구성하였으며, 개인의 성향·태도 분석 등을 통하여 개인 및 팀활동능력을 증진시키는 것을 기반으로 직무능력에 관한 관심도와 인간에 대한 관심도에 따라 1.1형, 1.9형, 5.5형, 9.1형, 9.9형으로 나누고 있다.

가장 이상적인 형은 9.9형이나 처음부터 여기에 해당하는 사람은 거의 없다. 때문에 모든 참여자들이 자신의 확실한 유형을 파악하여 9.9형을 목표로 발전해 나갈 수 있도록 동기를 부여해 주고 스스로 보지 못한 자기특성을 Team 활동과 여러 사람들의 판단을 통하여 느끼게 해준다.

훈련인원들은 사전학습과 설문을 통하여 자신의 형을 점검한 후 그것에 대한 설명을 듣는다. 팀활동 및 세미나와 동료들의 논평 등을 통해서 훈련 중 자신의 형을 판별해낼 수 있도록 해준다. 스스로 자기평가가 매우 어렵고 오류가 많다는 것을 스스로 느끼도록 해준다. 훈련이 끝나는 시기에 다시 설문을 진행하여 자신의 형을 확실히 이해하고 변화된 자신이나 변화해야 할 자신을 발견하여 이상적인 형에 가까워지도록 노력하는 계기를 준다. 역할행동을 통해서 여러 난해한 비행상황에 대하여 리더십과 CRM 훈련을 실시한다.

초기 학술교육단계에서는 사전학습과 세미나활동의 두 개의 단계로 학습하게 된다. 사전학습단계에서 입과전에 배포된 책자로서 필요한 인적요인요소, 인적오류예방 및 방지를 위한 효과적인 팀워크 동적활동, 운항의 직무성과를 높이기 위한 인적관계 등 이론부분을 사전에 자습한다. 학습이 시작되면 소규모그룹으로 편성되어 실험과 토론을 통하여 CRM 기술을 습득하고 리더십 가치관을 이해한다. United 운항사 CRM의 Grid관리 세부내용은 다음과 같다.

(1) Leadership Grid 관리개요

인적자원관리 능력을 보다 효과적으로 연구하기 위하여 판단의 기준이 될 어떤 형식의 틀을 만들어 Grid로 구성하고 다섯 가지 리더십을 유형별로 설명하고 있다. 궁극적인 목표는 승무원 개인의 태도가 다른 승무원에게 어떠한 영향을 미치며 동시에 조종실전체의 능력에 어떠한 영향을 미치는가를 이해하는 것이다.

(2) Grid의 구성

Grid에는 두 가지의 상이한 척도가 있는데 그 하나는 직무에 관한 관심도이며 비행임무수행상태, 경제적 운용, 안전성 등이 포함된다. 또 다른 하나는 인간에 대한 관심도인데 직무를 수행해 나가는데 있어 접촉하게 되는 관계자들을 말한다. 여기에서 관계자란 다른 조종실내 승무원, 정비요원, 객실승무원, 항공교통관제사, 상급자 기타 비행에 관련되는 사람들이다. 인간에 대한 관심도를

그림 6-6 United 운항사 CRM의 GRID 형태 구분

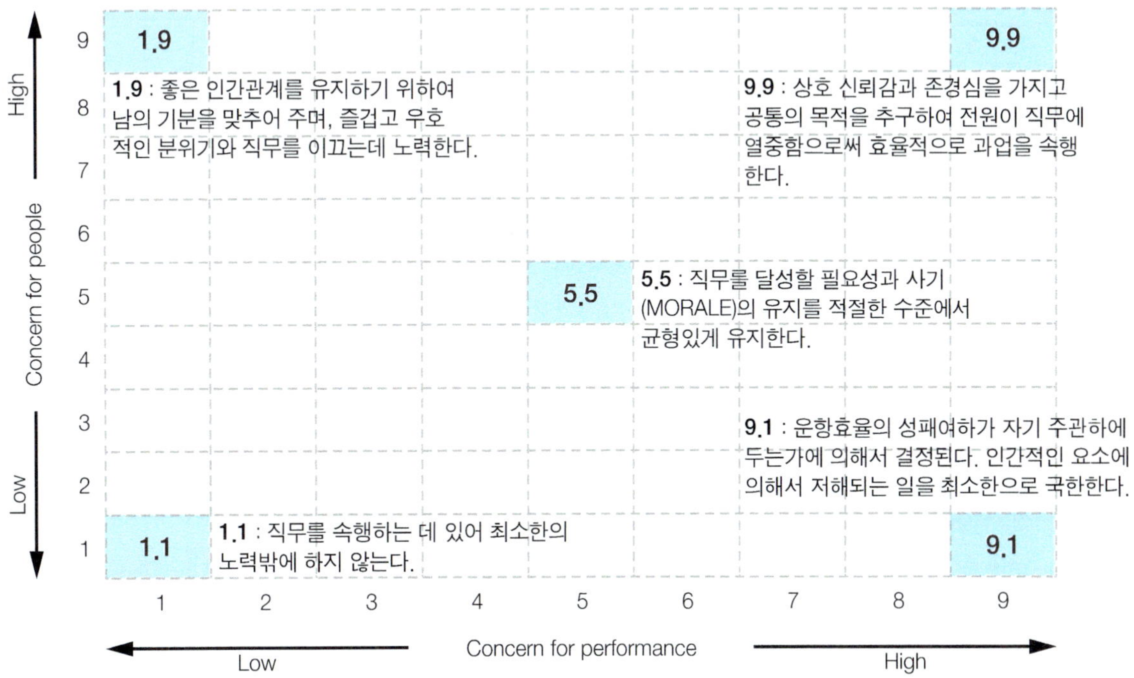

종축으로 하고 직무에 대한 관심도를 횡축으로 하여 관심도를 1에서 9까지의 척도를 마련하여 1은 관심도가 가장 낮고 9는 가장 높은 것으로 정한다. 그 다음 이 두 가지의 축을 조립하면 〈그림 6-6〉과 같은 틀이 생기게 된다.

(3) Grid 관리법의 유형별 설명

직무와 인간의 관리법을 나타내는 다섯 가지 유형은 리더십에 관하여 연구하고 이해를 증진시키는데 대단히 중요하다. Grid의 틀은 하나의 도구로서 태도, 행동양식을 설명하는 수단에 지나지 않는다. 이것은 심리학으로 인간을 평가하는 기준도 장치가 아니므로 인간을 보고 항상 어느 하나의 Grid 형태만을 사용하는 것 같이 결정해 버리는 것은 잘못이다. 인간은 상황에 따라 상이한 방법을 사용하든가 관심의 정도를 바꾼다는 것이다.

즉 Grid를 한 개의 유효한 틀로서 이용하면 인간의 행동양식을 정리해서 고찰하거나 설명하는데 도움이 된다는 것이다. 또한 그것에 의해서 인간의 행동배후에 있는 사고방식이나 그 사고방식 때문에 어떤 일이 발생하는가를 더욱 정확히 그리고 뚜렷한 형태로 이해할 수가 있다는 것이다. 9.1형이나 1.9형이라는 Grid 번호는 행동양식의 일반적 유형을 나타내는 기호와 같은 것이다. 그러기 때문에 한 가지 Grid 형태에서 어떤 인간행동의 모든 특징을 설명하는 것은 무리다.

Grid의 틀을 조종실직무에 관련시켜 학습함으로써 여러 가지 새로운 조종실운영방법을 발견할 수 있다. Grid 개념을 활용하여 조종실에서의 행동이 건전한가 또는 어느 정도 건전하지 못한 가를 분간하게 되며 나아가서 그러한 행동을 보다 효과적인 것과 대체할 수도 있게된다고 할 수 있다. 다섯 가지 Grid 유형을 비교해 보면 다음과 같다.

구 분	GRID 형태별 리더십 유형 설명
1.1형	직무를 수행하는데 최소한의 노력만 함
9.1형	운항효율의 성패가 자기주관 하에 두는가가 결정되며, 인간요소에 의해 저해되는 일을 최소한으로 함
5.5형	직무달성 필요성과 사기의 유지를 적절수준에서 균형있게 유지함
1.9형	좋은 인간관계 유지위해 노력하며, 우호적 분위기와 직무수행에 노력함
9.9형	상호 신뢰감과 존경심으로 공통의 목적을 추구하고 모든 인원이 직무에 열중하여 효율적 과업을 수행함

① 1.1형의 리더십

직무나 인간관계 어느 쪽에 대하여도 별로 관심을 갖지 않는 형이다. 왜냐하면 관심을 표명한다면 필연적으로 다른 사람들로부터 주의를 끌게되고 복잡한 일의 화근을 심는 것이 되기 때문이다.

② 1.9형의 리더십

원만한 인간관계를 최우선으로 한다. 그 기본이념은 다른 승무원들이 기분좋게 만족하여 서로 따뜻하고 친밀한 관계에 있으면 모두가 협력해서 효율적인 운항을 하려고 하는 마음이 우러난다는 것이다. 따라서 주위의 사람들로부터 호의를 갖고 대해 주도록 협력하는 형이다.

③ 5.5형의 리더십

자기의 주위와 환경은 다른 승무원들이 받아들일 수 있는 타당한 선에서 맞추려고 노력한다. 마음만 먹으면 좀 더 잘할 수 있지만 적당한 선에서 만족해 한다. 따라서 조금만 진전이 있으면 그것으로 과업이 끝났거나 할 일을 다 했다고 생각한다. 무엇이든지 다른 승무원과 의견의 차이가 있으면 타협이나 순응이나 또는 조정을 통해서 타협점을 찾아 문제를 해결하려 하는 형이다.

④ 9.1형의 리더십

직무에는 최대한의 노력을 경주하지만 다른 승무원의 의견이나 태도감정 등에는 거의 관심을 갖지 않는다. 권위로서 주위사람들을 지시하고 지배하려 한다. 그러므로 다른 승무원이 지시대로 무엇이든지 이해하고 복종하지 않으면 직성이 풀리지 않는다. 때로는 기장이 시키는 일만하고, 그러나라든가 그러면이라든가 혹시라는 등의 의문은 허용되지 않는 형이다. 운항효율의 성패는 여하의 상황을 자기주관하에 두어 인간적인 요인을 최소로 국한시키는데 있다고 생각한다.

⑤ 9.9형의 리더십

모든 승무원의 관련과 참여, 헌신에 바탕을 두어 최고의 성과를 성취하겠다는 형이다. 결국 상호 신뢰감과 존경심을 가지고 공통목적을 추구하고 달성시키려고 한다.

2) 리더십 능력의 개발

항공에서의 리더십은 함양되는 것이고 권한은 위임된다. 이 두 가지의 관계가 함께 행사된다면 가장 이상적인 상황이 될 것이다. 통상 기장은 자기의 권한을 직접 행사하면서 간접적으로는 법률에 의하면서도 운항사방침에 따라 다른 승무원과 업무분담을 하면서 직무를 수행하고 있다. 그러나 기장 이외의 다른 승무원들의 경우는 기장의 의사결정에 책임을 분담하는 것을 의미하므로 리더십이란 항공승무원 전체의 능력에 크게 영향을 준다. 그러므로 운항승무원들은 개인의 효율성을 높이는데 직접 관계되는 리더십을 어떻게 사용해야 할 것이냐는 각자가 항상 연구하고 함양하도록 해야 한다. 항공에서의 리더십 함양을 위하여 운항승무원들의 각각의 능력과 조종실전체의 능력향상에 관련되는 핵심요소에 대하여 살펴보기로 한다.

(1) 문제의식(Inquiry)

주위에서 일어나고 있는 모든 일에 문제의식을 갖고 주의깊게 관찰하고 상세히 조사하는 과정으로 개인의 내면적 특성을 인지하는 것이다. 운항승무원들은 다양한 훈련을 통하여 인적과실을 없애려고 하지만 과실은 불가피한 것으로 알려져 있다. 그러나 문제의식이라고 하는 행동특성에 의하여 그 오류를 초기단계에서 발견함으로써 과실을 감소시킬 수가 있다고 주장한다. 문제의식이 활성화되려면 항상 질문이 적절하고, 자료를 수집하면 유효한 것인가를 조사해 보고, 정보는 최신의 것으로 유지하되 정확성을 검토해야 한다. 문제의식을 통하여 인적자원을 최대한으로 활용할 가능성이 높아진다.

(2) 신념의 표명(Advocacy)

자기의 입장이나 생각을 분명히 하면서도 보다 나은 생각이 타인으로부터 제시되면 그것을 인정하는 의무이다. 자기의 제안이 적절치 못하다고 판명되면 체면에 집착없이 이를 받아들인다는 의무이기도 하다. 신념의 표명이 활발히 이루어지기 위하여 각자의 의견발표는 솔직성과 개방성을 바탕으로 하여야 하고 반드시 관심사를 이야기하며, 다른 사람의 의견을 적극적으로 구해야 한다.

(3) 갈등해결(Conflict Resolution)

감정 · 의견 · 가치관 · 행동 등에 있어서 차이가 생기면 사실이든 상상이든 간에 논쟁이나 분쟁으로 발전할 수가 있는데 감정만으로도 갈등이 생길 수 있다. 갈등이 생겼다고 반드시 부정적이거나 비 건설적인 것은 아니며 갈등이 어떻게 해결되느냐에 달려있다. 갈등에 잘 대처하면 갈등은 오히려 보다 깊은 생각, 보다 좋은 문제의 포착, 그리고 보다 나은 방법으로 해결되는 방향으로 발전시킬 수가 있다. 결국 잘 해결됨으로써 더 이해하고 존경할 수 있게 된다는 것이다. 갈등에 잘 대처하기 위하여 차이를 일으키는 저변의 원인을 찾아 누가 옳은가 보다 무엇이 옳은가에 초점을 두어야 한다.

(4) 의사결정(Decision Making)

운항과정에서 이루어지는 의사결정은 대단히 다양하다. 일상적인 것으로부터 특수한 것, 중대한 결과를 초래하는 것으로부터 그렇지 않는 것까지 다양하며 상의하지 않고 혼자서 결정할 수 있는 경우도 있고, 중대하거나 복잡해서 여러 가지 의견을 들어보지 않으면 좋은 결과를 얻을 수 없는 경우도 있다. 지휘권의 확립없이는 팀을 운용할 수 없으므로 의사결정은 기장이 해야 하지만 의사결정을 위해서는 다른 승무원의 지지도 필요하다. 결정에 임해서 충분한 정보와 개방적인 정보교환에 입각한 최선의 의사결정은 기장의 권한을 축소하는 것이 아니고 오히려 성공할 확률이 높고 다른 승무원으로부터 존경을 받을 수 있다는 것이다. 건전한 의사결정을 위하여 결론에 임해서는 확신이 서면 자기의사를 바꾸고 항상 다른 승무원의 이해와 지지속에서 결심한다는 신념을 가져야 한다.

(5) 논평(Critique)

논평은 수행한 업무에 대하여 어느 정도 이해하고 있으며, 수행한 결과에 대한 정도를 측정하고, 문제가 된 사항이나 잘못되었던 점을 노출시켜 원인을 검토해 보는 과정을 말한다. 논평에는 여러 가지 방식이 있는데 그 중의 한 가지 개인에 대한 Feedback이 있다. 어떤 사람의 행동을 직접 관찰한 사람들이 그 사람이 행동근거가 되었다고 생각되는 이론 또는 기본적 사고방식과 행동이 다른 사람들에게 어떠한 영향을 미쳤는지를 본인에게 설명해 주는 것이다. 유익한 논평을 하려면 계획과 결과를 검토할 때는 건설적이어야 하고 승무원에 대한 Feedback은 학습을 목적으로 해야 하며 개선을 위한 지표를 제시하고 증진시켜 나갈 수 있어야 한다.

3) 조종실에서의 Grid 형 관리개발

항공승무원들은 서로를 바라보고 Grid형을 그 상대방의 성격으로 생각할지 모르나 다섯 가지의 형은 결코 인간성의 특징을 구분짓는 것이 아니다. 그것은 승무원들의 특정한 태도나 행동양식으로 나타나는 기본적인 사고방식을 구분하는 표시에 불과하다. 즉 현실에 대한 당사자의 사고방식을 나타낸 것이다.

많은 사람들에게 있어서 기본적인 사고방식은 그 사람의 인생관이 되어 버린다. 그러므로 무슨 일이 생기면 평소 흔히 사용하는 방법으로 대처하고 반응하는 것이다. 예를 들어, 5.5 형에 오랫동안 반응해 온 사람은 5.5 형을 좋아하는 리더십을 가졌다고 설명할 수가 있다.

조종실에서의 Grid 형 관리개발을 위하여 다섯 가지 리더십 개발요소(문제의식, 신념의 표명, 갈등해결, 의사결정, 논평)를 적용하여 발전시켜 왔으며, 다음의 해결방법이 제시되고 있다.

(1) 1.1 형 리더십

스스로 결정을 내리지 않고 타인에게 의뢰한다(의사결정). 무관심하고 대개는 타인의 의견과 행동에 따르고 타인과 다른 의사표시는 하지 않는다(신념의 표명). 갈등이 일어나면 중립을 지키거나 또는 갈등속에 휩쓸려 들지 않으려 한다(갈등해결). 타인의 결정·사실·생각 등을 아무 생각없이 그대로 받아들인다(문제의식). 타인이 정보를 요구하면 제공하고 가급적 Feedback은 하지 않는다(논평).

(2) 1.9 형 리더십

우호적인 관계를 위하여 가급적 타인에게 결정을 맡긴다(의사결정). 다소 이견이 있더라고 타인의 의견·생각·행동을 수용한다(신념의 표명). 갈등이 일어나지 않도록 노력하지만 일어나면 모두의 기분에 맞추어 사이좋게 한다(갈등해결). 모두가 찬성하는 사실, 결정, 생각 등을 추구하고 다른 승무원과 서로 맞서지 않고 모두에게 용기를 북돋우어 준다(신념의 표명). 그리고 남의 장점은 적극적으로 칭찬하나 단점은 되도록 언급하지 않는다(논평).

(3) 5.5 형 리더십

완전하지는 않더라도 타인이 받아들이기 쉬운 실행 가능한 결정을 찾는다(의사결정). 의견이나 생각을 우선 타인에게 자연스럽게 던져보고 행동함으로써 타인과 타협하거나 남과 커다란 차이가 없도록 한다(신념의 표명). 갈등이 일어나면 모두가 수용할 수 있는 해결책을 찾는다(갈등해결). 사실을 대체로 있는 그대로 받아들이고 모순이 뚜렷해지면 조사해 보지만 사실 · 결정 · 생각 등을 일단 확인하되, 그 객관성에 대하여는 깊이 추구하지 않는다(문제의식). 비공식적이거나 간접적 방법으로 피상적인 Feedback을 한다(논평).

(4) 9.1 형 리더십

스스로 판단을 내리는 것이 중요하다고 생각하며 결정이 타인에 의하여 이루어지는 경우는 거의 없다(의사결정). 비록 타인의 견해를 부정하는 한이 있더라고 자기가 옳다고 느끼는 의사 · 생각 · 행동 등을 관철시킨다(신념의 표명). 갈등이 일어나면 그것을 묵살하든가 자기입장을 관철시킨다(갈등해결). 어떤 상황에서도 자신의 통제하에 두고 타인이 과오를 범하지 않기 위하여 자기나 타인의 사실 · 결정 · 생각을 깊이 조사해 본다(문제의식). 타인의 어떠한 작은 결점이나 실책도 놓치지 않고 지적하고 문책한다(논평).

(5) 9.9 형 리더십

건전한 결정을 내리는 것을 중요시 하며 동시에 주위의 이해와 참여를 구한다(의사결정). 관심사나 신념을 표현해야 한다고 생각하며 타인의 의견, 생각, 행동을 구하고 납득이 가면 언제나 자기생각을 바꾼다(신념의 표명). 갈등이 일어나면 그 이유를 밝히고 근본원인을 찾아내서 해결하려 한다(갈등해결). 적극적으로 자료를 수집하고 확인하고 타인의 생각 · 결정 · 사실 등의 건전성과 객관성을 끊임없이 재검토한다(문제의식). 운항중에 Feedback을 적절히 하고 운항이 끝난후에도 Debriefing을 해서 타당성, 객관성은 물론 학습의 기초가 되도록 한다(논평).

4) 갈등해결 및 협조

지금까지는 조종실 팀워크에 영향을 주는 팀워크의 다양한 역학관계를 다루어 왔으나 이번에는 조종실운항의 안전 및 효율에 영향을 미치는 다양한 외부그룹과 그들과의 협력관계에 대하여 이해하고 팀워크의 효율에 어떠한 영향을 미치는가를 고찰해 볼 필요가 있다. 여기에서 Inter Ground란 조종실을 중심으로 객실승무원, 정비사, 항공교통관제사, 회사경영자, 관리자 및 승객 등을 말한다.

(1) 조직간의 갈등해결

우리는 훌륭하게 서로 협력하고 있기 때문에 갈등같은 것은 없다고 말하는 경우가 있다. 그러나 실제로는 갈등을 외부로 표현하지 않으려고 하거나 참고 견디고자 하고 있거나 양자 중 하나일 것이다. 견해차이가 있으면 갈등은 필연적으로 생기며 갈등의 정도가 더 심화된다. 왜냐하면 자기가 속해있는 그룹에 대한 충성심이 있고 그룹중심으로 주관을 강화시켜가는 과정에서 객관성을 잃을 가능성이 크며 지고오면 그룹의 배반자가 되고, 이기고 오면 영웅이 된다는 단체심리가 발동된다. 그룹간에 갈등이 생기지만 갈등이 해결되는 경우와 해결되지 않는 두 가지 경우가 있다.

① 갈등이 해결되는 경우의 처리방법은 각각의 형별로 다음과 같다.

- WIN · WIN형 처리(9.9 형) : 부담이나 편견없이 솔직함을 발휘하여 최선의 공동목표를 찾아가는 것이다. 극히 드문 일이지만 질적으로 높은 문제해결형이다.
- LOSE · WIN형 처리(5.5 형) : 정확성을 다소 잃는 일이 있어도 쌍방이 수락할 수 있는 방법을 위하여 서로 타협하고 접근하는 것이다. 나에게 결과를 얻기 위해서는 무엇을 주어야 한다는 해결형이다.
- LOSE · LOSE형 처리(1.9 형) : 우리는 모두 좋은 관계를 유지해 왔는데 서로가 마음을 거슬리는 토론은 하지말자는 발상으로 인간관계를 유지하면서 결정의 질은 별 관심없이 해결하는 형이다.

② 갈등을 해결할 수 없는 경우의 처리방법은 갈등은 불가피하며 일단 일어나면 어쩔 수 없다는 형이다. 때문에 승리하든지 제3자에게 중재하는 처리형태이다.

- 힘의 대결(Power Struggle)형(9.1 형) : 상대방 사정을 고려하지 않고 어떤 수단을 동원하더라도 최고의 결과를 쟁취하려고 전념하는 것이다. 상대방의 약점을 찾거나 약점을 이용한 공격을 하는 형이다.
- 제3자에 조정에 맡기는(Outside Party)형(5.5 형) : 스스로의 노력과 책임을 포기하고 제3자에게 조정을 맡기는 형이다. 판정의 기준을 권위자 또는 조정자, 교범같은 것에 맡겨 해결이 어렵게 된다.
- 운명(Fate)에 맡기는 형(1.1 형) : 어차피 중요한 일이 아니라는 식으로 문제를 운명에 맡겨 처리하자는 형이다. 결국 운명에 동의는 하지만 문제가 해결된 것은 아니다.

(2) 협 조

조직 간의 관계가 교착상태가 되면 안전운항에 지대한 영향을 미친다는 것을 인식해야 한다. 행동을 일으키게 한 갈등원인 등을 파악하여 대책을 수립하고 상호 최고의 공통목표에 대한 새로운 계획을 수립하여 문제해결방안을 구축하는 노력이 필요하다.

결국 갈등은 운항에 커다란 문제를 발생시킨다는 것을 깊이 인식하는 것이 중요하다. 이를 토대로 타협 · 공존 · 조정 등의 건설적인 관계수립이 필요하다. 무엇이 옳은가에 초점을 두는 해결방식이야말로 갈등관계에서 최선의 협조를 하게 한다.

5) CRM 세미나 학습

CRM 세미나는 가정과 직장환경에서 벗어난 곳에서 실시한다. 사전학습에서 습득한 지식을 확실히 이해시키고 CRM 학습성과를 달성시키기 위하여 참가자 스스로 팀활동에 참여하고 공헌하는 것을 학습하도록 한다. CRM 세미나의 구성과 운영, 학습방법 및 목표는 다음과 같다.

(1) CRM 세미나 구성과 운영

CRM 세미나 참가자들은 특별한 원칙이 없이 편성된다. 보통은 6명 단위로 3·4개조로 편성된다. 세미나에서는 학습·능력개발이 주로 팀이나 승무원활동을 통하여 촉진된다. 명확한 목적과 시간계획이 있는 과제를 성취함에 있어 최선이라고 생각하는 방법을 자기들끼리 결정해 가는 것이다. 이들 과제를 통하여 참가자들은 리더십의 개념과 유형을 상세히 배우고 또 개인이나 팀의 집단적 문제해결에 적용되는 방법 등을 학습하게 된다. 그리고 세미나운영자는 학습을 촉진하는 역할을 하는 것이지 해답을 가르쳐주는 것은 아니다. 세미나 운영자는 교사처럼 지식을 전달하거나 토론을 주도하는 것이 아니고 학습과제에 대한 보충설명이나 참가자의 질의에 응하는 것이다.

(2) CRM 세미나 문제해결 학습방법

최고의 CRM 학습성과가 얻어질 수 있도록 Scientific Method 회사에서 개발한 문제해결의 학습방법은 다음과 같다.

구 분	CRM 세미나 문제해결 학습방법
1	행동선택에 필요하고 적합한 이론을 정립함
2	행동 즉 과제에 착수함
3	그 행동(방법)이 가져온 결과·정도·난이도 등 조사로 이론 선택의 잘·잘못을 검증(논평)함
4	논평 내용을 일반화시킴
5	이론 유효성이 입증되면 그것을 적용해서 성과를 올림

(3) CRM 세미나 문제해결 학습목표

CRM 세미나의 활동에서 문제해결을 도출하는 학습목표는 다음과 같다.

구 분	CRM 세미나 문제해결 학습목표
1	Grid 이론을 학습하고 조종실 팀워크을 확인함
2	개인의 행동방법을 논평하면서 일의 가치를 확인함
3	자신의 Grid 형태에 관해서 이해를 증진시킴
4	솔직성·개방성을 바탕으로 의사소통을 습관화함
5	기장 권한의 적절한 행사방법의 이해를 증진시킴

구 분	CRM 세미나 문제해결 학습목표
6	업무수행에서 안전에 대한 기여도를 이해함
7	팀워크 향상에 유효한 논평을 체험적으로 학습함
8	부서 간 내재하는 문제의 안전저해 이유를 이해함
9	외부요인과의 건설적인 관계수립 요인을 이해함
10	자원관리 기준의 중요성을 인식함

6) 오류관리 CRM(Error Management CRM)

(1) 오류관리 개요

오류관리는 택사스 대학교의 인적요인·항공우주승무원 연구프로젝트를 담당한 Dr. Helmreich와 동료연구자인 Bill Targart가 기존 이론을 보완하여 체계화하였다. 오류관리는 안전의 결과를 통해 이익이나 성과를 증진시키는데 목표를 두고 있으며, 위험관리에 비해 더욱 적극적이고 능동적인 자세를 취한다.

지나간 사건에 의존해 위험을 분석하거나 위험이 발생한 다음에 대처하기 보다는 체계적인 자료수집을 통해 사건이 일어날 수 있는 가능성의 추정·분석에 중점을 둔 예방적인 성격이 강한 확장된 안전관리기법이다. 오류관리는 인간과 인간 사이의 문화의 상호작용을 강조하고, 이것이 안전에 미치는 요소를 연구·분석하여 프로그램에 도입한다. 집단의 내·외부로부터 오는 영향을 다음과 같은 인간의 한계와 오류의 특성에 접목시킨다.

구 분	오류관리위한 인간한계와 오류특성의 접목
1	인적오류는 피할 수 없는 것
2	인간의 성능에는 한계가 있다는 것
3	그 한계는 오류의 경향이 증가 될 때 가속 된다는 것
4	안전은 보편적인 가치라는 것
5	위험도 높은 조직은 안전문화를 발전시키고 유지시켜야 한다는 것

이러한 기본개념에 입각하여 〈그림 6-7〉처럼 위험요소의 근원에 대한 연구와 대응단계에서 오류의 발생을 가상하여 다시 대응하는 단계적인 방법을 도입하고 있다. 오류관리 CRM은 앞에서 언급한 오류관리의 기본개념을 바탕으로 항공기운항에 대한 CRM으로 도입하였다.

그림 6-7 오류관리 개념도

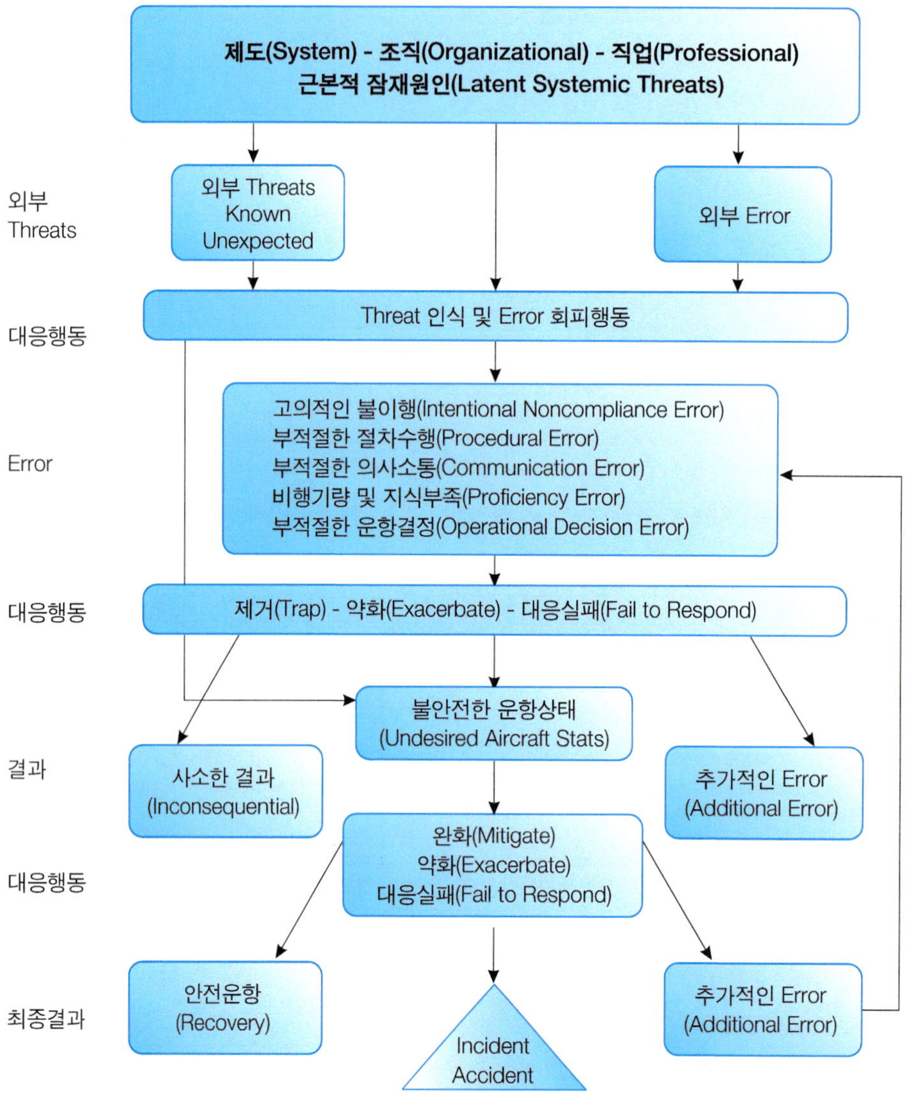

(2) 대응단계에서의 오류관리

오류관리는 사전예방적인 성격의 관리이기 때문에 대응단계는 매우 중요하다. 오류관리에서 대응단계는 다음의 질문을 기초로 하여 운항승무원이 오류를 회피하거나 혹은 바로잡는 행동이다.

구 분	오류관리 대응단계에서 질문들
1	어떤 유형의 오류를 범했는가?
2	오류는 발견되었는가?

구 분	오류관리 대응단계에서 질문들
3	오류가 어떻게 관리되었는가?
4	오류의 결과는 무엇이었는가?

앞의 질문들을 통하여 인간능력의 한계와 인적오류 본성에 관한 지식을 바탕으로 운항중 발생할 수 있는 인적오류를 적극적으로 관리한다. 즉 항공기운항의 오류관리는 운항에 관련한 위협을 사전에 인지하고 협의를 통하여 회피 · 제거 · 완화시키기 위한 계획을 개발하고 수행하는 능동적인 과정이다.

과학과 물질문명이 발달하면서 과거 항공기운항 사고의 주요 원인이었던 기계적 요인은 급속히 감소되어지고 상대적으로 인적요인이 점차 주원인으로 대두되고 있다. 이렇게 항공기운항 중 사고의 주원인으로 부상되고 있는 인적요인을 최소화시키기 위해서는 자신은 물론 이용가능한 자원을 최대한 효과적으로 활용함으로써 인적오류를 극복할 수 있는 적극적인 CRM기법을 활용하고 있다.

(3) 오류의 유형

통상 운항승무원이 범하게 되는 오류의 범주는 고의적 불이행, 부적절한 절차수행, 부적절한 의사소통, 비행기량 · 지식의 부족, 부적절한 운항결정 다섯 가지로 분류된다. 항공기운항 중 발생빈도 및 오류의 성격, 승무원대처방안 등이 설명되고 이해되어야 한다. 이것은 항공승무원 전체의 오류분석에도 활용하고 있다.

그림 6-8 오류 모델(핵심 요소)

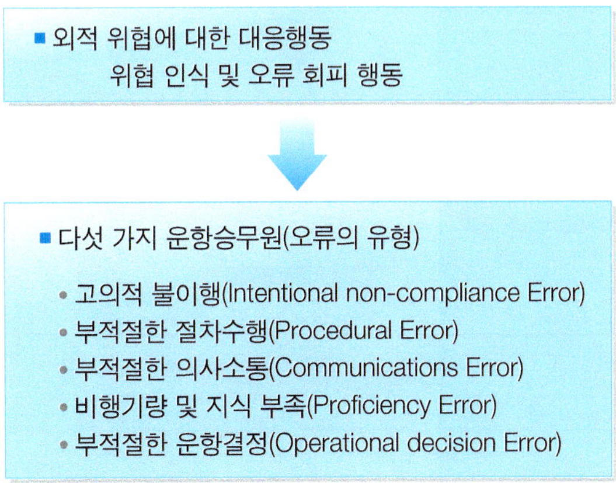

나. CRM 숙달과정

CRM 숙달과정은 보수과정과 정기숙달훈련을 포함하기도 한다. 숙달과정은 팀·그룹훈련, CRM 기술의 연습, 대인관계연습, 설문을 통한 피드백 등을 활용한다. 개별적인 약·강점, 역할담당훈련이 활용되고 있으며, 시뮬레이터를 이용한 LOFT 훈련과 연계해서 진행되고 있다. LOFT 훈련은 승무원의 성공적인 업무수행능력을 위한 모든 승무원의 협조방법과 그룹문제해결에 초점을 맞춘다.

숙달과정은 실제사례의 훈련, 의사소통, 자원관리 및 통솔력도 함께 다룬다. 훈련의 효과를 높이기 위하여 비디오피드백을 통하여 서로 간의 논평의 기회를 갖기도 한다. 짧은 기간의 인식에 대한 단점을 보완하는 지속적인 효과를 위하여 순환훈련 프로그램으로 보강하고 통합한다. 숙달과정은 기본과정의 내용에 대한 정기적인 재검토와 숙달, 적용훈련을 말하는 데 학술교육, 시뮬레이터 등을 활용한 실습 등으로 주로 이루어진다.

1) 학술교육(기본과정 재검토)

기초이론을 포함하여 CRM 활용뿐만 아니라 오류나 위험요소의 회피·제거·완화를 합리적이고 효율적으로 수행하는데 필요한 의사소통, 승무원협동, 계획 및 업무분담, 상황인식, 의사결정기술

그림 6-9 대한항공 CRM 5 Skill 모형

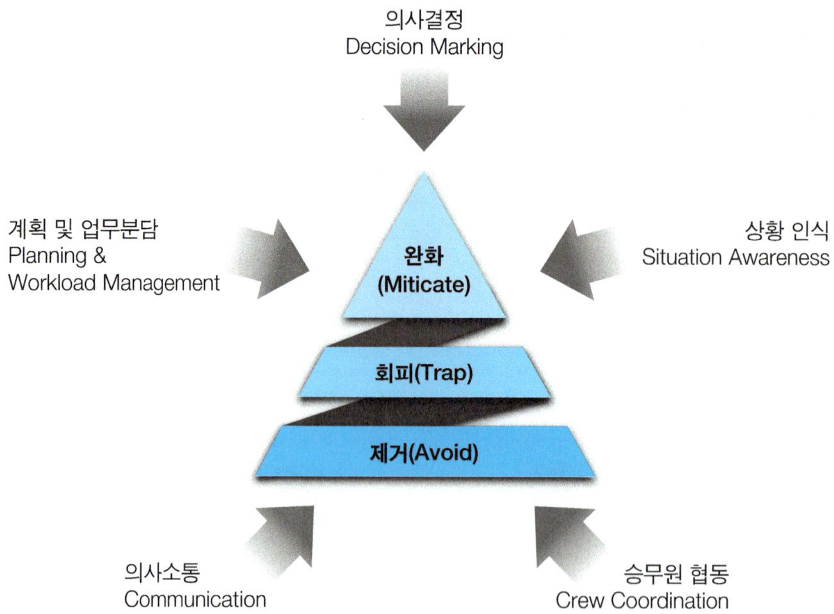

등의 CRM 스킬을 재검토한다.

효과적인 CRM 적용을 위하여 각각의 조직은 자기조직의 특성에 맞는 CRM 스킬을 개발하여 교육한다. 〈그림 6-9〉는 대한항공의 CRM 5 스킬모형을 보여준다.

2) 운항중심 비행훈련(LOFT, Line Oriented Flight Training)

LOFT는 비행시뮬레이터를 이용하여 실제 비행처럼 구성된 시나리오에 의해 진행되는 CRM 스킬향상에 초점을 맞추는 훈련프로그램이다. 대체로 운항승무원을 위한 보수과정 LOFT와 초기·전환훈련 승무원을 위한 자격부여 LOFT를 적용하고 있다.

두 번째 단계로 실시하는 LOFT 훈련은 실습과 피드백을 목적으로 마련된다. 실제 항공기운항에 있었던 여러 가지 사례들을 비행시뮬레이터에서 실습해 보는 승무원훈련이다. 의사소통, 자원관리 및 지휘통솔력 훈련에 초점을 맞추고 있는데 LOFT 훈련프로그램은 다음과 같다.

(1) LOFT 기본요소

① Crew의 구성 : 실제 비행업무를 수행할 때와 같은 승무원편조로 훈련이 이루어져야 하며 업무분담 역시 승무원의 현재 직책에 맞도록 운용한다.

② 현실적 상황부여 : 현실적으로 발생하는 문제 그리고 실제 운항상황을 부여하는 훈련으로 현실적 시간으로 진행한다. 상황을 부여하는 내용(시나리오)은 계획된 모든 비행구간에서 실시할 수 있도록 한다.

③ 자유로운 훈련분위기 : 훈련교관은 참석자에게 합격·불합격으로 판정해서는 안 되며, LOFT 시나리오가 진행되는 동안 간섭없이 운영을 하여 승무원이 여러 가지 의사결정을 해 본 경험을 바탕으로 스스로 학습하도록 한다. 위험이 없는 개념은 승무원으로 하여금 교관의 간섭없이 사용할 수 있는 자원을 충분히 이용하고 창의력을 발휘하도록 하는 것이다.

④ 교관의 개입없는 훈련 : LOFT 시나리오는 교관개입없이 계획된 시간을 끝까지 사용해야 한다. 그리고 잘못을 지적하고 교정을 해주는 것보다는 자기경험을 통해서 교정하고 학습하도록 하는 것이 효과적이다.

⑤ 피드백 : 시나리오에 따라 진행한 훈련을 녹화하였다가 훈련이 끝나면 그 내용을 보면서 논평을 실시한다.

(2) LOFT 훈련단계

① 브리핑(Briefing) : 훈련이 시작되기 전에 교관은 승무원에게 LOFT 시나리오와 교관의 역할을 설명한다. 운항승무원은 각자 임무에 대하여 팀으로서 서로 브리핑하고 실제 비행임무수행 시와 같이 상황처리를 하도록 설명한다.

② 비행 전 준비 : 비행 전 기상보고 및 비행계획은 훈련목적에 맞도록 준비되어야 한다. 예를 들면 악 기상상태에서의 최선의 선택, 부적절한 연료탑재의 적절한 조치 등을 확인할 수 있도록 비행계획에 맞게 자료를 준비하는 것이다. 기타 비행 전 준비사항으로 조종실 Set-up, 이륙비행데이타(Data) 등 여러 가지가 포함된다.

③ 비행구간 : 비행훈련구간을 지상활주(Taxi), 이륙, 상승, 순항 그리고 접근착륙 등 모든 구간이 포함된다.

④ De-브리핑 : De-브리핑은 훈련 중 운항승무원의 업무수행상황에 대하여 실시하고 그 중 피드백을 포함하여야 한다. 개선의 여지가 있는 상황이 반드시 강조되어야 하며, 개인이나 팀으로서 행한 활동상황에 대하여 교관의 논평을 받는다. 비디오로 녹화한 승무원활동을 분석하여 상호 피드백함으로써 자기의 리더십형태가 어떤 것인지를 체험하게 한다.

(3) LOFT 시나리오 구성

① 시나리오 구성목적 : 시나리오를 작성함에 있어서는 그 목표를 정립하여야 한다. 예를 들면 운항사에서 어떤 운영상의 문제가 여러 번 반복해서 일어났다면 그러한 문제들을 시나리오에 포함시킬뿐 아니라 운항사가 특별히 고려할 문제(예, 고질적인 사례 등), 또는 동절기운항 관련문제, 특수한 비행장운영문제 등 여러 가지 특수조건의 운항문제들을 이 훈련에 포함시킨다.

② 시나리오작성 : 시나리오작성시 다음의 내용을 구체적으로 포함시켜야 한다.

구 분	LOFT 시나리오 작성시 포함내용
1	출발지점, 항로 그리고 목적지
2	다양한 도착절차(긴박한 활주로 변경에 따르는 절차 포함)
3	대체 공항 이동 비행절차
4	모든 비행구간을 운항하기 어려운 비정상·비상절차
5	비행에 영향을 주는 악 기상 상태
6	항법장비의 부분 또는 전부 이상상태

③ 현실성 고려 : 운영시간은 현실적인 것과 같아야 되고 실제상황처럼 운용되어야 한다. 교관은 ATC 관계자, 객실사무장, 정비사, 기타 비행에 관련되는 사람의 역할을 할 수 있도록 하여야 한다. 또한 시나리오는 체크리스트 운용, 표준통화, 지휘통솔력, 신념표명, 승무원협조, 그리고 의사소통관계 등 여러 가지 내용을 발전시키는 요소를 포함하여야 한다.

다. CRM 보수과정

아무리 훌륭한 자원관리과정이라고 하더라도 일시적이며 단기적인 운영으로는 만족할만한 효과를 거두기 어렵다. 그러므로 연속적인 정기훈련이 필요하며 협력적인 태도와 기준을 변경시키기 위한 장기간의 노력과 미흡한 부분에 대한 특정한 보수훈련이 필요하다. 또한 CRM 훈련을 모든 훈련과정에 포함시키고, CRM 개념이 실제 항공기운항만큼 중요하다는 인식을 하여야 한다. 이 보수훈련은 운항과 관련된 요원들과 합동으로 실시할 것도 권고하고 있다. CRM은 운항관련 전체적인 훈련프로그램이어야 하며 계속적으로 보강하여 조직문화의 일부로 자리잡아야 한다. 또한, 최고관리자로부터 직접적인 지원을 받아야 한다.

CRM 훈련의 보강개념 즉 보수과정으로는 각 조직의 실정에 맞게 개발하여 훈련하고 있다. 일반적으로는 합동자원관리과정(JCRM)과 기장 리더십과정이 있다.

1) 합동자원관리과정(JCRM, Joint CRM)

각국에서는 승무원협동과 의사소통을 통해서 원활하고 안전한 운항을 하고자 운항관련부서와 운항승무원들이 함께 훈련하고 있다.

(1) JCRM 개요

항공기사고는 일반적으로 그 특성상 대형사고로 연결되는 경우가 많고 인적·물적자원의 큰 손실과 함께 사회적으로도 큰 파장을 일으키는 경우가 허다하다. 고도의 전문기술과 종합적인 시스템에 의해서 운영되므로 그 관련요소도 매우 복잡하고 다양할 수밖에 없다.

항공기사고의 특성은 항공기사고원인을 조종실에서 근무하는 조종사로 국한시킬 수가 없고 사고방지를 위한 노력과 교육·훈련도 조종사교육·훈련으로 국한할 수 없다. 이에 따라 안전하고 효율적인 운항을 위해서는 전 관련부서의 협조와 노력이 병행되고 국가적인 지원 및 관리감독이 필요하기도 하다.

항공기사고의 원인을 운영자중심에서 전반적인 시스템문제로 보면서 CRM이 운항에 직접 관련된 부서로 확대되고 관련부서의 조언·협조가 사고예방에 도움이 된다는 것을 여러 사고사례를 통하여 인식하였다.

오늘날 주요 운항사들은 운항과 직접 관련된 부서들이 함께 참여하여 안전과 효율성을 위한 의사소통과 협동에 대해서 조종사들과 토론하고 주요 문제들에 대한 인식을 같이 하는 관련부서와의 Joint CRM을 여러 형태로 확대 시행하고 있다.

(2) JCRM 기본개념

JCRM은 운항승무원과 운항관련부서의 확장된 승무원들이 운항안전과 효율성을 증진시키기 위하여 상호관련 주제를 가지고 실시하는 합동CRM 훈련으로 정의할 수 있다. 이런 종류의 훈련은 민간운항사외의 다른 항공기운영 업체에도 적용할 수 있는 훈련이다.

JCRM의 기본적인 이론적 배경은 인적요인을 이해하는데 있어 가장 일반적으로 사용되는 SHELL 모델에서 출발한다. L을 중심으로 이를 둘러싸고 있는 SHELL 즉 소프트웨어(S), 하드웨어(H), 환경(E), 인간(L)을 배치하여 각 구성요소 간의 상호관계를 분석할 수 있도록 하였다. 항공운항에서는 중앙의 L을 운항승무원으로 설정하고 그것을 둘러싼 주변과의 상호관계를 연구한 것이다. 각각을 구분하는 블록의 경계에 잘못된 결합이 발생하면 각 시스템간에 기능이 원활하게 작동하지 않는다는 것을 나타낸다.

SHELL 이론측면에서 접근하여 본다면 Joint CRM은 운항승무원과 승무원(L-L)사이의 제반문제를 다루는 데서 출발한다고 볼 수 있다. 이것은 조종실에서 기장과 부조종사를 비롯한 승무원 사이의 관계와 넓게는 운항관련 종사자들과의 관계를 의미한다. L-L에는 운항안전을 달성하기 위하여 조직된 집단 사이의 역할·지위·신분, 그리고 규범 등의 제요소도 포함된다. 불만족요인과 집단내의 갈등뿐만이 아니라 상호간의 협동, 인간관계의 상호작용, 리더십 등이 고려사항이 된다.

이런 고려사항 중 개별 CRM에서는 다루기 힘들거나 효과가 감소되는 주제에 대하여 어떻게 프로그램화하여 운항관련부서와 합동으로 훈련할 것인가? 그리고 안전운항과 효율성을 어떻게 확보할 것인가? 하는 것이 Joint CRM의 추구하는 방향과 목표이다.

(3) JCRM 필요성 인식

1989년 Canada Ontario Dryden 공항에서 이륙한 Air Ontario1 363(F-28)편이 날개의 Icing으로 추락하여 24명이 사망하였다. 이륙전에 객실승무원인 Sonia Hartwick은 날개에 젖은눈이 쌓이는 것을 보았으나 조종사가 객실승무원으로부터 운항과 관계된 정보를 받는 것을 좋아하지 않는다고 느꼈기 때문에 조종실에 이야기하지 않았다. 과거에도 안전에 관한 것이 조종사에 관계된 것이면 민감하게 반응하지 않았고 흥미가 없어서 무감각하였다.

사고의 직접적인 원인은 조종사실수로 사고기의 날개에 쌓인 눈과 얼음을 제거하지 않고 이륙하다가 이로 인한 양력감소로 추락한 것이었다. 조종사실수의 증거가 명백했지만 조종사가 실수하게 된 배경조사를 위하여 3년이라는 기간이 소요되었고 총 4권 1,700페이지의 보고서가 작성되었다. 보고서는 운항사시스템 내에 있는 관리적 실패요인과 사고잠재요소를 발견하고 안전운항을 위해서는 이의해결이 시급하다고 결론을 내렸다.

보고서에서 드러난 것은 기장의 실수외에도 많은 사고요인들이 있었지만 기내승무원들이 눈과 얼음이 날개에 쌓인 것을 조종사들에게 알리지 않았고 시스템통제소에서 바뀐 기상에 대한 정보를 전달하지 않았다는 사실에 관계당국은 크게 주목하였다.

이 사고를 계기로 하여 운항관련 부서와의 Joint CRM 훈련이 운항사고방지에 매우 유익하다고 판단하여 미국을 시작으로 전 세계적으로 Joint CRM이 널리 실시되고 있다. 이것은 또한 그전에 관심사항으로 대두된 운항과 객실 간의 의사소통과 협동외에도 운항과 직접 관련된 부서로의 훈련 확대의 필요성을 인식하게 한 사고가 되었다.

JCRM 필요성이 제기된 또 하나의 다른 사례는 1988년에 United Air 운항사의 항공기가 Nashville에 접근 중 객실승무원과 근무비번중인 승무원이 객실에 연기가 있음을 조종실에 알렸으나 바로 전 비행을 할 때 APU에서 연기가 발생하는 문제가 있었기 때문에 그 보고를 의심하였던 사례이다.

조종실은 비상을 선포하지 않았고 또한 착륙즉시 비상탈출도 하지 않았다. 결국 승객과 승무원은 연기로 위험한 상황을 경험하였고 대형사고가 될 수 있었다.

NTSB는 사고조사 후 객실의 보고를 받아들이려는 조종실의 자세 및 또 다른 정보를 확인하려고 하지 않은데 따른 문제가 있었음을 발견하였다. 그래서 NTSB는 FAA에 조종실과 객실간 협조·의사소통 훈련과 비상처치 훈련에 대한 합동조종실 및 객실훈련을 하라고 권고 하였다(1988).

사고방지를 위해서는 객실승무원이나 기타 운항승무원들 간의 원활한 정보의 소통이 필요하다. 조종실·객실간의 의사소통기술, 조종실·객실간의 사회심리와 훈련의 영향, 조종실에 정보전달을 방해하는 객실승무원의 법규·회사규정의 영향에 관하여 조사해 보고 함께 토론할 수 있는 장을 마련하여 합동으로 훈련하는 것이 효과적이다. 또한 운항관련 부서와의 원활한 정보흐름과 협조도 필요하다.

운항사에서는 대개 승무원을 두 집단으로 분리하여 운영하는데 그렇게 함으로써 생기는 장애는 특히 안전문제에 대해 효과적인 의사소통이 안 된다는 것이다. 위에서 설명한 사고에서 드러나듯이 이것은 매우 중요하다. 몇 건의 사고와 많은 준사고에서 나타난 것을 살펴보면 어떤 이유에서든지 조종실에 생생한 정보를 전달하는데 실패하였거나 전달된 정보를 무시하였다. 앞에서 언급한 United Air의 Nashville 사례외에도 많은 사고사례에서 조종실과 객실승무원 간의 의사소통실패로 사고로 발전하였다. 이 때문에 NTSB는 특히 조종실과 객실에 Joint CRM을 하도록 권고하였다.

(4) JCRM 주제

인적요인과 관련된 여러 훈련프로그램의 궁극적 목표는 업무를 수행함에 있어서 인간의 기능과 역할을 주변의 모든 요소와 관련하여 최적화하여 업무의 능률과 효율성, 안전성을 도모하는데 있다. 그러므로 인적요인은 업무수행 당사자의 인체의 생리·심리 등 내적요소 외에도 업무와 관련한 주변의 모든 요소 그 자체가 각각의 상호관계의 대상이 되고 있다는 것이다. 따라서 인적요인과 관련한 대상과 영역은 매우 복잡, 다양하고 범위가 광범위하여 교육·훈련주제를 한정하여 구체화하기가 어렵다.

CRM 훈련분야는 항공분야 인적요인의 기초이론으로 인정된 SHELL 이론에서 본바와 같이 운항승무원과 소프트웨어, 환경, 하드웨어, 주변인적자원 등 각각의 요소와 운항승무원을 중심으로 한, 각각의 요소들의 상호작용과 관계들로 기술하고 있다. 그러나 이는 단지 상징적인 표현에 불과하고 그 내면은 항공운항의 복합성에 비례하여 매우 많은 요소들로 구성되어 있다.

JCRM은 각 요소별로 복잡하게 얽혀있는 상호관계 사이에서 발생하는 제 문제를 합동훈련을 통해서 다룬다. 현재 국제민간항공기구에서 제시하고 있는 훈련분야를 보면 항공생리, 항공심리, 적성, 대인관계, 조종사와 장비간의 관련요소, 소프트웨어, 운항환경, 인간과 주변요소와 제반문제들이다.

CRM 훈련분야에서 출발한 JCRM은 위의 여러 가지 인적요인과 CRM 주제 가운데서 운항관련 부서와의 협동과 의사소통, 비상시대처 · 처치훈련에 관련된 문제를 주요 주제로 다루고 있다.

인적요인과 CRM 관점에서 JCRM에서 중점으로 다루어질 수 있는 분야와 세부주제는 JCRM 분야 인적요인 훈련관련 주제들과 기술관련 주제들로 구분된다.

① JCRM 분야 인적요인 훈련관련 주제들은 다음과 같다.

관련 주제	세부 주제들
항공심리	인간의 실수와 신뢰도, 업무의 부하, 인체 정보처리 과정, 태도 · 인지체계, 판단과 의사결정, 스트레스, 기량 · 경륜 · 평가와 숙련도
대인관계	항공기 운항관련 종사자들과의 의사소통, 통신에 의한 정보전달과 비행안전 · 운항효율에 미치는 영향, 문제 해결방법과 의사결정, 소집단 활동과 승무원의 관리, 상승효과
조종사 · 장비 간 관련요소	조종실의 구조와 배치, 경계 · 경보체계, 안락함
소프트웨어	표준운용 절차, 자동화 · CFIT
운항환경	항공기 내적 · 외적 물리적 환경, 사회 경제적 환경
비상처치 절차	비행 전 Briefing, 단계별 Incident · Accident 절차, 조종실 절차, 이 · 착륙 전 통보절차, Turbulence 등 기상 절차, 보안 절차, 승객처리 절차, 비행 중 환자 발생, Smoke · Fire 절차, 휴대수화물 · Smoking · 출구좌석의 배정 등과 같은 승객 관련 규정, 기장의 권위, 운항 지연, 연료배출, 해상착수(Ditching), 운항사별 테마, 기타 안전과 관련해서 필요한 사항

② JCRM 분야 훈련기술 관련주제들은 다음과 같다.

관련 주제	세부 주제들
의사소통기술	문화적 영향, 장벽(서열, 나이, 승무원 등급), 정중한 의견 제시, 참여, 청취, Feedback, 합법적 반대의 방법
상황인식	주변 환경에 대한 전반적 인식, 사실에 대한 사실의 인식, 고착, 주의산만, 감시(부분적 · 전체적), 물리적 · 정신적, 명백함 · 미묘함
문제해결 · 의사결정 · 판단	갈등관리, 검토(즉시, 계속)

관련 주제	세부 주제들
Leadership과 fellowship	Team 만들기, 관리 · 감독기술, 조직화, 제어, 권위(권한), 주장, 장애물, 문화적 영향, 역할, 전문성, 진실성, 승무원 전원 책임, 시간 및 작업량 관리
스트레스 관리	비행적합도, 피로, 다양한 수준의 불능화

(5) 확장된 개념의 CRM

확장된 CRM 교육 필요성이 인식되고, 평가가 이루어지면서 사고의 원인도 조종사 개인의 단독요소에서 관리감독·주변지원그룹의 요소가 함께 부각되었다. CRM이 객실승무원, 운항관리사, 정비요원같은 지원그룹으로 확대되고 많은 운항사들이 합동조종실·객실 CRM 훈련을 시행하게 되었다.

1998년 IATA 인적요인 세미나에서는 오류관리개념을 재강조하고 관련부서로의 CRM을 확장하는 권고안을 제시하였다. CRM 단계의 하나인 보수과정에서 객실승무원, 운항관리사, 항공정비인원, Gate 직원들과의 합동훈련을 진행하고 있다.

확장된 CRM 개념으로 각 운항사가 부서에 알맞은 CRM 훈련을 개발하여 실시하더라도 부서소속 직원으로만 구성된 독립적 CRM 훈련을 실시하면 효과가 줄어든다는 것이 여러 사고조사의 결과에서 나타났다. 따라서 필요한 관련주제를 설정하여 합동으로 훈련을 실시하게 되었다.

최근에는 점점 더 많은 운항사들이 다양한 직원그룹과의 CRM 가치를 인정하여 확대실시하고 있다. 확장된 개념의 CRM의 목적은 하나의 업무시스템으로써 모든 운영팀의 효율성과 안전의 증진에 두고 있다. 항공기운항은 〈그림 6-10〉과 같은 운항승무원과 관련부서와의 상호관계를 맺고 있다.

그림 6-10 운항 중 운항승무원의 관련부서와 상호 관계

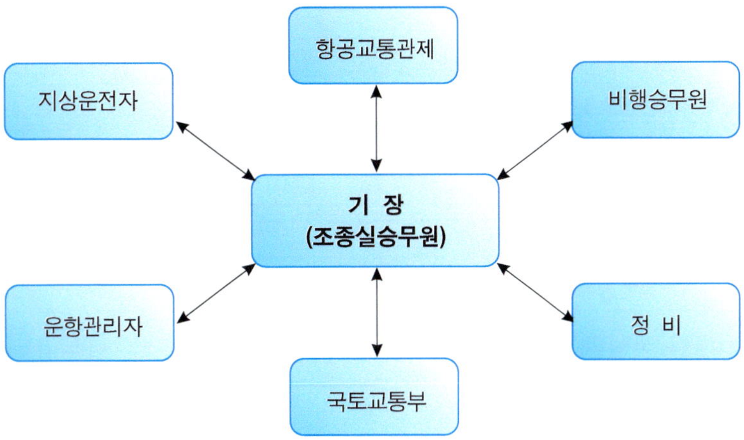

2) 기장 리더십과정

기장 리더십과정은 1960년대에 미국에서 기장 Ruben Black과 심리학자에 의해 시작되었다. 이 과정은 새로 기장이 된 승무원들에게 리더로서 뿐만 아니라 지휘관으로서의 권위와 책임을 인식시키고 의사결정능력을 향상시키는데 그 목적이 있다. 평소 궁금한 사항에 대하여 기장들의 질의에 응답시간을 갖고 서로 토론하며 기장으로서 자긍심을 고취시키고 사례연구를 통하여 신임기장들이 비행 중 어떤 문제가 발생함을 가정하거나 실제사례에 대한 해결책을 토의하는 방향으로 진행되고 있다.

① 기장 리더십과정의 주제는 어떻게 리더가 되는가? 어떻게 내 자신을 이끌까? 어떻게 타인을 이끌까?에 대한 질문을 하는 리더십주제가 있다. 그리고 사례연구, 경험담·에피소드, 자긍심, 책임감 고취에 대한 주제를 적용한다.

구 분	기장 리더십과정의 주제들
1	조종사에 대한 Role Model을 제시함으로써 조종사로서 자신의 경력을 뒤돌아보고, 앞으로의 다짐을 하는 계기를 제공함
2	팀 리더로서, Team member의 역할을 강조함
3	경영층이 운항승무원에게 운항승무원들과 대화를 갖기 위해 많이 노력하고 있다는 것을 강조함

② 고객서비스와 관련된 주제로 고객이 원하는 것은 무엇인가? 진정한 서비스란 무엇인가? 승객안전에 대한 강조사항에 대한 주제를 적용한다.

③ 의사결정과 관련된 주제로 올바른 의사결정은? 비상·비정상상황 대처방법은? 기장 리더십절차의 점검표에 대한 주제를 적용한다.

④ 기장 리더십절차 점검표의 예는 다음과 같다.

구 분	기장 리더십 의사결정 절차 점검표
1	서두르지 말 것
2	우선순위 설정
3	업무의 균형을 맞출 것
4	문제점을 식별할 것
5	절차를 사용할 것
6	자원을 적절히 사용할 것
7	계획을 같이 공유할 것

⑤ 부서에 대한 이해관련주제로 객실승무원의 역할, ATC 통신, 법무업무에 대한 설명과 이해 등에 대한 주제를 적용한다.

제3절 자동화(Automation)

1. 자동화 개요

자동화를 사전에서는 계속되는 단계를 통하여 제품생산을 자동으로 통제하는 것, 즉 자동화 장비를 이용하여 정신적·육체적 노동력을 절약하는 것이라 정의하고 있다. 조종실 자동화는 운항승무원이 기계에 대하여 수행해야 하는 어떤 임무 혹은 임무의 한 부분을 승무원의 선택에 따라 기계에 적절히 할당하는 것이라고 정의할 수 있다. 이러한 정의에는 감독·의사결정 등의 인간업무를 기계가 대신하는 경고체계를 포함하고 있다.

자동화의 시초는 항공기의 공기역학적 조종면을 제어하여 비행자세의 안정성을 확보하는데 목표를 두었다. 세계대전 이후 전기 혹은 전자증폭기가 진공자이로를 대신하게 되었고 VOR, ILS와 같은 항공보안시설의 등장으로 이러한 시설의 신호를 수신하여 항로비행이나 최종접근에서 자동화장비를 이용할 수 있게 되었다. 1960년대에는 반도체기술을 도입하여 자동착륙이 가능한 자동조종장치와 비행통제시스템이 출현하였으며 Auto throttle에 연계하여 동력과 비행경로를 함께 제어할 수 있게 되었다.

GPWS와 ACAS·TCAS의 출현은 단순히 자동화를 넘어서 운항승무원에게 항공기조종에 관련된 조언을 제공함으로써 자동화된 지휘통제의 개념이 가능토록 하였다. 이러한 자동화원리는 Wind Shear 감지시스템이나 RNAV(Area Navigation), 자동비행장치와 연계된 4차원 비행관리체제 등에 적용되어 민간운송용 항공기에 널리 보급되었다. 또한 공역의 효율적 사용을 위한 항공교통관제(ATC) 업무에도 확대적용되고 있다. 조종실에서의 업무량을 줄여 안전성과 효율성을 증대시킨다는 목적과 더불어 경제적 이유로 조종실내의 자동화를 언급할 때 중요한 변화요소로 다루어져야 한다. 운항승무원의 업무는 조종에서 감시로 변화하고 있으며 비행관리시스템(FMS, Flight Management System)과 같은 자동화장비는 이미 보편적으로 사용되고 있다.

최근 개발된 항공기는 진보된 형태의 자동화장비를 장착하고 있다. 컴퓨터를 이용하여 항법·항공기시스템 운영을 자동화하였고, 운항승무원은 항공기의 실질적 운영에서 더욱 소외되고 있다. 다시 말하면, 항공기조종과 운영의 모든 문제를 직접 수행하고 책임졌던 운항승무원들이 이제는 항공기운항에 직접적으로 필요한 하드웨어와 소프트웨어의 복잡한 연결을 관리하는 것으로 업무변화를 가져왔다. 그러나 이러한 기술적 진보는 새로운 형태의 오류를 발생시켰다. 즉, 제어시현장치(CDU, Control Display Unit)의 복잡성에 대한 의문이 제기되고 있으며, CDU 키보드정보입력의 변화 등이 요구되고 있다. 더욱이 신세대항공기는 운항승무원과 항공기 간의 정보교환이라는 측면에서 급속한 혁신이 있었으며 교환되는 정보의 양도 매우 증가하였다.

예를 들어 A-320 전자중앙집중식 항공기모니터(ECAM, Electronic Centralized Aircraft Monitor) CRT 화면에는 200개 이상의 점검표항목이 전시될 수 있다. 전자식 비행계기시스템(EFIS, Electronic Flight Instrument System)의 CRT화면에는 다양한 정보를 결합하여 매우 단순화된 형태로 전시할 수 있으며 항공기의 네 가지 기본상황(기본적인 항로통제 · 항법 · 엔진과 조종성능 · 총괄시스템)을 실현시킬 수 있다.

2. 자동화 필요성 및 제한사항

가. 자동화 필요성

자동화의 필요성은 안전성확보, 경제성, 기술의 발달, 업무량의 감소, 조종실공간의 효율화 다섯 가지로 정리할 수 있다.

1) 안정성 확보

사고 혹은 준사고보고에서 인적요인에 기인된 사고기록이 계속적으로 높은 비율을 보이고 있다. 자동화는 이러한 인간오류의 원인을 줄이기 위하여 인간의 기능을 기계의 기능으로 대체한 것이다. 하지만 그러한 장비도 인간이 감시해야 하므로 인간은 그저 감시하는 기능으로 역할이 변화하였다. 장비와 인간 사이의 관계에서 사고를 유발할 수 있는 잠재요소가 새롭게 생겨났으며, 경우에 따라서는 자동화장비가 사고요인을 제거하는 것이 아니라 형태만 바꾸어 주는 경우가 발생하였다.

2) 경제성

항법시스템과 전반적인 운항기술, 연료관리 등의 발전을 통하여 경제성추구라는 목적은 어느 정도 충족되고 있다. 신뢰성의 확보와 정비의 용이성 또한 이러한 경제성추구의 항목에 추가될 수 있으며, 일반적으로 경제성추구가 새로운 항공기개발에 있어서 중요한 고려사항 중에 하나이다.

3) 기술의 발달

자동화는 기술의 발전이 만들어 낸 결과이다. 특히 마이크로프로세서 기술의 발전은 고속화, 대형화된 민간항공기의 자동화를 가속시켰다. 사고로 인한 비용은 급증하였고, 인간의 한계는 잘 알려져 있으므로 이러한 기계적 도움을 필요로 한다는 것은 당연하다고 볼 수 있다. 하지만 보다 중요한 것은 최근 인식하게 된 자동화의 여러 가지 문제점들이다.

4) 업무량의 감소

업무량을 줄이고 승무원을 보조하려는 노력은 단 2명의 운항승무원이 조종할 수 있는 대형항공기 개발을 가능하게 하였다. 자동화는 조종실 업무량을 줄일 수 있는 유일한 방법으로 알려져 왔다. 그러나 자동화로 육체적인 업무량은 줄었으나 정신적인 업무량이 감소하지는 않았다. 오히려 증가하였다는 견해가 많아지고 있다. 실제 운항경험에 의하면 업무량이 비교적 높은 비행단계(예, 매우 바쁜공항으로의 접근 · 착륙 등)에서는 자동화가 업무량을 항상 감소시키지 못한다는 연구가 발표되었다.

5) 조종실공간의 효율화

조종실공간의 효율화는 디지털시스템에 의한 소형화, 다양성이 가능해진 각종 장비(예를 들면, FMS, ECAM, EFIS 등)의 사용으로 많은 진보를 이루었다. 보다 많은 정보가 운항승무원이나 지상요원들에게 제공되고 있다.

나. 자동화 제한사항

운항승무원의 업무를 기계적 기능으로 대치하는 자동화는 이미 언급한 바와 같이 다섯 가지의 필요성을 가지고 진행되어 왔다. 하지만 자동화 제한사항으로 상황인지의 실패, 방심, 압박감, 역할의 변화, 인터페이스설계, 선발, 훈련과 절차의 문제점이 존재하게 된다.

1) 상황인지의 실패

상황인지의 실패는 운항승무원이 직면하고 있는 상황을 알아 차리지 못했을 때, 혹은 지각능력이 부족하거나 잘못됐을 때 일어난다. 관련사례로, 상업용 제트항공기가 취항하기 시작한 직후 Newfound land 상공을 35,000피트 비행하던 B-707기가 자동조종스위치를 끄고 동시에 나선강하비행상태로 진입되었다. 운항승무원은 항공기가 조종불능상태로 진입할 때까지 자동비행장치의 스위치가 적절치 못한 위치에 고정되었다는 사실을 발견하지 못했고 대서양상공 6,000피트지점에서 항공기를 정상상태로 회복시켰다.

운항승무원이 자동화시스템의 능력과 한계에 대하여 잘 모르거나, 특정 상황에서 시스템이 어떻게 작동되는지에 대한 잘못된 생각을 하였을 때 시스템의 상황인지에 문제가 발생하게 된다. 사례를 보면, 1985년 태평양상공 41,000피트를 비행하던 B-747 항공기 4번 엔진에 부분적인 동력 상실이 일어났으나 운항승무원은 아무런 조치를 취하지 않았다. 잠시 후 자동비행장치에 의해 Yaw 현상을 수정하려는 순간 항공기는 오른쪽으로 기울어져 거의 배면비행상태까지 경사가 졌고, 기수는 거의 수직으로 아래로 향하게 되었다. 9,500피트 상공에서 회복이 이루어졌으며 회복 시에 운항승무원들은 자신들이 자세지시계의 비정상상태가 계기결함에 의한 것이었다는 사실을 비로소 알았다.

2) 자동화에 따른 방심

자동화된 항공기로 비행할 때, 운항승무원의 역할이 전혀 없기 때문에 주의를 기울이지 않고 권태롭거나 혹은 방심하게 된다. 방심하는 경우 인간은 자동화시스템을 과신하게 되어 경계심이 적어지거나 원하는 임무의 오차한계를 과도하게 높이게 된다. 자동비행이 순조롭게 진행되는 상태에서도 운항승무원의 비행상태에 대한 이해와 참여가 있어야 한다는 것이 요구되고 있다. 운항승무원은 통제되는 환경안에 있어야 하며, 장시간비행 중 단순히 감시만하는 일은 피해야 한다. 항공기 조종과 같은 현대적 시스템의 운영에 있어서 조작과 감시라는 두 가지 기능이 함께 요구된다.

3) 자동화에 따른 압박감

자동화에 따른 압박감은 시스템 구성요소가 증가함에 따라 나타나기 시작하였다. 시스템을 구성하는 요소가 증가하면 그 구성요소 중 어느 하나가 고장을 일으킬 수 있다는 사실이 시스템 전체의 신뢰도를 저하시킬 수 있다. 따라서 어떤 운항승무원은 자동화된 과정을 수행하는 것을 꺼려한다. 이는 훈련시스템이 부적절하거나 관리에 대한 스트레스에서 기인한다고 볼 수 있다.

4) 운항승무원 역할의 변화

자동화된 항공기가 비상상황에 직면하였을 때 아주 기본적인 질문을 할 수 있다. 누가 비상사태를 벗어나기 위한 조치의 책임을 질 것인가? 운항승무원인가 아니면 기계인가? 이러한 질문은 답변이 간단하지 않으며, 단지 오랫동안 지속되어온 운항승무원의 권위만이 관련되는 것이 아니다. 이런 의문은 조종의 본질과 외관상 나누어지는 인간과 기계의 권한, 보다 세련되고 자동화된 장비를 취급하는 운항승무원의 역할에 대하여 자문이 필요하다.

5) 운항승무원과 인터페이스 설계

부적절한 인터페이스란 운항조건의 변화(예, 사용활주로 변경)에 적응할 수 있는 능력을 갖춘 시스템을 사용할 때 변화에 대처하기 위한 조치가 복잡하고 인간-기계시스템 인터페이스에 시간소모가 많은 경우를 말한다. 부적절한 인터페이스 설계는 자동화시스템으로부터 운항승무원에게 권한이 인계 되는데 긴 시간이 필요한 것을 말하며, 준비시간부족으로 인하여 수행 혹은 실행의 질을 떨어뜨린다. 이러한 부적절한 인터페이스와 부적절한 상황인지가 동시에 일어날 경우 안전하지 못한 상황을 유발한다.

6) 운항승무원의 선발

운항승무원 선발에 있어서 운항승무원의 경력·비행시간에 대한 기준은 심사숙고할 필요가 있다. 자동화가 운항승무원 선발을 용이하게 하였다는 주장도 있으나 실제로는 자동화되고 진보된 항공기운항승무원 선발절차는 더욱 주의를 기울여야 한다. 인간과 기계의 역할배당이 상호관계에 근거하여 확실하게 이루어져야 한다. 이러한 관련성의 중요한 영향은 운항승무원이 배당받은 과업을 충분히 수행할 수 있는 자격을 갖춘 자를 선발해야 한다는 것이다. 조심성 있고 체계적인 접근방법을 사용하여 운항승무원 선발절차를 확립하면 선발 후 훈련과정을 단축시킬 수 있고, 운항의 안전성과 효율성을 동시에 증진시킬 수 있다.

7) 훈련과 절차

재교육과 수동조작에 의한 항공기조종기술에 대한 필요성은 자동화된 항공기조종에 익숙해진 운항승무원이 기본적인 수동조작 비행기량상실의 우려에서 비롯된다. 많은 운항승무원들이 이러한 기본기량을 유지하기 위해 수동비행조작을 연습한다. 하지만 또 다른 운항승무원들은 기본기량이 유지되지 않았다는 이유로 자동비행에서 수동으로의 전환을 꺼리는 경우도 있다. 적절한 훈련·절차와 원칙이 필요하며 훈련과정에 대한 감독이 필요하다.

이밖에도 자동화에 대한 문제점으로 승무원간의 협력관계변화, 자동화에 대한 운항승무원들의 태도, 직무만족도, ATC와의 문제 등이 거론되고 있다.

3. 자동화훈련

가. 자동화훈련의 개요

자동화장비는 새로 도입되는 모든 항공기에 광범위하게 적용되고 있으므로 자동화장비에 대한 정확한 이해없이는 항공기를 제대로 운영할 수가 없다. 자동화장비는 장비의 설계·제작 등에 관여한 제작사나 제작사에 요구치를 제공한 운항사가 추구했던 것과 같은 좋은 측면으로서 적용되고 있기도 하지만 부작용도 적지않게 나타나고 있는 것이 사실이다.

최근 운항관련 사고들에 대한 오류사슬을 살펴보면 자동화장비가 빠져있는 경우가 거의 없을 정도이다. 자동화장비와 사고의 연관성에 대해서 알아보고 자동화장비의 부작용에 대한 대응책에 대해서 알아보는 것이 현대화된 항공기를 운항하는 현실을 감안할 때 안전한 운항을 위하여 매우 필요할 것이다.

자동화관리는 최근 CRM의 개념이 확장되면서 추가된 기술이다. 이전의 조종석자원관리(CRM, Cockpit Resource Management)에서는 주로 인적자원관리에 중점을 두었으나 장비의 자동화가 급진적으로 이루어짐에 따라 자동조종기능은 제3의 운항승무원으로 인정받기에 이르렀다.

자동조종은 사고를 하는 기능과 비정상적인 상황에 대비하는 응용능력이 없다. 운항승무원들이 입력하는 자료에 의존하고 입력된 자료에 따라 지시된 경로 혹은 속도를 유지하는 것이 주요 기능이다. 따라서 자동화를 정확하고 원활하게 활용하기 위해서는 가능한 많은 데이터를 정확히 입력해야 한다. 그러나 이러한 업무가 운항승무원들에게는 새로운 업무부하로 작용하고 있으며 수동조작보다는 자동화에 의존하게 되는 현상이 발생하고 있다.

수동비행의 경우 고도와 방향 변경이 지시되면 조종사는 Bank를 넣으며 Throttle을 줄이고 Pitch를 낮추어 대응하게 된다. 거의 동시조작으로 이루어진다고 볼 수 있다. 또한 조종사는 유연하게 또는 상황에 따라 조금 급격히 조작할 수도 있다. 반면 자동조종환경에서는 어떠한 경우에도 모드(heading Mode 혹은 NAV Mode)에 따라 거의 일정한 조작을 하게 된다.

자동화의 개발동기는 승무원업무부하를 감소시키고 인적오류를 최소화하겠다는 출발에서 시작되었다. 하지만 최근 사고조사에 의하면 이러한 자동화의 결함이나 잘못된 사용이 사고의 원인이 된 경우가 많이 발생함으로써 새로운 문제점으로 대두되고 있다.

대한항공의 경우도 최근 수년간 자동화의 잘못된 사용으로 인한 사례들이 발생하였다. 1999년 2월 중국영공에서 발생한 KE856편 MD-82의 항로이탈사고, 2000년 2월 KE751편 B747-400의 FMS 입력오류사고 등이 대표적이다. 외국항공기의 사고사례에서는 1994년 China Airline A300-600 항공기가 나고야 공항접근 중 추락한 사고, 1995년 American Air 소속 B-757기의 Columbia Cali CFIT 사고 등이 자동화의 잘못된 사용이나 상황인식부족과 결합되어 발생한 대표적인 사고이다.

여러 사고사례에서 알 수 있듯이 자동화관리에 대한 새로운 개념정립은 Glass Cockpit 항공기를 운영하고 있는 운항사 등에게는 중요하고도 긴급한 사안이다.

나. 자동화 이슈들

1) 자동화와 인적오류

자동화관련 운항사고가 세계적으로 많이 보고되고 있다. 왜 사고를 줄이기 위해 개발된 장비가 오히려 새로운 사고원인이 되고 있는지와 자동화문제점, 그리고 이로 인한 인적오류를 살펴볼 필요가 있다. 다음은 자동화에 따른 인적오류들이다.

구 분	자동화에 따른 인적오류들
1	자동화는 지속적으로 발달하고 있으나 인간의 불완전성은 그에 상응하게 개선되지 못하여 부조화를 이룸
2	자동화를 원활히 사용하기 위한 사전 학습이 충분히 이루어지지 못함
3	새로운 시스템은 새로운 오류를 발생시킴
4	수동조작과 같은 즉각적인 반응을 기대할 수 없음
5	입력해야 할 데이터나 조작해야 할 비행제어장치 기기가 많음
6	자동화의 신뢰도는 높은 편이고, 자동화 시스템의 사소한 오작동은 발견하기는 어려운 반면 커다란 문제 야기함
7	자동화는 승무원 간 의사소통·조정기법이 달라져야 하나, 종전 기법을 그대로 사용하여 효율성 저하나 오류를 범하게 됨
8	전통적 항공기에서 Glass Cockpit 항공기로의 전환은 운항승무원 적응에 문제를 발생시킴
9	지속적인 감시를 하지 않을 경우 모드의 변화를 알 수 없음
10	자동화에 익숙하지 못하면, 스트레스와 Workload가 보다 증가함
11	자동화에 대한 과신으로 적절한 대응시기를 놓쳐 상황을 악화시킴
12	자동화에 대한 신뢰감은 인간에 따라 다름(FMAQ(Flight Management Attitude Questionnaire) 분석에 의하면, 서구 조종사보다는 아시아계 조종사들이 자동화에 대한 신뢰 정도가 높고 자동화를 잘 사용)

2) 자동화에 관련된 이슈들은 매우 다양하며, 연구 등을 통해 식별된 주요 이슈들은 다음과 같다.

자동화에 관련된 이슈들	
• 감시요구사항이 과도할 수 있음	• 정보통합이 필요할 수 있음
• 자동화통합이 불량할 수 있음	• 운항승무원이 책임은 있으나 권한이 없을 수 있음
• 정보의 과부하가 있을 수 있음	• 운항승무원이 자동화에 의지하는 동안 보호는 상실될 수 있음
• 컴퓨터 간 통신이 끊어질 수 있음	• 고장복구가 어려울 수 있음
• 설계자가 예상 못한 고장 Mode가 있을 수 있음	• 고장에 대한 평가가 어려울 수 있음
• 자동제어기능이 잘못 설계될 수 있음	• Scan pattern이 변경될 수 있음
• Interface 설계가 잘못되었을 수 있음	• 자동화가 너무 복잡할 수 있음
• Mode 전환 명령이 불가능 할 수 있음	• 데이터 평가가 어려울 수 있음
• 데이터 재입력이 필요할 수 있음	• Vertical profile 시각화가 어려울 수 있음
• 거짓경보가 자주 발생할 수 있음	• 키보드에서 데이터 입력오류가 발생할 수 있음

자동화에 관련된 이슈들	
• 교차점검이 어려울 수 있음	• 운항승무원 업무에 부정적인 영향을 미칠 수 있음
• 계기판 자동화가 ATC 시스템과 호환되지 않을 수 있음	• 자동화 동작이 분명하지 않을 수 있음
• 데이터 시현이 너무 추상적일 수 있음	• 새로운 작업에 오류가 존재할 수 있음
• 시현장치(시각 · 청각)가 잘못 설계될 수 있음	• Mode의 인식부족
• 정보가 불충분할 수 있음	• 인간 중심의 계기판이 부족할 수 있음
• 자동화의 주의가 필요할 수 있음	• 자동화 수준 결정이 어려울 수 있음
• 예비수단으로 해결이 필요할 수 있음	• 자동화 동작 예상이 어렵거나 설명할 수 없음
• 자동화에 합리적 기능이 없을 수 있음	• 데이터베이스가 잘못되었거나 불완전할 수 있음
• 데이터 입력이나 프로그래밍이 어렵고 시간소요가 많을 수 있음	• 상황인식이 줄어들 수 있음
• 테스트가 부적절할 수 있음	• 기능할당이 어려울 수 있음
• 정보처리 부하가 많아질 수 있음	• 작동지식이 설계보다 부족할 수 있음
• 자동화가 운항승무원 제어에 다르게 반응할 수 있음	• 부적절한 autopilot 해제가 너무 쉬울 수 있음
• 자동화 성능이 제한될 수 있음	• 복잡한 자동화로 인터페이스가 지나치게 단순해질 수 있음
• 항공기 간 전환으로 교육요구사항 증가함	• 항공기 간 전환이 오류를 증가시킬 수 있음
• Software 버전이 급증할 수 있음	• 표준화가 부족할 수 있음
• 운항승무원의 역할이 변경될 수 있음	• Mode 선택이 잘못되었을 수 있음
• 유사성이 피상적일 수 있음	• 비정상 조건에서는 자동화가 잘 작동안할 수 있음
• 상태에 대한 예측이 부족할 수 있음	• 비자동 조종 작업을 통합할 수 없음
• 자동화 요구사항들이 충돌할 수 있음	• 자동화로 운항승무원 응답속도가 느려질 수 있음
• 자동화는 문화적 차이를 고려하지 않음	

다. 자동화관리기법과 대응전략

자동화장비사용시 주의할 점은 기본적으로 CRM에 관련된 Skill은 항상 포함되어져야 한다는 것이다. 그리고 무엇보다도 건전한 운항승무원 자세만큼 중요한 것은 없다는 것이다. 기본적인 CRM Skill 이외에 특별히 자동화장비의 조작에서 강조되는 것은 건전한 운항승무원 자세를 통한 Mode나 자동화수준의 선정 · 인식 · 확인의 단계가 필요하다는 것이다. 이러한 세 가지 단계가 CRM Skill과 맞물려 돌아갈 때 기종이 가지고 있는 각종 약점이 최소화되어 오류로부터 보다 많은 안전 여유분을 가질 수 있다. 자동화에 대한 관리 · 대응전략은 다음과 같다.

1) 교육시간을 최대한 활용하라

모든 운항승무원은 기종초기교육과 정기보수교육에서 자신이 탑승하는 기종과 동일한 자동화장비가 장착된 시뮬레이터로 적절한 교육을 받아야 한다. 또한 모든 운항승무원은 교육시간에 평소 자동화장비와 관련된 의문점이나 실수할뻔했던 경우를 재현해서 의문을 해결해야 한다. 실제 비행 중 상황에 따라 교범에서 지적하지 못한 경우나 평소 예측치 못했던 경우가 종종 발생할 수도 있다. 이러한 경우 가졌던 의문사항에 대해서는 교육시간을 통해 완전히 해결되어져야만 한다.

2) 불필요한 곳에 집중하지마라

우선 순위를 생각하여 운항중 발생한 우발사태를 해결하기 위해 시간을 벌고 여유를 갖기 위해서 자동화장비를 사용하여야 한다. 만약 자동화장비로 인해 더 바빠지고 여유가 없어진다면 더 낮은 단계로 변환하든지 수동으로 비행해야 한다.

라. 자동화 장비사용 주의사항

자동화장비를 사용할 때는 선정 · 인식 · 확인을 적절하고 올바르게 하는 것이 매우 중요하다.

1) 선정(SELECTION)

모드사용에 대한 결정은 지식과 숙련도로서 결정해야 한다. 상황에 맞는 모드를 선정하기가 망설여지면 우리가 자신있는 건전한 수동비행기량을 가지고 있다는 사실을 바로 상기하면 된다. 자동화장비가 모든 상황을 대비하여 만들어져 있지는 않은 것이다.

운항승무원들이 자동화장비를 안전여유분의 최대한으로 사용하려는 것을 피해야 한다. 항공기는 상승가능한 최대고도에서 운영하지도 않으며 또 그럴 필요도 없다. 자동화장비에 있어서도 마찬가지이다. 자동화장비의 모든 기능을 모두 사용하기 위해서 고민할 필요는 없다. 하지만 자동화장비의 모든 기능을 알고는 있어야 한다. 자동화장비는 여유를 창출하고 상황인식을 높이기 위한 수단정도로 자동화수준을 결정해야 한다.

2) 인식(RECOGNITION)

빠르고 정확한 컴퓨터는 주어진 일을 번개와 같은 속도와 더불어 엄청난 정확도로 처리한다. 그러나 단지 입력된 지시사항만을 맹목적으로 수행할 따름이다. 각 모드를 사용함에 있어 이 모드가 어떻게 작동할 것인지 어떤 결과를 가져올 것인지 항상 염두에 두고 미리예측해야 한다. 예측한 대로 움직이지 않는다면 즉시 수동스위치를 사용해야 한다.

항법시현 장치는 항공기운항 중 상황을 인식할 수 있는 좋은 도구이다. 하지만 이러한 도구로 인하여 경계가 저하되거나 또는 이로 인한 여유로 항공기자세나 항로유지에 문제를 일으킬 수 있다. 어떤 경우는 자동화에 대한 감시가 부족한 상태에서 다른 문제에 관심을 기울이는 순간 바로 상황인식을 상실할 수도 있음을 명심해야 한다.

전기 · 유압 · 연료시스템 등은 자동화된 장비를 항상 모니터를 하면서 최상상태를 유지해야 한다. 그러나 이에 대한 지식이 부족하거나 제대로 관리할 능력이 없거나 혹은 시스템고장의 경우 항상 자동화장비에 모든 것을 맡겨 놓았던 승무원에게는 위험한 상황이 된다. 시스템관련 지식과 경계는 자동화장비에 항법을 완전히 맡길 수 없는 것과 마찬가지의 중요 항목이다.

3) 확인(CONFIRMATION)

장비들의 각종 표시가 항공기움직임과 일치하는지 항상 확인해야 한다. 프로그램 하나의 내용을 확인하지 않는 경우 어떤 일이 발생할지는 아무도 모르지만 원치않던 일이 일어날 가능성이 더 높아질 것이다. 항상 건전한 의혹을 가지고 자동화장비들을 감시하고 상호확인해야 한다. 상호확인하지 않고 프로그램의 변화를 알아차리는 데는 매우 어렵다. 확인하고 또 확인하고 상호확인해야 한다. 감시의 중요성에 대해서는 아무리 강조해도 지나치지 않다. 항공기움직임, 각종 장비움직임, 시스템상태, 옆에 앉은 승무원은 물론 추가로 자기자신의 능력을 감시하라. 기량과 지식, CRM 개념과 실천정도를 모니터해야 한다.

제7장

항공인적요인 훈련

제1절 항공인적요인 훈련개요

1. 항공인적요인 훈련개요

인적요인은 여러 설명들이 있지만 한마디로 표현하면 인간에 관련된 다양한 요소로 정의할 수 있다. 항공기운항과 관련된 인적요인도 다양한 생각과 활동을 하는 인간이 중심이 되어 항공기를 운영하고 있기 때문에 이에 관련된 요소는 너무나 광범위하다.

항공운항관련 인적요인훈련의 대상분야는 실수 등을 포함하는 인간의 능력과 행동양식, 의사결정, 상황인식, 각종 장비·계기의 설계, 조종실·객실레이아웃, 통신·컴퓨터 소프트웨어, 지도, 차트, 매뉴얼, 표준절차, 점검표 등이다. 또한 학문분야로는 생리학·인체측정학·생물학·역학·통계학·인간공학·심리학·사회학·의학 등이 총 망라되어 있다. 항공운항분야에서 주로 다루는 항공승무원 인적요인은 항공승무원이 운항과 관련된 항공기, 정책·운항지원체계 등과 어떻게 상호작용하는가에 관하여 물리적·심리적 측면에 초점을 맞춘 과학으로 정의되어 질 수가 있다. 항공운항분야에서는 여기에 적합한 프로그램을 만들어 항공안전을 위하여 전 세계적으로 교육·훈련을 하고 있다.

앞에서 언급한 것처럼 인적요인의 범위는 광범위한데 이를 항공에 적용하여 효율적이고 안전한 운항을 위하여 현재 가장 보편적으로 연구되어 시행되고 있는 것이 CRM이다. CRM은 초기에 조종석자원관리로 출발하였다. 이 시기(단계)에서는 조종실근무원이 조종실에서 활용가능한 자원을 잘 활용하여 안전운항과 효율성을 추구하는데 초점을 맞추었다. 오늘날 발전된 개념의 CRM에서는 승무원의 범위를 넓혀서 운항뿐만 아니라 객실·운항관리·정비·ATC 관련요원 등 운항관련부서 및 관리자 등으로 확대되어 관리하고 있다.

시대의 요구에 맞춰 CRM은 대상을 넓혔으며 특성과 연구개발순위에 따라서 제1세대·2세대·3세대·4세대 CRM으로 부르고 있다. 최근에는 연구의 차별화를 위하여 제5세대 CRM으로 구분하여 부르는 경우도 있다. 이런 추세를 반영하여 보다 적합한 프로그램을 만들어야 하며 항공안전의 목적달성을 위해서는 지속적인 연구노력과 투자가 필요하다.

SHELL 이론에서 제시한 것처럼 인적요인의 중심에는 L(live ware)이 자리잡고 있는데 항공운항에 적용 시에는 이것을 항공승무원이라고 가정할 수 있다. 항공운항의 목표인 안전과 효율성, 승무원의 복리증진을 추구하기 위하여 항공승무원과 주변관련 종사자들이 무엇을 어떻게 할 것인가를 연구하고 토론하며 실제비행에 적용하는 것이 CRM이다. 이것은 필연적으로 인간행태의 근원이 되는 심리과정에 관한 사항을 포함하고 있다.

항공인적요인 교육·훈련내용은 개인별 인성과 사고, 가치관, 생활환경·습관 등에 따라서 보다 구체적이고 체계적인 접근이 필요하다. 나아가서는 조직의 특성과 기업의 운영방침, 각 국가의 사회, 문화적 풍습·환경 등에 따라 다양한 방법과 절차에 의하여 시행이 필요한 것으로 받아들여지고 있다. 현재 ICAO에서는 항공인적요인 교육·훈련의 특성에 따라 항공종사자들의 인체기관능력·한계와 환경에 따른 기능의 변화중에 인적요인에 관한 기초지식함양을 위하여 교육·훈련기준을 정하여 세계 각국에 권장하고 있다.

그러나 항공인적요인 교육·훈련관련시행방법과 그 내용의 다양성에 따라 국제적으로 통용화할 수 있는 표준화된 프로그램개발은 매우 어렵다. 따라서 지역별 항공인적요인 세미나를 통하여 가장 합리적인 방법과 절차를 모색하도록 유도하고 있다. 각 운항사를 감독하는 국가기관은 전문연구기관과 합동으로 프로그램을 연구·개발하여 전문기관이나 국가의 승인을 받은 프로그램을 교육하도록 하고 있으며, 이 교육을 전담할 전문CRM 교관양성프로그램도 운영하고 있다.

국제민간항공기구(ICAO)의 인적요인 기본교육권고기준은 시간을 정하여(총 35시간) 교육·훈련을 제시하고 있다. 개념적인 이해를 포함하는 CRM 기본과정도 시간을 정하여(최저 20시간 이상) 형식적인 교육을 탈피하고 실질적인 교육·훈련이 되도록 하고 있다. 교육·훈련과정은 운항사의 실정에 따라 다르나 기본과정훈련 외에도 반복적으로 실시하는 정기숙달교육·훈련과 운항사의 필요에 따라 실시하는 보수훈련으로 이루어지고 있다.

2. SHELL 이론과 항공승무원 훈련

가. 항공승무원 항공인적요인 훈련개요

항공인적요인을 이해하는데 있어 가장 일반적으로 사용되는 이론은 SHELL 모델이론이다. SHELL 모델에서는 L을 중심으로 이를 둘러싸고 있는 SHELL 즉, 소프트웨어(S), 하드웨어(H), 환경(E), 인간(L)을 배치하여 각 구성요소 간의 상호관계를 분석할 수 있도록 하였다. 항공운항에서는 SHELL 모델의 중앙 L을 항공승무원으로 설정하고 그것을 둘러싼 주변과의 상호관계를 연구한 것이다.

SHELL 모델에서 각각을 구분하는 블록의 경계에 어울리지 않는 경우가 발생하면 각 시스템 간 기능이 원활하게 작동하지 않는 것을 나타낸다. 이러한 잘못 어울림을 방지하거나 최소화하여 각 시스템 간의 기능을 원활하게 하는 것이 필요하다. 이를 통하여 효율성과 안전성, 나아가 항공승무원들의 복리를 증진시키는데 항공승무원 훈련의 목적이 있다고 할 수 있다.

나. 항공인적요인 훈련주제들

SHELL 이론에서 보여주는 각각의 요소에 관련된 승무원훈련의 주제는 다음에서 제시하는 바와 같이 항공승무원(L), 항공승무원과 하드웨어(L-H), 항공승무원과 소프트웨어(L-S), 항공승무원과 항공승무원(L-L), 항공승무원과 환경(L-E)으로 그 범위가 광범위하고 다양하다.

1) 항공승무원(L)

항공기기내의 모든 시스템이 효과적으로 기능하기 위해서는 항공승무원(L)의 역할이 가장 기본이 된다. 인체를 고려하여 운항승무원의 신체조건은 조종실에 적합하여야 하고, 직무를 수행하는데 필요한 에너지를 충분히 보유하고 있어야 한다. 심리학자 메슬로우(Maslow)에 의해서 발표된 욕구계층이론에서 나타나듯이 생리적 욕구가 충족된 상태에서 안전욕구, 사회적 욕구, 존경욕구, 자아실현욕구를 가지게 된다. 항공승무원에 대한 이러한 욕구충족정도도 업무를 수행하고 능력을 발휘하는데 중요하다.

항공승무원은 자신의 정보관리능력을 분석하여 정보를 인식하거나 감지하는 능력과 정보를 처리하는 과정에서의 능력을 진단해 보아야 한다. 자신의 성격과 태도가 어떠한지도 알아야 한다. 위험한 태도로 분류되는 항목의 구별과 자신의 의사결정능력 등의 태도에 대한 스스로의 자성과 합리적 방향으로의 발전에 대해서도 연구하여야 한다. 또한 자신의 환경에 대한 적응능력과 감수능력에 대해서도 생각해보는 것도 필요하다.

2) 항공승무원과 하드웨어(L-H)

항공승무원과 하드웨어(L-H)는 항공승무원 신체조건과 조종실설계 및 공간구성의 적합성에 대한 문제이다. 장비의 설계, 계기판의 구성·크기·위치 등에 관한 적합성을 다루어야 한다. 항공기 운항 시에는 승무원과 장비, 특히 항공기계기 등과의 관계나 항공기를 다루는 운영·조작의 관계를 나타낸다. 아무리 최첨단항공기라고 하더라도 개선할 소지는 있다는 것이 이제까지의 운항경험에서 확인되었다. 최신형 항공기는 초기개발되어 취항하게 되면서 문제점으로 대두되는 것을 받아들여 계속 수정되고 발전되는 것을 보면 운항경험을 통해 개선되는 것임을 알 수 있다.

3) 항공승무원과 소프트웨어(L-S)

항공승무원과 소프트웨어(L-S)는 항공승무원이 행하는 절차에 관련된 문제로 각종 지시·비행절차·점검표 등을 말한다. 항공승무원이 수행하고 있는 각종 비행절차나 점검표 등은 인적요인을 고려하여 만들어져야 한다. 또한 쉽게 혹은 무의식중에 사소한 태만으로 인하여 실수를 유발할 여지는 없는지 검토해야 한다. 인체의 감각기관이나 신체조건에 따라 절차가 역으로 실행되어지거나 수행할 수 없는 경우에 대한 검토가 있어야 한다.

용어의 통일성, 암기나 생략의 가능성, 애매한 점검표나 절차 등을 사용하고 있지는 않는지를 검토하여야 한다. 또한 객실서비스 측면에서는 탑승객에게 제공하는 절차에 관한 문제들도 다루어지는데 물론 여기에는 비상탈출절차 등을 포함한다.

4) 항공승무원과 항공승무원(L–L)

조종실에서 기장과 부조종사를 비롯한 운항승무원 사이의 관계와 운항관련자들과의 관계를 나타낸다. 항공승무원간의 CRM뿐만 아니라 항공승무원과 운항관련 사람들과의 확장된 개념의 CRM인 합동자원관리 훈련도 최근 널리 시행되고 있다. 항공승무원과 항공승무원(L–L)에는 운항안전을 달성하기 위하여 조직된 집단 사이의 역할·지위·신분·규범 등이 이에 속한다. 불만족요인과 집단내의 갈등뿐만 아니라 상호간 의사소통·협동·업무분담·상황인식·의사결정·인간관계의 상호작용·리더십 등이 고려사항이다.

5) 항공승무원과 환경(L–E)

항공승무원과 환경(L–E)은 소음·조명·진동·온도·습도·기압·오존·우주방사선·시차 등의 문제가 있다. 그리고 운항환경을 둘러싼 기상·공항시설 등에 관한 사항도 있다. 또한 환경에서 기인하는 피로와 스트레스 등 장거리, 장시간의 비행과 다양한 지역비행에서 파생되는 문화의 차이 및 풍토병, 전염병 등의 문제점은 비행안전위험요소로 알려져 있다.

3. 항공교통관제사 항공인적요인 훈련

항공교통관제(ATC)를 안전하고 효율적으로 수행하기 위해서는 그 업무수행에 적합한 항공교통관제사를 선발하는 것이 중요하다. 항공교통관제사 선발이 좋아야 초기단계부터 부적격자를 제외시키고 훈련에 투입되는 노력도 절약할 수 있다. 항공교통관제사 항공인적훈련은 SHELL 모델의 각 요소에 의하여 어느 정도 영향을 미치기는 하나, 선발과 훈련은 Liveware와 가장 관련이 많다. 효율적인 항공교통관제사 선발을 위하여 우선 항공교통관제(ATC)관련 직업에 대한 특성·업무, 장·단점에 대하여 명확한 합의가 필요하다.

가. 항공교통관제사 선발

1) 항공교통관제사 선발자격요건

항공교통관제사 선발기준 중 그 자격요건으로는 연령(최저 · 최고), 체중, 신장, 병력(病歷), 시력, 청력, 정서적 안정성, 학력 등의 고려가 필요하다. 신체조건은 항공신체검사 제3종에 적합하도록 하고 있다. 항공교통관제사 선발기준에는 간질, 지나친 흡연, 음주 그리고 마약 등의 습관성 약품을 섭취하는 자는 부적합으로 고려하여야 한다.

2) 항공교통관제사 선발착안사항

항공교통관제사는 여러대의 고속 · 대형항공기를 동시에 관제하기 때문에, 신체 · 정신상의 문제 때문에 사고가 발생한다면 수 많은 재산과 인명에 피해를 입힐 수 있다. 항공교통관제사 응시자가 이전에 항공관련 지식이 있다거나 다른 사람에게 ATC를 가르쳤다거나 관제관련경력 등으로 이점이 많다는 판단은 맞지 않다. ATC경험이 있는 인원은 항공교통관제사로서의 능력보다는 긴급 상황을 처리하는데 도움이 된다고 보면 좋다. 항공교통관제사 선발에서는 지나친 사투리, 억양 등이 없이 명확한 언어표현능력과 다른 구성원들과의 협조관계 등의 확인이 필요하다.

나. 항공교통관제사 교육 · 훈련

항공교통관제사 교육 · 훈련은 관제업무를 안전하고 효율적으로 수행하고 국내관계항공관련 법규와 국제항공규정에 따라 항공교통관제사가 갖추어야 할 경험 · 지식 · 기법 등을 익히는 것이다. 항공교통관제 업무인 적시 · 적절한 의사결정, 사전상황예측, 관련정보의 우선 순위설정, 종합분석을 능숙하게 수행할 수 있는 훈련이 필요하다.

항공교통관제사 훈련은 ATC관련 사항을 배우고 · 이해하고 · 기억하고 · 재생하고 · 분석하고 · 의사결정하고 · 시행하고 운항승무원에게 영어로 의사를 표현하는 능력을 높이는 것이다. 항공교통관제사는 동기부여가 잘 되어야하고 훈련을 효율적으로 받아들이는 자세를 갖도록 하는 것도 중요하다. 항공교통관제사 훈련에서는 학습원칙과 관련하여 인간의 정보처리 · 이해능력의 한계도 알아야 한다. 또한 각각의 다른 상황에 대응하기 위하여 업무량에 맞는 인간의 한계, 대응능력과 언어구사 등에 있어서의 부적합을 극복할 수 있는 훈련이 필요하다.

1) 항공교통관제사 교육 · 훈련과정

항공교통관제사 훈련은 교육과 훈련과정으로 나눌 수 있으며, 몇 가지 단계별훈련이 이루어진다. 초기, 기초적인 원리와 연습으로 시작하여 각 단계별로 점점 복잡해진다. 각 단계별로 평가를 통해 훈련성과를 파악하여 다음 단계의 훈련에 참고하여야 한다.

ATC교육은 초보적인 지식교육에도 모의관제훈련을 활용하면 효과가 높다. 관제사훈련생의 수준을 비슷하게 구성하는 것이 좋으며, 이미 ATC에 관한 지식과 경험이 있는 사람들은 그 단계보다 높은 단계에서 시작하는 것도 고려할 필요가 있다. 관제실무절차와 관제기법습득에 관한 이론은 컴퓨터 등을 이용하여 관제사훈련생 스스로가 학습·훈련을 할 수 있도록 하는 것이 효율적이다.

2) 항공교통관제사 직무교육·훈련

항공교통관제사 직무교육·훈련은 모의관제장비를 이용할뿐 아니라 실제 항공교통관제사의 긴장을 극복하기 위한 과정과 교관의 감독하에 관제사 훈련생이 실제 관제경험을 쌓는 훈련도 필요하다. 교육훈련요령, 교과과정, 기법개발·전수, 평가분석요령 등을 별도로 교육·훈련받은 인원을 교관으로 양성하여 전문적인 교육·훈련이 되도록하는 것도 고려할 필요가 있다.

항공교통관제사는 시스템고장시 항공교통관제의 다양하고 어려운 상황을 원만히 처리해야 한다. 때문에 항공교통관제사에 대하여 위기대처능력 등 기량유지를 위하여 정기적인 훈련프로그램을 개발·실시하여야 한다. 항공승무원은 기량유지를 위하여 연간단위로 지상교육과 항공기훈련을 받고, 노선마다 기장으로서의 자격을 갖추었는지의 심사도 받도록하는 등 항공승무원관리를 국가가 세심하게 감독한다. 항공교통관제사도 이런 유형의 기능유지훈련과 심사가 필요한 것으로 보고되고 있다.

숙련된 항공교통관제사가 숙지하고 있어야 할 사항으로는 항공교통관제수행절차, ATC관련 정보의 의미, 수행하는 업무관련법규·절차·내규, 관제·통신장비의 제원과 통신방법, ATC관련 인적요인내용, 관제권이양·인수, 항공교통관제사 간 상호협조, 장비고장이나 성능저하시의 판단요령, 항공기특성과 기동성, 그리고 기상·제한구역·소음예방, 영어구사능력, 위기대처능력, 감독능력 등 ATC에 관련된 모든 사항을 들 수 있다.

3) 최근 시스템변화 대응훈련

ATC 시스템변화에 관련없이 항공교통관제사의 업무지식과 기술은 계속 유지되어야 한다. 또한 그 변화된 환경을 적절히 수용하여 항공승무원에게 불안감을 주거나 안전유지에 문제가 되지 않도록 대처가 될 수 있어야 한다. 또한 항공교통관제사 자신도 그 변화되는 환경에 조속히 적응하여 시행착오가 없도록 하여야 한다. 좀 더 좋은 시스템이나 다른 장비를 도입하여 이용하기 전에 장비특성, 이용방법에 대한 지식뿐 아니라 숙련된 경험 등을 제대로 갖추도록 하여야 한다.

항공교통관제사 인적요인관련교육·훈련에서는 ATC의 효율적 수행을 위한 관련법규, 규정, 절차, 지시, 일정, 계획 및 연습이 필요하다. 또한, 동료 항공교통관제사 또는 항공승무원과의 상호

통신·협조, 인적과실의 인식·예방과 기계와의 원만한 조화, 항공교통관제사별 교육의 진도확인과 특별훈련, 관제전문지식습득과 동기부여를 위한 전문기술수용, 언어능력강화, 운항승무원이 사용하는 비표준용어의 올바른 이해 등에 관한 사항을 포함시켜야 한다.

4) 항공교통관제 언어

항공교통관제업무는 항공교통관제사가 운항승무원 및 다른 항공교통관제사와의 교신이나 통화로 이루어지는 업무이다. 항공교통관제에서 사용하는 언어는 ICAO가 정한 언어인 영어를 사용한다. 대한민국 항공교통관제사의 경우 대부분 모국어가 영어가 아닌 제2외국어로 습득한 언어이다. 따라서 항공교통관제사의 항공영어구술능력 테스트는 매우 중요한 사항이다.

항공교통관제사 항공영어구술능력 테스트에는 읽기·쓰기·말하기로 구분되는데, 이중 말하기가 가장 큰 비중으로 평가된다. 한편, 상호 의사소통을 해야하는 운항승무원의 경우 한국인만이 아니라는 점이 매우 큰 문제가 되기도 한다. 국제선항공기 운항승무원들은 많은 경우 외국인 운항승무원들이다. 대한민국국적 항공사 운항승무원 중에도 많은 외국인이 운항승무원으로 업무가 진행된다. 외국인 운항승무원들의 경우도 이들 역시 영어가 모국어가 아닌 경우가 많다. 제2외국어, 제3외국어로서 말하는 영어를 항공교통관제사가 잘 이해할 수 있는 항공교통관제사를 훈련시키는 것은 매우 어렵기 때문에 이에 대한 대책도 강구하여야 한다. 항공교통관제사는 선발 그리고 선발 후에도 지속적으로 영어교육·훈련을 강화하여 언어의 장애로 인한 안전사고원인을 제거할 수 있어야 한다.

제2절 항공인적요인 훈련과정 및 방법

항공인적능력은 항공기운항안전과 효율적인 측면에 영향을 주는 인간의 가능성과 한계로 정의할 수 있다. 항공인적요인 훈련은 인간과 장비·시스템·절차와의 관계를 포함하여 환경, 그리고 개인과 집단 사이의 개별적 관계에 중점을 두고 있다. 항공승무원은 운항승무원과 객실승무원으로 구분할 수 있으며, 업무수행은 같이 또는 따로 수행된다. 항공교통관제(ATC) 업무는 어느 직업보다도 다른 사람들과의 관계가 원만하고 친절해야 한다. 또한 타인의 요구를 만족시켜줘야 하는 서비스 직업이므로 그런 인성을 소유하고 있는지 확인하여야 한다. 항공인적요인 교육·훈련의 목표는 인적능력을 최적화하고 인적오류를 관리하는 것으로 의사결정과 같은 인적요소의 원리, 승무원

자원관리 및 기술의 개발과 적용을 포함한다. 항공인적요인 교육·훈련은 실질적인 문제인식과 해결에 맞추어져야 한다.

1. 항공인적요인 CRM 훈련 커리큘럼개발 고려사항

항공승무원 항공인적요인 CRM 훈련 커리큘럼을 개발할 때는 다음의 사항들을 고려하여 적합한 교육프로그램을 만들어야 한다. 오늘날 국제화에 따른 인적 구성요소의 변화와 운항환경의 급격한 변동 등으로 여러 가지가 고려요소로 등장하고 있다. 미국내에서 아무 문제없이 받아들여졌던 CRM 교육이 동양에서는 성과를 거두지 못한 사례에서 알 수 있듯이 훈련프로그램을 개발할 때는 많은 고려사항이 있다.

항공인적요인 CRM훈련 커리큘럼개발 고려사항들 중에서 최근 많이 거론되는 것이 문화이다. 다른 국가문화안에서 보다 나은 훈련을 준비하기 위해서는 국가문화(가치, 의사소통방법, 갈등해결방법, 의사결정, 관리방침, 조직의 행동양식)에 대해서 고려하여야 한다. 같은 국가문화라 하더라도 조직문화가 다를 때 생길 수 있는 오해로 인하여 의도되지 않게 모욕을 주는 행위를 피하도록 해야 한다.

개인주의적 성향이 강한 나라의 항공승무원들은 그들 자신의 개인적 기준을 지표로 하여 직업상 규범을 정의한다. 이러한 경우, 개인적인 수준에서 스트레스를 정상화시키는 노력과 함께 각기 다른 상황에서 존재하는 스트레스를 좀 더 인식하여야 한다. 집단주의적이고 불확실성의 회피가 큰 국가의 항공승무원들은 그룹의 기준을 지표로 삼아 개인적인 기준을 정의하는 경향이 있다. 따라서 개인주의적 성향이 강한 국가와 같은 접근법을 사용하면 문제가 발생한다. 인간의 오류란 불가피한 경우도 있으므로 진정한 전문가란 인간성능의 한계를 인식하고 그것을 감소시키기 위해서 주의깊은 노력을 해야만 한다. 이를 토대로 운항사차원의 표준을 정의할 필요가 있다.

가. 항공승무원 교육대상 고려 CRM훈련 커리큘럼

객실과 조종실에서는 사회적, 신체적, 직업적인 차이에서 기인하는 의사소통의 장벽이 존재한다. 조종실에서 항공승무원의 75% 정도는 결정을 내리기 전에 자문을 구하는 leader를 선호한다. 객실승무원의 50%는 스스로 결정을 내려 객실승무원들에게 내용을 설명해주고 지시하는 leader를 선호한다. 이러한 차이의 근본원인은 다음과 같은 내용이 있다고 보고되고 있다.

구 분	항공승무원의 Leader형 선호도 차이
1	권력거리의 차이
2	사회적인 거리감과 불편함의 차이
3	성별, 나이차, 운항사의 물리적 장벽에서의 직업적 구별 차이
4	비행에 대한 지식과 관련된 능력의 차이 등

이러한 차이를 극복하고 안전한 운항시스템을 구축하기 위해서는 합동자원관리훈련(JCRM) 등의 훈련이 요구된다. 특히 운항승무원과 객실승무원의 원활한 CRM 훈련을 위해서는 여러 가지 고려사항이 있다. 특히 객실승무원과 관련된 CRM에서는 briefing과 조종실과의 대화법, 항공용어의 특별교육, 객실과 조종실의 상호작용 등이 고려되어야 한다. 또한 오류나 준사고 등에 관련된 모든 자료가 객실로부터 많이 나오도록 유도해야 한다. 특정 직업적 배경하에서 발생할 수 있는 오류의 원인에 대한 적절한 고려없이 항공승무원 위주의 CRM을 객실승무원이나 다른 직업의 사람에게 적용하는 것은 한계가 있다.

나. CRM 훈련영역과 목표

CRM 훈련은 훈련프로그램을 개발하기 전에 운영자관리와 과정개발자로 나누어 세 개의 주된 영역으로 분리해야 한다.

구 분	항공승무원 CRM 훈련 프로그램 세 가지 훈련영역
1	전체적인 목표
2	좋은 것과 나쁜 것의 조종실 성능인식
3	중요한 계획적 요소

전체적인 목표에는 여러 목표를 망라한 두 가지가 있다. 첫 번째는 관리에 대한 요구사항으로 모든 비행은 관리의 요구를 충족하여야 하고 그런 요구는 주로 경제성에 대한 이해를 근거로 한다. 두 번째는 안전에 대한 요구사항으로 안전은 항공승무원 간의 조화와 같은 합동관리와 승무원의 책임을 통하여 최대화되어야 한다. 이 두 가지의 목표는 어떤 때는 상호 보완적이고 어떤 때는 서로 상충된다. 항상 정확한 균형을 이루는 것은 쉽지 않다. 그것은 어떤 목표가 항상 최상이 되어야 한다는 것이 명확하지 않기 때문이다. 최근에는 안전을 최상의 목표로 정하는 것이 일반적인 추세이며 안전이 위협받는 관리는 무의미함으로 인식되고 있다.

나쁜 것에 대한 성능은 좋은 것에 대한 성능에 비해 쉽게 식별되지만 좋은 것에 대한 성능은 개개의 역할모델의 개발을 통하여 강조할 수 있다. 좋은 성능의 개념은 또한 자신의 이미지보존에 핵심이 된다.

인간은 개선할 필요를 느낄 때까지 개선을 바라지 않는다. 따라서 훈련코스의 개발에서는 긍정적인 면들이 강조되어야 한다. 개인의 행태를 바꾸려는 열망이 훈련승무원들에 의해 일어나기 위해서는 승무원 상호간에 협조와 지원의 필요가 받아들여지도록 만들어져야 한다.

다. CRM 훈련프로그램 계획요소

CRM 훈련과정에서 중요한 사항 중 하나는 훈련 프로그램 계획요소이다. CRM 훈련 프로그램 계획 요소에는 교관, 훈련승무원, CRM 형태 등 다양한 요소들로 구성된다. 다음은 CRM 훈련 프로그램의 계획요소들이다.

구 분	CRM 훈련 프로그램 계획요소
1	교관의 신중한 선택
2	훈련승무원들에 대한 동기 부여
3	CRM 형태 · 개념 그리고 훈련 프로그램 자체에 대한 당위성
4	경영 · 관리인원의 지원(중간 및 상위부서 포함)
5	전문직업적인 조직(훈련 받은 전문가들의 지원 필수적)

항공승무원들은 항공인적요인 CRM 훈련에서 개개인들에 잘 대처할 수 있게 훈련되도록 하여야 한다. 운항은 고도의 장비를 복잡한 환경에서 안전하고 효율적으로 다루어야 한다. 이러한 항공기 운항은 기장 등 혼자만의 노력으로는 이런 목적 달성이 어렵다. 항공기운항에서 인적요소를 고려한 대처에는 성격·특성·경력이 다른 관련요원들과 서로 팀을 이루어 협동과 시너지를 발휘하여야 하는 것이 매우 어려운 과제이다.

CRM 훈련자체의 분위기는 적극적이고 긍정적이어야 한다. 예를 들어, 수동적인 승무원에게서 나타나는 잠재적인 위험을 지적해야 하고 행태를 식별해야 한다. 그래서 개개인이 자신들과 다른 사람들을 평가할 수 있어야 한다. 그러나 CRM 교관은 참여자들에게 부정적이거나 평가적인 어투를 내비칠 수 없다. 대신 개별적인 개선에 도움이 되는 Skill과 개념에 초점을 맞춘 긍정적인 입장을 취해야 한다. 이런 것들이 프로그램에 반영되어 훈련 참가자는 물론이고 교관에게도 feedback 되어야 한다.

항공승무원을 위한 훈련프로그램은 일반적으로 CRM으로 대표될 수 있다. CRM 커리큘럼의 주요 요소는 개념에 대한 이해와 후천적으로 얻어지는 skill 분야로 나뉜다. 항공승무원 상호간 내부관계에 관련된 주제에 대하여 이해를 증진시키는 것이 중요하고 운항중 사용할 수 있는 skill의 개발 또한 중요하다. 훈련기준은 운항사의 규모와 정기·부정기운항 등 회사의 특성과 조직구성원의 특성에 따라 달라질 수 있다. 일반적인 훈련기준은 권고하는 프로그램을 시행하는데, 안전한 운항과 효율성을 목표로 하므로 그 운항사의 사고와 관련한 안전도도 고려된다.

라. 개념이해

항공승무원의 항공인적요인과 관련된 개념은 광범위 하지만 다음의 항목들에 대한 이해가 필수적이다.

구 분	항공승무원들의 항공인적요인 이해가 필요한 개념들
1	통상적으로 사용되는 언어와 전문용어, 어휘
2	CRM 원칙에 대한 개개인의 준수 약속의 필요성
3	연속성 있는 훈련과 자기개발의 지침
4	개개인의 태도와 행동이 Team의 노력에 미치는 영향
5	자만과 Team의 노력에 대한 영향
6	비행적합성(적합성유지를 위한 개인의 책임)
7	환경의 영향(운항사의 정책과 문화, 항공기 형태, ATC 등)
8	이용가능한 자원의 식별과 사용
9	우선순위의 판별 및 배정
10	인간의 구성요소와 행동특성
11	대인관계와 Teamwork에 미치는 영향
12	Team의 요구와 개인 업무(Team과 개인에 의한 문제)
13	암묵적으로 받아들이는 행동 · 절차 · 기대
14	항공승무원의 판단(판단 관련 초기 저항, 부정적인 영향)
15	Team Leader와 지휘자로서 기장(PIC)의 법적인 위치
16	교육과정이나 이후 지켜져야 할 절차
17	관리측면의 지원과 처벌 배제 등

마. CRM Skill들

항공승무원 CRM Skill에는 여섯 가지의 주요 분야(의사소통 · 개인간의 skill, 상황인식, 문제해결 · 의사결정 · 판단, 리더십 · Followship, 스트레스관리, 논평)가 있다. 운항사 등의 운항조직들은 구성원들에게 적합한 내용을 주요 Skill로 발전시켜야 한다.

1) 의사소통 · 개인 간의 skill

구 분	의사소통 · 개인 간의 skill 교육항목
1	문화적 영향
2	장벽(지위, 나이, 승무원 위치)
3	정중한 의견 제시
4	참여
5	청취
6	Feedback
7	합법적인 반대(방법)

2) 상황인식

구 분	상황인식 교육항목
1	주변 환경에 대한 완전한 인식
2	사실 대 사실의 인식
3	고착, 주의산만
4	감시(일정한, 규칙적인)
5	부분적 · 전체적, 신체적 · 정신적, 명백함 · 미묘함 인식

3) 문제해결 · 의사결정 · 판단

구 분	문제해결 · 의사결정 · 판단 교육항목
1	갈등 관리
2	재검토(즉시, 진행)
3	의사결정
4	판단

4) Leadership · Followship

구 분	리더십 · Followship 교육항목
1	팀 구성
2	관리 · 감독기술 : 조직화, 지휘, 통제
3	권위
4	적극성

구 분	리더십 · Followship 교육항목
5	장벽
6	문화적 영향
7	역할
8	전문성
9	신뢰
10	전 승무원의 책임
11	시간 · 작업 관리

5) 스트레스 관리

구 분	스트레스 관리 교육항목
1	비행 적합성
2	피로
3	다양한 무기력

6) 논 평

구분	논평 교육항목
1	사전 임무분석 · 계획
2	진행 재검토
3	정해진 임무

2. 운항승무원 항공인적요인 교육 · 훈련개발

가. 운항승무원 항공인적요인 교육 · 훈련기준

항공인적요인 교육·훈련은 항공종사자들의 태도와 행동변화를 유도하는 교육이다. 따라서 단기간의 교육·훈련보다는 장기간 계획적·체계적·주기적으로 실시하여야 한다. 교육·훈련후에도 세심한 관리와 관찰을 통하여 수시로 교정하고 이를 습관화하는 것이 중요하다. 그리고 인간의 행동근원이 되는 심리과정에 관한 사항도 포함하고 있으므로 교육·훈련내용은 개인별 인성과 사고(思考), 가치관, 생활환경·습관 등에 따라 보다 구체적이고 체계적인 접근이 필요하다. 나아가서는 조직의 특성과 기업의 운영방침 및 국가의 사회·문화풍습과 환경 등에 따라 다양한 방법과 절차로서 시행해야 한다는 것이 관계전문가들의 공통된 의견이다.

항공인적요인 교육·훈련의 특성에 따라 ICAO에서는 항공종사자 인체기관의 능력과 한계 그리고 운항환경에 따른 수행능력의 변화에서 인적요인 기초지식함양을 위하여 교육·훈련기준을 설정하여 각국에 권장하고 있다. 그러나 항공인적요인 교육·훈련은 시행방법과 그 내용의 다양성에 따라 국제적으로 통용화 할 수 있는 표준화된 프로그램개발이 어렵다. 따라서 지역별 인적요인 세미나를 통하여 가장 합리적인 방법·절차를 모색하도록 유도하고 있다. 현재 ICAO에서 추천하고 있는 운항승무원의 인적요인 학습교육에 관한 기준은 다음과 같다.

구 분	운항승무원 인적요인 교육항목
1	인적요인 소개
2	항공생리
3	항공심리
4	신체조건의 적정성
5	운항승무원–시설장비
6	운항승무원–소프트웨어
7	운항승무원–항공승무원
8	운항승무원–운항환경

인적과실에 의한 항공기사고는 항공기운항과 관련한 업무를 수행하는 항공종사자들의 인체기관에 결함이 발생하여 제 능력을 발휘하지 못하거나, 그 기능의 변화나 주변 요소와 상호작용관계가 부적절한 경우에 발생한다. 그러므로 운항에 관여하는 모든 종사자가 우선적으로 업무수행에 필요한 인체기관의 결함이나 능력한계 등을 항상 인식하고 있어야 한다. 또한 운항업무와 관련된 주변 요소와의 상호작용에서 제 능력을 발휘할 수 있도록 최적의 상태를 유지하여야 한다.

나. 항공인적요인 교육·훈련과정 및 방법

항공종사자 중에서도 특히 운항승무원은 운항과 관련한 업무를 수행함에 있어 현장에서 중추적인 기능과 역할을 담당한다. 그리고 업무의 대부분이 공중에서 이루어지므로 인체기능의 변화가 지상에서보다 더욱 현저하게 나타난다. 또한 장시간 반복적으로 복잡다양한 기계를 감시하고, 상황에 따라 여러 종류의 기기를 동시에 신속·정확하고 정교하게 조작해야 한다. 이러한 운항여건에 의하여 인체기능의 저하나 변화가 발생하는 경우 업무수행에 많은 영향을 받을 수 있다.

1) 운항승무원 항공인적요인 교육·훈련과정

항공분야에서의 인적요인 교육·훈련은 항공종사자로 하여금 업무수행에 필요한 인체의 제반조건을 최상의 상태로 유지하면서 주변 요소와의 상호작용을 원활하게 하여야 한다. 이런 상태에서 업무의 능률·효율성제고를 통하여 항공기안전운항을 확보할 수 있도록 교육·훈련시키는 것이다. 현재 세계 각국에서 항공종사자에게 실시하고 있는 인적요인교육·훈련과정에서는 인체에 대한 생리·심리·적성 등의 교육을 통하여 인체기능과 능력·한계와 변화에 관한 사항을 먼저 알리는 것에서 시작한다. 또한 운항업무와 관련된 주변 요소와의 상호작용에서 나타날 수 있는 변화 등 제반사항에 관한 내용을 교육·훈련시키고 있다.

인간을 중심으로 한 주변 제요소와의 상호작용에 관한 교육으로서는 앞에서 언급한 SHELL 모델을 기준으로 한다. 인간과 기계(Liveware-Hardware), 인간과 소프트웨어(Liveware-Software), 인간과 환경(Liveware-Environment), 인간과 인간(Liveware-Liveware) 등의 과목을 중점적으로 실시한다. 그리고 항공기에 탑승하고 있는 모든 항공승무원들이 가지고 있는 지식과 기량의 활용을 극대화하여 운항업무의 능률성·효율성·안전성 확보에 기여할 수 있도록 프로그램을 구성하고 있다.

항공인적요인 교육·훈련과목으로는 리더십, 인성과 태도, 의사소통, 승무원간의 협력향상 훈련을 실시한다. 항공승무원은 조종실업무를 담당하는 운항승무원과 객실업무를 담당하는 객실승무원 등으로 구성된다. 항공승무원들 중에서 기장은 항공기기내안전을 확보하기 위하여 각 승무원이 수행하는 직무를 관리할 수 있는 리더십이 필요하다. 항공기기장의 이러한 능력은 항공승무원 상호간 협력증진과 업무능률을 향상시키므로 항공기안전운항에 중추적인 요소가 된다. 또한 항공승무원 스스로가 자기관리를 하고 승무원간의 항공기운항에 관해 분명하고 신속정확한 의사전달 및 우호적이며 긴밀한 상호협조 등은 각 요소와 상승작용을 한다. 이는 항공기운항과 관련한 업무의 효율성향상에 크게 기여하여 개개인의 인적결함을 상호보완할 수 있게 하므로 항공기안전운항확보에 절대 필요한 요소라 할 수 있다.

2) 운항승무원 항공인적요인 교육·훈련방법

인간의 행동은 개개인의 인체기능이 주변의 상황과 여건에 따라 행동의 방향과 크기 그리고 그 형태가 수시로 변화하는 등 불안정한 속성을 가지고 있다. 이러한 행동의 가변성은 주로 인체기관이나 심리과정에서 비롯되므로 인적요인 교육과정에서는 행동의 근간이 되고 있는 생리와 심리를 매우 중요시 한다.

최근 운항승무원들의 항공인적요인 기술적인 교육·훈련은 주로 CRM(Crew Resource Management) 및 LOFT(Line Oriented Flight Training) 프로그램을 개발·수행하고 있다. 이러한 항공인적요인 교육·훈련프로그램 취지에 따라 CRM 교육과정에서는 항공승무원 리더십과 의사전달 및 편조승무원을 비롯하여 항공기운항관련 종사자와의 협력의 필요성과 중요성을 재인식시키는 내용으로 실시한다.

항공인적요인 교육·훈련방법은 그 기법을 체득할 수 있도록 정해진 교과과정에 따라 도상훈련 형태로 실시한다. 그리고 LOFT 훈련은 CRM 교육과정에서 체득한 기법을 실무에 보다 쉽게 활용하기 위하여 기존의 시뮬레이터(Simulator)에 현실성 있는 가상 시나리오를 설치하여 정해진 절차와 프로그램에 따라 실시하고 있다.

3. 객실승무원 항공인적요인 교육·훈련개발

가. 객실승무원 항공인적요인 교육·훈련기준

객실승무원은 운항승무원과 마찬가지로 항공기가 운항하는 환경속에서 업무가 진행된다. 따라서 항공인적요인 교육·훈련은 항공기운항 환경의 이해가 중요한 요소이다. 항공기운항 환경의 이해훈련은 객실승무원 훈련생들에게 기본적인 항공분야에 대한 충분한 일반적 지식을 제공한다. 이를 통해 훈련생들이 항공기운항에 대해 보다 종합적으로 이해할 수 있게 하는 것이다.

이런 방향은 객실승무원 훈련생들이 더 나은 상황인지능력을 함양하고 승무원들 간의 의사소통을 개선하여 전반적인 안전을 향상시키고, 객실승무원과 운항승무원, 그리고 기타 항공종사자들과의 협력을 이루어 낸다.

일상적인 운항훈련은 일상업무 중 안전에 대한 객실승무원의 역할과 책임과 관련된 운항사들의 교육·훈련이다. 일상적인 운항훈련은 객실승무원이 일상적인 운항중 승무원들에게 부여된 운항안전업무를 완벽하게 수행하고 안전운항에 능동적으로 기여할 수 있게 한다. 이 훈련은 기내환경 및 객실업무와 관련된 운항설비 및 항공기시스템관리, 승객보조와 관리, 그리고 운항, 지상직원 및 다른 객실승무원들과의 협동 등을 포함한다.

객실업무와 관련된 항공기시스템 및 장비운영절차에 대한 훈련도 필요하다. 이 훈련은 대개 기종별로 전문적인 훈련에서 다루어지므로 일상적인 운항훈련에서 반복할 필요는 없다.

이 책에서는 현재 국제민간항공기구(ICAO)에서 추천하고 있는 객실승무원의 인적요인학습교육에 관한 기준을 다음의 ICAO 객실승무원 훈련교범(ICAO Doc 10002)을 참조하였다.

구 분	객실승무원 인적요인 교육항목
1	항공에서의 인적요인
2	인적오류
3	객실승무원 Skill
4	승무원 자원관리(CRM)
5	위협요소와 오류관리
6	사례연구(사고 · 사건)

나. 항공인적요인 교육·훈련과정 및 방법

1) 항공인적요인 교육·훈련항목 개요

항공에서의 인적요인관련교육이 포함되어야 할 세부항목은 다음과 같다. 항공분야의 인적요인 모델을 식별하고, 항공안전에 대한 인적요인의 기여와 설정된 목표를 달성하는데 필요한 인적 운영에 대한 설명이 포함된다. 교육환경은 학습을 할 수 있는 장소와 컴퓨터기반 훈련(CBT; Computer Based Training)을 활용할 수 있으며, 관련참고자료는 운영·훈련매뉴얼이다.

객실승무원 항공인적요인 교육·훈련을 수행해야 하는 항목은 법규·절차, 항공기, 주변 환경, 인간모델과 같은 항공인적요인 모델식별이 있다. 그리고 인적운영능력이 운영내용의 다양한 요소와 특징에 의해 영향을 받게 되는 이유, 그리고 요소와 특징 사이의 상관관계에 대한 설명이 포함된다. 항공인적요인 지식은 개인과 운영환경의 관계를 설명하는 SHELL 모델과 같은 인적자원모델과 항공운항의 복잡한 시스템에서의 인간의 역할, 그리고 타인, Hardware, Software, 및 환경과의 상호작용내용이 포함된다. 그리고 항공기사고의 원인으로서 인적수행에 대한 개념과 인적요인이 주요 요인으로 확인된 사건·사고의 사례연구가 포함되어야 한다.

2) 항공인적오류 교육·훈련항목

객실승무원 인적오류관련교육이 포함되어야 할 세부항목은 인간능력·한계에 대한 설명과 인적오류의 연결고리인 사고원인과 구조적 사고의 개념설명이 포함된다. 또한 인적오류예방·감지, 복구·관리기술의 적용이 포함되어야 한다. 교육환경의 조건은 학습을 할 수 있는 장소와 CBT를 활용할 수 있으며, 참고자료는 운영·훈련매뉴얼이다.

객실승무원 항공인적요인 교육·훈련은 먼저, 인적능력과 한계를 설명한다. 인적오류는 항공생리(감각한계, 방향감각상실 등) 및 항공심리(Work load, 정보처리, 태도요인, 판단과 의사결정, 스트레스, 운영상의 압박, 운항사의 압력 등)의 측면을 포함할 수 있다. 또한 오류의 연결고리(오류, 일탈 및 증폭)를 포함한 사고의 원인에 대한 개념, 그리고 사건·사고에 미치는 인간의 영향을 설명해야 한다. 구조적인 사고의 개념을 설명하는데, 이것은 조직간의 상호작용, 근무지조건, 잠재조건, 능동적 실패, 방어기제를 포함할 수 있으며, 이 요인들이 사고로 이어지는 사항을 포함한다. 오류예방, 감지, 복구·관리기술을 적용한다. 이 기술에는 오류감소, 오류포착·허용과 같은 전략이 포함될 수 있다.

항공인적요인의 인적오류지식은 항공생리·심리학 일반적 양상, 인적능력의 이해, 인적오류과정과 결과(운영오류·원인·결과), 오류와 위반의 차이, 사고원인의 개념이 포함된다. 또한 조직적인 요인과 안전에 미치는 영향, 운영 상 오류를 예방하거나 제어할 수 있는 방어전략이 포함되어야 한다.

3) 객실승무원 항공인적요인 Skill

숙련도 기반훈련접근법의 일환으로 ICAO는 객실승무원이 갖추어야 할 일련의 Skill들을 개발하였다. 선임객실승무원에게 추가적으로 필요한 Skill들은 별도로 설명되어 있다.

훈련상황에서 바람직하거나 그렇지 않은 않은 행동 즉, 이들 Skill의 효율적 수행대 부적합한 수행을 평가하는 데 사용될 수 있는 행동지표가 있다. 모든 객실승무원은 다음에 제시된 Skill을 갖추는 것이 중요하다. 선임객실 승무원으로 제시된 Skill은 사무장역할을 맡은 객실승무원에게는 더욱 강조되어야 한다. 다음은 모든 객실승무원과 선임객실 승무원의 항공인적요인 Skill 교육항목이다.

구 분	모든 객실승무원 항공인적요인 Skill 교육항목
1	의사소통
2	팀워크와 리더십
3	오류인지 및 관리
4	작업량과 시간 관리
5	의사결정(조치의 필요성 인지, 평가, 시행)
6	상황인식

구 분	선임객실승무원 항공인적요인 Skill 교육항목
1	모든 객실승무원 항공인적요인 Skill 교육
2	유연성
3	위임
4	공감능력
5	자원의 계획 · 편성

4) 승무원자원관리(CRM) 교육 · 훈련항목

객실승무원 CRM 교육·훈련항목으로는 CRM의 개념과 일반적인 원리설명, CRM 기술설명과 적용이 포함된다. CRM 교육환경의 조건은 학습을 할 수 있는 장소와 CBT를 활용할 수 있어야 한다. 교육·훈련진행은 CRM 기술적용이 요구되는 그룹별 교실연습(예, 그룹토의, 역할행동, 시뮬레이션 등) 형태로 진행한다. 또한 시행가능한 일반적인 운영사항과 비정상·비상상황에서의 모의훈련 일환으로 운항·객실승무원의 합동CRM을 추천한다. 관련참고자료는 운영·훈련매뉴얼이다.

수행해야 하는 항목은 운항 중 CRM 개념, 일반적인 원칙과 프로세스를 설명하는데 정의·목적 및 장점을 포함할 수 있다. 또한 커뮤니케이션, 팀워크와 리더십, 오류인지 및 관리 등을 포함한 CRM의 기술을 설명하고 적용한다.

객실승무원 CRM 학술지식수행항목은 개선된 승무원의 협동·조화, 강화된 승무원의 업무역량 및 안전의식을 통하여 사건·사고를 예방하기 위한 도구로서의 CRM을 사용을 포함한다. 필요시 항공기유형에 따른 CRM(예, 단일·다층항공기, 좁은·넓은 동체항공기, 단일·복수승무원 운영)을 포함한다. CRM 원리에 대한 개인적 의지의 필요성을 포함하고, 필요시 합동CRM 훈련의 장점을 포함한다. 또한 항공기운항승무원과 다른 인원들 사이의 상호작용 즉, 객실승무원과 운항승무원, 다른 직원·승객 간의 상호작용을 포함할 수 있다.

CRM 학술지식은 운항에 있어서 개인의 고유역할과 개인의 영향력에 대한 이해를 포함한다. 시너지효과의 개념(예, 해결방안도출에 있어서의 Team building(조직개발기법)의 중요한 영향)과 개인과 팀 성과에 있어서의 문화적 차이와 그 영향을 포함한다. 팀의 리더로서 선임객실승무원의 역할과 승무원 효율성에 영향을 미치는 행동인지와 효율적인 팀리더와 팀 구성원에게 필요한 기술을 포함한다. 의사결정과정, 사용가능한 자원의 식별·사용, 그리고 필요 시 지속적인 자기발전을 위한 자원을 포함하여야 한다.

5) 위협요소와 오류관리교육·훈련항목

객실승무원 위협요소와 오류관리교육·훈련수행항목은 위협 및 오류관리(TEM; Theory Error Management)모델 설명과 객실운영에 TEM 모델의 적용을 포함한다. 교육환경의 조건은 학습을 할 수 있는 장소와 CBT를 활용할 수 있어야 하며, 관련참고자료는 운영·훈련매뉴얼이다.

위협요소와 오류관리 교육·훈련항목은 안전에 영향을 미칠 수 있는 객실운영과 관련된 위협, 오류 및 예기치 않은 상황에 대한 설명이 필요하다.

위협요소와 오류관리학술지식 수행항목은 객실운영과 관련된 TEM 체계 및 구성요소, 그리고 객실운영과 관련된 위협, 오류 및 예기치 않은 상태가 포함된다. 또한 객실운영과 관련된 위협, 오류 및 예기치 않은 상황관리기술(예, 위협감지, 오류인지)이 포함되어야 한다.

6) 사례연구(사고·사건) 교육·훈련항목

사례연구(사고·사건) 교육·훈련 항목은 사건 혹은 사고를 야기할 수 있는 객실승무원의 상황인식과 관리능력설명이 요구된다. 교육환경은 학습을 할 수 있는 장소와 CBT를 활용할 수 있으며, 관련참고자료는 사고·사건조사보고서와 객실승무원 보고서 등이다.

교육·훈련을 수행해야 하는 항목은 객실승무원이 사건·사고를 일으킬 수 있는 사례를 식별한다. 해당될 경우 운항사는 자사의 사례를 활용한다. 그리고 사건·사고예방에 기여할 수 있는 방법을 설명한다. 또한 항공기 탑승자의 생존율을 높일 수 있는 객실승무원 조치의 중요성이 설명(예, 비상탈출 중 또는 보안관련 위협상황시)에 포함되어야 한다.

사례연구(사고 · 사건) 학술지식 수행항목은 사건이나 사고로 이어지는 경우 객실승무원이 기여해야 하는 역할을 포함한다. 항공기탑승자의 생존율을 높일 수 있는 객실승무원 조치의 중요성(예, 비상탈출 또는 보안관련 위협상황 시)을 포함한 객실운영관점에서의 사건 · 사고(예, 비상탈출, 보안위협, 기내흡연, 압력조절실패 등)가 포함되어야 한다.

4. 항공교통관제사 항공인적요인 교육 · 훈련개발

가. 항공교통관제사 항공인적요인 교육 · 훈련기준

국제민간항공기구(ICAO)는 각 회원국이 항공교통관제사 자격증명을 발급하기 전에 실시하는 시험에서 항공교통관제사와 관련된 인적요인에 관하여 그 지식을 평가하도록 하고 있다.

항공교통관제사 자격증명평가의 세부내용은 기본교과목에 관한 교육을 제대로 받았는지의 여부의 평가를 권고하고 있다. 이 책에서는 항공교통관제사에 대한 인적요인교육에 대한 중요성을 고려하여 항공승무원에 대한 인적요인 교과목 및 교육시간을 기초로 작성하였다. 이러한 인적요인 교육은 항공교통관제사 자격을 위한 기본교육에 포함되도록 하여야 한다.

구 분	항공교통관제사 인적요인 교육항목
1	인적요인 소개
2	항공생리(인적요인)
3	항공심리(인적요인)
4	항공교통관제사-장비
5	항공교통관제사-소프트웨어
6	인간-인간
7	인간-환경

항공교통관제사의 경우 업무특성이 팀위주로 진행되기 때문에 교육 · 훈련은 팀 자원관리(TRM, Team Resource Management) 측면에서도 교육이 필요하다.

팀 자원관리(TRM)는 운항승무원에 대한 CRM(Cockpit Resource Management)이나 정비사에 대한 MRM(Maintenance Resource Management)과 비슷한 것으로, 항공교통관제사들 간의 팀워크를 향상시키기 위한 교육이다. 항공교통관제사들의 항공교통서비스(ATS) 업무에 필요한 의사결정, 구성원 간 효과적인 통신, 리더십 및 복종관계, 팀개념관리, 스트레스관리 등에 관한 교육과정이다.

ICAO에서 ATS 부문의 안전평가시에 확인하는 항공교통관제사에 대한 인적요인관련사항으로 항공교통관제사 자격시험에서 인적요인에 관한 사항에 대하여 확인이 필요하다. 이러한 요구사항이 잘 수행되는지를 정부가 확인하는 제도를 평가하고, 항공교통관제부분의 인적요인기초교육 및 재교육과정의 내용, 교수계획, 훈련기록 등을 확인한다. 또한 실제 항공교통관제사들과도 만나 인적요인훈련의 실시현황을 파악한다.

구 분	항공교통관제사 팀자원관리 교육항목
1	인적요인 소개
2	항공생리(인적요인)
3	항공심리(인적요인)
4	항공교통관제사-장비 · 소프트웨어
5	의사결정
6	구성원 간 효과적인 통신
7	Leadership 및 Followship
8	팀 개념 관리
9	스트레스 관리

다. 항공교통관제사 항공인적요인 훈련특성고려

항공교통서비스(ATS) 업무는 항공교통관제사가 항공교통관제장비를 이용하여 항공기운항승무원에게 관제지시나 조언을 하는 방법 등으로 항공기 간의 일정거리나 고도로 분리시키는 업무이다. 항공교통관제사는 항공교통서비스 업무를 통하여 충돌이 없도록 하는 인간-기계 간 관계가 적절히 이루어져야 한다.

ATS의 기본적인 목적은 충돌예방뿐만 아니라 항공기를 질서있고 신속히 운항하도록 하는 목적이 있다. 또한, 부가적으로 연료절감, 소음절감, 환경피해절감, 비용효과증가도 ATS 규정준수범위 내에서 달성되도록 해야 한다.

항공교통관제사가 관제업무에 사용하거나 이용하는 장비가 관제업무를 최대한 효율적으로 달성되도록 해야 한다. 이를 위하여 항공교통관제사는 그 관제장비의 제원 · 성능 및 제한사항을 잘 이해하고 활용할 수 있어야 한다. 또한, 관제장비를 보다 효과적으로 사용하여 같은 ATS시설내 다른 관제권(구)의 항공교통관제사, 다른 관제시설의 항공교통관제사, 그리고 운항승무원이나 공항내 이동지역내에서 이동하는 지상이동차량이나 보행자의 이동을 원활하게 하면서 관제업무목적을 달성하여야 한다. 이를 위해서는 항공교통관제사 뿐만 아니라, 관제장비를 설계하거나 제작하는 전문가들도 관제업무의 환경과 목적 등을 잘 이해하고 있어야 한다. 그리고 항공교통관제사와 운항승무원의 인적요인에 관한 전문지식을 알아야 하며 적절하게 교육 · 훈련이 되도록하는 것도 매우 중요하다. 이는 관제장비설계자와 전문가들이 관제장비를 설계 · 제작하는 단계에서부터 관제업무환경이나 항공교통관제사 및 운항승무원의 인적요인을 충분히 반영하기 위함이다.

ATC의 대부분 인적요인은 주로 인간의 능력이나 제한사항에 기초하고 있다. 예를 들면, 항공교통관제사는 주로 항공기정보를 레이더나 기타 장비시현을 통하여 알게 된다. 관제장비는 주로 소프트웨어로 운용되고 있고 관제업무환경에서는 불빛이나 햇빛 등으로 항공기나 장애물을 잘 보지 못하거나, 운항승무원과 교신하면서 항공교통관제사가 확인해야 할 것을 예상해야 한다. 또한 항공교통관제사가 항공기운항현황을 머리속으로 연상하며 기억하여야 하는 환경을 생각하면 이를 이해할 수 있다.

이와 같은 관제업무수행환경의 변화가 항공교통관제사 역할도 변화시키고 있고, 따라서 ATC 절차나 시행요령도 변화되고 있다. 이러한 항공교통관제사, 운항승무원 및 관제·조종장비의 운영조직, 관리, 문화적 환경의 변화가 관련되는 인적요인에 미치는 영향을 잘 검토하는 것이 매우 중요하다.

나. 항공교통관제(ATC) 훈련커리큘럼 고려사항

ATC 업무는 운항승무원 및 다른 항공교통관제사와 통화를 통하거나 레이더로부터 얻는 많은 중요정보를 종합하여 분석하고, 문제점을 발견하고 이를 해결하는 인식과정을 요구하고 있다. 훈련고려사항으로는 특히 인지·주의집중·학습·기억·정보처리·상황인식·계획수립·의사소통·문제해결과 동기부여 등이 있다.

항공교통관제 교육·훈련 시에는 다음의 사항들 즉 항공교통관제사 업무환경, 항공교통관제 업무량, 팀워크, 판단, 교대근무에 대한 고려가 필요하다.

1) 항공교통관제사 업무환경

항공교통관제사 업무환경은 항공교통관제사들이 업무를 수행하는 관제탑, 레이더접근관제소, 레이더항로관제소 및 항공정보실 등으로 매우 좁은 공간인 것이 특징이다. 특히 레이더시설은 업무환경이 매우 열악한 공간으로 여러 자동화가 도입된 복합적인 환경에서 항공교통관제사 실수를 쉽게 발생시킬 수 있다는 점이 고려되어야 한다.

2) 항공교통관제 업무량

항공교통량이 급속히 증가하는 비율에 맞춰 항공교통관제사 인원의 보충이 적기에 되는 것은 매우 중요하다. 관련인원이 부족한 경우, 보충되는 기간까지 항공교통관제사들은 인원의 부족으로 관제업무량이 많아지게 마련이다. 항공교통관제사 인원의 부족 이외에도 새로운 장비도입 시 적정한 교육을 실시하지 못하거나, 기존 항공교통관제사라도 경력이 적은 항공교통관제사 수가 많은 경우 안전에는 많은 저해요인을 가지고 있다고 할 수 있다. 장비자동화를 추진했을 경우 오히려 관제업무량이 많아지는 사례도 있어, 이러한 관제업무량이 급격히 증가하지 않도록 계획수립을 잘 하여야 한다.

항공교통관제 업무량이 증가하면 그만큼 관제업무능률이 떨어지고 주의산만이나 스트레스증가 등으로 피로도가 높아지는 경우도 있다. 관리자는 이것이 사고의 주요 요인으로 발전할 수 있다는 점을 명심하여 업무량의 급격한 증가에 철저히 대비하여야 한다.

3) 팀워크(Teamwork)

항공교통관제업무는 다른 항공교통관제사의 도움이나 상호협력하는 가운데 이뤄지는 경우도 많다. 항공교통관제 업무량이 많거나 관제업무구역이 큰 관제기관에서는 여러 항공교통관제사들이 상호협조를 하지 않으면 업무수행이 순조롭지 못하게 된다. 이런 경우 자연스럽게 서로 돕고 지원을 받는 경우가 있는데, 이러한 기관에서의 팀워크는 업무효과를 높이거나 실수를 줄이는데 매우 중요하다.

물론 조종실에서와 같이 기장이 못하면 부기장이 즉각 지원을 할 수 있는 환경도 있지만 그렇지 못한 환경도 있다. 운항승무원과 교신을 하면서 관제업무를 하는 경우 항공교통관제사가 레이더 화면을 보면서 머리속으로 연상하는 관제환경을 보조 항공교통관제사나 조장 항공교통관제사가 같은 관제환경으로 연상하지 못한다.

보조 항공교통관제사나 조장 항공교통관제사와 상호지원하거나 협조해주는 정도를 사전에 정하여 팀워크가 순조롭게 이루어지도록 하는 것이 중요하다. TRM을 통하여 이러한 팀워크를 강화하는 것은 크게 다섯 가지 부문에서 강조되어야 한다. 의사결정능력을 강화하고 효과적으로 항공교통관제사 간 의사소통을 하도록하고, 리더십이나 복종능력을 강화하고 팀이라는 개념인식을 강화하며 스트레스를 적절히 소화할 수 있도록 교육·훈련이 되어야 한다.

4) 판 단

판단은 의사결정을 잘하기 위한 요소 중의 하나이다. 정보를 인지하고 분석하여 문제점을 확인하고 그 해결방안을 결정하는 과정에서 어떠한 판단을 하느냐에 따라 그 의사결정이 잘될 것인지의 여부가 달려있다. 항공기운항에서 판단을 하는 항공교통관제사의 정신적·신체적 상태, 스트레스, 권태, 피로 등에 영향을 받고있는가를 확인하는 것이 매우 중요하다.

항공교통관제에서 판단은 해야 할 것을 하도록 하거나 해서는 안 될 것은 하지 않도록 하거나, 어떤 조치를 취하여야 할 경우 시기적절하게 그 조치를 취할 것인가를 결정하는 과정이다. 이전에 발생했던 판단의 실수나 효과적인 판단방법을 재인식하는 것은 매우 중요하다. 물론 초기에 실수를 하더라도 즉각 그 실수를 인지하고 즉각적인 대응조치를 함으로써 더 큰 실수를 방지하는 것도 판단의 한 종류로 볼 수 있다.

5) 교대근무

ATS 업무 특성상 항공교통관제사는 조종사나 정비사와 같이 항공업무가 24시간 연속되기 때문에 교대근무가 불가피하다. 항공교통관제사 교대근무는 이른 아침근무, 늦은 저녁근무, 야간근무로 이어진다. 이러한 비정상적인 근무형태는 항공교통관제사의 바이오리듬을 불규칙하게 하여 쉽게 피로나 스트레스를 가져오고 정상적인 생활의 리듬이 무너지게 된다. 이런 경우를 고려하여 관련전문가 자문이나 연구를 통하여 시설별 교대근무의 특성을 파악하고 해결점을 찾는것이 필요하다.

교대근무의 효율성을 높이기 위하여 다음 근무시간대를 전일 근무시간대보다 좀 늦게 잡아주는 것이 좋다. 예를 들면 어제 오후근무를 하였다면 오늘 오전근무를 하도록 하는 것이 아니라 저녁근무를 하도록 하는 것이 바이오리듬을 덜 무너트리는 것으로 알려져 있다.

제8장

운항문화와 항공의사소통

제1절 운항문화

1. 국가문화

항공에서 운항전문가로 분류되는 조종사 즉 운항승무원 문화는 일반적인 조종사들의 태도와 행태에 큰 영향을 미친다. 그러나 다른 많은 요소들이 또한 조종사태도를 형성하는데 영향을 미친다. 여기에서는 항공승무원의 태도에 영향을 미치는 국가문화에 대해 다루도록 한다.

운항승무원훈련과 기량에 영향을 주는 국가문화는 CRM이 등장하기 전에는 크게 중요한 연구대상이 아니었다. 이는 조종훈련이 국제적으로 표준화된 기술로 인식되고 보급되었기 때문이라고 판단된다.

그러나 CRM이 팀의 업무수행에 필수 불가결한 인간과 인간의 관계에 연관되어 있다는 것이 알려지게 되었고, 관련 Working Group 등을 통하여 고유한 심리적인 작용이 있다는 것을 알게 되었다. CRM은 초기에 미국내 운항사에 소개되고 받아들여졌으나, 점진적으로 미국외의 운항사에서도 새로운 안전과 효율을 선도하는 기법으로 도입되었다. 미국에서 고안된 CRM이 미국이외의 국가로 전파된다.

미국에서 개발된 기법을 동양권 운항승무원들이 받아들이는 데에도 태도에 차이가 있었다. 이로 인해 먼저 비교문화에 대한 연구가 시작되었고 미국과 아시아 조종사는 매우 상이하다는 것이 나타났다. 이것은 조종실에서의 행동이 직업적인 표준이상의 어떤 것에 의해 영향을 받을 수 있다는 단서였으며 이로 인해 국가문화에 대한 연구가 진행되었다.

가. 국가문화의 심리적 영역

비교문화 심리학은 심리학적인 진행상태에 대해 명확하게 이해하기 위해 고려해야 할 문화의 다양성에 대한 연구를 말한다. 인류학은 문화를 중심적인 현상으로 연구하고 비교문화 심리학은 다른 심리학적 현상에 미치는 문화의 다양성에 관한 학문이다. 항공인적요인에서는 조종실에서 인간의 직무수행에 국가문화가 어떤 영향을 주는가 하는 것으로 연구되었다.

비교문화 심리학은 항공인적요인에 관한 학문 중 제2차 세계대전 후에 나타난 역사가 짧은 신학문이다. 1970년대의 조직사회 심리학을 되돌아보면 조종사나 의사를 이용한 비교문화에 대한 연구는 거의 없다. 그러나 리더십, 의사소통, 위험인식, 스트레스 및 의사결정과 같이 팀의 업무수행능력에 관련된 것은 발견된다. 예를 들면 미국, 인도, 일본에서 업무지향형 리더와 인간관계지향형의 리더중 어떤 형이 보다 효율적이냐 하는 것은 연구되어 있다. 그러나 효과적인 리더십형태의 정의는 문화에 따라 매우 다양하다. Bond and Smith(1996)는 문화의 차이점에 대한 보다 많은 특성을 찾아낼 때 리더십형태는 명확해진다고 결론지었다.

1) 문화에 따른 의사소통형태

의사소통형태는 문화에 따라 차이를 보인다. 즉 어떤 국가에서는 의사소통형태가 직설적이고 명확하다. 예를 들어, 당신이 의도하는 것이 무엇입니까 혹은 뭐라고 했는지 말해 보십시오. 등이다. 반면 다른 어떤 국가들에서는 간접적이고 문장이 포함하는 의미의 이해가 필요하다. 예를 들어, 예라고 했을 때 그것은 상대편과 다투기 싫거나 동의하지 않기 때문에 단지 알았다. 라는 의미로만 쓰이는 점 등이다. 갈등을 해결하는 방법도 타협의 회피에서부터 정면대결까지 다양하며 조화를 이루기 위해서 근본적으로 선호하는 방법을 택하기도 한다.

사회적 상호작용관계에 국가문화가 완전히 배어있다면 그 문화내에 있는 구성원들은 잘 인식하지 못한다. 이러한 것들은 외부에서 바라보는 사람들이 볼 때는 잘 알아볼 수도 있다. 결과적으로 비교문화에서 오해를 일으키는 잠재요소는 아주 많다는 것이다. 감정을 잘못 이해하는 것에서부터 부적절한 사과나 간섭으로 인해 갈등이 증폭될 수도 있다.

2) 문화에 따른 CRM

문화의 잘못된 이해는 과거에 실패했던 CRM의 밑바탕이라고 볼 수 있다. 많은 CRM이 의사소통이나 지휘방식에 대한 것으로 인식되었으며, 미국식 CRM이 더 이상 아시아나 남미국가에서 성공하지 못한다는 것을 연구를 통해 알게 되었다. 반면 호주나 영국에서는 성공을 거두었다고 할 수 있다. 예전에 우리들이 가지고 있던 CRM 적용실패에 대한 의문은 다음과 같이 다양한 영역에 관한 것이었다.

구 분	CRM 적용 실패에 대한 의문들
1	조종사의 업무에 관련한 자세와 가치관의 범위 및 다른 정도
2	만약 다르다면 다른 것에 관련된 특별한 영역
3	만약 국민수준에 차이가 있다면 구조적인 형태를 이해할 수 있을지, 또는 각기 다른 국가에서 조종사들의 자세에 따라 그들을 분류할 수 있는 지와 같은 의문

앞에서 제시한 CRM 적용실패에 대한 의문들에 대한 연구가 홉스테드(Hofstede)에 의해 시작되었다. 홉스테드의 연구는 현재 비교문화에 있어서 아주 중요한 자료로써 국가문화에 대한 연구의 중심이 되고 있다.

나. 홉스테드와 국가문화

홉스테드는 IBM의 국제조사연구팀의 일원이었으며, 그 곳에 근무하는 동안 주요 설문조사에서 66개국 88,000명으로부터 117,000개의 국가문화에 관한 설문을 조사하였다. 그는 영업 및 업무 분야를 7개 군(群)으로 나누어 평균치를 계산하였다. 여기에는 최고경영층, 중간경영층, 기술직, 영업직, 두 가지 계층의 고객서비스직, 행정직이 포함되었다. 7개의 각 군(群)은 같은 비중으로 다루어 처리했다.

조사는 해당국에 대하여 4년 동안 2회의 설문조사로 실시하였으며 이는 국가 간 차이점의 안정도를 측정하기 위해서였다. 홉스테드는 연구결과를 토대로 국가문화를 네 가지 유형으로 분류하였다.

구 분	국가문화 유형 분류
1	권력거리 차이
2	개인주의-집단주의
3	불확실성의 회피
4	남성 · 여성주의

1) 권력거리 차이

권력거리의 개념은 영향력이 약한(권력지수가 낮은) 구성원이 영향력이 균등하게 배분되지 않을 것임을 예상하고, 이를 받아들이는 범위의 정도로 정의된다. 권력거리는 개인적인 수준에서 구성원간의 영향력 또는 상급자와 하급자 사이에서 하급자가 느끼는 영향력 정도로 측정된다.

낮은 권력거리 국가에서는 상사에 대한 부하직원의 의존도, 의견(자문)에 대한 선택 등으로 한정지어진다. 하급자가 상급자에게 보다 편하게 접근할 수 있으며 필요시에는 반대의견도 개진할 수 있다. 반대로 높은 권력거리 국가에서는 하급자는 상급자에 의해 좌우되며 상급자에게 직접 질문을 하는 것을 좋아하지 않는다. 홉스테드의 권력거리 지수값은 호주, 이스라엘, 아일랜드, 스칸디나비아 국가가 가장 낮고 말레이시아, 필리핀, 파나마, 멕시코, 베네수엘라 등은 높았다.

낮은 권력거리의 기장이 높은 권력거리 부기장을 만났을 때에는 다음과 같은 문화적 영향을 보인다. 예를 들어, 기장은 훈련이 막 끝나고 임무에 투입된 부기장에게 Jim이라고 불러주게라고 한다. 그러면 부기장은 OK, sir, Jim이라고 말한다. 기장은 아니 그게 아니고 그냥 Jim이라고 불러주게라고 한다. 부기장이 Jim이라고 부르자 기장은 만족한 미소를 짓는다.

낮은 권력거리 기장은 자신이 하나의 장벽을 허물었다고 생각한다. 그러나 부기장은 혼란스럽다. 그는 겸손하도록 배워왔고 자신의 상사에게 이름을 부른다는 것은 겸손한 것이 아니라고 생각한다. 운항지침서에도 기장은 기장님 혹은 Sir라고 호칭하도록 명확히 규정되어 있다. 따라서 부기장은 기장이 이름을 불러달라고 하는 것을 받아들이는 데는 약간의 시간이 걸린다. 비록 기장은 이름을 불러주는 것이 편안하게 느껴질지라도 부기장은 그러하지 못한 것이다.

높은 권력거리 기장이 낮은 권력거리 부기장을 만났을 때에는 보다 심각해질 수 있다. 예를 들어 기장은 부기장이 자신의 위치를 알아주지 않고 그의 이름을 부름으로 해서 무례하다고 느낀다. 이렇게 될 경우 조종실분위기는 냉각되고 최악의 경우에는 적대감을 표시하게 된다. 어느 경우든 간에 조종실에서의 의사소통과 팀워크는 나빠지게 된다.

홉스테드는 권력거리를 국가적인 수준에서 뿐만 아니라 직업적인 수준에서도 연구했다. 연구에 따르면 지위와 학력이 낮을수록 권력거리 지수가 높고 학력이나 지위가 높을수록 권력거리 지수가 낮다는 것을 발견했다. 국가를 초월해 이러한 직업에 의한 차이를 그는 상호작용효과라고 불렀다. 낮은 권력거리 국가에서는 직업에 따라 권력거리가 큰 차이를 보이고 있는데 지위가 낮은 집단에서는 상대적으로 높은 권력거리를 나타냈다. 그리고 높은 권력거리 국가에서는 직업군에 따라 별 차이가 없이 높은 권력거리를 보였다.

이러한 권력거리효과는 스위스의 외과팀연구에서도 나타났는데 낮은 권력거리 국가인 이곳에서 외과의사들은 그들의 업무관계에서 낮은 권력거리를 나타낸 반면 외과간호사 또는 마취과간호사들은 그들 사이에서나 의사와의 관계에서 높은 권력거리를 보여준 것으로 보고되었다.

2) 개인주의와 집단주의

개인주의 문화에서 관심의 단위는 개인에 관한 것이며 집단주의 문화에서는 집단이나 그룹이다. 개인주의와 집단주의는 목표를 달성하는데 조직으로부터 별다른압박없이 독립적일 수 있느냐 하는 것으로 비교될 수 있다. 홉스테드의 개인주의 지수를 이용하여 측정하면 미국이 가장 높다. 그 다음에는 호주, 영국의 순이다. 낮은 개인주의 국가들로는 중남미국가들(예, 브라질 38)과 많은 아시아 국가들(타이완 17, 대한민국 18, 필리핀 32, 말레이시아 26)이 포함되어 있다.

개인주의가 강한 사람들은 자신들의 행태를 개인적인 가치와 이해관계로 좁게설정하는 성향이 강하다. 사회적 상호작용과 그룹의 관계는 팀의 가치, 팀의 기여도, 팀의 업무성과라는 개념으로 표현할 수 있다. 개인적인 성취와 인식이 그룹을 기초로 하여 업무성과를 나타내었을 때 독립성과 자기만족은 그 가치가 있다는 것이다. 자신의 만족도는 스스로의 판단기준에 의거하여 취약점이나 실수로 판단된 것을 찾아 해결했을 때 강해진다. 개인주의의 극단적인 형태는 높은 범죄율, 자살 그리고 스트레스관련 질병으로도 나타난다.

집단주의적인 문화에서는 그들의 가족외에 다른 사람들과의 관계에도 중요한 의미를 부여하며 그들의 행태는 가족과 조직과 관련이 있다. 그들의 그룹내에서 충성심과 조화를 이루는데 가치를 부여하며 아이들은 연장자에게 복종과 효성을 다하도록 교육받는다.

3) 불확실성의 회피

불확실성의 회피는 구성원들이 불확실한 것이나 알 수 없는 것에 대한 위협을 느끼는 것을 의미한다. 높은 불확실성 회피사람들은 업무에서 스트레스를 많이 느끼고 많은 사람들이 지켜야 할 규정을 좋아하고 많은 사람들이 장기간에 걸친 안정된 경력을 선호한다. 어떤 사람들은 규정을 귀찮게 여기고 어떤 사람들은 규정이 존중되기를 원한다.

홉스테드는 불확실성 회피는 개인에 관한 것이 아니고 국가적인 특성에 기인한다고 생각하였다. 그리고 이것은 동일한 사람들에게서 발견되어지는 것이 아니고 통계적으로 동일한 사회에서 나타나고 있다고 보았다. 홉스테드는 높은 불확실성 회피에서는 정서적인 필요성과 마찬가지로 규정이 필요하며 애매한 것은 빨리 해결해야 하고 변경될 수 있는 여지를 가능한 적게 남길 필요성이 있다고 보았다. 높은 불확실성 회피문화에 속해있는 사람들은 보다 바쁜상태를 유지하도록 독려되며 가끔 엄격해지는 경향이 있다. 반면 낮은 불확실성 회피에 속한 사람들은 몰아부치지 않고 업무를 할 때는 관대해지려는 경향이 있다.

4) 남성 · 여성주의

홉스테드는 남성주의 사회에서는 성(性)이 갖는 역할이 명백한 것으로 정의하였다. 남성은 공격적이고 억세며 외적인 성취(고소득, 진급, 물질적 성공)에 초점을 맞추며, 여성은 겸손하고 부드러우며 삶의 질에 관심이 많다고 보았다. 남성주의 성향이 가장 강한 나라는 일본이었고 매우 강한 성취지향적으로 보았다. 유럽에서는 이탈리아, 오스트리아, 독일이었고, 라틴아메리카는 멕시코, 콜롬비아, 베네수엘라가 여기에 속하였다.

여성주의는 사회에서 성(性)의 역할이 겹치는 것으로 삶의 질에 보다 관심을 갖는 것으로 보았다. 여성주의 성향이 강한 나라들은 스웨덴, 노르웨이, 네덜란드, 덴마크였다.

남성주의 성향과 여성주의 성향을 비교한다면 남성주의는 약자에 대해 강한 면이 강조되었다. 여성주의는 공동의식을 가지며 경제성장에 비해 환경의 보존, 전비확장에 비해 저개발국에 대한 원조 등을 선호하였다.

다. 홉스테드의 업적과 기대효과

1) 홉스테드의 업적

홉스테드의 연구는 국가문화요소에 여러 가지 외부요인을 포함시킴으로써 보다 중요하고 수용이 가능한 것으로 발전시켰다. 홉스테드는 경제적, 지리적, 민주화지수, GNP, 경제성장률, 수도(首都)의 위치, 인구밀도·성장력, 국방력, 해외원조, 신분증의 효력, 언론의 자유, 전문직 여성비율, 최대제한속도, 여론, 다양하고 대규모적인 사회적 심리학적 연구 등에 영향을 끼쳤다. 예를 들면, 개인주의 지수와 GNP지수 비(比)가 +0.82인 국가들보다 개인주의 지수가 높은 나라가 더 부유하였다. GNP의 영향을 조절한 후 개인주의와 권력거리가 분리된 요소로 나타났고 두 요소 간의 개념적 명확성을 정의하는데 기여하였다.

2) 홉스테드 연구의 기대효과

홉스테드의 연구는 인적요인에 관련하여 시스템적으로 다른 행동형태가 존재한다. 운항승무원들은 대체로 그들이 속한 나라에서 직업에 종사하고 있는 사람들 중에서 선도적인 직군의 사람들로 볼 수 있다. 왜냐하면 운항승무원 직무는 국가를 초월해서 비행하고 고도의 규칙성과 첨단의 환경에서 근무하기 때문이다.

항공승무원들은 국가를 초월하여 범세계적인 행동양식을 대체로 선호한다. 전문성문화가 운항승무원들의 행동양식을 설명할 수 있는지, 또 어떤 행동양식이 한 인간의 국민성에 영향을 줄 수 있는지 질문도 필요하다.

어떤 사람들은 설정한 가설의 수렴, 즉 모두 현대화된 사회에 사는 사람들은 비슷한 심리학적 특성을 가진다는 것을 강조한다. 현대화된 사회의 공통인자는 전통적인 권위로부터의 분리, 자신들에 대한 야망, 주변 관련요소들과의 집약적 특성, 가족의 역할구조에서 평등주의, 활동성, 미래에 있어 시민의 역할과 중요성 등에 관련되어 있다.

홉스테드에 의하면 이러한 특성들은 개인주의에 크게 영향을 미치고 권력거리에는 상대적으로 영향이 적다. 어떤 학자들은 현대화는 문화를 없애는 것이 아니고 전통적인 특성들은 변하지 않은 채 남아 있으며 현대와 공존한다고 보고 있다.

운항승무원들은 발전되고 현대화된 작업환경에서 근무하고 있다. 그런데 이것이 만약 가설에서와 같이 개인적인 성향으로 변화시키고 권력거리를 적게 할 것인지가 관심의 대상이다. 홉스테드는 연구를 통하여 항공승무원들의 국가문화가 업무태도와 가치에 영향을 미친다는 것을 알려줬고, 우리는 이를 발전시켜 가도록 방향을 제시하였다.

2. 운항조직문화

가. 조직문화의 정의

조직문화는 다른 그룹과 관련되어 그 그룹을 규정짓는 가치 · 신념 · 확신 · 의식 · 상징 · 행동양식으로 정의한다. 조직문화에서는 두 가지로 구별되어지는 문화의 층이 있다. 그것은 첫째, 시각적이고 관찰할 수 있는 행동양식이다. 둘째는, 구성원들의 유니폼 · 상징물 · 조직의 의식행위 · 문서양식 등으로 확인되어지는 물리적인 양식이다.

Southwest 항공사 승무원들은 반바지와 운동화를 포함한 여러 가지의 유니폼을 선택할 수 있다. 이러한 유니폼제도는 회사의 이미지가 재미있고 캐주얼하다는 인상을 줄 뿐만 아니라, 효율적인 서비스를 할 수 있게 한다. 그리고 운동화의 경우, 비상탈출이 발생될 경우 가장 실용적인 신발이 되기도 한다. 또한 회사가 승무원들에게 실무에 있어서 편안함까지도 고려해 준다는 무언의 전달이기도 하다.

보다 내면적인 면은 무엇이 승무원들에게 중요한지 아닌지의 가치 · 신념과 표면구조밑에 놓여있는 무의식적인 확신으로 구성되어 있으며, 구성원들의 행동양식을 안내하는 논리를 제공해 준다. 조직문화에 영향을 줄 의도가 있는 경우 두 가지의 층을 모두 이해하고 파악해야 한다.

나. 조직의 문화적인 힘

일관성, 동질성, 일치성, 내면의 통제 등은 조직문화적인 힘으로 정의된다. 문화적인 힘은 얼마나 많은 사람들이 우세한 가치로 받아들이며, 얼마나 강력하고 열정적인 가치를 지니고 있으며, 얼마나 오랫동안 가치를 유지하고 있는 것과 연관되어 있다.

예를 들면 British 항공과 American 항공은 보수적이고 재정적으로는 안정적이며, 그들의 이미지는 거대하나 전망이 그리 밝지는 못하다. 반면에 Southwest 항공과 Virgin Atlantic 항공은 재정적으로 성공적이며 보다 진취적이고 승객위주의 정책을 실시하며 이미지도 역시 상당히 밝다.

다. 운항조직문화 강화제언

안전문화를 창조하기 위해서는 조직내에서의 하위문화는 통합되어져야 한다. 안전문화를 유지하고 만들기 위한 첫 단계로써 조직문화를 강화하고 통합하는 일반적인 원칙과 전략이 필요하다.

1) 운항사 조직구조이해

운항사조직은 행정조직, 영업조직, 생산조직으로 분류되는 것 외에도, 승무조직과 같은 특수한 조직이 존재한다. 운항사조직구조는 다음과 같은 특성이 있다.

구 분	운항사의 조직구조 특성
1	실제 업무가 처리되는 현장 작업장에서 시설 · 장비를 배치 · 관리함
2	예상되는 조직적 · 업무적 대응방안을 만들고, 이러한 것들의 기능이 발휘하도록 관리함
3	국제적인 경쟁을 고려하여 구조가 국제적으로 표준화 됨
4	전 세계 운항 및 타 운항사와 연합체계구축 등으로 고도로 발달된 전산화시스템 구비
5	각 기능조직별 원활한 운영을 위한 유기적인 협조체제 구축

행정조직은 인사·총무·노무·안전관리·법무·홍보·기획 등의 기능을 수행한다. 행정조직은 대체로 여러 부서를 총괄하여 생산성과 효율성을 향상시키기 위하여 노력한다. 운항사는 고도의 인적자원을 관리하여야 하므로 전문화된 조직으로 구성되어 있다.

영업조직은 개별영업을 포함하여 운항사들이 연합체계를 구축하여 좌석공유(Code Share)를 하는 등 해외판매를 하고 있다. 좌석공유제는 운항사들이 연합하여 연합그룹에 속한 타 운항사항공기 좌석일부분을 자사탑승권으로 이용할 수 있도록 하는 제도다. 운항사가 이러한 연합에 참여하기 위해서는 일정수준의 규모와 안전성을 갖추어야 한다.

운항사 생산조직은 항공운송서비스를 판매하므로 특별한 생산조직을 별도로 가지고 있지는 않다. 그러나 운항사는 운항업무를 직접 수행하는 운항승무원과 객실승무원 조직을 생산조직의 변형으로 바라보고 있다. 일반회사의 생산직이 행정직이나 영업직보다 보수를 적게받는 것과는 반대로 운항사는 항공승무원들이 대체로 많은 보수를 받고있다.

기타 조직으로 운항사에는 항공기를 정비하는 정비부서와 운항을 지원하고 통제하는 운항통제부서 등이 있다. 정비부서는 운항에 투입할 항공기를 정비하는 부서이기 때문에 생산부서와는 구분된다. 운항통제부서의 경우도 운항승무원의 비행일지를 작성하고 비정상상황에서 조언을 제공하는 업무를 수행한다. 운항사에는 추가적으로 경비업무, 항공기청소, 항공기유도업무 등을 수행하는 조직이 구성되어 있다.

조직문화강화에 대한 정의는 여러 가지가 있지만 대부분의 연구자들은 조직문화가 역사적으로 결정되어있고 사회적으로 구성되어졌다고 말한다. 그리고 조직문화는 그 구성원들에 의해 중요한 이야기들이 반복적으로 이어지면서 진화한다고 한다. 다음에 다룰 운항사 조직문화 강화전략은 바람직한 가치와 기준을 분명히 하고, 구성원들의 행동을 적절하게 관리함으로써 조직문화를 강화시킬 필요가 있다.

2) 운항사관리자의 역할

운항사관리자는 바람직한 행동을 열거하고 적절한 기준을 강화함으로써 문화적인 변화를 이끌 수 있다. 운항사관리자는 항상 솔직해야 한다. 관리자가 사람들로 하여금 작업행동을 변화시키도록 방향을 제시하는 것이 가능하더라도, 그들의 가치를 변화시키도록 지시하지는 못한다. 행동을 지도하기 위해 잠재되어 있는 가치와 신념이 없이는 관리자에 의해 지시된 행동양식의 어떠한 변화도 지속적일 수는 없다.

고위관리자는 문화와 동떨어진 것이 아니고 문화의 일부분이다. 조직을 위에서 내려다 보는 것이 아니라 문화내부에서 참여하는 하나의 요소이다. 고위관리자는 문화에 영향을 주기보다는 교정에 의해 방향이 지시되도록 해야 한다. 조직내에서 다른 사람에 의해 알려진 용납되는 관리자의 실행에 대한 것이 아니라 실질적인 문제로 접근해야 한다.

종업원들이 관리자를 신뢰할 수 없다고 느끼게 되면 훈련과 새로운 안전절차를 포함해서 의심을 가지고 어떤 새로운 주도권에 대해서도 거부하게 된다. 관리자의 가장 중요한 임무는 종업원의 신뢰를 획득하고 유지하는 것이다. 문화적인 하위그룹을 모으는 공통된 목표와 리더십을 준비하는 것은 경영층의 책임이다.

3) Role Model 활성화

조직내에는 고위관리자 외에도 많은 Role Model이 있다. 중간관리자 · 훈련코치 · 교관 · 현장관리자 등이 조직문화를 바람직한 결과로 이끌 수 있다. 운항사에서 긍정적인 롤모델이 되기 위해서는 조직의 가치를 습득하고 이해해야만 한다. 운항사조직의 목적에 대한 적극적이고 확실한 지지자여야 한다. 그리고 현장근무자나 신입직원에게 기업의 가치와 방향에 대하여 잘 전달해 줄 수 있는 위치에 있어야 한다.

성실성이 무장되어 있어야 되고 영향력 있는 위치에 있기 때문에 해당인원들은 조심스럽게 검증되어야 한다. 연장자 순위는 인기도를 결정짓는 충분조건은 아니다. 이런 롤모델은 회사의 표준과 기준에 대해 질문하고 도전하는 모든 직원에게 긍정적인 반응을 보여야 한다.

4) 채용 및 신규직원 적응프로그램 활성화

새로운 운항인원들의 모집은 조직문화에 영향을 받고 근속에 대한 결정에 영향을 준다. 예를 들어, 어떤 운항사는 전통적으로 전직 군출신자만을 선발하고 있으며, 어떤 운항사는 특별한 경력(예, 전투기조종경력 등)을 요구하기도 한다. 또 다른 항공사는 항공기운항을 위한 기초적인 자격증명에서부터 항공기자격증명에 이르기까지 모든 점에서 훈련을 받은 적이없는 비 조종사출신을 선발한다.

이런 행동에 대한 근본적인 근거는 모든 사람들이 같은 가치관과 배경을 가지고 있다고 확신하는 데서 시작한다. 반면에 많은 운항사는 군, 일반자격증명, 지역적인 운항사, 도산한 운항사 등 다양한 배경을 가진 출신들을 고용하고 있다.

신규직원을 채용하여 조직의 가치로 접합시키는 가장 효과적인 방법 중 하나는 새로운 구성원의 적응프로그램을 통하는 것이다. 바람직한 가치관을 보이는 구성원을 뽑는 조직은 성공적인 시작의 첫 단계로 접어든 것이다.

새로운 직원을 관찰, 시행착오를 통해서 조직의 기준을 찾도록 내버려두는 것보다는 조언시스템을 이용하여 기존 사원으로 하여금 신입직원에게 회사문화를 설명하는 것이 좋다. 조직의 역사, 회사의 현재 상황·특징, 성공담, 나아갈 길 등을 설명함으로써 기존직원들이 신입직원들을 회사문화에 동화하도록 시키는 것이다. 기존 직원들은 어떤 일들이 왜 그런 식으로 진행되는지 설명해줄 수 있고 잠재되거나 암시적으로 회사구조를 보여줄 수 있다.

성공적인 적응프로그램은 문화를 받아들이는데 있어서 지름길역할을 한다. 이러한 점에서 적응프로그램은 강력한 문화적인 일원으로 가는 가장 직접적이고 명확한 길을 제공하기도 한다.

5) 운항사 언어 및 출판물 활용

운항사내 출판물과 다른 서류들은 회사의 가치관을 정확히 전달하고 기준을 알림으로써 관리자가 문화를 강화시킬 기회를 제공해 준다. 예를 들어, 관리자가 운항사내 통신망을 통해 우리와 그들이란 분열시키는 단어를 사용할 것인가, 아니면 우리라는 통합적인 개념의 단어를 사용할 것인가. 이 선택은 매우 다른 조직문화를 만들게 된다.

6) 승리하는 팀 만들기

문화적인 소속감을 보다 매력적으로 만드는 또 다른 현명한 방법은 문화적인 하위그룹을 합치고 자신감 있고 동기부여가 잘 되도록 만드는 것이다.

동기부여 항목들은 이익분배와 같은 재정적인 장려프로그램으로 하지만 처음에 맛본승리감이 매우 중요한 역할을 한다. 모든 사람들은 이기기를 원하고 이러한 생각은 더 많은 노력을 하게 만든다. 승리감은 집단에 대한 소속감을 강화시키고 외부의 반대에 직면했을 때 더욱 더 큰 힘을 발휘한다.

7) 운항사 조직 간 갈등 해결

운항사조직은 매우 다양한 구성원으로 이루어져 있다. 조직의 구성원이 다양하면 항상 갈등요소를 포함하게 된다. 조직의 목표가 지나치게 높거나, 불합리하거나, 조직원들 사이에 이해·협력이 부족하게 되면 잠재되어 있던 갈등이 드러난다. 조직구성원들 간의 갈등은 조직분위기를 해치고 분열을 일으켜 조직목표달성을 어렵게 만든다. 특성이 다른 집단으로 구성된 운항사는 일반회사보다 많은 갈등요소를 포함하고 있다. 근무형태와 보수, 가치관 차이에 의한 상호이해부족 등으로 갈등이 표출되면 조직의 성과가 감소한다.

갈등해결은 통상 국가문화 즉 국민성을 많이 고려해야 한다. 대한민국 사람들은 타협을 통해 갈등을 해결하려는 경향이 강하다. 갈등해결을 타협으로 해결하는 경우 갈등은 내재화되어 모든 집단이 완전한 목표를 달성하지 못하게 되는데 이런 경우 충분한 대화를 통한 협력관계유지가 필요하게 된다.

8) 운항사 조직문화관리

조직을 관리하기 위해서는 먼저 조직운영에 관한 철학이 있어야 한다. 운영철학을 기반으로 정책을 수립하고 절차를 만들고 이를 도달하기 위한 교육·훈련을 실시해야 한다. 항공기제작사들인 Boeing과 Airbus 사는 항공기제작 철학이 각각 다르기 때문에 운영정책이나 절차 또한 다르게 발전되었다.

각 운항사들은 운영철학이 있으며 정책은 철학에 맞춰 정책이 수립된다. 안전정책의 경우도 운영철학을 기반으로 만들어지고 안전정책을 기반으로 각 분야의 절차를 만들어 교육·훈련을 실시한다. 교육·훈련결과는 피드백되어 정책에 반영되어야 한다.

문화적 측면의 전략은 일반적인 일련의 과정으로써 조직의 가치와 신념과 행동의 분배와 정확한 소통이 포함된다. 소통을 하고 또 반복하는 동안에 조직구성원들은 조직문화를 강화시키고 생기를 불어넣게 된다. 조직문화가 강할 때에만 안전문화는 발전하고 성공적으로 유지될 수 있다. 따라서 운항사에서 조직문화의 강화는 매우 중요하다. 일단 문화가 융화하면 종업원과 경영진 사이에 신뢰가 쌓이게 되고 운항안전에 대한 기준과 표준이 운항사전체에 성공적으로 전파된다. 이를 바탕으로 운항사는 안전문화가 정착되어 안전하고 효율적인 회사로 발전할 수 있다.

제2절 항공의사소통

1. 의사소통의 개념

가. 의사소통의 정의

의사소통(communication)은 라틴어의 communis(공통적으로 나누어 갖는다)를 어원으로 한다. 지역사회나 공동체의미를 가진 Community 어원 또한 communication 어원과 동일하게 communis에서 온 것이다. 이처럼 communication 즉 의사소통의 의미에는 함께 나눈다, 혹은 공유한다는 의미가 들어 있다. 따라서 의사소통이란 한 사람에게서 다른 사람에게 정보나 의사가 전달되어 그 의미가 공유하는 과정이라 할 수 있다.

의사소통의 정의를 기반으로 의사소통의 성립조건으로는 다음의 것들이 필요하다. 두 사람 이상이 의사소통에 참여해야 하고, 서로 전달하려고 하는 정보나 의사가 있어야 하고 그것이 상대방에 전달되어야 한다. 뿐만 아니라 어떤 정보나 상대방의 의사를 전달받은 사람이 그 내용과 의미를 정확하게 파악·이해하여 양측이 정보나 의사를 공유해야 한다.

즉 의사소통이 완전하게 이루어진다는 것은 전달한 정보나 아이디어가 송신자가 원래 의도한 내용과 의미대로 수신자에게 정확하게 인식되는 것이라 할 수 있다. 이와 같이 송신자가 보낸 메시지의 내용이나 의미가 수신자의 오해나 편견이 발생하지 않도록 이행의 명료성을 구비해야 한다. 이러한 조건을 모두 충족하는 것을 의사소통이 communication이라고 할 수 있다.

나. 의사소통의 요소

의사소통은 한 사람이 다른 사람이나 집단에 생각이나 감정을 전달할 때 이루어진다. 의사소통의 유효성은 전달된 생각과 받아들여진 생각이 얼마나 유사한지로 평가된다. 의사소통은 communication 프로세스이며, 다음의 세 가지 요소 즉 발신자, 상징, 수용자로 구성된다.

구 분	의사소통 프로세스의 세 가지 요소
발신자	발신자, 전달자
상징(Symbol)	메시지를 구성하고 전송되는데 사용하는 단어나 표시
수용자	청자

1) 발신자

의사소통에서 발신자로는 발신자, 전달자 등이 있으며, 발신자가 의도하는 의사소통의 유효성은 기본적으로 다음 세 가지 요소와 관련된다.

첫째, 청자와 독자에게 의미있는 상징(Symbol)을 전달하기 위해서 발신자는 반드시 언어를 선택하고 사용하는 능력이 있어야 한다. 사용되는 상징이나 단어를 수용자가 얼마나 이해하느냐에 따라 의사소통의 효과가 좌우된다. 의사소통자로서 발신자는 이를 잘 파악하고 있어야 한다.

둘째, 전달자는 의식적이든 무의식적이든 전달자로서의 태도와 전달되는 생각에 대한 태도, 그리고 수용자에 대한 태도를 보여준다. 전달자가 메시지를 효과적으로 전달하려면 메시지를 전달할 때의 이러한 태도가 반드시 긍정적이어야 한다. 또한 확고한 태도, 즉 전달되는 메시지의 중요성과 수용자가 그것을 수용해야 할 필요성을 나타내 주어야 한다.

셋째, 전달자는 정확한 정보, 최신의 정보, 자극적인 정보를 말하거나 기록할 때 성공적으로 전달할 가능성이 더 높다. 따라서 전달자는 가능한 한 최근의 흥미있는 정보를 갖추도록 지속적으로 노력해야 한다.

2) 상징(Symbol)

의사소통은 기본적으로 단순한 언어코드와 시각적 코드인 상징을 통해 이루어진다. 단어는 기본적 코드를 구성하며 일반적인 몸짓과 얼굴표정 또한 코드를 구성하지만, 단어와 몸짓 그 자체만으로는 생각을 전달할 수는 없다. 수용자가 이러한 코드들이 무엇인가를 의미하는 생각·문장·단락 등과 같은 의미있는 집단으로 결합하는 경우에만 생각이 전달된다. 상징들이 이러한 단위로 결합될 때 효과적으로 의사소통이 이루어진다.

상징을 통한 보다 높은 수준의 의사소통은 때때로 채널이라고 불리는 여러 가지 인식을 통해 상징을 해석함으로써 이루어진다. 여기에는 많은 이론들이 제기되어 왔으나, 그 중 관심받는 이론에 따르면 상징들은 시각·청각·운동감각의 세 가지 감각채널을 통해 인식되는 것으로 알려져 있다. 통상 전달자는 청각과 시각채널을 가장 많이 택하는 경향이 있다.

3) 수용자

수용자는 청자, 독자 등을 가리키며, 메시지를 전달받는 개인이나 집단을 의미한다. 성공적인 의사소통의 여부는 수용자의 반응으로 결정된다는 것을 전달자는 항상 염두에 두어야 한다. 수용자가 전달자의 메시지를 이해하고 반응하며 그 의도에 따라 행동이 변화될 때 비로소 효과적인 의사소통이 이루어진 것이다. 의사소통 프로세스를 이해하기 위해서는 수용자의 세 가지 특성, 즉

능력 · 태도 · 경험을 이해하여야 한다.

첫째, 발신자는 적절한 의사소통을 위해 수용자의 능력을 확인해야 한다. 수용자의 능력과 관련된 요소중의 하나는 수용자의 경력이다. 예를 들어, 수용자가 비행에 얼마나 친숙한지를 분석할 때에는 어렸을 때부터 항공기주변에서 자라온 수용자가 있는가 하면 완전히 생소한 수용자도 있을 수 있다. 어떤 수용자는 이미 높은 수준의 엔진기술을 공부했을 수 있고, 어떤 수용자는 그러한 기회가 전혀없었을 수 있다.

둘째, 발신자는 적절한 의사소통을 위해 수용자의 태도를 확인해야 한다. 수용자는 부정적 태도를 보일 수도 있고, 반대로 적극성을 띠고 대화에 임할 수도 있고, 수동적 중립성의 태도를 보일 수도 있다. 수용자들은 저마다 다양한 태도로 정보를 수용하기 때문에 발신자 또한 다양한 의사소통방식으로의 접근이 가장 좋다.

셋째, 수용자의 경험 · 이력 · 수준 등에 따라 발신자가 취해야 할 접근방식을 결정해야 한다.

다. 의사소통과정

의사소통의 과정은 매우 복잡한 프로세스이다. 이 의사소통의 과정을 단순화해 보면 전송단계와 Feedback 단계 두 가지 단계로 구분할 수 있다. 전송단계는 두 사람 또는 두 그룹 이상의 개인이나 집단간에 정보가 공유되는 과정이다. 피드백단계는 두 사람 또는 두 그룹의 공동이해에 도달하는 과정이다.

두 가지 단계로 이루어진 의사소통을 구체적으로 살펴보면 다음과 같다. 의사소통의 기본요소로는 전달자, 수용자, 매개하는 신호 등으로 구성된다.

그림 8-1 의사소통 과정

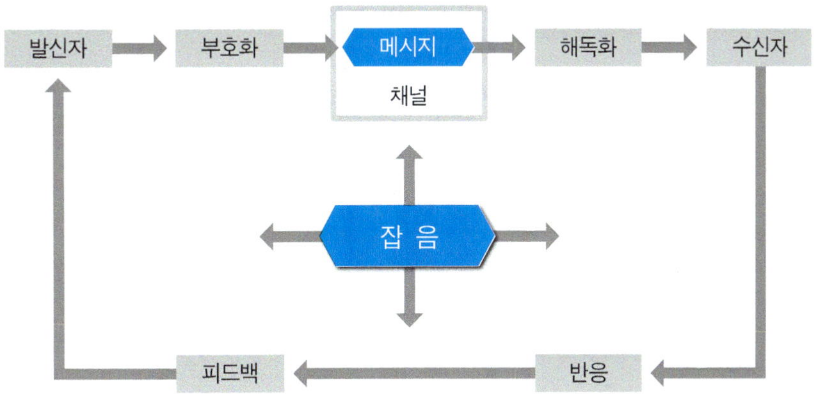

표 8-1 의사소통의 구성요소들

구 분	의사소통의 구성요소들 설명
발신자	메시지를 생산하는 사람 · 집단, 정보공유를 원하는 사람 · 집단
부호화	발신자 메시지를 수신자가 이해하도록 상징 · 언어로 바꾸는 것
메시지	기호로 바꾼 결과로 발신자가 공유하기를 원하는 정보(언어 · 비언어적 상징들)
채널	부호화된 메시지가 수신자에게 전달되는 통로
해독화	메시지를 해석하고 의미를 부여하는 것
수신자	송신된 메시지를 수신하는 사람 · 집단
잡음	의사소통 과정에서 메시지가 의도하는 바를 왜곡시킬 수 있는 요인들
반응	수신자의 메시지 해석(이해)에 대한 작용
Feedback	수신자의 이해와 송신자의 의도가 일치되는지를 확인하는 과정

발신자는 메시지를 생산해내는 사람·집단으로, 원하는 정보공유를 최초로 만들어낸다. 부호화는 발신자의 메시지를 수신자가 이해하도록 상징이나 언어로 바꾸는 것을 말한다. 발신자가 어떤 언어나 몸짓·손짓 등으로 부호화하는 가는 발신자의 기호와 기술, 수신자의 수신능력, 메시지의 내용과 수신자와의 친숙도 등으로 영향을 받는다.

메시지는 기호로 바꾼결과로 발신자가 공유하기를 원하는 정보를 말한다. 수신자에게 의미를 전달하기 위한 언어적·비언어적 상징들로 구성된다. 채널은 부호화된 메시지가 수신자에게 전달되는 통로를 말한다. 직접 대면하거나 전화·집단토의·메모·서류·도표·통신 등의 방법이 있다.

해독화는 메시지를 해석하고 의미를 부여하는 것을 말한다. 수신자는 부호화된 메시지를 받게 되면 받은 메시지를 해석된 메시지로 바꾸는 해독화작업을 하게 된다. 수신자는 자신의 경험과 현재상황 등을 고려하여 전달된 메시지가 발신자의 의도와 가까울수록 효과적인 의사소통을 한 것이다. 수신자는 송신된 메시지를 수신하는 사람·집단을 말한다. 수신자가 메시지를 거부하면 의사소통은 발생되지 않는다. 메시지 관련지식이나 발신자와의 관계 등에 따라 메시지해석이 달라진다.

잡음은 의사소통과정에서 메시지가 의도하는 바를 왜곡시킬 수 있는 요인들을 말한다. 해석이 어려운 글씨·전화기잡음·수신자의 부주의·언어장애·부정적 태도·그릇된 지각 등이 있다. 반응은 수신자의 메시지해석이나 이해에 대한 작용을 말한다. Feedback은 수신자의 이해와 송신자의 의도가 일치하는 가를 확인하는 과정이다. Feedback 과정은 발신자가 수신자가 되고, 수신자가 발신자가 되는 과정이므로 의사소통과정이 반전되는 형태로 일어난다.

라. 항공의사소통

1) 항공기내부의 의사소통

항공기기내에서 사용되는 의사소통은 다음과 같이 항공승무원 간, 지상요원과 운항승무원 간, 절차서 및 안내서, 기타 요소 등으로 구분할 수 있다.

구 분	항공기 기내 의사소통 구분
1	항공승무원 간의 대화
2	지상요원과 운항승무원 간의 수신호
3	항공기제작사 정비지침서, 점검항목, 항공기 조작절차 등
4	승객을 위한 안내
5	항공기 컴퓨터 해석 등을 포함한 의사소통

항공기기내에서의 의사소통은 항공승무원 간의 대화가 있다. 항공기가 지상에서 작업이 진행될 때에는 지상요원과 운항승무원 간의 수신호가 이루어진다. 운항승무원들과 정비사들은 항공제작사 정비지침서, 그리고 점검해야하는 항목, 항공기조작절차 등에 대한 의사소통이 필요하다. 승객탑승시에는 승객을 위한 안내방송 등이 필요하다. 최근 항공기들은 컴퓨터화면으로 조작을 대부분 활용하기 때문에 해석 등을 포함한 의사소통이 요구되고 있다.

최근 승무원과 승객과의 의사소통은 많은 경우 스크린을 통해서 이루어진다. 안전관련정보들의 경우도 음성과 함께 화면을 통해 제공된다. 이런 화면을 통한 정보제공이 의사소통 향상에 도움을 주고 있다.

2) 운항승무원과 항공교통관제사 간 의사소통

항공의사소통에서 음성을 통한 의사소통은 다음의 문제들이 지속적으로 제기된다. 먼저 명확한 영어단어와 구문에 대한 청취와 이해다. 예를 들어, 조종사는 허가를 기대하거나 예상하기 때문에 항공교통관제사가 실제로 허가하지 않는 말을 하더라도 허가로 해석하기도 한다. 조종사는 항공교통관제사와의 무선통화에서 통화상태나 잡음 등으로 인하여 간섭이 커지는 경우 기대에 대한 문제를 인식하고 있어야 한다. 따라서 Readback은 조종사와 항공교통관제사와 의사소통에서 매우 중요하다.

조종사와 항공교통관제사 의사소통에 원활한 진행을 위해서 항공교통관제사는 송신에서 조종사에게 대부분 Readback을 요구한다. 항공교통관제사는 조종사의 Readback을 확인하고 필요한 경우 수정을 하게 되는데 이런 프로세스를 Hearback이라고 한다. 이 과정은 일반적으로 항공교통관제사의 지시 · 인가 · 정보에서 시작된다. 이후 조종사의 Readback과 항공교통관제사의

그림 8-2 조종사-항공교통관제사 의사소통

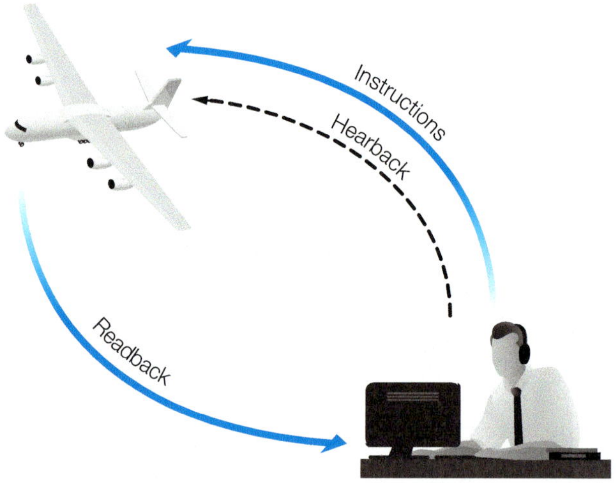

Hearback이 뒤따른다.

2. 의사소통의 기능

항공의사소통은 항공승무원들이 주어진 임무를 완수하는 도구이며, 동시에 개별승무원들의 인지적 과정의 반영이다. 항공의사소통의 기능은 정보의 공유, 행동의 지시, 생각과 감정의 표현으로 구분하여 설명할 수 있다.

가. 정보의 공유

의사소통을 생각하면 가장 쉽게 떠오르는 단어가 정보의 공유일 것이다. 이는 의사소통을 통해 목표나 비전에 대한 정보를 명확하게 이해하여 구성원이나 집단의 목표의식을 가지기 위하여 다양한 정보를 함께 나누어 가지는 것 등을 생각하기 때문이다. 이런 정보의 공유를 통하여 각자가 맡은 임무가 무엇이고, 어떻게 처리하며 업무처리결과가 무엇인지 알게 된다. 정보는 언어·글자·코드·그래픽과 언어적·비언어적 상징, 그리고 얼굴표정 등의 매개체를 통해 전달된다.

조종실에서 비상상황이 발생하면 이를 해결하기 위해 항공기시스템의 상태파악과 이에 대한 대처계획 등의 정보를 나누는 것이 매우 중요할 것이다. 항공운항중에 사용되는 의사소통의 형식은 상당부분 그 형식이 정해져 있다. 이런 정해진 형식은 정보의 유형이나 기능·형식 등을 쉽게 예상할 수 있어 정보를 공유하는데 많은 도움을 준다.

항공운항에서 의사소통은 항공기의 방위, 고도, 속도, 라디오주파수, 시스템의 상태, 공항차트, 검토항목에서 얻은 정보 등이 포함된다. 이런 종류의 정보는 대부분 분리되고, 독립적이고, 숫자로 되어있어 의사소통의 오류를 줄이는데 매우 효과적이다.

나. 행동의 지시

행동의 지시는 일상적으로 이루어지는 비행절차 조작행위에 대한 직접적인 명령뿐만 아니라 비상상황에서 발생할 수 있는 문제를 다루기 위한 행동명령까지 포함한다. 예를 들어, 기장이 부기장에게 착륙접근을 위한 우선권을 줄 수 있는지 항공교통관제사에게 물어보라와 같이 의사결정을 위해 필요한 정보를 모으는 것과 같은 행동을 지시하는 것이다.

명령은 과제를 분배할 때 사용되는데 항공승무원들이 무엇을 언제 어떻게 해야할지를 알려준다. 예를 들어, 부기장은 기상정보를 확인하라. 기장인 내가 조종간을 맡겠다는 것과 같은 행동을 지시하는 것이다.

다. 생각과 감정의 표현

감정의 표현은 의사소통을 통해 각종 생활에서 다른 사람과의 생각·태도·행동에 영향을 주려고 하며, 자신의 고충이나 기쁨, 만족감 등의 감정을 표현하여 다른 사람과 교류를 넓히는 행위이다. 항공운항에서 예를 들어 부기장이 기장에게 고도를 높여 구름위로 비행하는 것이 좋을것 같습니다. 혹은 기장이 부기장에게 조금만 더 기다린 후 기상이 호전되는지 살펴보고 다시 결정하자. 등과 같이 서로의 생각에 대한 표현이다. 비행 후 Debriefing에서 임무에 대한 의견교환 등이 이에 해당된다.

라. 개인·그룹 간 상호작용과 이해

1) 개인·그룹 간 상호작용

의사소통을 시작할 때 즉, 타인에게 질문·요구·명령·설명 또는 서술을 할 때 이에 상응하는 목적을 가지고 있다. 목적은 주로 타인에게 영향력을 행사하거나, 기대되는 대답을 이끌어 내거나, 임무수행을 촉구하거나, 타인이 여태껏 파악하지 못한 것을 이해시키자는 것 등이다.

의사소통은 인간과 인간 사이의 상호작용이라는 형태를 취하는 것이 대표적이다. 개인들 간의 상호작용과정에서 생성되는 결속과 상호영향이라는 형태로 나타난다. 공동의 활동과 의사소통은 사회규범에 기초한 사회통제라는 조건에서 이루어진다. 사회규범이란 개인의 상호작용과 상호관계를 조정하기 위한 것으로 사회에 의해 승인된 행동기준이다. 사회규범을 존중하는 사람은 책임감 있는 행동을 하고 자신의 행동(위)이 규범에 위반되지 않도록 통제한다. 또한 사회규범을 준수하는 사람은 자신의 행동을 기준에 부합하도록 수정할 수도 있다.

의사소통과정은 상황에 따라서는 의사소통에 참가하는 사람들이 서로 대립되는 입장을 고수하는 경우도 있는데 이것이 상호적의를 일으키고 개인 간의 갈등을 유발하기도 한다. 공동의 활동과정에서 개인 간의 갈등은 대상과 관련된 업무상의 불일치와 개인적 실리를 둘러싼 불일치에 기인한 결과이다. 질서정연한 조직과 사회적 유용성을 겸비한 공동의 활동에 종사하는 사람들의 상호작용이 대상과 관련된 업무상의 불일치를 겪는 경향이 있다. 이러한 경우 갈등을 일으키는 의견들에 대하여 공개적으로 토론한 후에 결정을 내리면 갈등이 그칠뿐만 아니라 공동목적의 달성에도 큰 도움이 된다. 이와 달리 개인적 실리를 둘러싼 갈등이 일어나면 원한으로 바뀌어 적개심을 공공연히 드러내는 경향이 있다. 갈등상황은 의사소통의 오해에서 비롯되는 경우도 있다. 의사소통에서의 오해는 요구·청구·명령에 대한 상대방의 해석이 달라짐에 따라 발생하는 것으로 상호이해가 부족해지고 상호작용이 저해되는 결과를 초래한다.

2) 개인·그룹 간 상호이해

의사소통은 의사소통 참가자들이 상호지각과정에서 나타나는 지각측면도 상호작용이해의 한 부분이라고 할 수 있다. 의사소통의 지각측면이란 어떠한 사람이 타인을 지각·이해·평가하는 것이다. 의사소통이 원활하기 위해서는 상호작용과정에 들어간 사람들이 의사소통 참가자들의 상호이해수준을 아는 것이 중요하다. 즉, 상대방에 대한 평가가 가능해야 한다는 것이다.

의사소통 참가자들은 상대방의 내면세계를 자기의 의식에 재현시키고자 한다. 그리고 상대방의 감정·행동동기·중요대상에 대한 태도를 이해하려고 한다. 그러므로 자신이 가진 정보를 근거로 대상 인물을 이해하기 위한 노력이 있어야 한다. 공동의 활동에서의 성공은 타인의 내면세계에 대한 통찰의 정확성에 달려있다고 볼 수 있다.

3. 항공의사소통의 중요성

효과적인 의사소통이란 발신자와 수신자 사이의 의사소통과정에서 원래의 의도대로 메시지내용이 전달되는 경우이다. 통상적으로 우리는 메시지를 어떻게 보낼 것인지에만 관심을 쏟고 그 메시지가 어떻게 수신되었는지에 대해서는 관심이 적다. 그러나 발신자가 전달하고자 하는 의미를 수신자가 정확하게 이해하지 않고서는 의사소통이 완성되었다고 할 수 없다.

항공안전보고시스템 조사에 의하면 전체 항공사고의 70%는 정보전달이 제대로 이루어지지 않

표 8-2 정보전달오류(항공사고 중 70%)의 두 가지 요인

구 분	의사소통의 구성요소들 설명
정보의 단절	정보전달오류 항공사고 70% 중 37%를 차지하며, 유용한 정보가 승무원간 제대로 전달되지 못하는 것
정보의 불완전한 전달	정보전달오류 항공사고 70% 중 33%를 차지하며, 승무원간 부정확하고 불완전한(애매한) 정보가 전달되는 것

아 일어난 사고라고 보고하고 있다. 이를 두 가지 요인으로 나누어 보면 〈표 8-2〉와 같다.

가. 의사소통 장애요인

효과적인 의사소통을 방해하는 장애요인은 분류 또는 접근방법에 따라 여러 가지로 다양하게 분류할 수 있다. 다양한 의사소통장애가 되는 요인들을 종합해보면 발신자와 관련된 요인, 수신자와 관련된 요인, 발신자·수신자의 상호작용에 의한 요인, 그리고 의사소통이 이루어지는 환경과 관련된 요인으로 나눌 수 있다.

구 분	의사소통 장애요인
발신자 관련 요인	일관성 없는 업무 지시, 신뢰성의 결여, 모호한 표현, communication 회피 등과 발신자가 의도적으로 정보를 조작하여 수신자에게 호의적으로 보이게 하는 여과행위가 있음
수신자 관련 요인	수신자의 고정관념, 불성실한 청취자세, 선택적 지각 · 조직화가 있음
발신자 · 수신자 상호작용	발신자 · 수신자의 상이한 특성(언어, 신분, 권력, 지각 등)과 구성원의 배경, 특수 · 기술적 용어사용, 그리고 의사소통 수준 · 방식의 차이, 상황인식의 차이, 기대역할의 차이 등이 있음
환경적 요인	소음, 정보의 과부하, 시간적 제약 등이 있음

나. 의사소통 장애요인 해소방안

의사소통을 효과적으로 적용하기 위해서는 명료성의 원칙, 일관성의 원칙, 적기·적시성의 원칙, 타당성의 원칙, 관심과 수용의 원칙에 입각하여 전달하고자 하는 메시지의 내용을 전달·수신하여야 한다. 이러한 조건과 앞에서 살펴본 장애요인을 고려하여 효과적인 의사소통을 방해하는 장애요인 해소방안은 다음과 같다.

구 분	의사소통을 방해하는 장애요인 해소방안
1	사용언어의 단순화
2	정보전달의 조정

구 분	의사소통을 방해하는 장애요인 해소방안
3	Feedback의 활용
4	감정이입
5	적극적 경청
6	상호신뢰의 확립
7	반복
8	소음의 제거
9	시간의 효과적 이용

효과적인 의사소통을 방해하는 해소방안은 발신자가 해소하는 방안, 수신자가 해소하는 방안, 발신자·수신자가 함께 해소하는 방안으로 구분할 수 있다.

1) 발신자가 해소하는 방안

발신자는 의사소통의 효과를 증대하기 위해 Feedback에 관심을 가질 필요가 있다. 또한 발신자는 수신자가 자신이 의도한 것과는 다르게 이해하거나 해석할 수 있는 용어에 대해서 그 뜻을 정확하게 설명하려는 노력을 기울여야 한다. 또한 발신자의 신뢰성을 제고하기 위한 조치와 수신자의 입장이해에 관심을 가져야 한다.

명확성은 생각의 공유와 행동의 지시라는 두 가지 기능을 담고 있다. 의사소통오류를 적게 범한 승무원기장은 목표·계획·전략을 설명하거나 지시하는데 있어서 보다 명확하게 하여야 한다.

2) 수신자가 해소하는 방안

효과적인 의사소통을 위해 수신자가 할 수 있는 방안은 효과적인 청취자가 되려는 노력과 발신자의 입장이해가 있다. 발신자가 메시지를 완전하게 전달하기도 전에 수신자가 그 내용을 성급히 판단해서는 안 된다. 수신자는 발신자가 전달하는 메시지의 전반적인 의미를 능동적이고 주의깊게 경청함으로써 신뢰와 이해의 분위기를 조성하여야 한다. 또한 발신자의 메시지내용을 수신자가 제대로 이해하고 있다는 사실을 발신자에게 Feedback 할 수 있어야 한다.

3) 발신자·수신자가 함께 해소하는 방안

발신자·수신자 양측에서 사용가능한 의사소통 장애요인 해소방안은 우선 확인이 있다. 확인을 통해 발신자·수신자 간의 메시지내용을 비교할 수 있다. 또한 정보의 흐름을 적절하게 통제하여 너무 많은 정보로 인하여 효과적인 대처의 어려움을 방지해야 한다. 그리고 의사소통을 위한 다양한 방법과 경로를 인식하고 이를 적절하게 사용해야 한다.

[저 자 소 개]

■ 박 원 태

· 한국항공대학교 항공운항학과 졸업
· 충북대학교 일반행정학 석사
· 한서대학교 항공운항관리학 박사
· 현, 청주대학교 항공운항학과 교수 및 비행교육원장

■ 저서

· 비행교육안내서(2019), 북넷

■ 그림표현 : 박고운

항공인적요인론

2020년 8월 1일 1쇄 인쇄
2020년 8월 5일 1쇄 발행

저 자 박 원 태
발행인 류 재 식 · 박 용 범
발행처 도서출판 북 넷

서울시 용산구 효창원로70길 46
등 록 2010년 6월 7일(제2010-000069호)
전 화 (02) 395-2341
팩 스 (02) 395-2303

정가 26,000원 ISBN 979-11-86947-48-7(93320)

e-mail : book2341@naver.com